Kohlhammer
Urban Taschenbücher

Band 744

Jörg Oberste

Die Zisterzienser

Verlag W. Kohlhammer

1. Auflage 2014

Alle Rechte vorbehalten
© 2014 W. Kohlhammer GmbH Stuttgart
Umschlag: Gestaltungskonzept Peter Horlacher
Gesamtherstellung: W. Kohlhammer GmbH, Stuttgart

Print:
ISBN: 978-3-17-022142-0

E-Book-Formate:
pdf: ISBN 978-3-17-024389-7
epub: ISBN 978-3-17-024390-3
mobi: ISBN 978-3-17-024391-0

Inhalt

Vorwort 9

1 Rebellion und Experiment – die Anfänge der
  Zisterzienser 12

  1.1 Vor den Zisterziensern 13
  1.2 Robert von Molesme 19
  1.3 Novum monasterium 27
  1.4 Kloster im Aufbau – Cîteaux unter Alberich
      (1099–1109) 33
  1.5 Orden im Aufbau – die Anfänge Abt Stephan
      Hardings 40

2 Charisma und Ratio – der zisterziensische
  Verband und seine Verfassung 46

  2.1 Die ersten Töchter 47
  2.2 Das System der Carta caritatis 54
  2.3 Päpstliche Privilegien 62
  2.4 Europa wird zisterziensisch 70
  2.5 Zisterzienserinnen 74
  2.6 Die kommunikative Praxis 83

3 Verinnerlichung und Gelehrsamkeit – die
  geistliche Welt der Zisterzienser 90

  3.1 Mythos Gründerväter – die Ideale der Zisterzienser 91
  3.2 Klosteralltag und Liturgie 98
  3.3 Lehrer und Gelehrte 107
  3.4 Skriptorien, Bibliotheken und Schulen 114
  3.5 Bernhard und Maria – Visionen und Heilige .. 127

3.6 »Heilige Räume und Bilder« – zisterziensische
Architektur und Kunst 132

4 Soziale Netzwerke in der Einsamkeit –
Zisterzen in ihrer weltlichen und kirchlichen
Umgebung 144

4.1 Memoria als soziale Praxis 144
4.2 Stifter und Herren 153
4.3 Kommunikation über Ordensgrenzen 160
4.4 Zisterzienser in der kirchlichen Hierarchie 166
4.5 Kreuzzug und Mission 170
4.6 Pilger und Pauperes....................... 175

5 Innovationen in Armut – zisterziensische
Arbeit, Ökonomie und Technik 182

5.1 Arbeit bei den Zisterziensern 183
5.2 Konversen 187
5.3 Landwirtschaft 194
5.4 Zisterzienser als Spezialisten – Handwerk,
Technik und Handel 200
5.5 Verschuldungskrise und Klosterökonomie 207

6 Orden im Umbruch – Krisen und Reformen
in Spätmittelalter und Reformationszeit 213

6.1 Verlust der Mitte – Zentrale Ordensinstanzen
und Regionen........................... 214
6.2 Ordensleben in Krisenzeiten – Krieg, Pest und
Schisma 218
6.3 Reformen vor der Reformation 221
6.4 Neuerungen in der Kirche – Kommende und
Kongregationen 226
6.5 Reformation 231

7	Diversität und Dekadenz – das Ordensleben im Zeitalter von katholischer Reform, Revolution und Säkularisation 237
	7.1 Katholische Reform und neue Kongregationen – die Zisterzienser nach der Reformation 238
	7.2 Ringen um die Lebensweise – die Entstehung der strengen Observanz 244
	7.3 Erneuerung und Erinnerung – der Orden im Barockzeitalter 251
	7.4 Aufklärung und Revolution 261
	7.5 Säkularisationen 267
8	Zisterzienser global – die beiden Orden bis in die Gegenwart............................... 272
	8.1 Der Orden der strengeren Observanz 273
	8.2 Die Zisterzienser der allgemeinen Observanz 281
9	Abkürzungen 288
10	Auswahlbibliographie 289
11	Abbildungsverzeichnis 303
12	Anmerkungen 304

Für meinen Vater

Vorwort

Wer über das zisterziensische Ordensleben im Singular schreibt, wählt eine historische Betrachtungsweise mit Blick auf das Reformpropositum der Gründerväter des Ordens, das der zisterziensischen Bewegung dauerhaft etwas Unverwechselbares einschrieb. Obwohl keineswegs in allen Zeiten und an allen Orten danach gelebt wurde, gelten Werte wie die Rückbesinnung auf die Benediktsregel, der Gleichklang von Gebet und Handarbeit, die Schlichtheit von Liturgie und Architektur bis heute als ›Markenzeichen‹ der Zisterzienser und als Leitlinien von Reformen. Wer hingegen die fast tausendjährige Geschichte des Ordens in den Blick nimmt, die sich in hunderten von Konventen auf mittlerweile allen Kontinenten abspielt, sieht sich einer Pluralität von Lebensformen und -verhältnissen gegenüber, die sich einer geschlossenen Darstellung, zumal in der hier erforderlichen Kürze, weitgehend entzieht.

Das vorliegende Buch ist als Einführung in die lange Geschichte der Zisterzienserinnen und Zisterzienser konzipiert. Es zeigt von der Einrichtung des Neuklosters und des Ordens in den ersten Jahrzehnten des 12. Jahrhunderts an in exemplarischer Auswahl die Vielfalt von Lebensformen und Handlungsfeldern auf. Zur besseren Orientierung in diesem Geflecht von Bedingungen, Antriebskräften und Wirkungen dienen unter anderem neuere Fragestellungen und Methoden der vergleichenden Ordensgeschichte, die sich in dem vorliegenden Band etwa in Kapiteln über die kommunikative Praxis im Zisterzienserorden (2/6), Memoria als soziale Praxis (4/1) oder über Verschuldungskrise und Klosterökonomie (5/5) niederschlagen. In den drei abschließenden Kapiteln wird der Zisterzienserorden in Spätmittelalter und Neuzeit thematisiert. Auch wenn viele Entwicklungen bereits in den systematischen Abschnitten über Liturgie, geistiges Leben, politisches Umfeld, Wirtschaft u. a. behandelt wurden, erscheint eine chronologische Einordnung in die Umbrüche der Neuzeit sinnvoll.

Bei der schwierigen Aufgabe, in allen Epochen und Themen, auch in jenen, zu denen der Verfasser keine eigenen Forschungen betrieben hat, den Überblick zu behalten und die richtigen Schwerpunkte zu setzen, habe ich auf vielfältige und liebenswerte Weise Unterstützung erhalten, für die ich zutiefst dankbar bin. Wertvolle Erkenntnisse haben sich aus zwei Doktorandenkolloquien ergeben, die ich 2010 und 2012 gemeinsam mit P. Dr. Alkuin Schachenmayr in Stift Heiligenkreuz veranstaltet habe. Allen Teilnehmerinnen und Teilnehmern sei dafür herzlich gedankt. Mein Mitarbeiter Christian Malzer, der mit einem Promotionsprojekt über die sozialen Netzwerke der Zisterzienserabtei Waldsassen im späteren Mittelalter über einen reichen Wissens- und Literaturfundus zur Ordensgeschichte verfügt, hat mir diesen uneigennützig und hilfsbereit zur Verfügung gestellt. Er hat nicht zuletzt das gesamte Manuskript durchgesehen. Wichtige Kapitel dieses Buchs haben darüber hinaus P. Dr. Alkuin Schachenmayr (Heiligenkreuz), Kathrin Müller (München) und mein Kollege Harald Buchinger (Regensburg) gelesen und mit wertvollen Hinweisen versehen. Solche steuerten ebenfalls die Reihenherausgeber Christoph Dartmann (Münster) und Klaus Unterburger (Regensburg) sowie Daniel Kuhn (Kohlhammer-Verlag) bei. Eine unentbehrliche Stütze bei der redaktionellen Betreuung des Bandes, bei bibliographischen Recherchen, Registerarbeiten und Überprüfung von Zitaten war mir mein Regensburger Team, dem neben Christian Malzer vor allem Lisa Pfau, Theresa Jung und Theresa Rinser angehören. Ihnen allen gebührt mein aufrichtiger Dank für die jederzeit freundschaftliche Zusammenarbeit!

Meine Frau Melanie und meine Söhne Artur und Paul waren die treibenden Kräfte im Hinter-, oder besser Vordergrund. Gewidmet ist das Buch in Liebe meinem Vater Dr. Walter Oberste, der am 25. Dezember 2013 80 Jahre alt wurde.

Dresden, im Februar 2014   Jörg Oberste

1 Rebellion und Experiment – die Anfänge der Zisterzienser

Die ersten Zisterzienser stellt man sich nicht als Rebellen vor, schon eher als Fundamentalisten, denen die konsequente Rückkehr zu einem älteren Ideal vor Augen stand. Gleichwohl bewegten sich Robert von Molesme, Alberich, Stephan Harding und ihre Anhänger nicht in den vorgezeichneten Bahnen der Kirche. Ihnen schwebte die Verwirklichung eines religiösen Ideals, eine *vita perfectionis* vor, zu deren Erreichung man sogar den Bruch kirchlicher Gelübde und kirchenrechtlicher Normen in Kauf nahm. Den Maßstab eines solchen Verhaltens, das von der Sorge um das eigene Seelenheil diktiert war, lieferten die heiligen Texte des Evangeliums, der Kirchenväter und der Benediktsregel, die selbst nur einen »Anfang im klösterlichen Leben« (RB 73,1) setzen wollte. Für die Amtskirche, die das Auslegungsmonopol der heiligen Texte für sich reklamierte, implizierte ein solches Verhalten die öffentliche Infragestellung ihres Primats. Folglich bemühten sich Kirchenleute darum, die ersten Zisterzienser in das System der Kirche einzubinden. Betrachtet man aber die Ereignisse von 1098 aus der Perspektive der Betroffenen, kann man darin sehr wohl die tatkräftige Auflehnung gegen eine kirchliche Ordnung erkennen, der es durch das trostlose Erscheinungsbild ihrer Glieder in der Welt an Glaubwürdigkeit mangelte. Gerade das Beispiel Roberts von Molesme ist dabei von einer rastlosen Suche nach alten Idealen und innovativen Lösungen geprägt. Rebellion gegen die Unordnung der Amtskirche und Experimentierfreude in der Verwirklichung der mönchischen Lebensform kennzeichnen die Anfänge der Zisterzienser.

1.1 Vor den Zisterziensern

Die Gründung des Neuklosters im Jahre 1098 und mehr noch das bis dahin beispiellose Anwachsen des zisterziensischen Verbandes im Laufe des 12. Jahrhunderts sind Ausdruck einer verbreiteten und vielgestaltigen Suche nach religiöser Erlösung. Das Mittelalter brachte in fast jeder Generation Zweifel an herkömmlichen Wegen und Neuansätze im religiösen Leben hervor, doch in den beiden Jahrhunderten vor der zisterziensischen Ordensgründung entfaltete sich im westlichen Europa eine besondere Dynamik der Heilssuche[1]. Eine Bedingung dafür war langfristig in den karolingischen Bildungsreformen geschaffen worden, die zu einer Befruchtung der Theologie und zu einer rudimentären Hebung des intellektuellen Niveaus beitrugen. Prophezeiungen im Umfeld der ersten Jahrtausendwende riefen überdies gesteigerte religiöse Erwartungen und Ängste vieler Menschen hervor. Die im Abendland zu diesem Zeitpunkt erstmals auftretenden Wanderprediger und Ketzer predigten Enthaltsamkeit, Weltflucht und Evangelientreue. Ihr Erfolg ist ein Indiz dafür, dass das Vertrauen in die amtskirchliche Heilsvermittlung angesichts offensichtlicher Missstände im Schwinden begriffen war. Verstärkt wurde dieses Misstrauen durch die kritischen Stimmen der Kirchenreform. In beispielloser Schärfe geißelt etwa der Kardinal und Ordensmann Petrus Damiani († 1072) in seiner »Verteidigung der Weltverachtung« (*Apologeticum de contemptu saeculi*) die Habgier und Verweltlichung vieler Mönche und Kleriker als Grundübel seiner Zeit.

Nur wenig später hat der süddeutsche Benediktiner Bernold von Konstanz († 1100), der in den Abteien Sankt-Blasien und Schaffhausen für die Kirchenreform eintrat, die Breite und damit das Neue der religiösen Bewegung seiner Zeit gesehen, indem er die laikale Frömmigkeit neben die herkömmlichen Lebensformen der Mönche und Kleriker einordnete:

> Zu diesen Zeiten stand das gemeinsame Leben (*vita communis*) im Reich der Deutschen an vielen Orten in Blüte – nicht allein bei

den Klerikern und Mönchen, die in größter Frömmigkeit lebten, sondern auch bei den Laien, welche sich und ihre Güter zu eben solchem gemeinsamen Leben demütigst anboten; und obwohl sie der Kleidung nach nicht als Kleriker oder Mönch erschienen, standen sie diesen dennoch, wie man glaubt, keineswegs an Verdiensten nach. [...] Eine unzählbare Menge nicht nur von Männern, sondern auch von Frauen nahm zu diesen Zeiten ein derartiges Leben an (Bernold von Konstanz, Chronik, ann. 1091).

Beim Auftreten neuer Wanderprediger war die Grenze zwischen Ketzerei und Rechtgläubigkeit selbst für Kirchenleute oft nicht leicht zu bestimmen. Für das einfache Volk entschied das charismatische und asketische Auftreten maßgeblich über die Glaubwürdigkeit der Verkündung. Nach der Kreuzzugssynode von Clermont im November 1095 stellten sich in ganz Westeuropa Prediger in den Dienst der Kreuzzugswerbung. An ihrer Wirkung lässt sich ermessen, aus welchen Quellen sich die religiöse Begeisterung im zeitlichen Umfeld der zisterziensischen Ordensgründung hauptsächlich speiste. Nach Guibert von Nogent trat nach 1095 im Berry, in der Champagne und in Lothringen ein Mönch namens Peter auf, der sich selbst als Einsiedler bezeichnete. Dieser soll auf einem Esel reitend und in Lumpen gekleidet umhergezogen sein. Guibert schreibt ihm eine große charismatische Ausstrahlung zu: »Was immer er sagte oder tat, schien halbgöttlicher Art zu sein«[2]. Seinen Zuhörern zeigte Peter ein Stück Pergament vor, das er als einen »Himmelsbrief« ausgab, durch welchen ihn Gott selbst zum Predigen beauftragt habe. Auch wenn die Kirche solchen Erscheinungen ablehnend gegenüberstand, so weist doch der nachhaltige Erfolg Peters des Eremiten auf gesteigerte religiöse Bedürfnisse und Hoffnungen in breiten Bevölkerungskreisen hin.

Für den Erfolg der Zisterzienser waren beide Ausprägungen der religiösen Bewegung des hohen Mittelalters entscheidend: die verstärkte Heilssuche bei Laien und die Neuansätze im benediktinischen Mönchtum. Eine Verknüpfung beider Stränge hatte bereits die von der Abtei Cluny ausgehende mönchische Reformbewegung vorbereitet. Die mächtige burgundische Ordenszentrale wird zur Zeit Abt Hugos des Großen (1049–1109) in der Forschung traditionell als Gegenfolie zur bescheidenen Gründung des Neuklosters dargestellt. Dennoch darf man nicht übersehen, dass die Cluniazenser in den beiden Jahrhunderten zuvor mit der Verchristlichung des burgundischen und europäischen Adels das Feld für die Zisterzienser wie für andere Ordensgründungen bestellt hatten. Euphorisch beurteilten Chronisten und Kirchenreformer das Heilswerk der Cluniazenser: Für den Mönch Rodulf Glaber († um 1047) war nach der Jahrtausendwende geradezu eine neue Ära der Heilsgeschichte angebrochen: »Es war, als schüttele die Welt ihr Alter ab und legte allenthalben einen weißen Mantel von Kirchen an« (Histor. III,4). Die strenge Lebensweise und feierliche Liturgie Clunys beeindruckten im Jahre 1063 auch den päpstlichen Legaten Petrus Damiani, der als Prior von Fonte Avellana selbst einer eremitischen Gemeinschaft angehörte.

Die Abtei Cluny, im Jahre 909/910 durch Herzog Wilhelm den Frommen von Aquitanien gegründet, erhielt bereits 931 eine päpstliche Reformlizenz[3]. Geistliche und weltliche Klosterherren übertrugen ihre Häuser den Äbten von Cluny in großer Zahl. Die Regelungen des herzoglichen Gründungsprivilegs, die den ersten Abt Berno (910–927) und seine Nachfolger mit einem hohen Grad an Unabhängigkeit ausstatteten, weiteten Cluniazenser und kirchliche Reformer im Zeitalter des Investiturstreits zum Programm einer umfassenden Kirchenfreiheit (libertas ecclesiae) aus. Somit entstand im 10. und 11. Jahrhundert ein bedeutender Reformverband in der Mitte Europas, der insbesondere durch das Angebot einer hoch entwickelten Memorialkultur auf die Adelsgesellschaft ausstrahlte. Ihr Tätigkeitsspektrum z. B. in der Pflege der *Memoria* Verstorbener vermittelt einen Eindruck von den religiösen Bedürfnissen dieser Zeit. Von ihren Kerngebieten in Burgund und im Westfrankenreich aus wirkten die Cluniazenser in der Zeit Abt Odilos (994–1049) führend bei der Verbreitung der Gottesfrieden mit. In Spanien nutzte König Alfons VI. von León-Kastilien (1065–1109) seine Beziehungen zu Cluny dazu, um die Bistümer und Klöster seines Reiches besser auf die Unterstützung der Reconquista und die Förderung des Jakobskultes einzuschwören. Als mit Urban II. (1088–1099) erstmals ein Cluniazenser auf den Papstthron stieg, konnte er die Erfahrungen und Netzwerke seiner ehemaligen Abtei dafür einsetzen, um die 1095 in Clermont ausgerufene Massenbewegung des Kreuzzugs ideell und organisatorisch zu unterstützen.

Wie das Beispiel des von Abt Maiolus von Cluny (965–994) angeworbenen Reformspezialisten Wilhelm von Volpiano († 1031) zeigt, entstanden im Umfeld Clunys durchaus verschiedene institutionelle Spielarten der Klosterreform. Wilhelm selbst stammte aus dem oberitalienischen Benediktinerkloster Lucedio. Die Kontakte zu Maiolus führten ihn um 987 nach Cluny und nur drei Jahre später auf den Abtsstuhl der reformbedürftigen bischöflichen Abtei Saint-Bénigne in Dijon[4]. Der sichtbare Erfolg seiner dortigen Tätigkeit trug ihm eine Vielzahl weiterer Reformaufträge in Burgund, Paris, der Normandie, Lothringen und Oberitalien ein. Kennzeichen seiner Tätigkeit und Ursache seiner Beliebtheit bei bischöflichen und weltlichen Klosterherren war der Grundsatz, das Leben in den reformierten Klöstern nach dem Vorbild der cluniazensischen Lebensweise (*ordo cluniacensis*) zu bessern, ohne ihre Rechtsstellung zu verändern.

Auch in Italien machten sich bereits am Ende des 10. Jahrhunderts Ansätze einer religiösen Neuorientierung im monastischen Leben bemerkbar. Aus dem Hochadel stammend, war Romuald von Ravenna († um 1027) kurz vor der Jahrtausendwende zuerst mit der durch cluniazensische Mönche reformierten Abtei S. Apollinare in Classe bei Ravenna und wenig später mit griechischen Eremiten im Adria-Raum in Berührung gekommen. Nach Ravenna zurückgekehrt, entschied er sich bewusst gegen eine Karriere als Abt im Reichsdienst, die ihm der junge Kaiser Otto III. hatte eröffnen wollen. Seine Klostergründung an einer abgelegenen Stelle im Aretiner Apennin in Camaldoli bietet noch heute die Anschauung einer strikten Umsetzung des bereits von Benedikt von Nursia als Krönung des Mönchtums gewürdigten eremitischen Ideals (RB 1). Durch seine griechischen Gewährsleute hatte Romuald Zugang zu den eremitischen Urtexten und Traditionen des Mönchtums, etwa zu der Antonius-Vita des Athanasius, den Klosterregeln des Pachomius und Basilios (*Asceticum magnum* und *parvum*) oder den in unterschiedlichen griechischen und lateinischen Redaktionen vorliegenden »Worten der Wüstenväter« (*Apophthegmata patrum*)[5]. Durch das Vorbild Romualds ließen sich weitere italienische Mönche inspirieren, so der spätere Kardinal Petrus Damiani († 1072), der eine Lebensbeschreibung Romualds verfasste und an der Spitze eines kleinen eremitischen Klosterverbandes in Fonte Avellana (Marken, Umbrien) wirkte, sowie der aus Florenz stammende Benediktiner Johannes Gualbertus († 1073).

Auch nördlich der Alpen wirkte im 11. Jahrhundert das Vorbild der italienischen Eremiten auf monastische Reformkreise. Am bedeutendsten wurde die Initiative des aus dem rheinischen Hochadel stammenden Klerikers Bruno von Köln († 1101), der sich nach Theologiestudien und einer hochrangigen Stellung an der Reimser Kathedrale von der in seinen Augen verweltlichten Kirche abwandte. Nach einer Zwischenstation in Molesme, der klösterlichen Neugründung des Wanderpredigers Robert († 1111), gründete Bruno mit seinen Gefährten eine Einsiedelei in den Seealpen bei Grenoble. Die »Große Kartause« unterschied sich architektonisch von der Einsiedelei in Camaldoli, da Bruno und seine Gefährten die Zellen der Mönche und die Gemeinschaftsgebäude einschließlich der Kirche durch einen großen Kreuzgang miteinander verbanden. Eine strenge Isolation und Schweigepflicht sowie das kontemplative Leben, zu dessen Umsetzung man ebenfalls auf Laienbrüder zurückgriff, galten als die Grundlagen der Lebensform[6]. Ähnliche Biografien kennzeichnen viele weitere Wanderprediger und Klostergründer dieser Jahrzehnte, die in ihrer Begeisterung für eine evangelische Lebensform nach einem Platz in der Kirche suchten: Vitalis von Savigny, Bernhard von Tiron, Stephan von Muret, Stephan von Obazine, Robert von Arbrissel oder Norbert von Xanten. Die mit den genannten Namen verbundenen Kloster- und Ordensgründungen umreißen ein weites Spektrum monastischer Neuorientierungen, deren geographischer Rahmen im Wesentlichen durch das alte Frankenreich auf beiden Seiten der Alpen vorgegeben war. Gemeinsame evangelische Ideale und persönliche Kontakte dürfen nicht über die erheblichen Unterschiede und Besonderheiten dieser Initiativen hinwegtäuschen. Die neu entstehenden Klöster und Orden erfassten eremitische und zönobitische Tendenzen, die Bedürfnisse der religiösen Frauenbewegung sowie die Reform des Säkularklerus, die etwa von den Prämonstratensern, von einzelnen regulierten Stiftskapiteln wie Rottenbuch, Springiersbach, S. Ruf bei Avignon oder Arrouaise oder von Bischöfen wie dem Salzburger Erzbischof Konrad I. (1106–1147) vorangetrieben wurde.

Fragt man nach den Gründen für die besondere Dynamik religiös-monastischer Neuansätze im 11. und frühen 12. Jahrhundert, stößt man auf eine aus heutiger Sicht überraschend gute Vernetzung der tragenden Reformkreise, deren Protagonisten nicht selten aus dem Hochadel stammten. Förderlich waren solchen Beziehungen unter anderem regionale Schwerpunktbildungen in Burgund, Lothringen oder im oberitalienischen Apennin. Am Ende des 11. Jahrhunderts schien das große Waldgebiet von Craon im Nordwesten Frankreichs eine besondere Anziehung auf Wanderprediger und Eremiten auszuüben. Eine Folge solcher persönlichen Netzwerke, die in ihrem tatsächlichen Umfang nur schwer zu ermitteln sind, war der Transfer von Ideen und Texten. Die Gewohnheiten Clunys in Hirsau, die Vita Romualds im Reformverband von Fonte Avellana, die von Vallombrosa beeinflussten Gewohnheiten der zisterziensischen Laienbrüder (*Usus conversorum*) oder die textlichen Übereinstimmungen im frühen Statutenwerk von Prämonstratensern und Zisterziensern dokumentieren solche Transfers.

1.2 Robert von Molesme

Robert von Molesme war einer der aktivsten Vertreter der religiösen Bewegung des ausgehenden 11. Jahrhunderts, der auf der Suche nach Selbstheiligung verschiedene Spielarten der monastischen Lebensform erprobte. Die detaillierteste Quelle zu Roberts Herkunft und Leben, die von einem unbekannten Mönch in Molesme verfasste *Vita Roberti*, entstand erst über ein Jahrhundert nach seinem Tod[7]. Als Auftraggeber nennt der Text Abt Odo II. (1215–1227) von Molesme, der sich im Jahre 1220 an der Kurie für die Heiligsprechung Roberts einsetzte und dafür auch die Unterstützung des Generalkapitels der Zisterzienser einwarb. Die zeitliche Distanz zu den Ereignissen und der Anlass ihrer Abfassung haben immer wieder zu Zweifeln an der Glaubwürdigkeit der Vita geführt. Dennoch lässt sich im Vergleich mit älteren Quellen ein durchaus aussagekräftiges Bild über den Lebensweg und die Motive Roberts von Molesme gewinnen.

Robert stammte aus einer Adelsfamilie der Champagne oder des Tonnerrois. Verschiedene Forschungsmeinungen verorten die Familie im Umfeld der Grafen der Champagne, der Grafen von Tonnerre oder der einflussreichen Herren von Maligny[8]. Nach Angaben seiner Vita trat Robert um 1045 im Alter von 15 Jahren in die Abtei Montier-la-Celle bei Troyes ein, in der er es bis zum Amt des Klaustralpriors brachte. Eine erste Zäsur und einen Ortswechsel von der Champagne nach Burgund brachte das Jahr 1068 mit sich, als er zum Abt von S.-Michel de Tonnerre gewählt wurde. Das Kloster in Tonnerre war unter Bischof Brun von Langres (980–1015) dem Reformkreis Wilhelms von Volpiano angeschlossen worden und somit unter den Einfluss der cluniazensischen Lebensweise geraten, doch der Reformwille des Konventes schien zur Zeit Roberts offenkundig erlahmt. Innerhalb von wenigen Jahren scheiterte der neue Abt bei dem Versuch, das Leben seiner Mönche streng an der Regel auszurichten. Seine Vita schreibt lakonisch, als er erkannt habe, dass die Disziplin seiner Mönche abnahm, befürchtete Robert Schaden für seine Seele und kehrte in sein Heimatkloster Montier-la-Celle zurück (Kap. 3).

Ein auffälliges Interesse legt der Verfasser der *Vita Roberti* für die Eremiten von Collan an den Tag, die er offenbar als Keimzelle der späteren Gründungen von Molesme und Cîteaux betrachtete. Während die Ereignisse in Tonnerre nur knapp angerissen werden, widmet die Vita ihr ganzes zweites Kapitel und größere Teile des dritten bis fünften Kapitels dieser Gemeinschaft, die sich in einem Waldgebiet nur wenige Kilometer von Tonnerre entfernt niedergelassen hatte. Gegründet von zwei Rittern, die sich nach einer Fehde durch die Vermittlung Roberts zum religiösen Leben bekehrt hätten und deren Gemeinschaft sich rasch auf sieben Brüder vergrößert habe (Kap. 2), stellen die Eremiten von Collan ein weiteres Bindeglied zwischen Troyes und Tonnerre dar, da Robert bereits vor seiner Abtswahl in S. Michel mit dieser Gruppe in Kontakt gestanden haben soll. Nach Antritt seines Amtes in Tonnerre traten die Eremiten an den neuen Abt mit der Bitte heran, sie im geistlichen Leben zu unterweisen. Trotz seiner offenkundigen Sympathie für das eremitische Leben weigerte sich Robert, seine Beziehungen zu den Eremiten zu institutionalisieren. Die Vita deutet auch den Grund dafür an: Die Mönche des Michaelsklosters sahen die Kontakte nach Collan nicht gerne; sie verschärften offenbar die vorhandenen Konflikte im Konvent (Kap. 3).

Nach seinem Scheitern zog sich Robert nur kurz nach Montier-la-Celle zurück, wo ihm bald die Leitung des von Montier abhängigen Priorates Saint-Ayoul in Provins übertragen wurde (Kap. 4). Der Aufschwung dieses Klosters am Ende des 11. Jahrhunderts, der mit der Erhebung der Gebeine des heiligen Ayoul anlässlich der ersten großen Handelsmesse in Provins in den Jahren 1085/96 zusammenhing, darf nicht über seine äußerst bescheidene Stellung zu Roberts Zeit hinwegtäuschen. Erneut traten nun die Eremiten von Collan an Robert heran, um ihn als Leiter ihrer Gemeinschaft zu gewinnen. Dass diese nach einer neuerlichen Ablehnung sogar eine Gesandtschaft an den Papst geschickt haben sollen (Kap. 4, Ende), gehört zu den eher unwahrscheinlichen Passagen der Vita. Das entsprechende Mandat Alexanders II. oder Gregors VII. an den Abt von Montier-la-Celle ist jedenfalls diplomatisch nicht nachweisbar. Nicht zu bezweifeln ist gleichwohl, dass Robert in den Jahren vor 1075 wieder nach Burgund umzog und die Eremiten von Collan zu einer benediktinischen Gemeinschaft umformte, die den Kern des Konventes der 1075 gegründeten Abtei Molesme bildete (Kap. 6). Collan wurde wenig später eines der ersten Priorate im Klosterverband von Molesme[9].

Die *Vita Roberti* beschreibt die Lebensverhältnisse im Wald von Collan als äußerst beschwerlich und in dem Augenblick als untragbar, als durch Roberts Renommee weitere Eintritte zu verzeichnen waren:

> Als aber der Mann des Herrn, Robert, die ungeeignete Lage des Ortes (Collan) betrachtete, zog er, nachdem er einige Brüder dazugenommen und dort Wächter zurückgelassen hatte, in ein Waldstück, das Molesme hieß (*assumptis fratribus in quoddam nemus cui nomen Molismus erat secessit*). Dort schlugen sie, mit eigenen Händen arbeitend, Zweige von den Bäumen und bauten aus ihnen Behausungen, in denen sie sich ausruhen konnten. Auch ein Oratorium gleichen Aussehens vollendeten sie, in dem sie in reuigem Geiste dem Herrn häufig heilbringende Opferdienste darbrachten (Vita Roberti 6)[10].

Der Text des 13. Jahrhunderts verfällt mit dem Verb *secessit* gewiss nicht zufällig auf dieselbe Wortwahl wie die frühen zisterziensischen Gründungsberichte, wenn sie über Roberts späteren Auszug aus Molesme berichten. Die Eremitengemeinschaft im Wald von Collan, deren Mitgliederzahl nach Roberts Eintritt auf 13 gestiegen sein soll, hatte sich unter ihrem neuen Leiter dem Leben nach der Benediktsregel verschrieben. Auch der normannische Mönch Ordericus Vitalis berichtet in seiner Kirchengeschichte über den Aufbau des neuen Marienklosters in Molesme im Waldgebiet zwischen Tonnerre und Châtillon-sur-Seine (Hist. eccl. III, 8, 25). Die allerersten Anfänge von Molesme erinnern somit auffällig an die Ideale der späteren Gründerväter des Neuklosters: armes und asketisches Leben nach der Benediktsregel, harte körperliche Arbeit des ganzen Konventes, ein Neuanfang in unwirtlicher, einsamer Waldgegend und die Gründung einer der Gottesmutter geweihten Kirche.

Allerdings ist nicht zu übersehen, dass diese erste Phase in Molesme nur äußerst kurz andauerte und offenbar schon im Vorfeld der Neugründung die Weichen für eine umfangreiche Förderung des Klosters durch den regionalen Adel gestellt worden waren. Aus dem ersten Cartular von Molesme sind wir über die materiellen und rechtlichen Voraussetzungen dieser Neugründung gut im Bilde. Jacques Laurent spricht geradezu von einer kollektiven Gründung des regionalen Adels, der in den ersten Jahrzehnten aus Molesme nicht nur einen der größten Grundbesitzer im Osten Frankreichs machte, sondern dem mittlerweile berühmten Robert und seinen Mönchen weitere Klöster zur Reform und Neugründungen anvertraute[11]. Zu den wichtigsten Förderern gehörten Bischof Hugo von Troyes (1075–1082) sowie die Herren von Maligny, in deren Territorium Collan und Molesme lagen. Bereits an der Stiftungsurkunde Hugos von Maligny, mit der alle Rechte in und um Molesme in die Hand Abt Roberts und seines neuen Klosters fielen, war eine Vielzahl weiterer Verwandter und Adliger der Region beteiligt, darunter mit Tesselin le Roux, dem Herrn von Fontaine-lez-Dijon, übrigens auch der Vater Bernhards von Clairvaux (CM I, Nr. 2). Mit dem Herzog von Burgund und dem zuständigen Ortsbischof von Langres tauchen unter den frühen Förderern von Molesme zwei weitere Große auf, die auch für die Gründung des Neuklosters wichtig werden sollten.

Innerhalb weniger Jahre steigerten sich Grundbesitz und Größe der Abtei und des Klosterverbandes von Molesme zu einer beachtlichen Bedeutung im ostfranzösischen Raum. Seit 1084 hatte mit Robert von Burgund, einem jüngeren Bruder Herzog Odos, ein weiterer Förderer Roberts von Molesme das benachbarte Bistum Troyes inne. Dass in diesem Zuge auch die Abtei selbst stattlich ausgebaut wurde, legen die mehrfachen

Hoftage nahe, die Herzog Odo von Burgund und sein Nachfolger zwischen 1083 und 1104 in Molesme abhielten. Einige Dokumente aus dem Cartular von Molesme bezeugen, dass der anwachsende Klosterverband von Molesme organisatorische Fragen aufwarf, deren Beantwortung einen wichtigen Erfahrungshorizont für den späteren Zisterzienserorden bildete. Auch wenn der von Edmond Mikkers geprägte Begriff der »vorzisterziensischen *Carta caritatis*« sicher zu weit geht, sind durchaus Parallelen zur späteren *Carta caritatis* auffällig[12]: Eine anlässlich der Neugründung der Abtei Aulps durch Abt Robert von Molesme im Jahre 1097 angefertigte Urkunde legt das rechtliche Verhältnis zwischen Stammhaus und Tochterkloster fest. Darin wird das Bestreben sichtbar, der Filiale einen Teil ihrer Autonomie zu belassen, bei Rechtsstreitigkeiten den Vaterabt jedoch mit Jurisdiktionsgewalt auszustatten. Als Zeugen wirkten an dieser Urkunde auch die späteren Äbte von Cîteaux Alberich und Stephan Harding mit. Ein weiterer Text aus dem Jahre 1110 ist mit der Rechtslage des von Aulps aus gegründeten Klosters Balerne befasst und sieht unter anderem die Visitation durch den Vaterabt von Aulps sowie eine weitgehende materielle Autonomie der Tochterabtei vor. Die nach dem Filiationsprinzip organisierte Kontrolle im Verband von Molesme und die wirtschaftliche Autonomie jedes Klosters können als Vorläufer einiger wesentlicher Bestimmungen der *Carta caritatis* angesehen werden, ohne dass sie jedoch als ein auch nur annähernd vergleichbares Verfassungsmodell von der Kohärenz des späteren zisterziensischen Entwurfs zu beurteilen sind. Diesem Modell fehlte mit dem Generalkapitel und seiner legislatorischen Arbeit noch der zentrale Baustein[13].

Die überregionale Ausstrahlung Molesmes und seines Abtes wird nicht zuletzt durch das Beispiel Brunos von Köln bestätigt, der im Zuge des Investiturstreits in den Jahren nach 1080 seine Stellung als erzbischöflicher Kanzler in Reims niederlegte und auf der Suche nach einem heiligmäßigen Leben Kontakt zu Robert von Molesme aufnahm. Dieser stellte Bruno und seinen Gefährten um 1083 ein nahe gelegenes Waldstück in Sêche-Fontaine zur Verfügung, bevor die kleine Gruppe durch die Stiftung eines Geländes bei Grenoble durch den dortigen Ortsbischof Hugo ihrem Ideal einer völligen Abgeschiedenheit und Vereinzelung tatsächlich nahe kommen konnte. Diese frühe Beziehung der Kartäuser zu Molesme übertrug sich übrigens auch auf Cîteaux. Jedenfalls ist ein Kondolenzbrief Abt Alberichs an die Grande Chartreuse nach dem Tod Brunos im Oktober 1101 erhalten geblieben[14]. Das Beispiel Brunos mag Robert nicht unberührt gelassen haben. Jedenfalls deutet die *Vita Roberti* eine tief gehende Unzufriedenheit Roberts in jenen Jahren an, in welcher die Abtei Molesme zu Bekanntheit und Bedeutung gelangte. Beginnend mit der kursorischen Feststellung in Kapitel 9, die Brüder hätten »über längere Zeit an ihrer gottgefälligen Lebensweise festgehalten« und dadurch viele andere zum Eintritt in Molesme und zur Stiftung von Gütern selbst »in entfernten Gegenden« veranlasst, werden die negativen Folgen dieses Aufschwungs deutlich benannt:

> Aber da meistens zu große Fülle zum Mangel der Sitten führt, fingen sie an, als sie an zeitlichen Dingen Überfluss zu haben begonnen hatten, an geistlichen Dingen leer zu werden, so dass ihre Schlechtigkeit gleichsam aus dem Fett hervorzugehen schien (Vita Roberti 9).

Obwohl Robert zu diesem Zeitpunkt bereits fast 70 Jahre alt war, nahm er diese Entwicklung nicht tatenlos hin. Ihm dürfte bewusst gewesen sein, dass der personelle und wirtschaftliche Erfolg Molesmes in erster Linie seinen eigenen Beziehungen zum regionalen Adel und seinem mittlerweile weit ausstrahlenden Ruf in der monastischen Welt zu verdanken war. Doch ähnlich wie in der kurzen Amtszeit als Abt von S.-Michel in Tonnerre vermochte er es nicht, seinen Konvent auf die strikte Einhaltung der mönchischen Disziplin zu verpflichten. Obschon aus der Zeit Roberts keine Gewohnheiten oder Statuten für das Leben in Molesme überliefert sind, zeichnet sich der beginnende Konflikt recht klar in der Überlieferung ab. Insbesondere die beiden angelsächsischen Benediktiner Wilhelm von Malmesbury und der in der Normandie tätige Ordericus Vitalis gehen in ihren historiographischen Werken ausführlich auf die Spannungen im Konvent von Molesme ein: Wilhelm fügte um 1125 ein Kapitel *De Cisterciensibus* in seine »Taten der angelsächsischen Könige« (*Gesta regum Anglorum*) ein[15]: Abt Robert habe seine Mönche häufig im Kapitel zur Einhaltung der Regel angehalten. Ermutigt durch den Angelsachsen Stephan Harding, den Protagonisten in Wilhelms Darstellung, und mit der Zielsetzung, »das Überflüssige abzulehnen und nur das Mark der Regel festzuhalten«, habe Robert zwei Mönche mit der Ausarbeitung neuer, ganz auf den Willen Benedikts ausgerichteter Lebensgewohnheiten beauftragt. Deren Entwurf sei aber von fast allen Mönchen in Molesme abgelehnt worden, »weil sie das Alte liebten« (§ 335,4). Wilhelm verwendet in diesem Zusammenhang sogar das zisterziensische Schlagwort der »Reinheit der Regel« (*puritas regulae*) (§ 335,5).

Ordericus Vitalis bestätigt um 1137 diese Sichtweise: Hier werden die Diskussionen im Konvent in die Form eines fiktiven Streitgesprächs gekleidet: Abt Robert fordert die Brüder auf, sich strenger an die Benediktsregel zu halten. »Wir beobachten vieles, was dort nicht vorgeschrieben ist, mehr noch unterlassen wir aber von ihren Anweisungen aus Nachlässigkeit« (VIII, 26,12). Die Brüder aber widersetzen sich den Reformen mit dem Hinweis auf das Alter ihrer eigenen Lebensgewohnheiten, die sie auf diejenigen von Cluny und Tours zurückführen (VIII, 19–29 und 33–59). In beiden Darstellungen mündet dieser Streit unmittelbar in den Auszug Roberts und weniger Gleichgesinnter nach Cîteaux.

Von den zisterziensischen Gründungsberichten erwähnt nur das kürzere, durch Chrysogomus Waddell auf etwa 1135 datierte *Exordium Cistercii* die Konflikte in Molesme. Kapitel 1 hebt prägnant die Kritik Roberts und seiner Gefolgsleute an den »irdischen Geschäften« ihrer Mitbrüder und den eigenen Drang nach einer »fruchtbaren Form mönchischer Armut« hervor, um fortzufahren:

> Zugleich kamen sie zu der Überzeugung, dass man in ihrem Kloster zwar heilig und untadelig lebte, dass aber dennoch die

Regel, auf die sie die Profess abgelegt hatten, weniger beobachtet wurde, als es ihrer Sehnsucht und ihrem Vorhaben entsprach. Sie redeten miteinander über das, was sie alle bewegte (EC 1).

Innerhalb des Ordens wird das Zitat aus dem *Exordium Cistercii*, dass Reichtum und Tugend nicht lange gut zu vereinbaren seien, zum geflügelten Wort. Cäsarius von Heisterbach stellt es gleichsam als Leitmotiv an den Beginn seines »Dialogs über die Wunder« (*Dialogus miraculorum*)[16]. Während alle Texte aus der ersten Hälfte des 12. Jahrhunderts als Folge des Streites um die Lebensgewohnheiten in Molesme nur den Auszug nach Cîteaux kennen, fügt die Vita des frühen 13. Jahrhunderts eine weitere Stufe der Eskalation ein: Zunächst habe Robert alleine seine Gründung Molesme verlassen und sich in ein nahe gelegenes Kloster, *qui vocatur Auz* zurückgezogen, in dem fromme Mönche lebten, die ihn freudig aufnahmen und nach nur kurzer Zeit zu ihrem Abt wählten. Die Forschung hat berechtigte Zweifel an der Glaubwürdigkeit dieser Episode geäußert, zumal eine weitere analoge Erzählung über Alberich und Stephan Harding in der Vita folgt. Diese beiden hätten gemeinsam mit zwei anderen Brüdern ebenfalls den Konvent von Molesme verlassen, um sich an einem Ort namens *Vivicus* (Viviers-sur-Artaut?, arr. Troyes) dem eremitischen Leben zu widmen, seien aber durch den Bischof von Langres zur Rückkehr nach Molesme gezwungen worden (Kap. 10). In der Logik der hagiographischen Erzählung kommt diesen Episoden eine klare Bedeutung zu: Robert befand sich – wie bereits in S.-Michel de Tonnerre – in einer Zwangslage zwischen den Verpflichtungen seines Amtes und den Gefahren für seine Seele. Auch wenn er sich die Entscheidung nicht leicht machte und den kirchlichen Autoritäten stets Folge leistete, blieb er der Sorge um sein Seelenheil treu. Damit ist der Maßstab benannt, den der Verfasser der Robertsvita auch für den wenig später erfolgten Auszug Roberts und seiner Gefährten nach Cîteaux gelten lässt.

1.3 Novum monasterium

Nach seinem bisherigen Lebensweg stellte der neuerliche Auszug Roberts aus Molesme keine Überraschung dar. Zur Rekonstruktion und Bewertung der Vorgänge von 1098 und 1099 steht eine größere Zahl von Überlieferungen zur Verfügung[17]. Die in Molesme entstandene *Vita Roberti* beschreibt in drei Kapiteln die Etablierung des Neuklosters und die Rolle Roberts: Kapitel 11 berichtet, wie die aus *Vivicus* verdrängten Brüder, unter ihnen Alberich und Stephan Harding, an einem Ort namens *Cistercium* eine neue Bleibe und eine der Gottesmutter geweihte Kirche gegründet hätten. Als Robert davon gehört habe, sei er mit 22 Brüdern aus Molesme fortgegangen, um sich der Gemeinschaft anzuschließen, die besonders regeltreu lebte und deren Vorsteher er für eine Zeit wurde (Kap. 12). Der Konvent von Molesme legte abermals Beschwerde beim Papst ein, der zwar die Lebensform der Gründer von Cîteaux gelobt, doch Robert zur Rückkehr nach Molesme aufgefordert habe. Dieser habe zuerst Alberich und nach dessen baldigem Tod Stephan Harding zum neuen Abt von Cîteaux bestellt, denn

> weil er der Begründer dieser neuen Pflanzung gewesen war, fiel auch die Verwaltung der beiden Klöster – nämlich von Molesme und Cîteaux – unter seine Entscheidungsvollmacht (Kap. 13).

Die Vita stilisiert somit Cîteaux als Tochterabtei von Molesme. Robert wird bereits im Titel dieses Textes als Gründungsabt von Molesme und Cîteaux bezeichnet. Anstatt mit dem in den frühen zisterziensischen Texten programmatisch verwendeten Namen *Novum monasterium* auf die Besonderheit der Neugründung zu verweisen, wählt die Vita mit *Cistercium*/Cîteaux den üblich gewordenen Ortsnamen.

Die Überlieferungen des 12. Jahrhunderts, darunter auch die frühen zisterziensischen Texte, bestätigen zwar den groben Verlauf der Ereignisse mit Roberts erzwungener Rückkehr nach Molesme und den nachfolgenden Abbatiaten Alberichs und Stephan Hardings, doch treffen sie teilweise sehr unterschiedliche Wertungen. Der Benediktiner Wilhelm von Malmesbury, dessen Blick von außen nicht im Verdacht steht, eine nachträgliche Überhöhung der zisterziensischen Anfänge zu bieten, hat vor allem das Lob seines Landsmannes Stephan Harding im Sinn, »der zum Gründer und Wegbereiter dieser [zisterziensischen] Lebensweise werden sollte« (§ 341, 2). Folgerichtig ist es vor allem Stephan, der nach Wilhelms Darstellung den Streit mit Mönchen von Molesme um die richtige Auslegung der Regel führte und der schließlich gemeinsam mit Abt Robert und 17 weiteren Mönchen nach Cîteaux auszog. Übrigens variiert die Zahl der Abtrünningen von Quelle zu Quelle: Die beiden zisterziensischen Exordien des 12. Jahrhunderts sprechen von 21 Mönchen; Wilhelm von Malmesbury geht von 18 Mönchen, Ordericus Vitalis von der biblischen Zahl 12 aus; die *Vita Roberti* spricht von 22 Mönchen, die mit ihrem Abt ausgezogen seien. Traditonsbildend wirkten vor allem die Exordien, deren Angabe von 21 plus eins von Autoren wie Robert von Torigny oder den Zisterziensern Helinand von Froidmont, Cäsarius von Heisterbach und Konrad von Eberbach, dem Verfasser des *Exordium magnum*, übernommen wurde.

Den beiden älteren Gründungsberichten kommt für das Selbstverständnis der frühen Zisterzienser eine besondere Bedeutung zu. Längst hat die Forschung erkannt, dass es sich dabei nicht um einfache Berichte, sondern um Texte unter Rechtfertigungszwang handelt. Insbesondere der Prolog des vermutlich bald nach dem Tod des dritten Abtes, Stephan Harding (1109–1134), entstandenen *Exordium parvum* legt großes Gewicht auf die Legitimation der Klostergründung:

> Wir Zisterzienser, erste Gründer dieser Gemeinschaft, wollen den uns nachfolgenden Mönchen mit diesem Schreiben berichten, mit welcher Treue zum kirchlichen Recht, kraft welcher Autorität, von welchen Personen, und zu welcher Zeit das Kloster und dessen Lebensform (*tenor vitae*) ihren Anfang genommen haben (EP, Prolog).

Die doppelte Betonung der Rechtmäßigkeit erklärt sich, wenn man bedenkt, dass Roberts und seiner Gefolgsleute Verhalten als Bruch des benediktinischen Stabilitätsgebotes und Verstoß gegen kirchenrechtliche Bestimmungen aufgefasst werden konnte und wurde. Das *Exordium magnum* des Zisterziensers Konrad von Eberbach (um 1190/1206) unterstellt den Verantwortlichen sogar das volle Bewusstsein ihres Unrechtshandelns:

> Sie [...] klagten, dass die Gewohnheiten in ihrem Kloster von der Regel, die sie gelobt hatten, allzusehr abwichen, und bekannten mit Schmerz, dass sie deswegen offenbar wissentlich die Sünde des Meineides begangen hätten. Sie fügten ferner hinzu, dass sie ihr Leben ganz nach den Vorschriften der Regel ihres heiligen Vaters Benedikt ordnen wollten, und baten beharrlich, der Legat möge ihnen zur ungehinderten Durchsetzung dieses Vorhabens mit apostolischer Autorität die Kraft seiner Hilfe gewähren. (EM 1,11)[18].

Um die Legitimität des schließlich auf einer Synode gefundenen Kompromisses zu dokumentieren, der Robert zur Rückkehr in sein Heimatkloster verpflichtete, den Abtrünnigen aber den Verbleib im Neukloster gestattete, fügte der Verfasser des *Exordium parvum* eine Serie von Briefen und Urkunden in seinen Text ein, deren Authentizität im einzelnen umstritten ist. Sicher ist allerdings, dass aus diesen Dokumenten bereits im 12. Jahrhundert innerhalb und außerhalb des Ordens zitiert wurde, so bei Idung von Prüfening, Guillaume Godell oder im *Exordium magnum*, sie mithin eine messbare Wirkung bei der Beurteilung der frühen Zisterzienser erzielten.

Im Lichte dieser Dokumente stellt sich die Gründung des Neuklosters als gut vorbereiteter Akt dar: Zu Beginn des Jahres 1098 trat Robert von Molesme mit einer Gruppe von Mönchen in Lyon vor den Erzbischof und päpstlichen Legaten Hugo von Die (1081–1106). Das *Exordium parvum* überliefert ein Empfehlungsschreiben Hugos, mit dem das Anliegen Roberts und seiner Begleiter grundsätzlich unterstützt wird:

dass ihr von nun an die Regel des heiligen Benedikt strenger und vollkommener halten wollt, die ihr dort in jenem Kloster [sc. Molesme] bislang nur lau und nachlässig befolgt habt (EP 2).

Um Konflikte in Molesme künftig zu vermeiden, erteilt er die Erlaubnis zur Gründung eines neuen Klosters »an einem durch Gottes Güte bezeichneten Ort«. In der *Intitulatio* und in der abschließenden Beglaubigungsformel des Briefes wird deutlich, dass Hugo hier »kraft apostolischer Autorität« und nicht ›nur‹ als Metropolit der burgundischen Kirchenprovinz handelte. Damit versah der Text Robert mit der größtmöglichen juristischen Rückendeckung und schützte ihn zugleich gegen die Ansprüche des regional zuständigen Bischofs von Langres. Aus dem weiteren Bericht des EP wird deutlich, dass Herzog Odo von Burgund, Bischof Walter von Chalon und der Vizegraf Raynald von Beaune schon frühzeitig eingeweiht waren und der Gruppe um Robert einen abgelegenen Ort im Bistum Châlon auf dem Grundbesitz Raynalds zur Klostergründung zur Verfügung stellten (Kap. 3). Von kirchenrechtlicher Bedeutung waren – offenbar nur wenige Wochen nach Zuweisung des Ortes – die durch Hugo von Die veranlasste Erhebung des neuen Klosters zur Abtei und die vom Ortsbischof Walter vorgenommene Abtsweihe Roberts (Kap. 4), die er später in einem Empfehlungsschreiben an seinen Amtsbruder Robert von Langres noch einmal bestätigte (Kap. 8).

Zwischen Kapitel 4 und 8 geht der Gründungsbericht auf die entscheidende Zäsur in der Etablierung des Neuklosters ein. Ausgelöst durch eine Intervention des Konventes von Molesme bei Papst Urban II. (1088–1099), wies der Papst seinen Legaten Hugo von Die an, seine frühere Entscheidung so zu revidieren, dass möglichst beide Seiten zur Ruhe kämen (Kap. 6). Die Mönche von Molesme mit ihrem zwischenzeitlich gewählten Abt Gottfried konnten sich dabei auf das Schutzprivileg berufen, das Urban ihrem Kloster am 29. November 1095 nur zwei Tage nach seinem berühmten Kreuzzugsaufruf von Clermont ausgestellt hatte[19]. Mit seinem Wortlaut deutet der erwähnte Papstbrief vom Frühjahr 1099 das

Interesse an einem Kompromiss an, denn es wird keineswegs die kirchenrechtlich umstrittene Gründung des Neuklosters als solche in Frage gestellt. Die endgültige Kompromissformel fand eine von Hugo geleitete Synode in Anse (arr. Villefranche-sur-Saône) oder im nahe gelegenen, heute verschwundenen Port d'Anselle in Gegenwart weiterer burgundischer Bischöfe und Äbte sowie von Vertretern der Abtei Molesme (EP 7). Abt Robert sollte seinen Abtsstab für das Neukloster an den Ortsbischof von Châlon zurückgeben und wieder in seine alte Stellung nach Molesme zurückkehren. Eine Rückkehroption wurde auch allen Mönchen des Neuklosters eingeräumt, von denen einige das Angebot annahmen, »welche die Einöde nicht liebgewonnen haben« (ebd.). Liturgisches Gerät und Bücher, die Robert aus Molesme mitgenommen hatte, durften mit Ausnahme eines bestimmten Breviars im Neukloster verbleiben. Offenbar waren die Synodalen davon überzeugt, dass es in Molesme nicht an materiellen Gütern mangelte, sondern dass es dem dortigen Konvent wesentlich auf die bislang exzellenten Beziehungen zum regionalen Adel ankam, die in hohem Maße von der Person Roberts abzuhängen schienen. Eine eindrucksvolle Bestätigung dieser Sicht findet sich im Cartular von Molesme, das in einer umfangreichen Besitzbestätigung des Bischofs von Langres aus dem Jahr 1101 neben weltlichem Grundbesitz mehr als 60 abhängige Kirchen und Kapellen aufzählt. In dieser Urkunde werden Robert als *vir religiosus* und die Mönche von Molesme als *religiosissimus molismensium conventus* gelobt[20].

Den Kern der Vorgänge von 1098/1099 erfasst auch der knapp gehaltene Bericht des *Exordium Cistercii*: Die Mönche von Molesme hätten gegen den Auszug ihres Abtes beim Papst Beschwerde eingelegt, worauf Robert schließlich »auf Befehl Papst Urbans sowie mit Erlaubnis und Billigung Bischof Walters [von Chalon] nach Molesme zurückgekehrt« sei (Kap. 1). Von Interesse ist dabei der kirchenrechtliche Hintergrund der Beschwerde aus Molesme: Als benediktinische Mönche waren Robert und seine Gefolgsleute dem Stabilitätsgebot der Benediktsregel unterworfen. Bereits merowingische

Synoden hatten dabei die besondere Verantwortung der Äbte betont und ihre Freizügigkeit eingeschränkt. Kirchenrechtlich bedenklich erschien nicht zuletzt die Annahme des Abtstitels durch Robert im Neukloster, da seine Abtsweihe für Molesme weiterhin Bestand hatte. Welche psychologischen und materiellen Folgen der frühe Verlust seines Gründers für die Entwicklung des noch jungen Konventes im Neukloster hatte, lässt sich nur vorsichtig aus der Überlieferung erschließen. Gerade spätere zisterziensische Autoren wie Konrad von Eberbach führen eine durchaus polemische Debatte über Roberts Entscheidung, den Konvent des Neuklosters zu verlassen und sich den kirchlichen Autoritäten zu beugen. Konrad unterstellt Robert sogar, er habe den rigorosen Neuanfang in der Einöde des Neuklosters nicht ernst gemeint (EM 1,15). Ähnlich wertet auch der Zisterzienser Helinand von Froidmont zu Beginn des 13. Jahrhunderts Roberts Rückkehr nach Molesme als nur »vorgeblich erzwungen, in Wirklichkeit aber freiwillig« (*quasi coactus sed volens*) (PL 212, 991). Bereits im 12. Jahrhundert zählten viele Texte, so etwa das *Exordium parvum* (Kap. 17), nicht Robert, sondern Alberich als ersten Abt von Cîteaux. Dies bestätigen auch zwei Bibliotheksvermerke aus der Zeit Stephan Hardings, die diesen als zweiten Abt des Neuklosters bezeichnen, während die *Vita Roberti* ihren Namensgeber ausdrücklich als »Abt von Molesme und Cîteaux« tituliert (Kap. 1). Die Ausgangssituation für das Neukloster stellte sich 1099 eher zwiespältig dar: Einerseits standen mit dem früheren Prior von Molesme Alberich und dem Engländer Stephan Harding zwei geeignete und in ihrem Führungsanspruch unumstrittene Nachfolger zur Verfügung. Andererseits scheint aber die materielle Situation der Neugründung in den ersten Jahren durchaus prekär gewesen zu sein.

Das später angelegte Cartular des Neuklosters verzeichnet die bescheidenen Anfänge des zisterziensischen Grundbesitzes. Der ursprüngliche Klostergrund inmitten landwirtschaftlicher Nutzflächen zwischen Beaune und Dijon, auf dem offenbar bereits eine Kapelle existierte, wurde vom Vizegrafen Raynald von Beaune und seiner Ehefrau Hodierna von Montmorot zur Verfügung gestellt. Nach dem späteren Bericht des *Exordium magnum* soll der Konvent seinen Gründungsgottesdienst am Tag des heiligen Benedikt, am 21. März 1098, begangen haben (EM 1,13). Großzügige Stiftungen Herzog Odos I. von Burgund sorgten für eine Erweiterung des Klostergeländes und für einen ersten Holzbau der Konventsgebäude. Hinzu kamen die Befreiung von Abgaben und herzogliche Waldnutzungsrechte in der Umgebung des Klosters. In Gegenwart vieler regionaler Grundherren übertrug Odo dem Neukloster schließlich einen Weinberg in Meursault. Dieser Akt von Weihnachten 1098 ist zum letzten Mal an Abt Robert adressiert (Marilier, Chartes, Nr. 12).

1.4 Kloster im Aufbau – Cîteaux unter Alberich (1099–1109)

In der Absicht, das Neukloster als Tochtergründung von Molesme zu stilisieren, behauptet die *Vita Roberti,* Robert habe vor der Rückkehr nach Molesme seinen Prior Alberich als Nachfolger in Cîteaux eingesetzt (Kap. 13). Nach dem Wortlaut der Beschlüsse von Anse/Port d'Anselle liegt eher nahe, dass die im Neukloster verbliebenen Mönche unter Leitung des zuständigen Ortsbischofs von Chalon diese Wahl im Juli/August 1099 selbst vorgenommen haben (EP 9). Streit über die Wahl scheint es nicht gegeben zu haben, denn Alberich nahm als Prior nicht nur hierarchisch den höchsten Rang ein, sondern wird im Cartular von Molesme und in der *Vita Roberti* als enger Weggefährte Roberts und eifriger Anhänger der Klosterreform beschrieben. Seine erste Sorge galt dem rechtlichen und materiellen Bestand des dezimierten Konventes des Neuklosters. Eine spätmittelalterliche Inschrift in der Kapelle Saint-Edme in Cîteaux, die im Jahre 1792 zerstört wurde, deren Wortlaut aber überliefert ist, hält die Weihe des Kirchenneubaus im Jahre 1106 durch Bischof Walter von Chalon und die zuvor erfolgte Verlegung des ersten Klosterbaus durch Alberich an einen neuen, wasserreichen Platz weiter südlich im Gelände fest[21]. Vor allem aber versicherte sich der neue Abt der Unterstützung der lokalen Bischöfe und zweier päpstlicher Legaten in Frankreich, mit deren Empfehlungsschreiben er schließlich zwei Mönche an die römische Kurie entsandte, um ein Schutzprivileg des Papstes zu erwirken (EP 10–14).

Während die meisten der bislang zitierten Briefe und Urkunden kirchlicher Autoritäten nur im Kontext des *Exordium parvum* überliefert sind, was ihre Glaubwürdigkeit schmälert, markiert das Privileg *Desiderium quod* (auch *Privilegium Romanum*) Papst Paschalis' II. vom 19. Oktober 1100 einen festen Ausgangspunkt für die frühen Verhältnisse im Neukloster. Paschalis nahm auf Rat seiner beiden Legaten Johannes von Gubbio und Benedikt, die im Sommer 1100 die Neugründung besucht hatten (EP 11), das Kloster unter besonderen päpstlichen Schutz gegen alle Belästigungen von außen, vorbehaltlich der Aufsichtsrechte des Ortsbischofs von Chalon und des regelgetreuen Lebens im Neukloster[22]. Dieser letzte Passus der Papsturkunde wurde im *Exordium parvum* beiseite gelassen, was auf einen durchaus einseitigen und freizügigen Umgang des Verfassers mit seinen Quellen hinweist. Ferner bestätigte der Papst den Kompromiss mit Molesme und erinnerte die Mönche daran, freiwillig das strengere und entbehrungsreichere Leben im Neukloster gewählt zu haben. Diese Formulierung war für die juristische Position der Kurie wichtig, da das Kirchenrecht traditionell den Übertritt von Religiosen in ein anderes Kloster nur gestattete, wenn damit der Wechsel in eine strengere Lebensform (*vita strictior*) verbunden war.

Wie stellt sich im Lichte dieser Quellen das Leben in Cîteaux in den ersten Jahrzehnten des 12. Jahrhunderts dar? Unter den spärlichen Nachrichten über Aussehen und Größe des Klosters in der Frühzeit fällt zunächst die oben erwähnte Inschrift auf: Abt Robert habe an dem ersten Ort eine einfache Behausung »aus Zweigen und Ästen« gebaut, die die Mönche »nach zwei oder drei Jahren« wegen Wassermangels verlassen hätten, um ein neues Kloster in einiger Entfernung zu errichten. Die Forschung hat daraus die Frage abgleitet, ob Robert ursprünglich nur ein Eremitorium gründen wollte, wie er es in Collan kennen- und schätzen gelernt hatte[23]. In dieser Sichtweise wäre Abt Alberich der eigentliche Gründer des benediktinischen Zisterziensertums. Dieser Wertung steht entgegen, dass es Robert nach Darstellung aller frühen Texte in seinem Konflikt mit den Mönchen von Molesme im Kern um ein Leben nach der Benediktsregel ging. Nach dem *Exordium parvum* war die Erhebung der Neugründung zur Abtei bereits Gegenstand der Verhandlungen mit Hugo von Die zu Beginn des Jahres 1098, die ja von Robert selbst geführt wurden (Kap. 4). Abgesehen von diesen textlichen Widersprüchen ist es keineswegs beispiellos, dass eine Klostergründung aus pragmatischen Gründen nach kurzer Zeit noch einmal ihren Standort wechselte. Nach den Forschungen des Kunsthistorikers Matthias Untermann sind eine erste Gründung eher provisorischer Holzbauten und eine Suche nach einem besseren Standort, die mit dem Neubau von Steingebäuden abgeschlossen wird, sogar als Normalfall zisterziensischer Baugeschichte anzusehen[24].

Aus den Urkunden von Cîteaux lässt sich erschließen, dass am ersten Ort der Gründung, dessen Name mit La Forgeotte angegeben wird, zwei Bauernfamilien aus der Grundherrschaft des Vizegrafen von Beaune arbeiteten, die erst durch eine spätere Stiftung des Vizegrafen von 1134/43 dem Kloster übertragen wurden[25]. Am Ort bestand außerdem eine kleine Marienkapelle, die Robert und seinen Gefolgsleuten als erste Kirche gedient zu haben scheint und die möglicherweise der entscheidende Standortvorteil des ersten Ortes gewesen ist. Sicher ist, dass nach der Verlegung, die spätestens 1101 erfolgt sein muss, recht bald ein neuer Kirchbau begonnen wurde, zu dessen Finanzierung Herzog Odo und Hugo II. von Burgund wesentlich beitrugen und der im November 1106 feierlich geweiht werden konnte. Das *Exordium parvum* hebt in biblischen Topoi die Einsamkeit und Unwirtlichkeit des Ortes hervor, der als *eremus* (Kap. 3,4) oder als undurchdringlicher, einsamer Wald, »nur von Tieren bewohnt«, bezeichnet wird

(Kap. 3,5; vgl. Deut. 32,10). Diese Stilisierung der Waldeinsamkeit sollte für die späteren zisterziensischen Gründungen maßstabsetzend werden.

Über das Aussehen des ersten Klosters und der ersten Kirche lassen sich kaum Schlüsse ziehen. Während das *Exordium parvum* berichtet, der erste Klosterbau sei aus Holz errichtet worden (Kap. 3), womit durchaus die Anfänge in La Forgeotte gemeint sein können, dürfte die erste, 1106 geweihte Kirche des Klosters eine Steinkirche gewesen sein[26]. Bereits in den ersten Jahren muss im Neukloster auch ein Skriptorium entstanden sein, in dem vermutlich eine Kopie des auf der Synode von Anse/Port-d'Anselle erwähnten Breviars, eine Bibelabschrift (1109) und die reich illuminierte Kopie der *Moralia in Hiob* Gregors des Großen (um 1111) entstanden. In dieselbe Richtung weist der überlieferte Briefwechsel Alberichs mit dem gelehrten Latinisten Lambert von Pothières (Marilier, Chartes, Nr. 17). Auffällig bleibt der geringe Umfang von Grundbesitzstiftungen seitens des Herzogs und seiner Vasallen in der Amtszeit Abt Alberichs († 1109). Bekannt ist, dass die burgundischen Herzöge vor und nach 1100 engste Beziehungen zur Abtei Molesme unterhielten, wo sie eine Reihe von Hoftagen abhielten. Dass Herzog Odo I. aber auch nach der Rückkehr Roberts nach Molesme seine Sympathie für das Neukloster nicht verloren hatte, wird eindrucksvoll durch die Wahl der Grablege untermauert. Im Dezember 1101 starb der Herzog auf dem Weg ins Heilige Land. Sein Sohn Hugo II. (1102–1143) ließ den Leichnam des Vaters nach dessen Willen in Cîteaux beisetzen, obwohl Kirche und Konventgebäude allenfalls in rudimentärer Form vorhanden waren.

In den vom *Exordium parvum* festgehaltenen ersten Beschlüssen (*Instituta*) des Konventes fällt eine Passage auf, die noch auf Alberich zurückgehen könnte: Hier heißt es, weil man weder in der Benediktsregel noch in der Vita des heiligen Benedikt etwas von fremden Kirchen oder Altären, von Laienbegräbnissen oder fremden Zehnten, noch von Öfen, Mühlen, Dörfern, Bauern oder Frauen im Kloster lesen könne, sollten

Abb. 1: Zisterzienser beim Klosterbau

sich auch die Mönche von Cîteaux all dieser Dinge enthalten (EP 15). Da man aber bereits erste Stiftungen und auch das Begräbnis Herzog Odos angenommen hatte, ist die praktische Bedeutung dieses undatierbaren Beschlusses nicht zu hoch zu veranschlagen. Möglicherweise hielt einfach die geringe Größe des Konventes unter Alberich weitere Stifter von der

Unterstützung des Neuklosters ab, dem man die Verwaltung größerer und entfernt liegender Güter offenbar noch nicht zutraute. Über die konkrete Größe des Konventes von Cîteaux in diesen ersten Jahren kann freilich nur spekuliert werden. Die ursprüngliche Gruppe unter Robert umfasste nach dem Großteil der frühen Überlieferungen etwa 20 Personen. Bei seiner Rückkehr nach Molesme wurde Robert von mehreren Brüdern begleitet. Nach Wilhelm von Malmesbury und Helinand von Froidmont verblieben nur acht Mönche im Neukloster. Die oben erwähnte Inschrift aus der Kapelle Saint-Edme nennt namentlich sechs Brüder, darunter Alberich und Stephan, spricht aber von weiteren *primi fundatores*. Da auch von keinen Neueintritten die Rede ist, befand sich Cîteaux in den ersten zehn Jahren personell und materiell in durchaus prekären Verhältnissen, wobei die noch Robert zugesprochenen Zehnteinnahmen aus dem herzoglichen Weinberg von Meursault die Weiterführung der erforderlichen Bauarbeiten ermöglichten. Das *Exordium magnum* malt die große Armut des Klosters in dieser Anfangsphase eindrucksvoll aus, wo man selbst an Feiertagen nur trockenes Brot zu sich genommen habe und selbst dies nicht in ausreichender Menge (EM 1,25). Helinand von Froidmont berichtet über einen Besucher, der im Jahre 1104 in das Neukloster gekommen sei:

> Er kam nach Cîteaux und fand unbebautes und einsames Land, wo die Brüder unter den Tieren lebten. An der Tür des Klosters, die aus Zweigen geflochten war, hing ein eiserner Hammer, mit dem man Zeichen gab, um den Pförtner zu rufen (Helinand von Froidmont, Chronicon, PL 212, 553).

Angesichts der unsicheren Ausgangslage muss es für Alberich beruhigend gewesen sein, zumindest die rechtliche Situation der Neugründung durch die Erlangung des päpstlichen Schutzes grundlegend zu verbessern. Unterdessen verlief nach Aussage des *Exordium parvum* das innere Leben des Konventes harmonisch in den Bahnen einer rigorosen Beachtung der Benediktsregel. Umstritten ist, ob und inwieweit die dort überlieferten ersten gemeinsamen Beschlüsse des Konventes von Cîteaux (*Instituta monachorum cisterciensium de Molismo venientium*, Kap. 15) noch der Amtszeit Alberichs zuzuschreiben sind. Viele dieser Beschlüsse, etwa die Verwaltung des Grundbesitzes durch Laienbrüder (*fratres conversi*) oder die Tochtergründungen betreffend, sind dem nachfolgenden längeren Abbatiat Stephans zuzurechnen. Gleichwohl bietet die Sammlung den frühesten Eindruck vom Alltag in Cîteaux, z. B. von den Kleidungs- und Nahrungsvorschriften oder der Rolle der Handarbeit. Überröcke, Kapuzen, Schuhe, Gürtel und teure Stoffe sowie Bettwäsche und erlesene Mahlzeiten werden verworfen, die eigene Handarbeit der Mönche hervorgehoben. Auf den charakteristischen weißen Habit weisen hingegen zuerst ordensfremde Quellen in den 1120er Jahren hin (Ordericus, Hist. eccl. 8,25).

Wenig überraschend ist der Befund, dass sich die *Instituta* in Ausrichtung und Wortlaut eng an die Benediktsregel anlehnen. Die besondere Stoßrichtung des Textes – und dies trifft auf das gesamte *Exordium parvum* zu – wird im programmatischen Bekenntnis zur Regeltreue deutlich:

> Hierauf beschlossen jener Abt (Alberich) und seine Brüder gemeinsam, in Treue zu ihrem Gelöbnis die Regel des heiligen Benedikt in jenem Kloster zu verwirklichen einmütig zu halten. Sie verwarfen alles, was der Regel widersprach: gefältelte Kukullen, Pelze und Unterhemden, Kapuzenumhänge und Beinkleider, Kämme und Überdecken, weiche Bettunterlagen, verschiedene Gänge von Speisen im Refektorium, sowie Fett und alles Übrige, was gegen die Reinheit der Regel verstößt (EP 15).

Zur Rechtfertigung der eigenen Klostergründung hatten die Mönche des Neuklosters ihren früheren Mitbrüdern in Molesme vor allem ihren Hang zu weltlichen Reichtümern vorgeworfen, der ein Leben nach der Regel untergrabe. Kapitel 15 des *Exordium parvum* lieferte nun den Gegenentwurf eines vollkommen auf die Regel fixierten Klosterlebens. Damit gehört dieser Text zur Gruppe polemischer Schriften aus dem Zisterzienserorden, die die Rechtmäßigkeit der Abspaltung von Molesme und der Gründung des Neuklosters zu legitimieren hatten. Der Text ist damit historisch nicht vollkommen wertlos, da man ja den Gründern des Neuklosters die Ernsthaftigkeit ihres Reformvorhabens nicht absprechen kann. Doch zeigt die Annahme von Stiftungen und Laienbegräbnissen in den ersten Jahren auch, dass man programmatische Aussagen nicht mit den pragmatischen Anforderungen eines Klosteraufbaus verwechseln darf.

Die Frage bleibt, inwieweit die anfängliche Armut Ausdruck eines Konzeptes oder einer Krise war? Die Abtrünningen aus Molesme, die unter Abt Alberich im Neukloster verblieben, dürften die zweifellos bescheidenen und harten Anfänge ihrer Gemeinschaft als gewollte Abkehr vom Molesmer Weg und Rückkehr zum benediktinischen Grundgedanken der *humilitas* erlebt haben. Insofern waren Weltabgeschiedenheit und Armut Konzept. Doch kannte der heilige Benedikt auch die Grundgedanken der Existenzsicherung und Klosterverwaltung. Ein erfahrener Benediktiner wie Alberich wusste, dass zur Stabilisierung der Neugründung und zur Absicherung des Reformvorhabens sowohl Grundbesitzstiftungen als auch neue Berufungen unverzichtbar waren. Diese blieben bis zu Alberichs Tod unverkennbar auf einem für die Zukunftssicherung zu niedrigen Niveau. Krise und Konzept gehörten in der ersten Dekade der Zisterzienser zusammen.

1.5 Orden im Aufbau – die Anfänge Abt Stephan Hardings

In der 25jährigen Amtszeit Stephan Hardings als Abt entwickelte sich aus dem Neukloster der Zisterzienserorden. Dabei wurden mit der 1119 vom Papst bestätigten *Carta caritatis* nicht nur die konstitutionellen Grundlagen für den zisterziensischen Verband gelegt, sondern fundamentale Regelungen für die wirtschaftliche Verfassung, Aufnahmepraxis, Lebensform und Liturgie getroffen. Wie in vielen anderen Beispielen in der Geschichte des Mönchtums folgte auf die charismatischen Anfänge eine Phase der Stabilisierung und Institutionalisierung[27]. Stephan Harding war ein langjähriger Wegbegleiter Roberts von Molesme. Im Cartular von Molesme erscheint er allerdings nur als Schreiber der Gründungsurkunde für die Abtei Aulps aus dem Jahr 1097 (CM I,4). Wie bereits erwähnt, stilisiert der Geschichtsschreiber Wilhelm von Malmesbury seinen Landsmann zum Spiritus rector der Reformdiskussionen im Konvent von Molesme (§ 335). Aus derselben Quelle erfahren wir, dass es nach Alberichs Tod zu keinerlei Diskussion um die Nachfolge gekommen zu sein scheint. Vielmehr sei Stephan in Abwesenheit durch den Konvent des Neuklosters unter Leitung des Bischofs von Chalon einmütig zum neuen Abt gewählt worden (§ 337).

Sein Werdegang lässt sich in Umrissen ebenfalls aus Wilhelms *Gesta* und der Lebensbeschreibung seines Freundes Peter von Jully erschließen[28]. Aufgewachsen als Mönch in Sherborne (Diöz. Salisbury), verließ Stephan um 1080 sein Kloster, um in Frankreich zu studieren. Auf dem Rückweg von einer Pilgerfahrt nach Rom, die er mit Peter von Jully unternommen und dabei Station in den Reformkonventen von Camaldoli und Vallombrosa gemacht hatte, kam Stephan in Kontakt mit Robert von Molesme, in dessen Gründung er um 1088 eintrat. Wilhelm beschreibt ihn als weise, bescheiden und freundlich (§ 337). Er gehörte neben Alberich zu den führenden Köpfen der Reformdiskussion in Molesme und stieg unter Abt Alberich zum Prior des Neuklosters auf. Zu den ersten Aufgaben als Abt zählte die Lebensmittelversorgung des Neuklosters. Konrad von Eberbach schildert, wie Stephan einmal darüber klagte, »dass wir von großer Not bedrängt sind, und dass es bald soweit ist, dass unsere Brüder von Hunger, Kälte und den übrigen Beschwerden gefährdet werden, wenn nicht ganz schnell Hilfe für sie kommt« (EM 1,28). Solche Passagen mögen zur Stilisierung eines besonders harten Lebens der Gründergeneration und damit zur Kontrastierung mit den Zuständen in Molesme gedient haben, doch die Urkunden bestätigen die prekäre wirtschaftliche Situation des Neuklosters in diesen Jahren.

Erst zwei Jahre nach Stephans Amtsantritt änderte sich diese Situation spürbar. Elisabeth von Vergy, deren Ehemann als Graf von Donzy über großen Grundbesitz südlich von Dijon verfügte, vermachte dem Neukloster um 1111 alle Rechte in den Orten Brétigny und Gemigny, die sich nordwestlich an das Klostergelände anschlossen. Weitere Adlige der Region trugen zur Arrondierung des Besitzes in derselben Urkunde bei (Marilier, Chartes, Nr. 39). Wiederum war es die Gräfin Elisabeth, die gemeinsam mit dem Ritter Odo den Ort Gergueil mit allen Gütern und Rechten an das Neukloster abgab. Dieser Akt wurde in der Burg Vergy in Gegenwart zweier Mönche vollzogen (Marilier, Chartes, Nr. 36). Ein weiterer Ritter des Grafenhauses, Aimon von Marigny, ließ um dieselbe Zeit die Übertragung eines Gutes in Gilly folgen (Marilier, Chartes, Nr. 33). Die Gräfin bestätigte diese Schenkung, und die Mönche des alten Königsklosters Saint-Germain-des-Prés in Paris, die in demselben Gebiet Rechte inne hatten, verzichteten in einer Serie von Urkunden auf alle Ansprüche »aus Mitleid für die Not ihrer Mitbrüder« (Marilier, Chartes, Nr. 35, 39–41). Nur wenig später erweiterten Adlige diese Stiftung zu einem der einträglichsten und größten Weingüter der Abtei Cîteaux, das unter dem Namen *Le Clos Vougeot* bekannt wurde (Marilier, Chartes, Nr. 41). Ähnlich verzichteten auch die Mönche von S. Bénigne in Dijon um 1111 auf Güter in der Nähe des Neuklosters, wurden dafür aber von Herzog Hugo II. von Burgund entschädigt (Marilier, Chartes, Nr. 39/9). Zwischen 1115 und 1120 folgten weitere Kollektivstiftungen von Vasallen des Grafen von Donzy, mit welcher der Grundbesitz in der Umgebung von Cîteaux z. B. um einen Weinberg in Morey oder um umfangreiche Güter in Moisey erweitert wurden (Marilier, Chartes, Nr. 56–62).

Diese erste Serie von Grundbesitzstiftungen für Cîteaux weist auf die sich verdichtenden Beziehungen des Klosters zum lokalen Adel hin. Auch die unter Stephan und wohl durch seine Mitwirkung im Skriptorium von Cîteaux entstandenen, reich illuminierten Handschriften setzen eine finanzielle Förderung voraus. Abt Stephan scheint es sehr schnell gelungen zu sein, eigene soziale Netzwerke zu etablieren, die nach dem Weggang Roberts von Molesme und trotz der offenkundigen Sympathie Herzog Odos für das Neukloster im ersten Jahrzehnt nur schwach ausgeprägt waren. Im Zentrum des lokalen Netzwerks standen die Gräfin Elisabeth von Vergy mit ihrem Ehemann Savari von Donzy und Herzog Hugo II. von Burgund. Die materiellen Begünstigungen waren zur Existenzsicherung des Neuklosters zweifellos ein entscheidender Beitrag, doch stellten sie zugleich das ursprüngliche Vorhaben der Gründerväter in Frage, sich von Weltzugewandtheit und Überfluss ihrer Brüder in Molesme zu distanzieren. Aus diesem Grund flankierte Stephan Harding die zunehmende Attraktivität seines Klosters für den burgundischen Adel mit restriktiven Maßnahmen, die die Unabhängigkeit von Cîteaux sichern sollten. In diese Richtung weist zunächst die Bemerkung des *Exordium parvum*, Abt Stephan habe schon bald nach seiner Amtsübernahme dem Herzog von Burgund und jedem anderen Herrn die Abhaltung von Hoftagen in seiner Abtei verboten (EP 17). Es wurde bereits erwähnt, dass Herzog Odo und sein Sohn diese Praxis in Molesme, S. Bénigne und anderen großen Klöstern ihres Territoriums pflegten, doch ist aus der zitierten Passage wohl weniger ein Konflikt mit dem Herzogshaus herauszulesen als eine Vorkehrung gegen die drohende Verweltlichung[29]. In jedem Fall blieben Hugo II. und seine Familie dem Neukloster als verlässliche Förderer erhalten. Mit Heinrich von Burgund soll sogar der jüngere Bruder Herzog Hugos in das Grabkloster ihres Vaters eingetreten sein.

In dieselbe Stoßrichtung, Zustände wie in Molesme zu vermeiden und trotz steigender Stiftungen das benediktinische Gebot der Weltferne (RB 4,20) ernst zu nehmen, dürfte auch die weit folgenreichere Entscheidung Stephans zugunsten einer neuen Bewirtschaftungsform der klösterlichen Güter gezielt haben. Der bekannte Verzicht auf feudale Grundherrschaften zugunsten einer Eigenbewirtschaftung der Klostergüter durch Laienbrüder (*fratres conversi*), zu dem sich der Orden in der ersten Hälfte des 12. Jahrhunderts verstand und der bereits in EP 15 erwähnt wird, wurde durch weitere Maßnahmen begleitet, um die Stiftungsgüter von laikaler Einflussnahme weitgehend zu befreien. Hierzu zählten die Ablehnung von Zinszahlungen, Kindesoblationen, Klostervogteien und anderen Gegenleistungen seitens des Klosters sowie das Streben nach rechtlicher Eindeutigkeit in den gestifteten Grundbesitzungen, in denen Restbestände fremder Rechte oder Ansprüche vermieden werden sollten.

Diese Politik schien umso wichtiger, als sich mit dem Klostereintritt Bernhards von Fontaines-lès-Dijon und einer größeren Anzahl von Verwandten und Standesgenossen im Mai 1113, die familiären Beziehungen zum lokalen Hochadel sprunghaft verdichteten. Bernhards Vater, Tesselin von Fontaines-lès-Dijon, zählte zum engsten Umfeld des burgundischen Herzogshauses und hatte sich gemeinsam mit Hugo von Maligny an einer bedeutenden Stiftung an die Abtei Molesme beteiligt. Nach Auskunft seiner Lebensbeschreibung soll Bernhard die alte Herzogsabtei S. Bénigne, wo seine Mutter begraben lag, und Molesme, wohin sein Vater gute Kontakte hatte, verschmäht haben, um im damals noch kleinen und unbedeutenden Neukloster Mönch zu werden. Aus der rückblickenden Perspektive des *Exordium parvum* stellte dieser Eintritt die entscheidende Wendung in der Geschichte des Neuklosters dar. Die mehr als 30 Personen, darunter ein Onkel und vier der fünf Brüder Bernhards, hatten bereits zuvor in einer religiösen Gemeinschaft in einem Haus in Châtillon zusammen gelebt, bevor sie im Mai 1113 als Novizen dem Neukloster beitraten. Diese »gebildeten Kleriker und angesehenen Adligen« (EP 17) ließen die Konventsstärke des Neuklosters wohl um mehr als das Doppelte anwachsen.

Dazu passt die Aussage des nachträglich konzipierten Gründungsberichtes der Abtei La Ferté, der ersten Tochter von Cîteaux, die Zahl der Brüder im Neukloster sei so groß geworden, dass die Mittel zur Versorgung und der Platz der Unterbringung nicht mehr ausgereicht hätten (Marilier, Chartes, Nr. 42). An der Gründung waren die Hauptförderer des Neuklosters noch einmal gesammelt beteiligt: Bischof Walter von Chalon, die Grafen von Chalon Wilhelm von Thiers und Savari von Donzy, der Ehemann Elisabeths von Vergy. Ob der Eintritt Bernhards und seiner Verwandten den Ausschlag für die Neugründung gegeben hat, ist eine offene Frage. Die Weihe der ersten Kirche in La Ferté fand nur wenige Wochen nach Bernhards Eintritt in Cîteaux statt, der Plan der Neugründung war mithin schon lange zuvor gefasst worden. Allerdings kann auch Bernhards und seiner Verwandten Entscheidung für das Neukloster älteren Datums sein, so dass Abt Stephan Zeit gehabt hätte, Vorkehrungen für die Vergrößerung des Konventes zu treffen. Jedenfalls berichten Bernhards Lebensbeschreibungen über einen längeren Bekehrungsprozess des späteren Abtes von Clairvaux, dessen Elternhaus nur etwa 25 Kilometer vom Neukloster entfernt lag[30].

In jedem Falle hatte der Verfasser des *Exordium parvum* wohl nicht nur den quantitativen Aufschwung im Sinn, als er die Zäsur von 1113 pries. Die jetzt beginnende Welle von Eintritten und Klostergründungen hing unübersehbar mit der Persönlichkeit Bernhards und ihrer Wirkung auf die Zeitgenossen zusammen, wie eine Vielzahl weiterer Texte bestätigt. Dringlicher als zuvor stellte sich für Abt Stephan mithin die Frage nach der Bewahrung der ursprünglichen Lebensform. Mit der Annahme reicher Stiftungen und der Gründung von Tochterklöstern entfernte sich der Konvent zwangsläufig vom Anspruch der wortwörtlichen Regeltreue. Viele der administrativen Maßnahmen Stephans, an der Spitze die Regelungen der *Carta caritatis*, sind dem Ziel verpflichtet, unter den veränderten Rahmenbedingungen ein möglichst großes Maß an Regeltreue, Strenge und Einheitlichkeit zu bewahren. Die Darstellung wird in den folgenden Kapiteln auf Stephans und Bernhards Rolle im Zisterzienserorden ausführlicher zurückkommen, wenn über die Ausbreitung und Verfassung des zisterziensischen Verbandes (Kap. 2), die geistliche Welt der Zisterzienser (Kap. 3), die Netzwerke des Ordens zu Kirche und »Welt« (Kap. 4) und die Organisation von Wirtschaft und Bautätigkeit (Kap. 5) gehandelt wird.

2 Charisma und Ratio – der zisterziensische Verband und seine Verfassung

Die Frage nach der ungewöhnlich raschen und raumgreifenden Ausbreitung der Zisterzienser im Europa des 12. und 13. Jahrhunderts tangiert religiöse wie politisch-soziale Aspekte. Welche spirituellen Bedürfnisse bedienten die Zisterzienser offenbar so glaubwürdig, dass Generationen von jungen Adligen ihre religiöse Laufbahn in einem Zisterzienserkloster begannen? Welche Anziehungskraft übte der Orden auf die weltlichen und geistlichen Herrschaftsträger aus, die Zisterzienserklöster in ganz Europa zu Mittelpunkten ihrer *Memoria* und Herrschaft machten? Welche Ziele verbanden die Zisterzienser selbst mit der Expansion bis in die fernsten Regionen Europas? Und welches organisatorische Potenzial besaßen sie dazu? Das Zusammenspiel von charismatischer Sendung und rationaler Planung lag dem bereits für Zeitgenossen unheimlichen Erfolg dieses Ordens zugrunde. Symbolisch zeichnen sich diese beiden Aspekte bereits im Wirken Roberts von Molesme und Stephan Hardings ab. Ersterem ist eine besondere Ausstrahlung auf seine Umgebung nicht abzusprechen, die ihm immer wieder eine loyale Anhängerschaft und die Bewunderung des regionalen Adels eintrugen. Dass er ein genialer Organisator war, wird man angesichts seiner Probleme als Abt in Tonnerre und Molesme bezweifeln dürfen. Seiner letzten Neugründung, Cîteaux, Stabilität zu verleihen, war Stephan Harding vorbehalten, der somit als eigentlicher Organisator der besonderen zisterziensischen Lebensform gelten darf.

2.1 Die ersten Töchter

Bis zum Rücktritt Stephan Hardings als Abt im Jahr 1133 waren über 70 neue Zisterzienserabteien entstanden, von denen die ersten vier: La Ferté (1113), Pontigny (1114), Clairvaux (1115) und Morimond (um 1117) als älteste Töchter von Cîteaux eine besondere Stellung im Verband einnahmen[1]. Die rasch einsetzende dynamische Expansion des Zisterzienserordens wurde von der Abtei Cîteaux und ihren so genannten Primarabteien gesteuert, die die von ihnen direkt oder durch die Vermittlung einer Filiale ausgehenden Neugründungen als Klosterfamilien (Filiationen) begriffen. In den so entstehenden fünf Filiationen spielten sich wichtige Mechanismen zur Organisation des europaweit anwachsenden Verbandes ein. Bei der oft verneinten Frage, ob die ersten Zisterzienser eine solche Entwicklung gewünscht oder vorhergesehen haben[2], sollte man daran erinnern, dass die frühen zisterziensischen Führungspersönlichkeiten Robert, Alberich und Stephan die Ausbreitung des Verbandes von Molesme bis 1098 maßgeblich mit gesteuert haben. Stephan Harding hatte überdies die regionalen Reformverbände von Camaldoli und Vallombrosa in Oberitalien kennen gelernt; alle drei pflegten ferner Kontakte zum ebenfalls auf mehr als 60 Klöster anwachsenden Verband der Kartäuser. Nichts lässt darauf schließen, dass die ersten Äbte prinzipielle Vorbehalte gegen Neugründungen hatten. Nur so lässt sich schließlich erklären, dass Stephan Harding, nachdem sein Konvent im Jahre 1112/13 auf mehrere Dutzend Mönche angewachsen war, ohne erkennbare Widerstände oder Befürchtungen die Neugründung in La Ferté vorantrieb.

Der Name der ersten Tochterabtei, *Firmitas* (La Ferté), brachte die sorgsame Bewahrung der im Mutterkloster vorgelebten Strenge programmatisch zum Ausdruck. Abt Stephan schwebte eine enge Verbindung der beiden Konvente vor, deren Brüder nach Auskunft des Gründungsberichtes »in ihren Körpern, nicht aber in ihrem Geist von einander geschieden«

(Marilier, Chartes, Nr. 42) sein sollten. In einem Waldgebiet an der Grosne, das die Grafen von Chalon gestiftet hatten, wurde am 20. Mai 1113 in Anwesenheit des Ortsbischofs und alten Förderers des Neuklosters Walter von Chalon und Bischof Josserands von Langres ein erstes Oratorium der Gottesmutter geweiht. Die Beibehaltung des Marienpatroziniums sollte die geistliche Einheit mit dem Mutterkloster besonders hervorheben; diese Praxis wurde von allen späteren Gründungen übernommen. Das überlieferte Weihedatum lässt im Übrigen keinen Zweifel daran, dass die Vorbereitungen für die Errichtung von La Ferté bis weit in das Jahr 1112 zurück reichten. Als Gründungsabt hatte Stephan seinen Konventualen Philibert berufen, der vermutlich noch zur Molesmer Gruppe zählte und mit 12 Mönchen die Aufgabe des Klosteraufbaus übernahm[3].

Ging die Initiative der Gründung im Falle von La Ferté vom Neukloster selbst aus, ist dies bereits bei der zweiten Tochterabtei von Pontigny fraglich. Der Gründungsbericht (Marilier, Chartes, Nr. 43) nennt einen neuen Kreis von Förderern um den Grafen und den Bischof von Auxerre, in deren Gebiet das neue Kloster lag. Als Initiator wird ein Priester Ansius genannt, dessen Beziehungen zum Neukloster allerdings ungeklärt bleiben. Bischof Humbald von Auxerre galt als Verfechter der Gregorianischen Reform; nach dem Wortlaut des Gründungsberichtes zeigte er sich überaus erfreut, »dass sich durch göttliche Gnade in seiner Amtszeit die Liebhaber der heiligen Regel in seinem Bistum niederlassen wollten.« Seine Zustimmung zur Bewahrung der strengen Lebensform ließ sich Stephan Harding – nach dem zitierten Bericht – durch eine *Carta caritatis et unanimitatis* (»Urkunde der Liebe und Einmütigkeit«) schriftlich geben. Bei aller Unsicherheit in der Überlieferung dieses nachträglich formulierten Gründungsberichtes sind zwei Entwicklungen in Cîteaux zu diesem Zeitpunkt unabweisbar: Der Konvent konnte trotz der erst vor einem Jahr erfolgten Gründung von La Ferté eine weitere Teilung offenbar problemlos verkraften. Außerdem stieg der Regelungsbedarf durch die Gründung von Pontigny nicht nur quantitativ an, sondern gewann durch den Ausgriff in eine neue Diözese auch eine neue Qualität, da deren Leiter – nach der bisherigen, durch das *Privilegium Romanum* bestätigten Rechtslage – weit reichende Aufsichts- und Weiherechte gegenüber der Neugründung beanspruchen konnte. Wollte Abt Stephan die gelebte Strenge und Einheitlichkeit der Lebensform auch auf Pontigny übertragen, war eine Mitwirkung des Bischofs unverzichtbar. In diesem Sinne erscheint es durchaus glaubwürdig, wenn die Quelle von einer *Carta caritatis et unanimitatis* aus dem Jahre 1114 berichtet. In der Sammlung früher Generalkapitelsbeschlüsse (*Instituta capituli generalis*) aus den 1130er Jahren wird die ausführliche Beratung mit dem Ortsbischof als Bedingung einer Neugründung festgeschrieben (Inst. 38). Welche Inhalte der späteren *Carta caritatis* bereits 1114 formuliert wurden, ist kaum zu klären[4]. Sicher dürfte sein, dass durch die Entwicklungen zwischen 1114 und 1119 – wie übrigens auch in der besser dokumentierten Phase nach 1119 – an dem Text fortwährend gearbeitet und er den sich ändernden Rahmenbedingungen angepasst wurde.

Als erster Abt von Pontigny wurde mit Hugo von Mâcon ein Mitglied jener Adelsgruppe ausgewählt, die mit Bernhard von Clairvaux erst im Frühjahr 1113 in Cîteaux eingetreten war und die sich kollektiv noch im Noviziat befunden haben dürfte. Damit wird die oben geäußerte Vermutung gestützt, dass sich mit Bernhards und seiner Begleiter Eintritt der Einfluss des regionalen Adels im Neukloster erheblich verstärkte. Hugo von Mâcon gehörte dem burgundischen Hochadel an und verfügte unter anderem über Beziehungen zum Domkapitel von Auxerre, das ihn 1136 zum Bischof wählte. Ähnliche Verstrickungen mit dem regionalen Hochadel, wie sie für mittelalterliche Klostergründungen generell üblich waren, lagen auch bei den beiden folgenden Töchtern des Neuklosters, Clairvaux und Morimond, vor. Dabei spielte die Familie Bernhards in beiden Fällen eine herausragende Rolle. Den Grundbesitz für Clairvaux im Tal der Aube etwa 15 Kilometer entfernt von der späteren Messestadt Bar-sur-Aube

Abb. 2: Abteikirche von Pontigny, einzige erhaltene Kirche der Primarabteien

stiftete mit dem Vizegrafen Gosbert von La Ferté ein Vetter Bernhards, der dem engeren Umfeld des Grafenhauses der Champagne zuzurechnen ist. Es sei daran erinnert, dass über Bernhards Vater Tesselin überdies eine enge Beziehung zu Herzog Hugo II. von Burgund bestand. Graf und Herzog gehörten in der Folge zu zentralen Förderern von Clairvaux. Der erst 25jährige Bernhard übernahm die Leitung der Neugründung und wurde dabei von seinen Verwandten begleitet. Vom Gründungskonvent gehörten nicht weniger als acht Mönche zur Familie derer von Fontaines[5].

Anlässlich seiner Abtsweihe reiste Bernhard noch im Sommer 1115 zum zuständigen Ortsbischof Josscrand von Langres, der bereits Beziehungen zu Cîteaux unterhielt und an der Weihe der ersten Kirche von La Ferté zwei Jahre zuvor teilgenommen hatte. Da sich der Bischof auf dem zweiten Konzil von Tournus befand (August 1115), das unter der Leitung des Erzbischofs Guido von Vienne tagte, wandte sich Bernhard an den Nachbarbischof von Châlons-sur-Marne, Wilhelm von Champeaux. Aus der Hand dieses berühmten Gelehrten, der zuvor in Paris mit seinem Schüler Abaelard aneinander geraten war und an der Errichtung des Augustiner-Chorherrenstifts Saint-Victor mitgewirkt hatte, erhielt Bernhard die Abts- und vermutlich auch die Priesterweihe. Mit Wilhelm verband den jungen Abt auch später eine enge Freundschaft. Ob Bernhard darüber hinaus mit Josserand von Langres eine ähnliche Vereinbarung schloss wie zuvor Stephan Harding anlässlich der Gründung von Pontigny mit dem Bischof von Auxerre, ist nicht überliefert, wohl aber naheliegend. Sicher ist, dass der Ortsbischof die Gründung in Clairvaux nach Kräften förderte und sogar für ein Jahr auf sein Aufsichtsrecht verzichtet zu haben scheint, da sich Bischof Wilhelm mit Billigung des Abtes von Cîteaux um die geistliche Führung Bernhards beworben hatte (*Vita prima* 1,7). Die in der Forschung oft diskutierte Entzweiung Bernhards und Stephan Hardings wird zum einen damit begründet, dass der Abt von Cîteaux als Korrespondenzpartner in der erhaltenen Briefsammlung Bernhards keine bedeutende Rolle einnimmt, und zum anderen damit, dass sich Abt Stephan erkennbar stärker für die wenig später erfolgte Gründung von Morimond einsetzte. Diesen letzten Aspekt könnte man allerdings auch so erklären, dass die Begleitumstände in Morimond eine stärkere Intervention des Abtes von Cîteaux erforderlich machten.

Auch Morimond lag wie Molesme und Clairvaux in der Diözese Langres, dessen Bischof Josserand (1113–1125) damit eine Schlüsselstellung in der Frühgeschichte der Zisterzienser einnimmt. Das Datum der Gründung ist unbekannt. Während die ältere Forschung in Anschluss an den Katalog von Janauschek von 1115 ausging, haben neuere Arbeiten eine spätere Datierung um 1117 vorgeschlagen[6]. Der klösterliche Grundbesitz stammte aus der Hand des Adligen Ulrich von Aigremont und seiner Ehefrau Adeline, die zunächst die Klosterbildung eines Mönchs Johannes förderten. Als dieser Plan scheiterte, übertrugen die Stifter auf Rat des Ortsbischofs Josserand den gesamten Besitz an Abt Stephan Harding von

Cîteaux, der zu diesem Zweck nach Morimond reiste. Wie massiv auch bei dieser Gründung die Netzwerke des regionalen Adels zum Tragen kamen, zeigt der Gründungsbericht des späteren Bischofs von Langres, Wilhelm von Aigremont (1125–1136) aus der Familie des Stifterpaares, der überdies mütterlicherseits mit Bernhard von Clairvaux verwandt war (Marilier, Chartes, Nr. 45). Auch der Lehnsherr Ulrichs von Aigremont, Simon II. von Clefmont, Graf von Bassigny, war mit der Familie Bernhards verwandt, die somit ihre führende Rolle und weiten Netzwerke nicht nur bei Clairvaux, sondern auch bei der Gründung von Morimond zur Geltung brachte.

Dies sollte sich auch bei der ersten Krise des noch jungen Klosterverbandes zeigen, die durch Abt Arnold von Morimond (ca. 1117–1125) ausgelöst wurde. Über den von Stephan Harding entsandten Gründungsabt ist lediglich bekannt, dass er aus der Erzdiözese Köln stammte. Man darf daran denken, dass der Aufenthalt Brunos von Köln und einiger Gefährten in Molesme erst ca. 30 Jahre zurück lag, ältere Verbindungen von Cîteaux in den deutschen Sprachraum mithin keinesfalls unwahrscheinlich waren. Nachdem Abt Arnold in den 1120er Jahren mit den Erben des Stifters in Konflikt geriet, entschloss er sich überraschend zum Rücktritt und mit einigen Mitbrüdern zu einer Jerusalemwallfahrt (1124/25). Selbst eine Intervention Bernhards von Clairvaux beim Papst brachte Arnold nicht dazu, auf seinen Abtsstuhl in Morimond zurückzukehren. Schließlich lösten Stephan Harding und Bernhard die Vakanz, indem der bisherige Prior Walter von Clairvaux zum neuen Abt in Morimond (1125–1137/38) gewählt wurde. Dass diese Abtei an der Grenze zum Reich schon früh Kontakte zum deutschen Adel pflegte, belegen nicht zuletzt die Eintritte des Herzogssohnes Heinrich von Kärnten und des Babenbergers Otto von Freising, der im Jahr 1132 vom Studium in Paris aus seinen Weg nach Morimond fand und dort mit mehreren Gefährten eintrat. Die engen Verbindungen Morimonds ins Reich schlugen sich vor allem auch in den Neugründungen nieder, die unter Abt Walter und seinen Nachfolgern gelangen: Zu nennen wären hier vor allem Altenkamp im Rheinland (1123), Ebrach in Franken (1127), Beaupré und Villers-Bettnach in Lothringen (1130, 1134), Altenberg im Bergischen Land (1133) und Heiligenkreuz in Niederösterreich (1133/36). Die große Zahl deutscher Zisterzen aus der Filiation von Morimond ist in den folgenden Jahrzehnten der Aktivität der deutschen Töchter der Primarabtei zuzuschreiben: Allein von Altenkamp und Ebrach gingen elf bzw. neun eigene Gründungen im Reich aus; hinzu kommt die Abtei Lützel, die bereits 1124 als Tochter von Bellevaux und »Enkeltochter« von Morimond gegründet wurde und in Süddeutschland äußerst produktiv war.

Da die Mindestgröße der von Stephan Harding entsandten Gründungskonvente die biblische Zahl 12 exklusive des Abtes betragen sollte, büßte der Konvent des Stammhauses in den Jahren 1113–1117 mindestens 52 Mönche ein. Nicht nur dies unterstreicht die zunehmende Attraktivität der zisterziensischen Lebensform. Vielmehr sahen sich auch die Töchterklöster, am stärksten freilich Clairvaux und Morimond, in der Lage, durch die Zahl der Berufungen möglicherweise auch gezwungen, eigene Filialen zu gründen. Zunächst folgte im Jahr 1117 noch eine weitere Tochter von Cîteaux, die Abtei Bonnevaux, die trotz ihres prominenten Förderers später nicht mehr in den Rang einer Primarabtei gelangte. Allerdings wird auch der Abt von Morimond erst in den Jahren nach 1150 unter die Primaräbte gezählt, denen konstitutionelle Vorrechte im Verband zukamen. Als Förderer von Bonnevaux trat mit Erzbischof Guido von Vienne wiederum ein Ortsbischof in Erscheinung, der aus dem burgundischen Hochadel stammte und mit dem in Cîteaux begrabenen Herzog Odo I. verschwägert war. Nach dem anfänglichen Widerstand des Abtes von Saint-Pierre in Vienne konnte die Gründung im Jahr 1119 vollzogen werden (Marilier, Chart, Nr. 65). Bedeutung erlangte dieser Kontakt, da Guido zwei Jahre später als Calixt II. (1119–1124) den Papstthron bestieg und in diesem Amt den Zisterziensern wertvolle Dienste leistete.

In der Zwischenzeit entstanden auch die ersten »Enkeltöchter« von Cîteaux, deren rechtlicher Status neue Fragen aufwarf, da die Kompetenzen der Äbte von Cîteaux und der anderen Äbte, die jetzt selbst als Vateräbte und Gründer auftraten, genauer abgesteckt werden mussten. In dieser neuen Generation entstanden bis Ende 1119 die Abteien Trois-Fontaines (1118) und Fontenay (1119) als Töchter von Clairvaux, Bourras und als erste Übernahme eines schon bestehenden Klosters Cadouin (beide 1119) als Filialen von Pontigny sowie Bellevaux (1119) als Tochter von Morimond. Mit der Gründung von Mazan, die 1119 oder 1120 von Bonnevaux aus erfolgte, hatte man bereits die Generation der »Urenkel« erreicht. Auch Cîteaux erhielt in diesen Jahren weiteren Zulauf und Angebote zur Klostergründung: Im August 1118 gründete Stephan auf einem von Graf Theobald IV. von der Champagne und seiner Mutter gestifteten Gut in der Diözese Sens die Abtei Preuilly (Marilier, Chartes, Nr. 63). Ein halbes Jahr später übertrug Bischof Johannes von Orléans das Gründungsgut für die Abtei La-Cour-Dieu im Wald von Orléans an den Abt von Cîteaux (Marilier, Chartes, Nr. 64).

2.2 Das System der Carta caritatis

Bis zum Aufenthalt des neu gewählten Papstes Calixt II. im Dezember 1119 in Saulieu hatte sich der zisterziensische Verband auf mindestens 12 Klöster in acht Diözesen ausgedehnt. Dieser Aufenthalt ist wichtig, da hier aller Wahrscheinlichkeit nach Abt Stephan Harding dem Papst die in der *Carta caritatis* zusammengefassten Satzungen des Klosterverbandes zur Bestätigung vorlegte. In der überlieferten Urkunde Calixts wird zwar die *Carta caritatis* nicht beim Namen genannt, sondern allgemein von Beschlüssen (*capitula*) und Verfassung (*constitutio*) gesprochen. Doch die in der Narratio aufgeführten Begleitumstände knüpfen nahtlos an die Verhandlungen Stephans mit dem Bischof von Auxerre im Jahre 1114 an, als die *Carta caritatis* zum ersten Mal erwähnt wurde. Auch die Anwesenheit Abt Stephans in Saulieu ist nicht gesichert, liegt allerdings nahe und wird durch eine etwa zeitgleiche Schenkung des Kapitels von Saulieu an Cîteaux erhärtet (Marilier, Chartes, Nr. 66).

> Ihr habt euch nämlich durch gemeinsamen Beschluss aller Äbte, Mitbrüder und Ortsbischöfe, in deren Sprengeln eure Klöster liegen, Satzungen (*capitula*) über die Befolgung der Benediktsregel gegeben und über andere Dinge, die euch für eure Lebensform (*ordo*) und Klöster notwendig schienen (Bulle Papst Calixts II. v. 23. 12. 1119, ed. Marilier, Chartes, Nr. 69).

Diese Formulierung der Papstbulle stützt zum einen die Vermutung, dass der Abt von Cîteaux mit allen beteiligten Ortsbischöfen Verhandlungen führte und diese in ähnlicher Weise um die Bestätigung der zur Wahrung der Einheit mit dem Mutterkloster verabschiedeten Satzungen bat, wie dies für Auxerre im Jahre 1114 und später vielfach bezeugt ist. Zum anderen weist die Passage darauf hin, dass es zur Verabschiedung dieser Satzungen Versammlungen aller Äbte und Mitbrüder gegeben hat. Die ersten Generalkapitel in Cîteaux hatten vermutlich noch den Charakter von »Generalversammlungen«, was aufgrund der geringen Zahl und geographischen Nähe der Tochterklöster für die Jahre 1113 bis 1119 durchaus möglich erscheint. Die Idee eines gemeinsamen Kapitels verschiedener Klöster könnte Stephan Harding von seinem Aufenthalt in Vallombrosa um 1086/87 mitgebracht haben, wo eine solche Praxis in dem von Johannes Gualbertus gegründeten Klosterverband schon im späteren 11. Jahrhundert bezeugt ist[7]. Dass zur Vorlage beim Papst im Dezember 1119 die bisherigen Regelungen gesammelt und vermutlich aktualisiert wurden, ist auch deshalb naheliegend, weil sich die Zahl der Zisterzen allein in den Jahren 1118 und 1119 auf ein Dutzend verdoppelt hatte.

Die heutige Forschung hat verschiedene Fassungen der *Carta caritatis* ermittelt, die belegen, dass an diesem zentralen Text kontinuierlich gearbeitet wurde. Nur am Rande kann hier auf die virulente Forschungsdiskussion der letzten beiden Jahrzehnte verwiesen werden, die sich um die Entstehung und Authentizität der ersten Verfassungstexte der Zisterzienser dreht. Die jüngeren kritischen Editionen ermöglichen mittlerweile jedoch eine zuverlässige Einordnung[8]. Eine erste Urkunde wurde vermutlich für den Bischof von Auxerre im Jahre 1114 verfasst und bei den Gründungen der folgenden fünf Jahre um weitere Beschlüsse und Organisationsregeln ergänzt. Diesen Stand gibt die Vorlage für Papst Calixt II. wieder, den die Forschung als *Carta caritatis prior* bezeichnet. Eine Überarbeitung ergibt sich aus dem um 1130/35 datierten Codex aus Trient, der eine inhaltlich weiter führende Zusammenfassung des Textes bietet (*Summa cartae caritatis*), die deshalb von besonderem Interesse ist, da sie den Regularkanonikern von Arrouaise und Prémontré als Grundlage ihrer ersten Ordensstatuten in den 1130er Jahren diente. Die letzte wichtige Überarbeitung (*Carta caritatis posterior*) erfolgte in der Zeit bald nach der Bestätigungsbulle *Sacrosancta* Papst Alexanders III. von 1165. Dies bedeutet freilich nicht, dass damit die Zeit der konstitutionellen Weiterentwicklung beendet war. Vielmehr bildeten die jährlichen Beschlüsse der Generalkapitel (*definitiones*) einen stetig anwachsenden Bestand neuer Regelungen, die man im Orden selbst als so bedeutsam ansah, dass man sie seit 1202 in regelmäßig aktualisierten Rechtsbüchern ordnete (*Libelli definitionum*)[9].

Die wichtigsten Prinzipien der Ordensverfassung sind jedoch schon in der Fassung von 1119 vollständig enthalten. Genau dies verleiht dem frühen Entwurf der *Carta caritatis* seine bestechende Weitsicht und Effizienz, da er unter den Bedingungen eines kleinen regionalen Verbandes geschaffen wurde und dennoch in einem europaweiten Großorden mit vielen hundert Niederlassungen funktionieren konnte. Im Gegensatz zu den Verhältnissen in den älteren Verbänden, etwa der Cluniazenser, die neben der Regel schriftliche Normen nur in Form einer Aufzeichnung bereits gelebter Gewohnheiten kannten, wurde bei den Zisterziensern von Beginn an innovatives Recht gesetzt. Wie das *Exordium Cistercii* betont, wurde Abt Stephan Harding als Urheber der »Urkunde der Liebe« im Orden besonders geschätzt (EC 2). Der Abt von Cîteaux und seine Mitäbte schufen ein völlig neuartiges und rationales

System der Verbandsorganisation, dessen Zweck im Vorwort klar benannt wird. Die »in gegenseitiger Liebe und Frieden« gefundenen Satzungen sollten dazu dienen, »künftigen Schiffbruch« zu vermeiden und die »auf verschiedene Orte dieser Welt verteilten Mönche im Geist der Liebe zu vereinen« (CC prior, Prol.)[10]. Kapitel 1 verbot den Äbten des Mutterklosters, ihren Filialen Abgaben jeder Art aufzuerlegen. Damit wurde eine Praxis unterbunden, wie sie im Verband von Cluny und anderen hierarchisch organisierten Klosterverbänden durchaus üblich war.

Zentral war das Gebot in Kapitel 2, »dass die Regel des heiligen Benedikt in allen Punkten so beobachtet [wird], wie sie im Neukloster beobachtet wird«. Diese Verfügung schloss die Entstehung lokaler monastischer Gewohnheiten strikt aus und erforderte einen steten Austausch zwischen den Klöstern über die Auslegung der Regel. Während Kapitel 3 den Besitz derselben liturgischen Bücher und Gebräuche einschärfte und dabei noch einmal programmatisch formulierte: »Wir wollen in der einen Liebe, unter der einen Regel und nach den gleichen Bräuchen leben«, fassten die Urheber der *Carta caritatis* in Kapitel 4 bis 8 die wichtigsten Regelungen im Verhältnis zwischen den Äbten und Abteien zusammen. Dabei ziehen sich zwei Grundgedanken durch die Regelungen: Zum einen soll das benediktinische Prinzip der Abtsherrschaft über sein Kloster aufrecht erhalten werden. Zum anderen werden Einschränkungen der Autonomie des Einzelklosters unter bestimmten Bedingungen zugelassen, um die strenge Regelbefolgung und Einheit mit dem Mutterkloster zu sichern. Die Äbte der Mutterklöster sollen bei ihren Besuchen in den Tochtergründungen einen Ehrenvorrang erhalten und die Beachtung der Regel kontrollieren. Fehlverhalten soll durch den Hausabt und nur bei dessen Weigerung oder eigener Beteiligung durch den Vaterabt geahndet werden (Kapitel 4 und 5). Entscheidungen über die Auslegung der Regel, über die Einführung neuer Bestimmungen oder die Zurechtweisung von Äbten trifft das jährlich in Cîteaux abgehaltene Generalkapitel aller Äbte (Kapitel 7 und 8). Das längste Kapitel ist dem Verfahren gegen von der Regel abweichende Äbte gewidmet, deren starke Stellung in der Benediktsregel ggf. Probleme bei ihrer Korrektur oder Absetzung bereitete. In einem solchen Fall sollte, wenn die internen Verfahren nicht fruchteten, der jeweilige Ortsbischof zu Hilfe gerufen werden (Kapitel 9), dessen kirchenrechtliche Aufsicht über die Zisterzienser 1119 noch bestand. Für die Wahrung der Einheitlichkeit waren nicht zuletzt die Weisungen entscheidend, dass alle künftigen Gründungen einschließlich ihrer Stifter und Ortsbischöfe die Regeln der *Carta caritatis* anerkennen mussten (Kapitel 8) und dass kein Ordensfremder zum Abt gewählt werden durfte (Kapitel 12).

Auf die oben skizzierten Bedingungen im Verband von Cîteaux übertragen, bedeuteten diese Formulierungen, dass man der *Carta caritatis* zutraute, die Strenge der in Cîteaux gelebten Observanz, die einst die Rechtfertigung für den Bruch mit Molesme geliefert hatte, einheitlich und dauerhaft auf alle Klöster zu übertragen. Die eigentliche Leistung dieses Textes bestand darin, effektive Organisationsformen zur Führung des Klosterverbandes zu entwickeln, ohne dafür auf das benediktinische Prinzip der Eigenverantwortlichkeit des einzelnen Abtes zu verzichten. Auch wenn einzelne Bausteine dieser Verfassung teilweise schon lange erprobt waren, so gab es etwa die Visitationen im Verhältnis zwischen Ortsbischof und Kloster bereits seit der Spätantike oder die Generalkapitel im Verband von Vallombrosa, schufen die Zisterzienser in dieser Geschlossenheit eine neue Form des Klosterverbandes. Nach Joachim Wollasch ist der »bis ins 12. Jahrhundert insgesamt gegebene ordo des Mönchtums im Abendland durch die Cistercienser umgewandelt worden«[11]. Die Zisterzienser haben die moderne Form des Ordens erfunden, die sich rechtlich, organisatorisch und ideell von anderen Gemeinschaften oder Orden abgrenzte. Ihre Haupteigenschaften bestehen in einem stets aktualisierten, präzise ausgearbeiteten Partikularrecht, in einer kollektiven Beschlussfassung (Generalkapitel) und regelmäßigen Kontrollen der Einhaltung (Visitationen).

Genau auf diese Elemente wies der deutsche Zisterzienser Cäsarius von Heisterbach hin, als er um 1220 die Besonderheit und den Erfolg der Verfassung seines Ordens erklärte:

> Die ersten Väter haben nämlich zur Korrektur von Mißständen und zur Bewahrung der Liebe ein Generalkapitel und die jährliche Visitation der Ordenshäuser beschlossen (Cäsarius von Heisterbach, Dialog 1,1, Bd. 1, S. 211).

In der Zeit des Cäsarius galt freilich längst eine modifizierte Fassung der CC. Die zu Beginn des 12. Jahrhunderts noch unvorhersehbare Expansion des Ordens gab den Anstoß für zahlreiche Anpassungen der Organisationsstruktur. Mit der Vielzahl von Klöstern und regionalen Besonderheiten nahmen die politischen, wirtschaftlichen und inneren Probleme zu, deren Lösung die wichtigste Aufgabe der jährlichen Generalkapitel war. Erste Krisen wie der Rücktritt des Abtes Arnold von Morimond (1124) oder die kurze Amtszeit des Abtes Guido von Cîteaux (1133/34) machten schärfere Regelungen bei der Kontrolle und Zurechtweisung von Äbten, insbesondere auch der Äbte des Stammhauses Cîteaux und der Primarabteien, notwendig. Bereits die zweite Fassung der *Carta caritatis* von 1130/35 sah die Kontrolle von Cîteaux durch die Primaräbte von La Ferté, Pontigny und Clairvaux vor; erst die spätere Fassung von etwa 1165 ergänzte hier den Abt von Morimond[12]. Ebenso erlaubte diese spätere Fassung Ausnahmen beim Generalkapitelsbesuch für jene Äbte, die aus weiter entfernten Gegenden stammten (CC post., Kap. 12) und für die eine jährliche Reise nach Cîteaux nicht praktikabel war. Bereits das Generalkapitel von 1152 reagierte auf die schier unglaubliche Vermehrung der Niederlassungen, als es Neugründungen schlichtweg verbot. Bis 1202 weichte dieses Verbot wieder auf, jedoch unter der Bedingung, dass die Entscheidung darüber in jedem Einzelfall dem Generalkapitel zufiel[13]. In den Kapiteln kann man seit 1157 verfolgen, wie die sich häufenden Klagen über die Verschuldung der Häuser mit einer stärkeren wirtschaftlichen Ausrichtung der Kontrollen einher gingen. Regelmäßig wurden die Visitatoren daran erinnert, dass sie nicht nur den geistlichen, sondern auch den materiellen Zustand der Klöster zu überprüfen hatten; sie übernahmen die Durchsetzung der vom Generalkapitel verfügten Ausgabenbeschränkungen, erteilten gegebenenfalls Sondergenehmigungen für notwendige Bau- oder Kaufprojekte oder erhielten das Recht, den Hausabt sowie verantwortliche Offiziale des Klosters zu bestrafen, wenn diese sich der Entschuldungspolitik widersetzten[14].

Die Arbeit des Generalkapitels und der Visitatoren wurde im Laufe der Jahrhunderte immer wieder verändert, um die Effizienz der Ordensverfassung zu steigern und neuen Bedürfnissen anzupassen. Schon früh führte man einen Ausschuss weniger Äbte ein, die Definitoren genannt wurden und die Aufgaben hatten, die Generalkapitelssitzungen vorzubereiten und die dort zu treffenden Beschlüsse in Form rechtsgültiger Satzungen auszuarbeiten. Ein Exemplar der jährlichen Beschlüsse sollte jeder Abt mit in sein Heimatkloster nehmen und für die regelmäßige Verlesung im Konvent sorgen. Als im späteren Mittelalter der Generalkapitelsbesuch aus wirtschaftlichen oder politischen Gründen nachließ, wurden Boten und Visitatoren mit der Verbreitung der Ordensgesetzgebung beauftragt. Auch die jährlichen Visitationen sollten schriftlich dokumentiert werden. Eine Visitationsurkunde war im jeweiligen Kloster zu hinterlegen, damit der Konvent daran erinnert wurde, welche Maßnahmen der Visitator angeordnet hatte und bei einer künftigen Visitation deren Umsetzung kontrolliert werden konnte. Bei der Visitation waren Abrechnungen der verschiedenen Klosterämter, auch der Erträge der außen liegenden Wirtschaftshöfe, abgeschlossene Verträge und weiteres Geschäftsschriftgut vorzulegen. Das Niveau der Buchführung und schriftgestützten Verwaltung war bei den Zisterziensern im Vergleich zu älteren Klosterverbänden ausgesprochen hoch. Die Formen zisterziensischer Abrechnungen wirkte in vielen Regionen prägend auf das kirchliche bzw. städtische Umfeld[15]. Die legislativen Texte der Zisterzienser passten sich ihrerseits zunehmend dem juristischen Duktus des allgemeinen Kirchenrechts an, das mit dem Dekret Gratians (um 1140) und den systematischen Sammlungen päpstlicher Dekretalen im 12. und 13. Jahrhundert eine grundlegende Neuordnung erfuhr.

Das zisterziensische Modell hat weite Verbreitung in der abendländischen Kirche des Hochmittelalters gefunden. Neue wie bereits bestehende, monastische wie kanonikale, zönobitisch wie eremitisch orientierte Gemeinschaften, Ritter- wie Hospitalorden sowie zuletzt die Mendikanten übernahmen das Zusammenspiel von Statutengesetzgebung, Generalkapitel und regelmäßigen Visitationen in ihre Verfassungen. Giraldus Cambrensis etwa forderte in seinem *Speculum ecclesiae* um 1220 die traditionellen Benediktiner dazu auf, die allenthalben sichtbaren Übel »durch Generalkapitel nach Art der Zisterzienser« (*per capitula, more Cisterciensium, generalia*) sowie durch jährliche Visitationen aus der Welt zu schaffen[16.] Bereits fünf Jahre zuvor hatte das Vierte Laterankonzil einer derartigen Forderung Auftrieb verliehen: Ausdrücklich »nach Art der Zisterzienser« und unter Beteiligung von Zisterzienseräbten mussten die nicht in Orden zusammengeschlossenen Klöster künftig allgemeine Kapitel und Visitationen organisieren (Can. 12). Diese Wertschätzung der zisterziensischen Ordensverfassung lässt sich bis in die Neuzeit verfolgen.

Dabei erlebte der Orden seit dem späten Mittelalter tiefgehende Einschnitte in seine Verfassungsstruktur. Das päpstliche Schisma führte am Ende des 14. Jahrhunderts erstmals zu einer Unterbrechung der Generalkapitelstätigkeit, die im Zeitalter von Reformation und Konfessionalisierung nur noch sporadisch stattfand und häufig auf einen kleinen Kreis französischer Äbte reduziert war. Zwischen 1550 und 1600 tagte die leitende Instanz des Ordens nur etwa zehn Mal. Auch grenzüberschreitende Visitationen wurden schwieriger, da in den Kriegen des 15. und 16. Jahrhunderts die Frage der Nationalität zunehmende Bedeutung gewann. Die einheitsstiftende Kraft der *Carta caritatis* trat in Spätmittelalter und Frühneuzeit hinter regionale Verbindungen oder ordensübergreifende Reformen auf nationaler Ebene zurück (s. Kap. 6).

2.3 Päpstliche Privilegien

An der Ausgestaltung der zisterziensischen Ordensverfassung hatten die Päpste einen nicht zu unterschätzenden Anteil. Bereits Urban II. hatte beim umstrittenen Auszug der Mönche aus Molesme auf einem Kompromiss bestanden, der dem Neukloster seinen Bestand sicherte. Sein Nachfolger Paschalis II. stellte für Abt Alberich im Jahr 1100 das erste umfassende Schutzprivileg aus, an dem sich die späteren Privilegierungen orientierten[17]. Mit dem früheren Erzbischof Guido von Vienne (Calixt II.) kam 1119 ein ausgewiesener Förderer der Zisterzienser auf den Papststuhl. Sein Privileg für Abt Stephan Harding bestätigte zum ersten Mal die in der *Carta caritatis* niedergelegten Grundsätze der Verbandsbildung, vorbehaltlich der Rechte des verantwortlichen Ortsbischofs. Auch wenn oben gezeigt wurde, dass die frühen Zisterzienser gute Beziehungen zu ihren Ortsbischöfen unterhielten und von diesen in vielen Fällen sogar der Anstoß für die zisterziensische Expansion ausging, wirkte der Orden schon im 12. Jahrhundert auf eine Autonomie von der bischöflichen Aufsicht hin[18]. So entband Papst Innozenz II. im Jahre 1132 die Zisterzienseräbte von der Verpflichtung, an der bischöflichen Diözesansynode teilzunehmen, unterstrich aber in demselben Privileg die Pflicht zum jährlichen Besuch des Generalkapitels in Cîteaux. Eugen III. (1145–1153), ein ehemaliger Mönch von Clairvaux, insistierte in seiner Bestätigungsbulle der *Carta caritatis* darauf, jeder Ortsbischof müsse bei der Gründung einer Zisterze die Ordensstatuten respektieren. Zugleich deklarierte Eugen die Beschlüsse des Generalkapitels zu verbindlichen Gesetzen, die innerhalb des Ordens strikt zu befolgen seien. Damit verfolgte der Papst dieselbe Politik wie das zisterziensische Generalkapitel. Dieses hatte in den *Instituta generalis capituli* aus der Mitte des 12. Jahrhunderts die Äbte selbstbewusst dazu aufgefordert, sich bei der Wahrung der Ordensgesetze im Bedarfsfall auch gegen die Erzbischöfe und Bischöfe durchzusetzen (Inst. 38).

Da zu diesem Zeitpunkt die kirchenrechtliche Aufsicht des Ortsbischofs über die Zisterzienser noch bestand, verweisen diese Formulierungen auf eine Konkurrenz zwischen dem allgemeinen Recht der Kirche (*ius commune*) und dem Sonderrecht des Ordens (*ius particulare*). Letzteres wurde mit Hilfe päpstlicher Urkunden weiter ausgebaut und gestärkt[19]. Wie eng die Beziehungen zwischen Papsttum und Orden im Pontifikat Eugens geworden waren, bezeugen auch die Schriften Bernhards von Clairvaux. Bernhard blieb mit seinem ehemaligen Mönch in enger Tuchfühlung, beriet ihn etwa in Fragen der Ketzerverfolgung, übernahm von ihm den Auftrag zur Werbung für den Zweiten Kreuzzug und widmete ihm schließlich eine eigene Schrift *Über die Besinnung* aus den Jahren 1147 bis 1152[20]. Dieser »Papstspiegel« beginnt mit einer Klage über die Verrechtlichung an der Kurie und den fehlenden religiösen Eifer der Kurialen. Ganz ähnlich sollte 50 Jahre später der Bischof Jakob von Akkon über die Verhältnisse am päpstlichen Hof lästern, man könne dort über »Könige und Königreiche, Prozesse und Geschäfte« diskutieren, nur über geistliche Dinge nicht[21]. Die direkte Aufforderung, die Händler aus dem Tempel des Herrn zu vertreiben (Mt. 21,12), verknüpft Bernhard mit einer langen Abhandlung über die vier Kardinaltugenden. Das zweite Buch thematisiert den gescheiterten Zweiten Kreuzzug, zu dessen Werbung der Papst den Abt von Clairvaux einst verpflichtet hatte. Der katastrophale Ausgang des Unternehmens hatten auch innerhalb des Zisterzienserordens zur Kritik an Bernhards politischem Engagement und an Eugen III. geführt. Bernhard selbst äußert in seiner Schrift dennoch keine grundsätzlichen Zweifel am Kreuzzugsgedanken, sondern schiebt den Misserfolg des von ihm propagierten Unternehmens auf die Sündhaftigkeit der einzelnen Kreuzfahrer. Im Zentrum von Bernhards Argumentation steht in diesem Buch aber die seit dem Investiturstreit immer wieder erhobene Frage nach der päpstlichen Stellung in der Welt, die er ganz im Sinne der Gregorianischen Reform mit dem Vorrang der geistlichen vor der weltlichen Gewalt beantwortet. Voraussetzung für diesen hohen Anspruch sei aber eine tadellose persönliche Lebensführung und ein unermüdlicher Einsatz gegen die Feinde des Glaubens.

Als Bernhard wenige Jahre vor seinem Tod die Schrift nach Rom sandte, hatte sein eigener Orden zwar weitgehende Schutz- und Freiheitsprivilegien der Päpste erhalten, war jedoch in zentralen Fragen, etwa der Weihe von Äbten oder der Visitation, noch immer von der Autorität der Ortsbischöfe abhängig. Die Befreiung der Zisterzienser von Bischofsrechten (Exemtion) war ein längerer Prozess. Besonders einschneidend war das Privileg Eugens III. von 1152 (JL 9600), in dem der Vorrang der ordensinternen Rechtsregelungen und Kontrollorgane vor dem diözesanen und weltlichen Recht festgeschrieben wurde. Konkret forderte der Papst von jedem Bischof, die in der *Carta caritatis* festgelegten Verfahren zu akzeptieren. Ordensmitglieder durften weder vor ein bischöfliches noch vor ein weltliches Gericht zitiert werden, die Visitation stand den Vateräbten zu, ordensfeindliche Privilegien wurden für ungültig erklärt. Auch Eugens Nachfolger schränkten die bischöflichen Befugnisse gegenüber dem Orden weiter ein. Die wohlwollende Haltung der Päpste resultierte dabei einerseits aus dem Reformanliegen einer verstärkten Zentralisierung der Kirche und andererseits aus dem zisterziensischen Verhalten in den großen Papstschismen des 12. Jahrhunderts. Bei der umstrittenen Wahl des Jahres 1130 stellte sich der Orden in Frankreich auf Initiative Bernhards konsequent hinter Innozenz II. und trug somit wesentlich zu dessen Anerkennung in Europa bei[22].

Auch Papst Alexander III. (1159–1181) konnte sich in der heftigen Auseinandersetzung mit Friedrich Barbarossa und den von der kaiserlichen Partei erhobenen Gegenpäpsten spätestens seit der Demission des Abtes Lambert von Cîteaux im Jahre 1161 fest auf die Unterstützung der Zisterzienser verlassen. Seine Amtszeit brachte den Orden in den Genuss weiterer Freiheiten. Im Jahr 1169 erklärte ein Privileg jede gegen die Zisterzienser gerichtete bischöfliche Entscheidung für ungültig (PL 200, 592). Stärkeren Einfluss behielten die Bischöfe in der

Frage der Weihen, die im Kloster bei Kirch-, Altar-, Priester- oder Abtsweihen fällig wurden und somit einen ständigen Konfliktherd darstellten. Trotz mehrfacher Interventionen beim Papst erhielten die Zisterzienser nur in Ausnahmefällen das Recht, sich einen Konsekrator aus den Reihen des Episkopats selbst zu suchen[23]. Erst Papst Alexander IV. (1254–1261) erteilte den Äbten des Zisterzienserordens das Recht, zumindest niedere Weihen selbst vorzunehmen. In späteren Jahren erhielten einzelne Äbte auch das Privileg zur Spende der höheren Weihen.

Zentral war für den Orden in diesen Jahren die Frage der Zehntbefreiung. Erstmals war dieses Privileg für das Neukloster im Jahr 1132 durch Innozenz II. verliehen worden. Üblich war zu diesem Zeitpunkt, dass Klöster für das selbst urbar gemachte Land befreit wurden (Neubruchzehnt), nicht aber für die geschenkten Besitzungen, an denen die früheren Besitzer und Bischöfe ihre Zehntrechte behielten. Während Papst Hadrian IV. im Jahre 1156 genau diese traditionelle Regelung auch für die Zisterzienser etablierte, befreite Alexander III. mit seiner Bulle von 1180 die Zisterzienser mit einem Schlag von allen Zehntzahlungen. Dass dieses Privileg dennoch in der Praxis nicht durchsetzbar war, zeigt der vom Generalkapitel noch im Jahre 1180 gebilligte Kompromiss, nach dem die Zisterzienser nur in Ausnahmefällen von der Zehntbefreiung auf Altsiedelland Gebrauch machten. Dieser Kompromiss fand schließlich sogar Eingang in die Gesetzgebung des Vierten Laterankonzils (Can. 55). Das Beispiel lehrt, dass trotz päpstlicher Förderung dem zisterziensischen Bedürfnis nach Autonomie in der Praxis Grenzen gesteckt waren. Das Privileg Papst Lucius' III. von 1184 gibt einen interessanten Hinweis auf die mittlerweile abgekühlten Beziehungen zum Episkopat: Lucius führt aus, der Orden habe sich »die demütige Unterwerfung unter die Bischöfe« bewahrt, doch sei bei vielen Bischöfen »die Liebe erkaltet«. Aus diesem Grund untersagte der Papst den Bischöfen, Strafmaßnahmen jeder Art, insbesondere Exkommunikation, Absetzung oder Interdikt gegen eine Zisterze zu verhängen. Zugleich betonte er den Vorrang der Ordensgesetze vor dem bei der Abtsweihe zu leistenden Gehorsamsversprechen gegenüber dem Bischof. Der vollen Exemtion von den Bischofsrechten war der Orden zu diesem Zeitpunkt schon recht nahe gekommen[24] Spätestens seit der als unrechtmäßig empfundenen Einmischung des Kardinaldiakons Otto von Montferrat in die Belange der schwedischen Zisterze Nydala, die das Generalkapitel von 1229 aufgriff (Stat. 36/1229), legte es der Orden zudem auf eine Einschränkung der Legatenrechte und damit der päpstlichen Hoheit an. Schon Papst Honorius III. (1216–1227) hatte 1218 den Orden von der Visitation und Amtsgewalt jener Gesandten befreit, deren Mandat nicht ausdrücklich die Zisterzienser einschloss. Papst Gregor IX. (1227–1241) nahm dann den Orden selbst von den Legationen aus, die alle exemten Klöster einer Region umfassen sollten[25]. Der faktische Ausschluss von Bischöfen und Legaten bedeutete zugleich, dass das Generalkapitel und die Vateräbte für den Krisenfall eigene Durchsetzungsstrategien benötigten oder sich – im schlimmsten Fall – direkt an den Papst wenden mussten. Ein solches Appellationsrecht stand aber nach dem zitierten Privileg Alexanders III. ausdrücklich nur der Ordensleitung, nicht aber den Äbten der Tochterhäuser zu, um die führende Stellung der zentralen Instanzen nicht zu beschädigen.

Bedrohlich wirkte sich für den Ordenszusammenhalt immer wieder die Konkurrenz zwischen der Abtei Cîteaux und ihren Primarabteien aus. Bereits in der Frühzeit der Verbandsbildung hatte es Tendenzen der Verselbständigung der Filiationen und Spannungen zwischen deren Häuptern gegeben. In den zahlreichen Schriften und Briefen Bernhards wird Stephan Harding, in dessen Hände Bernhard immerhin seine Profess als Mönch von Cîteaux abgelegt hatte, kaum erwähnt. Andererseits sind von Stephan keine größeren Anstrengungen zur Förderung der Neugründung von Clairvaux überliefert, an deren Spitze der junge Bernhard trat. In den folgenden Jahrzehnten betrieb vor allem die dynamisch anwachsende Filiation von Clairvaux eine eigenständige Politik, so dass einige zeitgenössische Chronisten durchaus seriös von einem Orden von Clairvaux (*ordo Clarevallensis*) sprachen[26]. Einen ersten Ausgleich stellte die Regelung aus den 1130er Jahren dar, nach der Cîteaux künftig gemeinsam von seinen ältesten Töchtern beaufsichtigt wurde. Ausdruck fand das Ringen um die Ordensleitung auch in der Besetzung des vierköpfigen Definitoriums, jenes Ausschusses zur Vorbereitung der Generalkapitelsbeschlüsse, der seit dem späten 12. Jahrhundert durch den Abt von Cîteaux unter Mitwirkung der Primaräbte eingesetzt wurde. Dramatisch wurden die Konflikte bei der Absetzung von Primaräbten durch den Mutterabt von Cîteaux, wie sie erstmals für 1168 und mehrfach im frühen 13. Jahrhundert bezeugt sind. Die betroffenen Äbte wehrten sich gegen solche Maßnahmen, und die Primaräbte versuchten im Jahre 1215 – allerdings erfolglos – ein kollektives Mitspracherecht in solchen Fällen durchzusetzen. Das Ansehen des ohnehin wegen seines persönlichen Engagements in den Albigenserkriegen ordensintern umstrittenen Abts Arnold Amaury von Cîteaux wurde in diesen Jahren stark in Mitleidenschaft gezogen (s. Kap. 4/5).

Ein neuerlicher Konflikt zwischen Cîteaux und den Primarabteien entzündete sich 1262 an der Wahl Jakobs II. zum Abt des Mutterhauses, die der Konvent ohne die in der *Carta caritatis* geregelte Mitwirkung der Primaräbte vorgenommen hatte. Als Jakob auf dem Generalkapitel von 1263 einen Kandidaten Philipps von Clairvaux für das Definitorium ausschlug, wandte sich der Abt von Clairvaux trotz Androhung der Exkommunikation durch seinen Vaterabt an die römische Kurie. Papst Urban IV. stellte eine Reformkommission zusammen, die über die offensichtlichen Führungsprobleme im Orden entscheiden und Reformen vorschlagen sollte. Trotz Intervention des französischen Königs Ludwig IX. kam es im Vorfeld zu keiner Verständigung zwischen den Kontrahenten, so dass der inzwischen neu erhobene Papst Clemens IV. im Jahre 1265 eine neue Kommission unter Leitung des Dominikaners Humbert von Romans einsetzte. Aus deren Arbeit resultierte die Reformbulle *Parvus fons*, die in 24 Kapiteln weit reichende Änderungen in der juristischen Praxis vornahm. Der Text beginnt mit einem poetischen Bild: »Die kleine Quelle, die zum Strom wurde und zu großen Wassern angeschwollen ist – das ist der leuchtende Zisterzienserorden«, bevor er zu teilweise sehr harschen Klagen über den derzeitigen Zustand des Ordens übergeht: »Obwohl sich dieser Orden [...] ständig in der Rüstung des geistlichen Kampfes abmüht, lässt dennoch der Satan nicht ab, ihn zu sieben« (Kap. 2). Abtswahlen sollen – nach dem Geist der Benediktsregel – nur noch vom betroffenen Konvent ohne führende Mitwirkung des Vaterabtes durchgeführt werden (Kap. 3–7). Die Zahl der Definitoren wird auf 25 erhöht; jede der Primarabteien erhält ein eigenes Quorum, und die Rechte der Definitoren werden erweitert (Kap. 8–10). Die Visitation des Mutterhauses Cîteaux durch die vier Primaräbte und die Gründe für zukünftige Amtsenthebungen von Äbten, zwei der ständigen Konfliktherde im Orden, werden im Detail geregelt (Kap. 12–23).

Noch dramatischer stellte sich die Situation im Lichte der Reformbulle *Fulgens sicut stella* des Zisterzienserpapstes Benedikt XII. (1334–1342) aus dem Jahr 1335 dar, die vor allem in die wirtschaftlichen Verhältnisse des Ordens eingriff[27]. Der frühere Mönch von Morimond hatte zunächst als Abt der südfranzösischen Zisterze Fontfroide, dann als Bischof von Pamiers und Inquisitor, schließlich als Kardinalbischof von Santa Prisca und Berater Johannes' XXII. eine glänzende kirchliche Karriere gemacht. Dass er dem Mönchtum auch nach seiner Papstwahl verbunden blieb, stellte er durch eine ganze Serie von Reformbullen für Benediktiner, Augustiner-Chorherren, Bettelorden und Zisterzienser unter Beweis. In der Bulle *Fulgens sicut stella* griff Benedikt tiefgehend in die Verwaltung des Zisterzienserordens ein, vor allem in die Güterverwaltung (Art. 1–12), die Ordensorganisation (Art. 13–18), disziplinarische Bestimmungen (Art. 19–30) und den Studienbetrieb (Art. 31–41). Die in der Bulle beklagten disziplinarischen und wirtschaftlichen Verfallserscheinungen schlagen sich auch in den jährlich überlieferten Generalkapitelsbeschlüssen teilweise drastisch nieder. Verarmung und Verschuldung ganzer Konvente, Verkauf oder Verpachtung von

Klostergut, Privatbesitz von Mönchen oder Äbten, Aufhebung der strengen Speisevorschriften oder der Gemeinschaft im *Dormitorium* durch den Einbau von Zellen sind die häufigsten der Beschwerden, die Behandlung auf dem Generalkapitel fanden.

Als neue Maßnahme gegen die Misswirtschaft von Äbten und Klosteroffizialen schrieb die Reformbulle von 1335 zwingend die Einführung von Konventssiegeln vor, die eine Beteiligung der monastischen Gemeinschaft an allen Verträgen und Geschäften gewährleisten sollten (Art. 2). Strenge Vorschriften galten auch für die Rechnungslegung, die künftig vier Mal jährlich durch den klösterlichen Schatzmeister (Bursar) zu erfolgen hatte (Art. 11). Dass solche päpstliche Eingriffe, die in enger Abstimmung mit der Ordensleitung zustande kamen und auf den Generalkapiteln verlesen wurden (Art. 42), nicht zwangsläufig zu einer flächendeckenden Verbesserung der Zustände führten, legen bereits die zeitgleichen Klagen über den nachlassenden Generalkapitelsbesuch nahe. Im Papstschisma von 1378 sicherten die Kontrahenten ihren Parteigängern aus dem Zisterzienserorden weit reichende Privilegien und Unterstützung im Kampf gegen die Kommende (der Übertragung der Einkünfte auf eine Person außerhalb des Klosters ohne Gegenleistung) zu (s. Kap. 6/4). An der Formulierung der letzten mittelalterlichen Reformstatuten, der Pariser Artikel 1498, war das Papsttum nur noch durch eine nachträgliche Bestätigung beteiligt.

Erst aus der Reformbewegung der strengen Observanz, die im frühen 17. Jahrhundert Vorbilder auch in anderen Orden hatte, erwuchs zum letzten Mal eine päpstliche Initiative zur Reform des Zisterzienserordens. Um der Gefahr einer Ordensspaltung vorzubeugen, erließ Papst Alexander VII. im Jahr 1666 eine Konstitution (Breve) in 50 Artikeln, an denen Vertreter der strengen und allgemeinen Observanz mitgewirkt hatten. Auf Dauer ließ sich aber auch durch die päpstliche Vermittlung eine eigenständige Entwicklung der Anhänger der strikten Observanz um das burgundische Hauptkloster La Trappe nicht vermeiden. Von La Trappe ging nach dem

Abb. 3: Karte 1: Wichtige Zisterziensergründungen in Europa

Ende der Revolutionszeit im ersten Drittel des 19. Jahrhunderts ein starker Impuls zur Neuformierung des Zisterzienserordens in Frankreich aus (s. Kap. 8).

2.4 Europa wird zisterziensisch

Den Beweis ihrer Effizienz hatte die im frühen 12. Jahrhundert neuartige Ordensverfassung schon bald zu erbringen. Der überschaubare, auf Burgund und die Nachbarregionen begrenzte Verband, für den die *Carta caritatis* entwickelt wurde, griff in den kommenden Jahrzehnten in fast alle europäischen Länder von Norwegen bis Sizilien und von Ungarn bis

Portugal aus[28]. Bis zum Tod Bernhards von Clairvaux im Jahre 1153 war die Zahl der Zisterzen auf etwa 350 gestiegen; um 1250 hatte sich die Anzahl noch einmal fast verdoppelt. Am Ende des Mittelalters gab es etwa 740 Zisterzen. Einzelne Gründungen entstanden sogar außerhalb der lateinischen Welt, so die Abtei Belmont bei Tripolis (1157–1290), deren Gründungen in Akkon und auf Zypern, die Salvatio-Abtei bei Jerusalem als direkte Tochter von Morimond (1161–ca. 1174) oder die sechs Zisterzen im Byzantinischen Reich zur Zeit der lateinischen Fremdherrschaft (1204–1261).

Aus den Klosterkatalogen ergeben sich recht klare Schwerpunkte der geographischen Aktivitäten der fünf ältesten Zisterzienserklöster. Von Cîteaux gingen insgesamt 28 direkte und etwa 80 mittelbare Tochtergründungen aus, mehr als die Hälfte davon in Frankreich, doch auch mit Ausgriffen nach Italien, Schweden, England und Spanien. Die älteste Primarabtei La Ferté erreichte diesen Stand nicht und blieb mit insgesamt 16 Abteien die bei weitem kleinste Filiation im Orden, die ihren Schwerpunkt mit elf Klöstern in Italien hatte. Auch die zweitälteste Tochter Pontigny besaß nicht die Ausstrahlung des Mutterhauses und der beiden jüngeren Primarabteien. Mit 43 Klöstern war ihre Filiation vor allem in Frankreich, aber auch in Ungarn und Italien vertreten. Für die Besetzung der regionalen Bischofssitze hatte die Abtei gleichwohl eine erhebliche Bedeutung: Von den fünf ersten Äbten stiegen vier zu Bischöfen oder Erzbischöfen (in Auxerre, Lyon, Bourges und Arras) auf. Außerdem bot Pontigny nicht weniger als drei Erzbischöfen von Canterbury Zuflucht: Thomas Becket (1162–1170), Stephen Langton (1207–1228) und Edmund von Abdington (1234–1240)[29]. Mit über 80 direkten Töchtern und einem Gesamtumfang von über 350 Klöstern stellte die Filiation von Clairvaux fast die Hälfte aller Ordenshäuser im Mittelalter. Der zunehmenden Bekanntheit Bernhards verdankte die dritte Primarabtei eine steigende Zahl von Stiftungen und Anfragen aus ganz Europa. Obwohl ihr Schwerpunkt in Frankreich verblieb, hingen sämtliche Klöster in Irland, Norwegen und Portugal sowie viele weitere im deutschen Reich, in Italien, England und Spanien von Clairvaux ab. Ähnlich produktiv war auch die vierte Primarabtei Morimond mit einer Filiation von über 200 Zisterzen, von denen über Altenkamp (1123), Lützel (1124), Ebrach (1127), Altenberg (1133) und Heiligenkreuz (1133/36) ein hoher Anteil im deutschen Reich und in Osteuropa lag.

In ordensgeschichtlicher Perspektive hat man das 12. Jahrhundert als das zisterziensische bezeichnet; andere sprechen sogar vom »Bernhardinischen Zeitalter«, um der besonderen Rolle Bernhards von Clairvaux gerecht zu werden. Zur auffälligen Steigerung der Neugründungen trugen allerdings maßgeblich zwei Entwicklungen bei, die im ursprünglichen Konzept der Gründerväter nicht vorgesehen waren: zum einen die Aufnahme bestehender Klöster und teilweise sogar Klosterverbände in den Orden, zum anderen die Zulassung von Frauenklöstern. Der unübersehbare Erfolg der Zisterzienser machte den Verband seit dem zweiten Jahrzehnt des 12. Jahrhunderts auch für Konvente, Klosterherren und Bischöfe interessant, denen an einer Reform oder Absicherung ihrer Klöster gelegen war. Im Jahr der ersten päpstlichen Bestätigung der *Carta caritatis* 1119 gelangte die Abtei Cadouin, die vier Jahre zuvor von Gerald von Sales gegründet worden war, an die Abtei Pontigny. 40 Jahre später wiederholte sich der Vorgang mit einer weiteren Gründung Geralds von Sales, eines Schülers des Wanderpredigers und Ordensgründers Robert von Arbrissel († 1116): Die Mönche der Abtei Dalon baten um 1160 das zisterziensische Generalkapitel um Aufnahme in den Orden und wurden mit ihren sechs Tochterkonventen 1162 der Filiation von Pontigny zugeschlagen. Nach einem Aufenthalt Bernhards von Clairvaux in Okzitanien trat schließlich auch die von Gerald gegründete Abtei Grandselve mit ihren Tochterklöstern im Jahre 1145 zum Zisterzienserorden über und begründete die starke Filiation von Clairvaux im Gebiet der Grafen von Toulouse und der Könige von Aragon.

Für manche Regionen Süd- und Westfrankreichs sowie Italiens hat die neuere Forschung sogar festgestellt, dass die Fälle der Übernahme diejenigen der Neugründung übertrafen[30]. Auch auf der iberischen Halbinsel ging von den ersten 15 Zisterzen immerhin ein Drittel auf eine Vorgängerinstitution zurück[31]. In Deutschland ist diese Praxis ebenfalls schon früh anzutreffen. Die erste rechtsrheinische Zisterze Eberbach, die 1136 durch einen Konvent aus Clairvaux besiedelt wurde, war 1116 zunächst als Augustiner-Chorherrenstift durch Erzbischof Adalbert von Mainz gegründet worden. Klösterliche Vorläufer gab es unter anderem bei den Zisterzen in Altenberg, Pforta, Arnsburg, Bebenhausen, Heilsbronn, Heisterbach und Walderbach[32]. In anderen Fällen, etwa in England, Skandinavien oder in Mitteleuropa, dominierten Neugründungen ohne Vorgängerinstitution. Auch wenn pauschale Beobachtungen durch viele Ausnahmen entkräftet werden können, besteht offenbar ein Zusammenhang zwischen geringer Dichte der Klosterlandschaft und Neugründungsaktivität. Die Dynamik der zisterziensischen Expansion scheint nicht zuletzt darauf zu beruhen, dass der Orden in vielen Fällen flexibel und pragmatisch auf unterschiedliche Anforderungen seitens adliger Klostergründer, kirchlicher und weltlicher Autoritäten reagierte.

Den bedeutendsten Zugewinn erhielten die Zisterzienser im Jahre 1147, als mit Obazine und Savigny gleich zwei wichtige Mutterklöster das zisterziensische Generalkapitel um Aufnahme in den Orden ersuchten. Obazine, die Gründung des Eremiten Stephan († 1156) im Limousin, war mit einem Frauenkonvent in Coiroux verbunden, als es in den Zisterzienserorden kam. Im späteren 12. und im 13. Jahrhundert bildete sich eine kleine Filiation von sechs Tochterklöstern und einer Reihe großer Grangien (von Laienmönchen bewirtschaftete Klosterhöfe) um das Kloster. Die Abtei Savigny in der Normandie war durch den Wanderprediger Vitalis etwa zeitgleich und mit ähnlichen Reformzielen wie das Neukloster gegründet worden. In den ersten drei Jahrzehnten des 12. Jahrhunderts bildete sich ein über 30 Klöster umfassender Verband mit regionalem Schwerpunkt in Nordfrankreich und Südengland. Abt Serlo von Savigny (1140–1153), der mit Bernhard von Clairvaux persönlich bekannt war, drängte auf die Mitgliedschaft im Zisterzienserorden. Das unter Leitung Papst Eugens III. abgehaltene Konzil von Reims, auf dem Bernhard anwesend war, billigte den Anschluss von Obazine und Savigny und wies die Abteien mit ihren Tochterklöstern in die Filiation von Clairvaux ein. Mit dieser Entscheidung fanden bislang unterbundene lokale Gewohnheiten und rechtliche Differenzen Eingang in den Zisterzienserorden[33].

Im Laufe des 12. Jahrhunderts bildeten sich in Spanien und Portugal weitere Sonderformen des Zisterziensertums aus, die sich hier aus den besonderen Bedingungen des Krieges gegen die muslimischen Herrschaften (Reconquista) und aus den älteren persönlichen Verbindungen zwischen Zisterziensern und Templern erklären lassen: Die Ritterorden von Calatrava und Alcantara unterstanden allerdings nur zeitweise der Aufsicht durch zisterziensische Väteräbte.

2.5 Zisterzienserinnen

Frauenklöster hatten an der bemerkenswerten Verbreitung der Zisterzienser in Europa unbestritten einen hohen, wenn auch späten Anteil. Nach Alexis Grélois bestanden zu Beginn des 14. Jahrhunderts im Gebiet des heutigen Frankreich etwa 150 Frauen- und 238 Männerkonvente; in Deutschland stellten nach der Mitte des 13. Jahrhunderts die Frauenklöster sogar die Mehrheit aller Zisterzen[34]. Genaue Statistiken sind deswegen problematisch, da es nach den intensiven Forschungen der letzten Jahrzehnte verschiedene Spielarten des weiblichen Zisterziensertums gab[35]. Neben der vollständigen rechtlichen Inkorporation in den Orden gab es eine Vielzahl von Frauenklöstern, die zisterziensische Lebensgewohnheiten befolgten, ohne formal dem Orden anzugehören. Der nordfranzösische Chronist Hermann von Tournai berichtet etwa um 1140, die Nonnen im benachbarten Montreuil hätten in spontaner Begeisterung die Lebensweise von Cîteaux und Clairvaux angenommen (PL 156, 1001). Von einer rechtlichen

Zugehörigkeit des Klosters zum zisterziensischen Ordensverband ist indessen nicht die Rede. Ähnlich verhielt es sich nach den Erkenntnissen von Franz Josef Felten mit den Nonnen im thüringischen Ichtershausen[36]. Eine Urkunde des Mainzer Erzbischofs Heinrich von 1147 führt aus, die Nonnen hätten »den *ordo* der Zisterzienser angenommen«. Dennoch verblieb das Kloster vollständig in der Obhut des Mainzer Erzbischofs; der für sie zuständige Propst war kein Zisterzienser, sondern ein erzbischöflicher Regularkanoniker. Wie schon Joachim Wollasch gezeigt hat, bedeutete der Quellenbegriff *ordo* häufig nicht »Orden«, sondern einfach »Lebensweise«.

Die Zisterzienser pflegten von Beginn an gute Beziehungen zum Papsttum sowie zu vielen Bischöfen und lokalen Adelsfamilien. Es ist daher nicht überraschend, dass benachbarte Zisterzienseräbte an der Gründung von Frauenklöstern oder an deren geistlicher Betreuung beteiligt wurden. Auch in solchen Fällen ist nicht unbesehen von der Aufnahme der betreffenden Konvente in den Orden auszugehen. Bekannt ist das Beispiel des Abtes Eberhard von Salem, der bei der Gründung von Frauenklöstern im Bodenseeraum im 12. Jahrhundert eine Leitfunktion übernahm[37]. Die erste solcher Initiativen, die Gründung des Frauenpriorates Jully durch Bernhard von Clairvaux und weitere Familienmitglieder im Jahre 1115, bezeugt zunächst, dass sich innerhalb des burgundischen Adels keineswegs nur Männer von den monastischen Idealen der frühen Zisterzienser angezogen fühlten. In der Familie und im sozialen Umfeld Bernhards strebten auch Frauen in die strenge benediktinische Lebensform, so dass nur etwa drei Jahre nach Bernhards und seiner männlichen Verwandten Eintritt in Cîteaux und etwa zeitgleich zur Entstehung von Clairvaux die Gründung eines Frauenklosters in Angriff genommen wurde. Auch wenn Bernhards Hagiograph Wilhelm von Saint-Thierry die führende Rolle des Heiligen deutlich betont (PL 185, 237), wurde das Frauenkloster durch den Ortsbischof von Langres und mit Zustimmung der beteiligten Zisterzienser der Abtei Molesme unterstellt. Die überlieferten Statuten für Jully aus der Amtszeit Abt Guidos von Molesme (1099–1136) tragen zwar inhaltlich eine zisterziensische Handschrift, wurden aber durch den Abt von Molesme erlassen. In dem Text von etwa 1120 finden sich strenge Klausurbestimmungen, die Beschränkung der Konventsgröße auf höchstens 70 Nonnen und die Festlegung eines Eintrittsalters von mindestens 15 Jahren[38].

Festzuhalten bleibt, dass weder Bernhard noch sein Umfeld, die zu diesem Zeitpunkt die Errichtung neuer Zisterzen eifrig betrieben, an die Gründung eines Zisterzienserinnenklosters gedacht zu haben scheinen. Bereits hier deutet sich eine ambivalente Einstellung der frühen Zisterzienser zur Aufnahme von Frauen in den Orden an, von der auch erzählende Quellen des 12. und frühen 13. Jahrhunderts wissen. Der bayerische Zisterzienser Idung von Prüfening stellte bereits in der Mitte des 12. Jahrhunderts fest, den Zisterzienseräbten sei die Leitung von Frauenkonventen untersagt (*Dialogus duorum monachorum* III,3,12–13). Ähnlich argumentierte wenig später die Lebensbeschreibung des Klostergründers Stephan von Obazine, Stephan habe die Eingliederung seiner Klöster in den Zisterzienserorden angestrebt, jedoch in der Frage der Frauenkonvente eine abweichende, nämlich frauenfreundliche Haltung gehabt (*Vie de Saint Etienne d'Obazine* II,11). Der Bischof und Chronist Jakob von Vitry schrieb um 1219, die Gründerväter von Cîteaux hätten Frauen nicht im Orden haben wollen, da sie körperlich nicht zur strikten Askese in der Lage seien (Hist. occ. 15).

Solche Urteile scheinen eher aus der Luft gegriffen, wenn man auf die dynamische Rolle anderer Klosterverbände in der religiösen Frauenbewegung des 12. Jahrhunderts blickt: Klostergründer wie Johannes Gualbertus, Robert von Arbrissel, Gerald von Sales, Stephan von Obazine oder Norbert von Xanten hatten eine große weibliche Gefolgschaft, für die sie Klöster und Konvente gründeten. Die Vallombrosaner, Prämonstratenser und Gilbertiner lebten anfangs in Doppelklöstern zusammen, in denen teilweise Äbtissinnen regierten. Andererseits ist die restriktivere Haltung der frühen Zisterzienser gegenüber religiosen Frauen nicht mit einem vollständigen Aufnahmeverbot zu verwechseln. Nur etwa fünf Jahre nach der Gründung von Jully beteiligte sich Abt Stephan Harding an der Gründung des Frauenklosters Le Tart in der Nachbarschaft von Cîteaux[39]. Im Unterschied zu Jully wurden die Nonnen von Le Tart dem Abt von Cîteaux unterstellt. Erste Äbtissin wurde Elisabeth, Nonne aus Jully und Tochter Elisabeths von Donzy, der Hauptförderin von Cîteaux. Möglicherweise hatte die Gräfin ihren Einfluss in Cîteaux auf diese Gründung verwendet. Um Le Tart entstand ein eigener Klosterverband von 18 Frauenklöstern, in dem die Äbtissinnen von Le Tart Visitationsrechte und zeitweise die Abhaltung eigener »Generalkapitel« beanspruchten. Noch im Jahre 1290 hielten der Abt von La Boissière und der Prior von Cîteaux im Auftrag des Abtes von Cîteaux in Le Tart ein Kapitel ab, bei dem die dortige Äbtissin ermahnt wurde, besser für die jährliche Visitation ihrer Filialen zu sorgen[40].

Die nur lückenhafte Überlieferung der zisterziensischen Generalkapitelsbeschlüsse der ersten Jahrzehnte lässt an keiner Stelle eine Beteiligung von Äbtissinnen oder auch nur eine Befassung des höchsten Entscheidungsgremiums mit Frauenklöstern erkennen. Erstmals dürfte das Kapitel im Jahre 1147 mit dem Thema konfrontiert worden sein, als es um die Aufnahmegesuche der Klosterverbände von Savigny und Obazine in den Orden ging. In beide Verbände waren Frauenklöster fest integriert. Die oben zitierte Stelle aus der Vita des Gründers Stephan von Obazine lässt den Schluss zu, dass die Frauenfrage einen kritischen Punkt der Verhandlungen darstellte. Im Resultat billigte das Generalkapitel in Cîteaux die Aufnahme Savignys und Obazines, wobei den beiden Hauptklöstern auch weiterhin die Kontrolle ihres Verbandes zufiel. Damit entfernten sich die Zisterzienser bereits zu diesem Zeitpunkt von ihrem Vorsatz, abweichende Lebensgewohnheiten und lokale Traditionen zu vermeiden, »damit in unseren Handlungen keine Uneinigkeit herrscht« (CC prior 3).

Ein förmlicher Akt zur Inkorporation eines Frauenklosters in den Zisterzienserorden findet sich erstmals im Jahre 1187 in der Überlieferung. Nur drei Jahre nach Erlangung der vollständigen Befreiung des Ordens von den Mitspracherechten der Ortsbischöfe durch ein Privileg Papst Lucius' III. unterstellte derselbe Papst die Frauenabtei Las Huelgas bei Burgos auf Bitten der Gründer, König Alfons' VIII. von Kastilien und seiner Gemahlin Eleonore, dem Zisterzienserorden. Abt Wilhelm von Cîteaux bestätigte diese Regelung im Auftrag des Generalkapitels noch in demselben Jahr[41]. Las Huelgas sollte nach dem Willen des Königspaares das Haupt der kastilischen Frauenklöster werden, in dem nach dem Vorbild von Cîteaux jährliche Kapitel aller Äbtissinnen und Priorinnen stattfanden. Eine solche Überlagerung der zisterziensischen Organisationsformen mit ordensfremden Strukturen konnte nicht im Sinne des Generalkapitels sein, war allerdings angesichts der Fürsprache durch Papst und König auch nicht zu verhindern. Juristisch verblieb man stets bei dem bereits 1147 gefundenen Grundsatz, die Betreuung weiblicher Ordenshäuser einer benachbarten Männerabtei zu übertragen, deren Abt als *pater immediatus* für Visitation, geistliche Betreuung und disziplinarische Fragen zuständig war. Im 13. Jahrhundert entbrannte ein heftiger Streit zwischen der Äbtissin von Las Huelgas, die inzwischen einen eigenen Filiationsverband von zwölf Klöstern anführte, und dem Generalkapitel. Im Jahre 1261 exkommunizierte das Generalkapitel die Äbtissin und Mitglieder ihres Konventes, da sie die Visitatoren des Abtes von Cîteaux abgelehnt und stattdessen selbst Visitationen in den Filialen durchgeführt hatten (Stat. 1261/35).

In den ersten Jahrzehnten des 13. Jahrhunderts waren eine steigende Zahl von Anfragen an den Orden und eine zunehmend restriktive Politik des Generalkapitels gegenüber den Nonnen zu verzeichnen. Auch andere Klosterverbände, etwa die Prämonstratenser, begannen in derselben Zeit mit einer ablehnenden Politik gegenüber Frauen, während dem Papsttum und den Vätern des Vierten Laterankonzils (1215) an einer besseren Integration der religiösen Frauenbewegung in die festen Kontrollmechanismen der großen Orden gelegen war[42]. Das Generalkapitel wurde legislativ im Jahre 1213 tätig, als man den Nonnen die strenge Klausur verordnete und zukünftige

Inkorporationen strikt von der Genehmigung des Generalkapitels abhängig machte. Damit übertrug man die bereits in den *Instituta* formulierte und in der ersten systematischen Rechtssammlung von 1202 bestätigte generelle Verantwortlichkeit des Generalkapitels für Neugründungen auch auf die Frauenklöster. In den folgenden Rechtssammlungen (*libelli definitionum*) der Jahre 1237 und 1257 wurde eine eigene Rubrik (*distinctio*) »Über die Nonnen« eingerichtet, in denen die inzwischen vom Generalkapitel festgelegten Grundsätze für den Umgang mit Frauen im Orden noch einmal systematisch aufgeführt wurden. Dazu zählten in erster Linie die Bekräftigung des Neugründungsverbotes und die Definition von Ausnahmen (z. B. auf päpstlichen Befehl), die Beschränkung der Inkorporation auf streng klaustrierte Nonnen, die Festlegung von Vateräbten und die Regelung ihrer Visitationsrechte in Frauenklöstern, die Einschärfung der strengen Klausur sowie Regeln zum Habit, zur Nonnen- bzw. Äbtissinnenweihe und zur Strafpraxis[43]. Zwar verblieb nach dieser Rechtslage die Betreuung und Kontrolle der Frauenkonvente bei den jeweiligen Vateräbten, doch das Generalkapitel zog die Entscheidung über Neuaufnahmen oder Neugründungen und – wie sich bald zeigen sollte – auch über den Ordensausschluss von Frauenkonventen an sich. Die förmliche Inkorporation durch das Generalkapitel beseitigte die frühere und unklarere Praxis, nach der einzelne Äbte auf eigene Initiative Frauenklöster gründen oder ihre Betreuung übernehmen konnten, ohne das Verhältnis zum Gesamtorden näher zu regeln.

Durch Beschlüsse der Jahre 1220, 1225 und 1228 untersagte das zisterziensische Generalkapitel die weitere Aufnahme von Nonnenklöstern kategorisch. Der Beschluss von 1225 zeigt, dass das Aufnahmeverbot zwar nicht immer befolgt, die Bedingungen einer Aufnahme jedoch drastisch verschärft wurden. Es heißt dort, dass solche Klöster, die in den letzten vier Jahren (also nach dem generellen Aufnahmeverbot von 1220!) aufgenommen worden waren und aufgrund ihrer Bauweise eine strenge Klausur nicht gewährleisteten, wieder ausgeschlossen werden müssten (Stat.1225/7). Im Jahre 1228 bedrohte das Generalkapitel sogar alle Vateräbte, die den Vorschlag zur Aufnahme neuer Frauenklöster unterbreiteten, mit der Exkommunikation (Stat. 1228/16). Lediglich die Übertragung der Ordenskonstitutionen auf reformbedürftige Frauenklöster sollte in Zukunft möglich sein, dies jedoch unter Ausschluss jeder Verpflichtung für den Orden, insbesondere der Übernahme der geistlichen Betreuung und der Visitation. Die Restriktionen betrafen im Übrigen auch die bestehenden Zisterzienserinnenklöster, in denen strenge Obergrenzen für die Konventsgröße festgeschrieben wurden. Aufgrund der kirchenpolitischen Umstände ließ sich das Aufnahmeverbot der 1220er Jahre kaum realisieren. Um sich besser gegen die Inkorporationswünsche von Bischöfen schützen zu können, die in der Vergangenheit oft hinter der Aufnahme von Frauenklöstern in den Orden gestanden hatten, verfügte das Generalkapitel von 1244, in Zukunft nur noch von der bischöflichen Aufsicht befreite (exemte) Klöster aufzunehmen (Stat. 1244/7). Nur sieben Jahre später gestand Papst Innozenz IV. dem Orden das Privileg zu, dass selbst päpstliche Inkorporationswünsche in Zukunft keine bindende Wirkung mehr haben sollten[44].

Die wenigen Visitationsurkunden, die das Briefregister des Abtes Stephan Lexington aus den Jahren 1230–1233 für die weiblichen Filialen Savignys überliefert, geben einen Einblick in den rechtlichen Alltag der Zisterzienserinnen. Wichtiges Element fast jeder Urkunde waren neben den üblichen Ermahnungen zur Einhaltung der Regel und der Ordensgesetze die Verhaltensmaßregeln für die Mönche und Konversen im Umfeld eines jeden Frauenkonventes[45]. Für die bayerische Zisterze Kaisheim sind Abrechnungen aus dem 13. und 14. Jahrhundert erhalten geblieben, die belegen, dass die dortigen Äbte ihre weiblichen Filialen vorrangig bei Amtswechseln in der Klosterleitung visitierten und dabei genaue Wirtschaftsbilanzen erstellen ließen[46]. Aus den jetzt häufiger überlieferten Generalkapitelsbeschlüssen lassen sich Schwerpunkte und Probleme im Verhältnis zu den Frauenklöstern aufzeigen. Nur der visitierende Vaterabt durfte mit den Nonnen sprechen und ihnen die Beichte abnehmen (Stat. 1231/6). Bei Bedarf sollte er einen geeigneten Beichtvater einsetzen (Stat. 1233/12). Gingen von einem Frauenkloster Neugründungen aus, wurden sie in aller Regel dem zuständigen Abt unterstellt (z. B. Stat. 1251/35). Aus praktischen Erwägungen kam es vor, dass die Paternität durch das Generalkapitel geändert wurde (z. B. Stat. 1266/46). Kompromisslos reagierte das Kapitel auch auf Missstände in Frauenkonventen, insbesondere auf Verstöße gegen die Aufsichtsrechte des Vaterabtes, die häufig sogar mit der Androhung des Ordensausschlusses beantwortet wurden (z. B. Stat. 1241/4; 1242/4; 1243/7). In anderen Fällen entschied das Generalkapitel zugunsten klagender Äbtissinnen: Weil er eine Äbtissin aus nichtigen Gründen abgesetzt hatte, wurde der Abt von Val-Dieu zu einer schweren Disziplinarstrafe und zum Verlust aller Rechte in den unterstellten Frauenkonventen verurteilt (Stat. 1227/18).

Forschungen zum späten Mittelalter zeigen, dass nicht-inkorporierte und formell inkorporierte Zisterzienserinnenklöster auch weiterhin nebeneinander Bestand hatten. Während das Selbstverständnis der betreffenden Konvente, unabhängig von der Rechtslage, in den meisten Fällen zisterziensisch geprägt war, nahmen auf die Wirtschaftsverwaltung nicht-inkorporierter Klöster häufig die zuständigen Ortsbischöfe und die Stifterfamilien großen Einfluss. Das im Orden geltende Verbot von Vogteirechten und Bischofsvisitationen hatte in diesen Fällen – wie im Übrigen auch bei vielen Männerklöstern – keine bindende Wirkung mehr[47]. In den inkorporierten Frauenklöstern ernannten die Vateräbte zur Güterverwaltung Prokuratoren oder Hofmeister (*magistri curie*), die häufig aus dem Stand der Laienbrüder stammten. Laienschwestern und sogar -brüder waren in unterschiedlicher Zahl in den weiblichen Ordenshäusern anzutreffen. Die Chronik der ältesten deutschen Zisterze Altenkamp vom Ende des 13. Jahrhunderts weist eine Aufstellung der inkorporierten Frauenklöster auf. Die 14 Konvente in Niederdeutschland und in den Niederlanden hatten zu diesem Zeitpunkt zwischen 25 und 50 Nonnen sowie nennenswerte Zahlen von Konversinnen und Bediensteten. Von einer Krise lässt sich trotz der Konkurrenz durch die Zweit- und Drittorden der Mendikanten in diesem Bereich nicht unbesehen sprechen. Dazu passt auch die Beobachtung, dass aus einigen Frauenklöstern des 13. und 14. Jahrhunderts ein intensives literarisches und religiöses Leben bezeugt ist: Das Kloster Helfta in Sachsen, in dem die Nonnen zisterziensische Gewohnheiten befolgten, galt als Schule mystischer Frömmigkeit. Unter der Äbtissin Gertrud von Hackeborn († 1292) wirkten hier bedeutende Vertreterinnen der mittelalterlichen Frauenmystik: Mechthild von Magdeburg († um 1285), Mechthild von Hackeborn († 1290) und Gertrud die Große († 1302). In Nordfrankreich entwickelte sich in der Frauenzisterze Villers eine spezielle Herz-Jesu-Mystik, die im Orden viele Nachahmer fand.

Im 15. Jahrhundert verbessert sich die Überlieferung von Namen zisterziensischer Nonnen und Äbtissinnen, die auf die soziale Zusammensetzung einzelner Konvente zu diesem Zeitpunkt schließen lassen. Neben adligen Hausklöstern, in denen weiterhin eine enge Vernetzung des regionalen Adels mit den Konventen und Adelsexklusivität zu beobachten ist, hat die Forschung gerade in Deutschland eine überraschend große Zahl von städtischen oder stadtnahen Zisterzienserinnenklöstern festgestellt, in denen die ministerialisch-niederadlige und patrizisch-bürgerliche Herkunft vieler Nonnen gesichert werden kann[48].

Wiederholt ist auch das Generalkapitel mit disziplinarischen Fragen in den Frauenklöstern befasst: So wird die in einigen Häusern offenbar schon länger geübte Praxis individueller Schlafkammern gebilligt; in anderen Fällen sah der Abt von Cîteaux von der Einhaltung der strengen Klausur ab. Im 16. Jahrhundert lassen sich in den Gebieten der Reformation viele Fälle belegen, in denen Zisterzienserinnenkonvente unter Beibehaltung der klösterlichen Lebensform geschlossen zur neuen Konfession übertraten[49]. Eines der frühesten evangelischen Damenstifte entstand im Heiligkreuzkloster zu Rostock, für das Herzog Ulrich von Mecklenburg († 1603) im Jahr 1587 die erste evangelische Klosterordnung erließ. Andere Zisterzienserinnen verließen ihre Konvente wie die Marienthroner Nonne Katharina von Bora, die 1525 Martin Luther heiratete. Auch in den katholischen Gebieten führten die Ereignisse der Reformation zu Änderungen im geistlichen Leben der Klöster: Das Konzil von Trient (1545–1563) stärkte die Rolle der Bischöfe und regionaler Zusammenschlüsse bei der Durchsetzung der angestrebten Klosterreform (s. Kap. 7/1). In Italien und Spanien entzog Papst Gregor XIII. im Jahre 1580 alle Nonnenklöster der Aufsicht ihrer jeweiligen Orden und unterstellte sie kollektiv dem zuständigen Ortsbischof. In Frankreich und Spanien entstanden um einzelne Frauenklöster eigene Kongregationen, z. B. die Fulienserinnen um das Kloster Montesquieu bei Toulouse oder die »Reformierten Bernhardinerinnen von der göttlichen Vorsehung«, die sich auf den heiligen Franz von Sales († 1622) beriefen. In Spanien bildete sich noch in der Mitte des 20. Jahrhunderts ein regionaler Zusammenschluss von 26 Zisterzienserinnenklöstern unter Leitung der Äbtissin von Las Huelgas, womit eine Organisationsform des 12. Jahrhunderts eindrucksvoll reanimiert wurde.

2.6 Die kommunikative Praxis

Wie wirkte sich nun die innovative Form der Ordensorganisation im Alltag der Klöster und des Ordens aus? Gewährleistete sie tatsächlich die Vermeidung künftigen »Schiffbruchs« und die Bewahrung von Regeltreue und Disziplin? War sie gar eine der Ursachen für die im 12. Jahrhundert kaum glaublichen Erfolge der Zisterzienser? Ein Zugang zur Beantwortung liegt in der kommunikativen Praxis, die sich sowohl aus der Gesetzgebung der Generalkapitel und Reformbullen als auch aus den Resten des archivalisch erhaltenen Klosterschriftgutes ermitteln lässt. Eine äußerst aufschlussreiche Quellengattung stellen darüber hinaus die Formularbücher dar, die zur

Erleichterung der Verwaltungsarbeit in den Klöstern Musterschriftstücke enthielten und damit gewissermaßen an der Schnittstelle zwischen Ideal und Praxis lagen. Das von Ordensleuten wie Idung von Prüfening oder Cäsarius von Heisterbach so gelobte Zusammenspiel von Generalkapitel und Visitation kann man als Verfahren zur Regelung von Kommunikation betrachten, bei der sich mündliche, schriftliche und symbolische Formen ergänzten.

Jeder Vaterabt hatte jährlich in eigener Person oder durch einen Vertreter seine Tochterhäuser zu visitieren. Dort genoss er umfangreiche Korrektur- und Strafrechte; lediglich gravierende Urteile, wie die Absetzung eines Abtes oder die Auflösung eines Konventes aus Gründen mangelnder Versorgung, behielt sich das Generalkapitel vor. Genaue Vorschriften regelten etwa die Sitzordnung im Kapitel oder im Chorgestühl, um die Rangordnung zwischen Vater und Tochter symbolisch zu untermauern. Durch den ebenfalls jährlichen Besuch auf dem Generalkapitel war gewährleistet, dass die oberste Ordensinstanz in alle Regionen des Ordens zurückwirken konnte. Eine Kopie der neuen Beschlüsse (Definitionen) hatte jeder Abt aus Cîteaux mitzunehmen und gegebenenfalls seine Tochter- oder Nachbaräbte, sollten diese verhindert gewesen sein, gewissenhaft zu informieren. Die Umsetzung der regelmäßigen Normierungen wurde durch ein höchst effizientes Kontrollwesen überwacht. Der visitierende Vaterabt hinterließ im Tochterkloster eine Visitationsurkunde zur Wiedervorlage bei der nächsten Visitation, die die getroffenen Anordnungen zusammenfasste. Zur besseren Übersicht konnte der Vaterabt für seine Filialen Register anlegen, in die er Abschriften der Visitationsurkunden oder einzelne Abrechnungen, Briefe etc. ablegte. Beispiele für so eine Buchführung liegen bei Stephan von Lexington als Abt von Savigny oder im 14. Jahrhundert aus den österreichischen Zisterzen Wilhering und Heiligenkreuz vor. Damit blieb der Großteil des lokalen Reform- und Kommunikationsgeschehens auf das Verhältnis zwischen Mutter- und Tochterkloster beschränkt, da der Inhalt der Visitationsurkunden – im Unterschied zu anderen Orden – nicht auf dem Generalkapitel mitzuteilen war.

Das Generalkapitel, das von der Forschung traditionell als Zentrum der Ordenskommunikation angesehen wird, partizipierte somit nur indirekt und höchst selektiv, d. h. über die Festlegung von Reservatfällen, an dem einzigen kontinuierlichen Informationsfluss aus den Ordensklöstern. Gerade von seriellen Daten, etwa zur finanziellen oder personellen Entwicklung, war die legislative Zentrale der Zisterzienser damit abgekoppelt, was zunächst als Entlastung, jedoch bereits bei der ersten Finanzkrise der 1190er Jahre auch als Mangel empfunden wurde. Zum Ausgleich verfügte die Äbteversammlung immerhin über ein eigenes Kontroll- und Korrekturinstrument: die Bestellung einer zwei- bis vierköpfigen Kommission für Untersuchungen vor Ort. Ein solches Institut bot dem Generalkapitel die Möglichkeit, in bestimmten Fällen von sich aus in einzelnen Häusern tätig zu werden, Korrekturen oder Schlichtung zu veranlassen und über die Sachverhalte dort aus erster Hand informiert zu werden. Seit dem 13. Jahrhundert wurde den durch das Kapitel bevollmächtigten Kommissionsmitgliedern teilweise ausdrücklich schriftliche Berichterstattung auferlegt. Fast jährlich tauchen einschlägige Formulierungen auf:

> Sie (die Gesandten) sollen aufschreiben, was sie dort hören und sehen, und dem nächsten Generalkapitel einen durch ihr Siegel beglaubigten Bericht vorlegen (Stat. 1212/61).

Zu den Standardaufforderungen an die Kommissionen gehörte neben der Rechenschaftspflicht auch die Vorschrift, vor Ort gewissenhaft alle *instrumenta* und *scripta* in dem betreffenden Rechtsfall zu prüfen und gegebenenfalls die aus den Befragungen resultierenden Zeugenaussagen zu Protokoll zu nehmen. In anderen Fällen sollten sogar die einschlägigen Urkunden und Schriftstücke eines Rechtsfalls versiegelt nach Cîteaux gesendet werden (Stat. 1210/30; 1212/54). Die Verwendungsmöglichkeiten solcher Kommissionen im Auftrag des Generalkapitels blieben nicht nur auf die Schlichtung interner Rechtsstreitigkeiten begrenzt, sondern betrafen überdies regelmäßig die Vorbereitung von Neugründungen sowie weitere Einzelfälle, in denen man zu Entscheidungen kommen musste. Beispielsweise hatten die Äbte von As und Nydala als Delegierte des Generalkapitels Ausschweifungen der aus Fountains stammenden Visitatoren des Klosters Lys vor Ort zu untersuchen und ihre Ergebnisse dem Generalkapitel mitzuteilen (Stat. 1211/41). Im Übrigen waren die Kommissionsmitglieder nach einer Definition von 1207 gehalten, sich schriftlich zu entschuldigen, wenn sie ihrem Auftrag aus schwerwiegenden Gründen nicht nachkommen konnten.

Entschuldigungsbriefe waren zudem für die verhinderten Generalkapitelsteilnehmer obligatorisch, damit der Besuch dieser für die fortlaufende Aktualisierung, Präzisierung und Auslegung der Ordensgesetze zentralen Veranstaltung kontrollierbar blieb. Bereits die *Instituta generalis capituli* legten für den ersten Tag des Kapitels fest, dass der Abt von Cîteaux die Entschuldigungen der fehlenden Mitglieder im Anschluss an den gemeinsamen Gottesdienst durch Boten entgegennimmt (Inst. 71). Die Schriftlichkeit des Verfahrens wird ausdrücklich erstmals in den Definitionen von 1183 erwähnt und taucht in den Kodifikationen seit 1202 als generelle Bestimmung auf. Den standardisierten Wortlaut solcher Entschuldigungsbriefe entnimmt man wiederum den überlieferten Formularbüchern. Um die unrechtmäßig fehlenden Äbte zu Beginn des Generalkapitels feststellen zu können – ein Teil der auswärtigen Äbte war von der jährlichen Teilnahme dispensiert –, lag im Stammhaus eine Abtsliste vor, die man regelmäßig überarbeitete.

Die Funktion des Generalkapitels als zentrale Kommunikationseinrichtung wird darüber hinaus an dem frühen Beschluss erkennbar, durch den zwei Mönche mit der Sichtung, Selektion und Kürzung der dem Kapitel vorzulegenden Briefe beauftragt wurden (Stat. 1221/38). Aus überlieferten Briefen geht unmittelbar hervor, dass das Generalkapitel sowohl Absender als auch Empfänger von Briefen für den Gesamtorden sein konnte. »Unseren geliebten und ehrwürdigen Brüdern, den Herren Äbten von Cîteaux, Clairvaux und Pontigny und allen anderen in Christus Versammelten« war beispielsweise der Brief des Cluniazenserabtes Petrus Venerabilis von 1132 gewidmet. In den Definitionen etablierte sich im Laufe des 13. Jahrhunderts eine eigene Rubrik, die der Behandlung externer Petitionen und Anliegen gewidmet war. Die Formularbücher geben auf der anderen Seite darüber Aufschluss, dass exakte Richtlinien für die Abfassung von Briefen an einzelne Große des weltlichen und kirchlichen Umfeldes des Ordens galten. Das Formularbuch des späten 13. Jahrhunderts in der Vatikanischen Bibliothek weist Musterbriefe unter anderem für die Könige von England, Frankreich, Kastilien, deren Gemahlinnen und Söhne, den Grafen von Toulouse, dessen Seneschall, den Kaiser, die Kardinäle, den Kardinalprotektor des Ordens und den Papst auf (Ms. Vat. lat. 7528, fol. 265–272).

Wer als Initiator solcher Briefe, die zentrale Verbandsangelegenheiten betrafen, in Frage kam, geht klar aus den Generalkapitelsbeschlüssen hervor. Von 1190 an, dem Beginn der Überlieferung auch einzelner kasuistischer Definitionen, greift die Äbteversammlung auswärtige Angelegenheiten auf, indem sie den Briefverkehr, seltener direkte Kontakte, mit den Repräsentanten des institutionellen Umfelds normiert. Die Petitionen an den schottischen, französischen und kastilischen König sowie ein Beschwerdebrief an das prämonstratensische Generalkapitel stehen am Anfang der höchst kontinuierlichen Überlieferung. »Es werde seitens des Generalkapitels in dieser Angelegenheit dem König von Ungarn geschrieben, damit er solchen Verbrechen künftig einen Riegel vorschiebt und Rat und Hilfe gibt« (Stat. 1195/81), lautet ein typischer Beschluss des Generalkapitels. Nur selten wurden die Petitionen, Einladungen, Informations- und Beschwerdeschreiben ausdrücklich auf einen der Äbte übertragen. In diesen Fällen nehmen der Abt von Cîteaux und die vier Primaräbte eine bevorzugte Stellung ein. Da er der Vaterabt aller portugiesischen Zisterzen war, wurden etwa dem Abt von Clairvaux die Verhandlungen mit dem König von Portugal übertragen (Stat. 1204/19). Für

Briefe an den Papst zeichnete in der Regel das formelle Ordensoberhaupt, der Abt von Cîteaux, verantwortlich (z. B. in Stat. 1210/22). Auch in einzelnen Abteien bestanden freilich Kontakte zu den politischen und kirchlichen Eliten. Die Sammlung der liturgischen Vorschriften (*Ecclesiastica officia*) regelt im einzelnen Konvent beim täglichen Schuldkapitel die Verlesung von Briefen des Papstes, eines Königs, Bischofs oder einer anderen hochgestellten Persönlichkeit (EO 70,63– 64). Letztere durften bei Anwesenheit im Kloster sowohl bei der Ansprache im Kapitel als auch bei Prozessionen im Kreuzgang teilnehmen, wenn der Abt dafür die Erlaubnis gab (EO 17,25). Anderen Laien war der Zugang zur Klausur hingegen strikt untersagt. Das oben zitierte Formularbuch aus der Bibliotheca Vaticana gibt in insgesamt 115 Briefen einen anschaulichen Einblick über die Bandbreite der Kommunikationspartner und -formen im Zisterzienserorden.

Neben den Musterbriefsammlungen sind mehrere Briefsammlungen von Ordensmitgliedern erhalten geblieben. Für die Frühzeit ist die Sammlung der Briefe Bernhards von Clairvaux wichtig; für die Aufgaben eines Abtes im 13. Jahrhundert kann das Register des Abtes Stephan Lexington herangezogen werden, das neben Briefen auch Visitationsurkunden, Memoranden, Abrechnungen und andere Dokumente, teilweise auch in Exzerptform, enthält[50]. Abt Stephan, der nacheinander die Abtsstühle von Stanley (ca. 1223–1229), Savigny (1229–1243) und Clairvaux (1243–1257) besetzte, legte das Register im Zuge der ihm 1227 übertragenen Generalvisitation der irischen Ordenshäuser an und führte es bis 1239 fort.

Ein anderer Bereich der Ordenskommunikation betraf die Verhandlungen an der päpstlichen Kurie. Als exemter Orden standen die Zisterzienser in einer engen Beziehung zum Papsttum, die einen ständigen Austausch verlangte. Neben den oben erwähnten Briefen des Abtes von Cîteaux oder des Generalkapitels und einigen sporadischen Besuchen von Äbten an der Kurie wurde im 13. Jahrhundert die Bestellung von Prokuratoren allgemein üblich. Dabei handelte es sich in aller

Regel um ordensfremde, häufig juristisch gebildete und mit den lokalen Verhältnissen vertraute Persönlichkeiten, die gegen Bezahlung die Angelegenheiten des Ordens an der Kurie vertraten. Im späten Mittelalter wählte man die Prokuratoren häufiger aus dem Kreis gelehrter Ordensmitglieder aus; in der Neuzeit etablierte sich das Amt des Generalprokurators in Rom (s. Kap. 8). Die Erforschung der kommunikativen Praxis in der Neuzeit beschränkt sich durch die zunehmende Überlieferung von Briefen und Archivalien bislang eher auf einzelne Klöster und Persönlichkeiten.

3 Verinnerlichung und Gelehrsamkeit – die geistliche Welt der Zisterzienser

> Unser *ordo* ist Erniedrigung, ist Demut, ist freiwillige Armut, Gehorsam, Friede und Freude im Heiligen Geist. Unser *ordo* bedeutet, unter einem Lehrer zu stehen, unter einem Abt, unter der Regel und Disziplin. Unser *ordo* ist stilles Studium, Übung im Fasten, Wachen, Gebet und Arbeit unserer Hände. Vor allem aber besteht er darin, den höheren Weg zu gehen, der die Liebe ist (Bernhard, Ep. 142).

Die Leitbegriffe, die Bernhard von Clairvaux für die zisterziensische Lebensweise (*ordo*) findet, entstammen der Benediktsregel. Die geistlichen Ideale der Gründerväter lassen sich in dem Wunsch einer »reinen« oder »strengen« Befolgung der Regel zusammenfassen. Aus diesem Impetus erwachsen noch in der Neuzeit Reformbewegungen innerhalb des Zisterziensertums. Dennoch lässt sich in den Kategorien Benedikts nicht das ganze geistliche Leben der Zisterzienser abbilden. Seine kontemplative Spiritualität richtete sich auf Gebet, Lesung, Meditation, Askese und liturgische Ordnung. Im Unterschied zur Vorstellung Benedikts entfalteten sich gerade Benediktinerabteien im frühen Mittelalter zu führenden Trägern kirchlicher und monastischer Gelehrsamkeit. Von dieser Tradition ließ sich auch der Zisterzienserorden nicht abschneiden, auch wenn zumindest die Generation der Gründer kein primäres Interesse an Studien und theologischen Debatten an den Tag gelegt zu haben scheint. Aus der Forschungsperspektive lässt sich das reiche geistliche Leben der Zisterzienser aus gelehrten, liturgischen wie persönlich-introspektiven Texten sowie aus bildlichen, architektonischen und künstlerischen Zeugnissen erfassen.

3.1 Mythos Gründerväter – die Ideale der Zisterzienser

Die ersten Zisterzienser folgten mit dem Bekenntnis zur strengen Befolgung der Benediktsregel einem klar definierten religiösen Programm. Zugleich standen sie vor vielfältigen praktischen Problemen, die der Aufbau, die baldige Verlegung und die anfängliche Armut des Neuklosters mit sich brachten. Mit Robert, Alberich und Stephan standen drei prägende Führungspersönlichkeiten zur Verfügung, die eigene monastische Vorstellungen und Erfahrungen, aber auch unterschiedliche Handlungsspielräume hatten, um dem Neukloster ihren Stempel aufzudrücken. Zu regionalen Stiftern und Stiftungen, zu örtlichen Bischöfen, zum Konvent von Molesme und zum Papsttum musste ein Verhältnis aufgebaut werden, das vor allem auf rechtliche, wirtschaftliche und politische Bedürfnisse abgestimmt war. Somit kann in der Gründergeneration kaum von einer einheitlichen, von weltlichen Einflüssen unabhängigen Verwirklichung religiöser Ideale ausgegangen werden. Diesen Eindruck vermittelte allerdings eine Reihe späterer Ordenstexte, beginnend mit den beiden Gründungsberichten aus den 1130er Jahren, die somit die eigenen Gründerväter, die *primitivi patres*, zum Inbegriff zisterziensischer Spiritualität und Frömmigkeit stilisierten. Bei späteren Reformen und Richtungsentscheidungen kamen die Zisterzienser immer wieder auf die Ideale und Intentionen ihrer Gründerväter zurück. Sehr eindrücklich erinnerte etwa Papst Clemens IV. den Orden im Jahre 1265 an seine Anfänge:

> Die kleine Quelle (*parvus fons*), die zum Strom wurde und dank Licht und Sonne zu großen Wassern angeschwollen ist. Die heilige Lebensform dieses Ordens war von den Anfängen seiner Gründung an gleichsam verlassen und unwegsam [...] Die ersten Ordensgründer (*primi ipsius ordinis architecti*) legten nämlich die Liebe als erstes Fundament dieses Ordens und ordneten ihn durch Gebote und Satzungen der Liebe (Reformkonstitution »Parvus Fons«, Art. 1).

Als sich in schweren Zeiten zu Beginn des 15. Jahrhunderts in den Niederlanden eine kleine Gruppe von Klöstern strengere Lebensgewohnheiten selbst verordnete, lobte der Abt von Cîteaux, Jean de Martigny (1405–1428), diese Reform als Erneuerung der ursprünglichen Ideale und Lebensweise Abt Roberts von Molesme und der ersten Gründerväter des Ordens. Besonders wirkungsvoll wurde diese Rückbesinnung in der nachreformatorischen Bewegung der »strengen Observanz« (*observantia stricta*), die sich seit etwa 1600 in Frankreich mit dem erklärten Ziel bildete, ein Leben im Geist der ersten Zisterzienser zu führen. Ähnliches gilt auch für die 1892 erfolgte und bis heute bestehende Neugründung des »Ordens der Zisterzienser der strengeren Observanz« (O. C. S. O.).

Von besonderem Interesse ist daher, was die frühen Texte, insbesondere die Exordien, die Fassungen der *Carta caritatis* und die ersten Generalkapitelsbeschlüsse, über die religiöse Motivation der Gründergeneration aussagen. Zentral für die Formierung einer originären zisterziensischen Spiritualität waren zudem die Auslegungen der zisterziensischen Lebensweise in den Predigten und Schriften Bernhards von Clairvaux. Bereits der früheste bekannte Text, an dem neben Abt Robert von Molesme auch die späteren Äbte des Neuklosters Alberich und Stephan mitwirkten, gibt den Kern des Selbstverständnisses der ersten Zisterzienser wieder. Es handelt sich um eine Vereinbarung zwischen der Abtei Molesme und der Molesme unterstellten Neugründung Aulps aus dem Jahr 1097. Als Abt des Mutterklosters setzte Robert in Aulps nicht nur einen Abt aus dem eigenen Konvent ein, sondern gab offenbar den Mönchen von Aulps auch die Lebensweise vor,

> die auf Gottes Eingebung hin die Anweisungen unseres heiligen Vaters Benedikt strenger befolgten, da sie durch den Rat gottesfürchtiger Männer dazu angeregt und die Autorität der Regel selbst dazu angeleitet worden waren[1].

Zu diesem Zeitpunkt, als die Auseinandersetzungen im Konvent von Molesme um die Strenge der Regelbefolgung und die Abschaffung erleichternder Lebensgewohnheiten bereits in vollem Gange waren und die Abspaltung der ersten Zisterzienser bevorstand, reflektiert die zitierte Stelle das Ansinnen Roberts und seiner Gefolgsleute. Was im eigenen Konvent von Molesme nicht verwirklicht werden konnte, ja was hier zu heftiger Kritik an unerlaubten Neuerungen (d. h. an der Abschaffung der eingespielten Lebensgewohnheiten) führte, sollte in der Neugründung Aulps von Beginn an beachtet werden: ein strenges Leben nach der Regel.

Dieses Leitmotiv durchzieht beide Gründungsberichte der Zisterzienser, die *Carta Caritatis* und die Schriften Bernhards. Das *Exordium Parvum* zitiert aus dem Prolog der Benediktsregel, wenn es die Zisterzienser auffordert, »sich auf dem schwierigen und engen Weg, den die Regel zeigt, bis zum letzten Atemzug abzumühen« (EP Prol., 5). Mit Blick auf Molesme formuliert derselbe Text,

> dass Ihr (d. h. Robert und seine Gefolgsleute) von nun an die Regel des heiligen Benedikt strenger und vollkommener halten wollt, die Ihr dort in jenem Kloster bis heute nur lau und nachlässig befolgt habt (EP 2, 4).

Später wird skizziert, wie man sich dieses Ideal in der Praxis vorstellte: »Sie verwarfen alles, was der Regel widersprach: gefältelte Kukullen, Pelze etc. und alles Übrige, was gegen die Reinheit der Regel (*puritas regulae*) verstößt (EP 15,3). Die *Carta caritatis prior* warnt in ihrem ersten Kapitel alle Zisterzienser davor, »von ihrem heiligen Vorhaben und der Beobachtung der heiligen Regel auch nur ein wenig abzuweichen« (CC prior 1,4). Kapitel 2 verbietet eigene Auslegungen der Regel und damit die Entstehung abweichender Lebensgewohnheiten:

> Sie sollen dem Wortlaut der heiligen Regel keinen anderen Sinn unterstellen, sondern die Regel selbst so verstehen und halten, wie unsere Vorfahren, die heiligen Väter und die Mönche des Neuklosters, sie verstanden und gehalten haben (CC prior 2,3).

Da die Gründerväter vor der Aufgabe eines vollständigen Neuanfangs mit äußerst bescheidenen Mitteln im Wald von

Cîteaux standen, überrascht es nicht, dass die fundierenden Texte daraus ein programmatisches Bekenntnis zur Einsamkeit und Abgeschiedenheit sowie zur Armut und Weltverachtung im Sinne Benedikts (vgl. RB 4,20) formten. Das *Exordium Cistercii* stilisiert Cîteaux, »einen ganz schrecklichen und verlassenen Ort«, zum Sehnsuchtsort: »Nach vielen Mühen und übergroßen Schwierigkeiten kamen sie endlich an das Ziel ihrer Sehnsucht, nach Cîteaux« (EC 1,7). Das *Exordium parvum* bezeichnet den Ort der Klostergründung nach dem Vorbild der Wüstenväter (vgl. Dt. 32,10) als »Einöde« (*heremus*) und als »dichten Wald und Gestrüpp, von Menschen gemieden und nur von wilden Tieren bewohnt« (EP 3,4–5). Auf die Vielzahl der zisterziensischen Neugründungen anspielend, schrieb der Bischof Arnulf von Lisieux im Jahre 1154 nicht ohne Ironie, »die Wüsten beherbergen heute mehr Mönche, als sie früher wilde Tiere hatten«[2].

Um das Verhältnis der ersten Zisterzienser untereinander zu beschreiben, greifen die frühen Texte auf zwei Ideale zurück, die sich ebenfalls aus den Weisungen Benedikts ableiten lassen: Einmütigkeit (*unanimitas*) (z. B. RB 64,1–3) und Liebe (*caritas*) (z. B. RB 4,26). Beide Exordien betonen, dass die Entscheidungen über den Auszug aus Molesme und über die Lebensweise im Neukloster »einmütig« und durch »gemeinsamen Rat« fielen (EC 1,5–6; EP 15,2). Das *Exordium Cistercii* erklärt, Abt Stephan habe den Namen »Urkunde der Liebe« ausgewählt, »weil ihr ganzer Inhalt einzig den Geist der Liebe atmet« (EC 2,12). Bereits über Stephans Vorgänger, Alberich, wird gesagt: »Er liebte die Regel und die Brüder« (EP 9,3). Insbesondere in den disziplinarischen Vorschriften der *Carta caritatis*, die das Verhältnis der Äbte untereinander und die Verfahren der Bestrafung devianter Äbte betreffen, kommt der Text immer wieder auf die Verpflichtung zur *caritas* zurück (CCprior 4,6; 7,2–4, SCC 4,2 u. ö.). Bezüglich der Aufgaben des Generalkapitels wird neben der Liebespflicht stets auf die Bewahrung des Friedens (*pax*) hingewiesen (CC prior 7,2; SCC 4,2) Mit dem Liebesmotiv hängt nicht zuletzt das Motiv der Freude (*gaudium*) zusammen, das die innere Einstellung der ersten Brüder – oft kontrastiv zu den widrigen äußeren Umständen – beschreibt: »Mit dieser Gefolgschaft zogen sie freudig in eine Einöde, die Cîteaux genannt wurde« (EP 3,4); »Sie hatten also den alten Menschen abgelegt und in Freude den neuen angezogen« (EP 15,5).

Auch die *Carta caritatis prior* erwähnt zu Beginn die gemeinsame Beratung und Beschlussfassung über die ersten Statuten, *pactum* genannt, deren Niederschrift den späteren Generationen zeigen wollte, »mit welcher Liebe ihre Mönche, dem Leibe nach auf verschiedene Abteien verteilt, dem Geiste nach unzertrennbar miteinander vereint bleiben sollten« (CC prior, Prol. 3). Die Verwendung dieses alten monastischen Topos zeigt an, wie sich benediktinische Einmütigkeit auch unter den Bedingungen eines in der Regel gar nicht vorgesehenen Klosterverbandes bewahren lassen sollte. Das Bekenntnis zur Regeltreue hinderte die ersten Zisterzienser keineswegs an der Bildung eines Verbandes und der Suche nach innovativen Lösungen zur Bewahrung des Geistes der Regel unter ihren eigenen Zeit- und Lebensbedingungen. Genau in dieser Logik begründete das *Exordium Parvum* die Einführung des Konverseninstituts:

> »Sie [die Mönche von Cîteaux] sahen nämlich, dass sie ohne deren Hilfe [der Laienbrüder] die Vorschriften der Regel bei Tag und Nacht nicht voll und ganz erfüllen konnten« (EP 15,12).

Vielen Zeitgenossen und Beteiligten war klar, dass die angestrebte zisterziensische Lebensform eine Neuerung darstellte, zum einen, weil sie bislang übliche, lange eingespielte Lebensgewohnheiten ablehnte oder abänderte; zum anderen aber, weil sie aus dem rückwärts gewandten Bekenntnis zur Regeltreue die Legitimation für neuartige Organisationsformen ableitete. Während die Gegner der Zisterzienser, etwa die in Molesme verbleibenden Mönche oder später die Kritiker der ersten Liturgiereform Stephan Hardings, die Einführung von Neuerungen als anmaßend kritisierten, bekannten sich die Zisterzienser selbst sehr programmatisch zur Neuheit ihrer Lebensform. Der Name *Novum monasterium* macht dies bereits zu Beginn deutlich. Auch Bernhard von Clairvaux verwendet die Neuheit gleichbedeutend mit der Strenge, Besonderheit und Vorbildlichkeit der zisterziensischen Observanz, wenn er etwa an Abt Suger von Saint-Denis über die »Strenge der neuen Lebensweise« oder »das wunderbare Neue« schreibt. Abt Richard von Fountains wird mit seinen Mönchen dafür gelobt, dass sie ähnlich wie die Gründerväter von Cîteaux ihr Stammkloster zugunsten einer strengeren Lebensweise verlassen hatten, »in heiliger Neuheit erneuernd, hinüberwechselnd zur Reinheit der Regel«[3]. Mit der Reinheit der Regel befasst sich Bernhard auch in einem Traktat über die mönchische Disziplin (*De praecepta et dispensatione*). Hier führt der Abt von Clairvaux im Vergleich verschiedener benediktinischer Lebensweisen aus, es gebe neben der schlechten, weil die Regel missachtenden Weise zwei Weisen der guten Regelbefolgung: Zum einen könne man Gewohnheiten folgen, »die gut und der Regel nicht entgegengesetzt sind«. Zum anderen könne man die Regel »in der strengen und buchstäblichen Art der Zisterzienser« beachten. Etwas später nennt er die zisterziensische Regelbefolgung »vollkommen, rein und dem Buchstaben verpflichtet«[4].

Angesichts der zu Zeiten Bernhards entflammenden polemischen Debatte über die Berechtigung neuer Lebensweisen im Mönchtum und die Abschaffung überlieferter Gewohnheiten kann kein Zweifel darüber bestehen, dass der Abt von Clairvaux bei den schlechten Lebensgewohnheiten vor allem an den Verband von Cluny dachte, der im frühen 12. Jahrhundert auf dem Höhepunkt seines Ansehens in Frankreich und Europa stand (vgl. Kapitel 1/1). Dabei war Bernhard und seinen Zeitgenossen durchaus bewusst, dass die rasante Expansion der zisterziensischen Lebensform in Europa die Gefahr der Aufweichung und Abänderung der ursprünglichen Lebensform mit sich brachte. Bernhard reflektierte seine eigene aktive Rolle in Kirche und Welt durchaus kritisch, etwa wenn er dem befreundeten Kartäuser Bernhard von Portes schrieb:

Ich bin gewissermaßen die Chimäre meines Jahrhunderts, nicht Kleriker, nicht Laie. Die Lebensweise des Mönchs habe ich ja schon lange abgelegt, wenn auch nicht die Kutte (Ep. 250,4).

Die Gründung jeder neuen Zisterze war in der Regel mit reichen Stiftungen und Schenkungen, aber auch mit neuen Ansprüchen und Erwartungen des territorialen Adels verbunden, so dass eine Verstrickung in die weltlichen Angelegenheiten und zunehmende Prosperität der Konvente auf Dauer kaum zu verhindern waren. Von Bernhard ist überliefert, dass er im eigenen Konvent drastisch auf Regelübertretungen reagierte und Delinquenten durchaus – wie auch in anderen Klöstern nicht unüblich – mit Schlägen oder Kerker zu bessern versuchte[5]. Aber auch die Generalkapitel und mahnende Stimmen innerhalb und außerhalb des Ordens schärften seit der Mitte des 12. Jahrhunderts immer wieder das Vorbild der Gründerväter und deren (vermeintliche) Ideale ein. Bernhard selbst gab diesen Idealen durch seine weit verbreiteten Schriften ihre quasi kanonische Form.

Eindrücklich ist nicht zuletzt der Brief Papst Eugens III., den er bald nach seiner Papstwahl im Jahre 1145 an das Generalkapitel in Cîteaux richtete. Die Gründerväter seien bewusst »in die Einsamkeit geflohen«; deshalb säßen sie »mit Maria zu den Füßen Jesu« (PL 182,477). Die heutigen Zisterzienser warnt er hingegen davor, diesen Weg zu verlassen und den Versuchungen des weltlichen Ruhms und Reichtums nachzugeben. Sie sollten sich als »Verachtete im Haus Gottes« lieber dem Gebet und Schweigen in der selbst gewählten Abgeschiedenheit hingeben. Das Leitmotiv der Erneuerung konnte in diesem Sinne auch theologisch gedeutet werden, wie der Zisterzienser Peter von Roye um dieselbe Zeit in einem Brief an die benachbarten Kanoniker von Noyon ausführte. Durch die Lebensweise seines Ordens werde »der innere Mensch erneuert, vor allem dank jener Form von Demut, die Armut ist, und dank der kontemplativen Einsamkeit« (PL 182,710). Bereits in der zweiten Generation von Zisterziensern begann mithin die Auslegung und Diskussion dessen, was die Gründerväter mit ihrer Neugründung erreichen wollten und was in diesem Sinne als der Kern der zisterziensischen Lebensweise gelten durfte. In diesem Zusammenhang sei daran erinnert, dass auch die frühesten zisterziensischen Verfassungstexte eben keine authentischen Zeugnisse der Gründungsphase, sondern Reaktionen der zweiten (oder der alt gewordenen ersten) Generation auf mittlerweile eingetretene Veränderungen im Zisterzienserorden waren. Dieser Befund ändert jedoch nichts an der bis heute anhaltenden Wirksamkeit der im Laufe des 12. Jahrhunderts fixierten und kommentierten Ideale der Gründerväter.

3.2 Klosteralltag und Liturgie

Der Großteil des mönchischen Alltags verlief nach einem strikten Zeitschema, das die Anforderungen des Gebets und der Liturgie mit der Bewältigung der praktischen Aufgaben im Kloster zu vereinbaren hatte. Schriftlich fixierte Lebensgewohnheiten (*Consuetudines*) regelten bis ins Detail den Tages- und Jahresrhythmus des Klosterlebens. Solche Texte sind aus Cluny und einer Vielzahl anderer Klöster überliefert. Auch die Zisterzienser legten noch im ersten Drittel des 12. Jahrhunderts eine ausführliche Sammlung der in Cîteaux gelebten Gebräuche an. Die ältesten Handschriften unterscheiden drei Abschnitte: die klösterlichen und liturgischen Gebräuche (*Ecclesiastica officia*), die Gebräuche für die Laienbrüder (*Usus conversorum*) und die ältesten Bestimmungen der Generalkapitel (*Instituta capituli generalis*). Wie auch bei den anderen Grundtexten der Zisterzienser wird das Entstehungsdatum der Lebensgewohnheiten, auch »Gebräuchebuch« (*Liber Usuum*) genannt, kontrovers diskutiert. Nach jüngeren Forschungen und Editionen muss man davon ausgehen, dass eine erste Redaktion um 1130/1135 in Cîteaux vorlag, die in den folgenden Jahrzehnten immer wieder überarbeitet wurde[6]. In allen Ordenshäusern mussten sich die Zisterzienser an die Gebräuche, Gesänge und Bücher der Mutterabtei Cîteaux halten, wie bereits die *Carta caritatis prior* vorschreibt (Kap. 3).

Mit der Festlegung auf die Gebräuche von Cîteaux sind zwei wichtige Beobachtungen verbunden:

Erstens brachten die Gründerväter ihre eigenen Texte, Erfahrungen und Ideale bei der Errichtung des Neuklosters ein. Die ersten Bücher stammten dabei aus Molesme. Doch die bereits in der ersten Generation beginnende Abfassung eigener Texte lässt auch erkennen, dass man sich produktiv mit anderen Zeugnissen der monastischen Tradition auseinander setzte, etwa den Regeln der Mönchsväter Basilius, Pachomius und Augustinus, des Iren Columban, den Aachener Reformbeschlüssen von 816/817 oder den cluniazensischen Lebensgewohnheiten. In der Liturgie verwarf man schon bald die Traditionen aus Molesme, um sich auf die »authentischen« Überlieferungen aus der Zeit Benedikts und Gregors des Großen zurückzubesinnen.

Zweitens waren zwar die rechtlichen Angelegenheiten im Orden stark auf die Autonomie der Einzelklöster und die in der Filiation angesiedelte Autorität der Vateräbte angelegt, die Äbte und Mönche von Cîteaux behielten aber in liturgischen und praktischen Fragen des klösterlichen Alltags eine zentrale Stellung. Jede Reform der Liturgie musste von Cîteaux ausgehen; jede Änderung der Lebensgewohnheiten im Stammkloster hatte Folgen für den ganzen Verband. Dies bestätigte sich eindringlich in der ersten Liturgiereform unter Abt Stephan Harding.

Das von vielen mittelalterlichen und modernen Autoren als zisterziensische Eigenart beschriebene Streben nach »Reinheit der Regel« (*puritas regulae*) galt auch für die anderen textlichen Grundlagen des mönchischen Lebens. Da man bei den Vigilien, Laudes und Vespern gemäß der Benediktsregel »ambrosianische Hymnen« (z. B. RB 9,4; 12,4) sang, entsandte Abt Stephan eine Gruppe von Mönchen nach Mailand, um eine Abschrift (angeblich) authentischer Hymnen des Erzbischofs Ambrosius zu erwerben. Bernhard von Clairvaux, der um 1147 das Vorwort des mittlerweile überarbeiteten Antiphonars verfasste, hebt das Streben nach Authentizität, aber auch das Scheitern dieses Anspruchs besonders deutlich hervor[7]:

> Unter allem, worauf unsere Väter, die Gründer des Zisterzienserordens, höchsten Wert gelegt haben, hatten sie ein Anliegen, für das sie sich mit größtem Eifer einsetzten: Beim Gotteslob sollte das gesungen werden, was sich als das Authentischste erwies. Sie schickten also Brüder nach Metz, das Antiphonar der dortigen Kirche, das angeblich auf Gregor zurückzuführen war, abzuschreiben und mitzubringen. [...] Nach einer Prüfung missfiel ihnen dieses Antiphonar, weil es sich im Gesang wie im Text als fehlerhaft, schlecht zusammengestellt und fast in jeglicher Hinsicht verächtlich herausstellte. Da sie jedoch nun einmal mit ihm begonnen hatten, benützten sie es und hielten an ihm bis in unsere Zeit fest (Bernhard von Clairvaux, Vorwort zum Antiphonar, 1147).

Die in der Zeit Stephan Hardings von außerhalb eingeführten Texte und Gesänge stießen innerhalb und außerhalb des Ordens auf Kritik. Die oben zitierte Einleitung Bernhards zum überarbeiteten Zisterzienserantiphonar erwähnt Novizen, »die in kirchlichen Schulen ausgebildet worden waren« und die dem Metzer Antiphonar »sowohl wegen des Textes als auch wegen der Notation voll Widerwillen und Desinteresse« gegenüberstanden. In einem ausführlichen Brief beschwerte sich nicht zuletzt der für seine innovative Theologie selbst häufig kritisierte Gelehrte Petrus Abaelard bei Bernhard darüber, die Zisterzienser hätten die »allgemein üblichen« zugunsten von »weniger geeigneten« Hymnen verworfen. Sie hätten überdies die Anrufung der Heiligen gestrichen, die Zahl der Prozessionen reduziert und »gegen jeden kirchlichen Brauch« Veränderungen des römischen Ritus in der Liturgie der Karwoche eingeführt[8]. Die offenbar einhellige Unzufriedenheit mit der Liturgiereform Abt Stephan Hardings führte nach seinem altersbedingten Rücktritt 1133 sehr bald zur »Reform der Reform«. Das Generalkapitel beauftragte eine Kommission unter Leitung Bernhards von Clairvaux mit der Überarbeitung der Texte und Gesänge, die nach etwa zwölfjähriger Tätigkeit 1147 vorgelegt und nach weiteren Diskussionen gebilligt wurde. Auch wenn keine weiteren Namen von Kommissionsmitgliedern überliefert sind, nimmt die Forschung die Beteiligung verschiedener Musikexperten aus der Filiation von Clairvaux, etwa Guidos von Eu oder Richards von Cherlieu, an. Im Ergebnis führte diese zweite Liturgiereform im Zisterzienserorden innerhalb weniger Jahrzehnte »einen schlichten und nüchternen Gesang« (Altermatt) ein, der sich stärker an allgemeine Traditionen und regionale Gebräuche anlehnte und dem die »strikte Anwendung der Tonartenlehre« zugrunde lag[9].

Für den klösterlichen Alltag waren diese Festlegungen von unmittelbarer Wichtigkeit. Die Benediktsregel gab die Verpflichtung zum regelmäßigen Chorgebet, zur Meditation und Lesung geistlicher Texte sowie zur praktischen Handarbeit der Mönche vor. An normalen Werktagen begann das erste Gebet (Vigilien) im Sommer zwischen 2 und 3 Uhr in der Früh, im Winter sogar bereits gegen 1.30 Uhr. Während im Winter die Nachtruhe zwischen etwa 3 und 6.30 Uhr fortgesetzt wurde, gingen im Sommer die Vigilien unmittelbar in das Morgenlob (Laudes) und in die erste Gebetsstunde (Prim) zu Sonnenaufgang über. Nach der Prim folgte das Konventskapitel mit Lesungen aus der Regel. Der Abt hatte hier die Möglichkeit, Ankündigungen für den Tag oder die Bestrafung von Regelübertretungen vorzunehmen. Für diese Versammlungen stand der Kapitelsaal zur Verfügung, der üblicherweise in der Mitte des östlichen Kreuzgangflügels lag und in der zisterziensischen Architektur eine herausgehobene Rolle spielte. Nach dem Kapitel begann die Arbeit bis etwa gegen 8 Uhr. Nach einer kurzen Pause folgten das Gebet zur dritten Stunde (Terz), die tägliche Messe (im Winter bereits nach der Prim) und die stille Lesezeit (*Lectio divina*), die mit dem Gebet zur sechsten Stunde (Sext) gegen 10.30 Uhr endete. Im Sommer schlossen sich an die Sext Mittagessen und Mittagsschlaf an, gefolgt vom Gebet zur neunten Stunde (Non) und einer weiteren Arbeitsphase (ca. 14 bis 17 Uhr). Im Winter wurde die Hauptmahlzeit erst nach der Non gegen 14.00 Uhr eingenommen. Mit Vesper (im Sommer zwischen 17 und 18 Uhr; im Winter zwischen 15 und 16 Uhr) und Komplet (im Sommer zwischen 19 und 20 Uhr; im Winter zwischen 16 und 17.30 Uhr) endete der mönchische Tag. Die Nachtruhe der Mönche und Nonnen begann unmittelbar nach der Komplet.

Die Länge der Gebetszeiten und die Zahl der gebeteten und gesungenen Psalmen richteten sich nach der Benediktsregel. Variationen des Tagesablaufs ergaben sich nicht nur durch die jahreszeitlich bedingten Verschiebungen des Sonnenaufgangs, der für den Zeitpunkt der ersten Stunde (Prim) und damit für die zeitliche Einteilung des gesamten Tages ausschlaggebend war. Veränderte Rhythmen galten auch für Sonn- und Festtage mit ihren ausgedehnteren Gebetszeiten sowie für die monastische Fastenzeit zwischen dem 14. September und Ostern[10]. Anhand der *Ecclesiastica officia* und der späteren Änderungen der Gebräuche durch die Generalkapitel lassen sich das Klosterleben in Cîteaux und die dort gebräuchliche Auslegung der Benediktsregel genau rekonstruieren. Die Sammlung der weit über 100 Einzelvorschriften beginnt mit den liturgischen Festlegungen zum Jahreskreis der Heiligen- und Kirchenfeste, der traditionell mit dem Advent beginnt (Kap. 1–32)[11]. Es folgen Regelungen zum Arbeitspensum an Festtagen, zu Lesung, Messe, Gesang, Gebet und Tagesablauf/Stundengebet (EO 33–83). Ein weiterer Abschnitt definiert besondere Situationen und Ausnahmen im festgelegten Tages- und Jahreskreis. Dazu gehören die Heu- und Getreideernte, der Empfang von Bischöfen, die Regelungen für Reise und Krankheit und das Totengedenken (84–101). Die letzten Kapitel widmen sich schließlich der Ämterordnung des Klosters. Eine Ordnung in der Ordnung bilden die fast 300 Einzelvorschriften zur Messfeier in den Kapiteln 53 bis 63. Eingriffe des Generalkapitels in die liturgische Praxis kamen häufig vor, so etwa bei der Marienverehrung: 1152 beschlossen die Äbte ihr Gedächtnis bei der täglichen Messfeier (Stat. 1152/6); 1185 wurde das Marienoffizium als Gemeinschaftsgebet und 1194 die tägliche Messe zu ihren Ehren eingeführt (Stat. 1185/28; 1194/63). Wenig später findet sich der erste Beleg für die samstägliche Votivmesse zu Ehren Mariens (Stat. 1220/6); 1654 ergänzte man diese um ein Votivoffizium (Stat. 1654/7).

Alle wichtigen Personenkreise im Kloster finden in den *Ecclesiastica officia* Berücksichtigung: Der Kernkonvent bestand aus Priester- und Laienmönchen. Letztere hatten die vollen mönchischen Gelübde abgelegt, standen aber im Rang hinter den Priestermönchen (EO 94,26). Als Sondergruppen, für die teilweise besondere liturgische und disziplinarische Vorschriften galten, wurden Novizen, Kranke und Alte betrachtet. Unter der Führung eines Novizenmeisters durchliefen die Neulinge im monastischen Leben mehrere Jahre eine schulische und disziplinarische Ausbildung, bevor sie, die Zustimmung des Abtes und Konventes vorausgesetzt, die ewigen Gelübde ablegten. Zisterziensische Novizenspiegel zeigen die Schwerpunkte dieser Ausbildung genauso wie die geistlichen Grundlagen des zisterziensischen Lebens. Sie stehen damit in einer langen Tradition belehrender Literatur aus dem benediktinischen Mönchtum. Als zweiter bedeutender Personenkreis ist die Gruppe der Laienbrüder und -schwestern zu nennen. Diese vor allem für die autarke Wirtschaftsführung des Klosters unentbehrliche Gruppe wird in der Liturgie nur am Rande erwähnt, etwa wenn am Karfreitag Kirche, Kreuzgang und Kapitelsaal während der Mittagsmahlzeit der Mönche durch die Konversen zu reinigen sind (EO 22,38). Im Kloster bewohnten sie den westlichen Kreuzgangflügel, der ihnen Zutritt zum Kirchenschiff, nicht jedoch zum abgetrennten Mönchschor oder zur mönchischen Klausur gestattete. Viele von ihnen waren auf den außen liegenden Wirtschaftshöfen (Grangien) unter Leitung eines Grangienmeisters eingesetzt. Für diese Laienbrüder gab es ein spezifisches Gelübde. Für sie galten eigene Gewohnheiten (*Usus conversorum*), die ihnen eine weitgehend gleichberechtigte Behandlung im Totengedenken und die zumindest rudimentäre Beteiligung am geistlichen Leben und den liturgischen Vollzügen sicherten, ohne die primär ökonomischen und organisatorischen Aufgaben zu vernachlässigen (s. Kap 5/2).

Als dritter Personenkreis erscheint in den liturgischen Vorschriften die Gruppe der zumeist adligen Stifter, Förderer und Verwandten der Mönche (*familiares*), denen ebenfalls eine bevorzugte Behandlung in Totengedenken und geistlicher Betreuung eingeräumt wurde. Nach dem Gebot der Benediktsregel waren stets auch Gäste im Kloster anwesend, denen jedoch nur in Ausnahmefällen Zugang zur Klausur gestattet wurde (EO 17,4; 17,25). Als fünfte Gruppe werden am Rande die Klosterbediensteten erwähnt, die, zur klösterlichen *familia* gehörend, während der Palmsonntagsliturgie in der Klosterkirche anwesend sein durften. Ausführlich wird in den liturgischen Gewohnheiten das Begräbniszeremoniell für Mönche, Konversen, Familiaren und Gäste beschrieben: Lag ein Mitbruder oder eine Mitschwester im Sterben, wurde der Konvent durch das schnelle Schlagen einer Holztafel und durch viermaliges Schlagen der Klosterglocke zusammengerufen. Um das Totenbett herum versammelte man sich gemeinsam zur letzten Beichte, Absolution und Kommunion des Sterbenden, bevor dieser auf einer einfachen, mit einem Aschekreuz gezeichneten Strohmatte auf den Boden gelegt wurde. Der Leichnam wurde anschließend zur Waschung und Einkleidung in die Krankenstube gebracht, von wo der Konvent ihn in einer Prozession in die Kirche geleitete. Einzelne Mönche übernahmen dabei genau bestimmte Aufgaben wie das Tragen des Kreuzes, des Weihrauchfasses oder einer Totenkerze. Nach einer besonderen Nachtwache und unter genau festgelegten Gebeten und Gesängen fand das Begräbnis auf dem Mönchsfriedhof in aller Regel am nächsten Morgen statt (EO 50–52; 92–98).

Unter den Ämtern im Kloster (*officia*) erscheinen in den Gewohnheiten zunächst die in der Regel genannten: Abt, Prior, Cellerar, Novizen- und Krankenmeister, Gastmeister und Pförtner. Wichtig für die liturgischen Vollzüge waren darüber hinaus Sakristan und Kantor, die über je eigene Helfer verfügten (EO 114–115). Auch ein Refektorar (Tischmeister), Vestiar (Kleidermeister) und Konversenmeister tauchen in den zisterziensischen Gewohnheiten auf. Im Zeichen zunehmender Verschuldung vieler Klöster beschloss das Generalkapitel von 1308 zudem die ordensweite Einführung eines klösterlichen Schatzmeisters (*bursarius*), dem vor allem die Rechnungsführung und -kontrolle oblag (Stat. 1308/3). Wechselnde Aufgaben wurden in den Gewohnheiten als Wochendienste vergeben, so der Küchendienst, die Tischlesung, die Fußwaschung bei den Gästen sowie die Einteilung der Priester für die Messen, der Altardiener und der Brüder für bestimmte Aufgaben im Chorgebet (*invitator*) (EO 103–108). Die Wochendienste wurden im morgendlichen Kapitel verkündet (EO 70,23).

Bereits die Benediktsregel legte großen Wert auf die Bestrafung bei Verfehlungen, da diese naturgemäß leicht zu Streitigkeiten im Konvent führen konnte. Benedikts Unterscheidung von leichter und schwerer Schuld wurde von den Zisterziensern beibehalten (RB 23–25). Das ausführliche 70. Kapitel der *Ecclesiastica officia* führte, über die Regel hinausgehend, mit dem täglichen Schuldkapitel einen festen Rahmen für die Strafpraxis ein. Mit der Formel »Lasst uns über unsere Lebensweise (*ordo*) sprechen« eröffnete der Abt das Schuldkapitel (70,37). Zuerst erhielten die Mönche die Gelegenheit zur Selbstanklage, die sie mit einer rituellen Vergebungsbitte (*venia*) vortragen mussten (70,43). Diese Form kollektiver »Verhandlung« steht in gewisser Konkurrenz zur individuellen Beichte, über die in demselben Abschnitt des Textes gehandelt wird und zu welcher unmittelbar nach dem Kapitel Gelegenheit bestand (70,87–96). In juristischer Terminologie fährt der Abschnitt fort, nach den Selbstbezichtigungen sollten die Anklagen vorgebracht und eine Stellungnahme des Beschuldigten sowie gegebenenfalls Zeugenaussagen eingeholt werden (70,43–50). Zeugen werden aufgefordert, keine Gerüchte zu verbreiten. Dem Abt obliegt der Urteilsspruch, der nach Möglichkeit sofort vollzogen werden musste (70,51–59). Schläge auf den nackten Oberkörper galten als übliche Form der Bestrafung, über die aber außerhalb des Kapitels nicht gesprochen werden durfte (70,69–77).

Im Abschnitt über das Amt des Priors wird präzisiert, allein der Abt sei für die Verhängung schwerer Strafen und die Beichte »krimineller Vergehen« (*criminalia*) zuständig (EO 111,17–18). Darunter fielen nach der Gesetzgebung der

Generalkapitel Verschwörung, Brandstiftung, Raub, Totschlag, Mord, Gewaltanwendung gegen Brüder und Obere, sexuelle Devianzen und schwere Verstöße gegen das Verbot von Privateigentum (Stat. 1183/11). Die Betreffenden waren sofort zu exkommunizieren. Der visitierende Vaterabt oder das Generalkapitel konnten zudem die Verlegung in einen anderen Konvent oder Kerkerhaft anordnen. Zu diesem Zweck sah sich das Generalkapitel von 1229 gezwungen, den Bau von Gefängnissen vorzuschreiben (Stat. 1229/6). Machte sich ein Abt oder eine Äbtissin solcher Vergehen schuldig, waren sie bei der jährlichen Visitation durch den Abt des Mutterklosters zur Rechenschaft zu ziehen (bereits in SCC 5). In schweren Fällen wurde auch das Generalkapitel beteiligt.

Die Liturgie, die einen Großteil des mönchischen Alltags bestimmte, blieb auch in den folgenden Jahrhunderten in Bewegung. Lange Zeit war der mehrstimmige Gesang verboten, wie eine vom Generalkapitel im Jahr 1217 angeordnete Untersuchung in den englischen Zisterzen Tintern und Dore zeigt (Stat. 1217/31). Im späteren Mittelalter war hingegen die Polyphonie weit verbreitet; 1486 wurde zudem die Begleitung durch die Orgel erlaubt (Stat. 1486/89). Im Messritus und Festkalender näherten sich die zisterziensischen Gebräuche im Spätmittelalter in einigen Bereichen dem römischen Ritus an[12]. Die anfängliche Einfachheit der Liturgie wich bereits im 13. Jahrhundert einer aufwändigeren Gestalt. So stieg die Zahl der Feste, an denen zwei Messen am Tag gelesen wurden, zwischen 1150 und 1300 von 22 auf 41. Die Zahl der Prozessionen stieg von ursprünglich zwei Terminen im Jahr (an Mariä Lichtmess und Palmsonntag) auf eine Prozession an jedem Sonntag und Sermofest (Stat. 1441/60). Auch die ursprüngliche Schlichtheit des liturgischen Geräts und der Paramente wurde nach und nach aufgeweicht. Zu tief greifenden Einschnitten in die zisterziensische Liturgie kam es indessen erst in der Neuzeit. Auf Betreiben Papst Pius' V. (1566–1572) hatten sich die religiösen Orden im späteren 16. Jahrhundert der reformierten römischen Liturgie zu unterwerfen. Zwar galten für die älteren Orden Ausnahmen, doch schlossen sich der römischen Vorgabe auch einige zisterziensische Kongregationen (Feuillants, irische Kongregation) bereitwillig an, die damit ihre Eigenständigkeit gegenüber dem Gesamtorden zum Ausdruck brachten (s. Kap. 6/4).

Während das Generalkapitel in Cîteaux noch im Jahr 1609 die Gültigkeit des traditionellen *Liber Usuum* bekräftigte und einen Neudruck der alten Texte veranlasste, vollzog die Äbteversammlung unter Generalabt Nicolas II. Boucherat im Jahr 1618 eine vollständige Kehrtwendung. Sie unterwarf die Konvents- und Privatmessen sowie alle gottesdienstlichen Verrichtungen »ohne jede Ausnahme« in allen Zisterzienserklöstern dem römischen Vorbild (Stat. 1618/14). Die liturgischen Bücher, insbesondere Breviar und Missale, mussten abgewandelt und angepasst werden. Der gelehrte Generalabt Claude Vaussin von Cîteaux erreichte 1667 bei Papst Alexander VII. die Bestätigung eines neuen Breviars für den Gesamtorden, in dem sich neben starken römischen Einflüssen auch orginäre zisterziensische Traditionen erhielten, so etwa bei den Marienoffizien und im Totengedenken[13]. Nach langen Verhandlungen konnte im Jahr 1689 auch ein neues Rituale verabschiedet werden, das ebenfalls Elemente aus dem alten *Liber Usuum*, aus den Generalkapitelsbeschlüssen und aus der römischen Liturgie vereinigte und das bis heute Gültigkeit besitzt[14]. In Liturgiekommissionen werden bis in die Gegenwart Fragen der liturgischen Ordnung in den heute bestehenden Zisterzienserorden der allgemeinen und der strengeren Observanz beraten.

3.3 Lehrer und Gelehrte

Als Abt der Primarabtei Clairvaux, hoch gebildeter und charismatischer Prediger, Ratgeber von Päpsten, Herrschern und Bischöfen und nicht zuletzt überaus produktiver Schriftsteller beeinflusste Bernhard von Clairvaux nachhaltig die Ausgestaltung des geistlichen Lebens der Zisterzienser[15]. Sein Eintritt in Cîteaux im Jahre 1113 und die nachfolgenden

Gründungsaktivitäten, bei denen ihm die exzellenten Netzwerke seiner Familie innerhalb des Adels Burgunds und der Champagne zugute kamen, musste den Nachlebenden als die entscheidende Zäsur in der Geschichte des Neuklosters und bei der Verbreitung der zisterziensischen Lebensform erscheinen. Maßgeblich wirkte der Abt von Clairvaux bei der Reform der zisterziensischen Liturgie nach 1133 mit; energisch verteidigte er die zisterziensische Lebensform gegen Vorwürfe von außen oder gegen Zweifler in den eigenen Reihen; beflissen setzte er in Predigten und Briefen seinem eigenen Konvent und bei Bedarf auch Auswärtigen die zisterziensische Regelauslegung und die Grundlagen des mönchischen Lebens auseinander. Wie sehr sich der Heilige in das Selbstbild des Ordens eingeschrieben hat, macht die in Hagiographie und Kunst leitmotivartig wiederholte Vision aus dem *Exordium magnum* Konrads von Eberbach deutlich (EM 2,7), in der sich Jesus vom Kreuz zu Bernhard herabneigt und ihn zärtlich umarmt (Amplexus-Vision)[16]. Damit erfassen die späteren Generationen anschaulich ein Leitmotiv der Theologie Bernhards, das für die zisterziensische Spiritualität von zentraler Bedeutung ist: die Christusnachfolge (*imitatio Christi*) und Christusliebe.

Bereits die Benediktsregel stellte Christus in die Mitte ihrer geistlichen Betrachtungen. In seiner Regel definiert Benedikt das Kloster als »Schule des Herrn« und das mönchische Leben geradezu als Nachvollzug des Leidens Christi im Kloster (RB, Prol.). Die Forschung spricht deshalb von einem benediktinischen »Christozentrismus«[17], den auch die Gründerväter von Cîteaux verinnerlicht hatten. Das *Exordium parvum* bezeichnet das Neukloster ausdrücklich als »Schule Christi« (EP 17,2). Bernhard betonte in seinem christologischen Hauptwerk, den 86 Predigten über das Hohelied (*Sermones super canticum canticorum*), besonders den Aspekt der Menschwerdung Christi. Damit gab er seinem Orden zwei wichtige Anstöße, die innerhalb der benediktinischen Tradition zum Charakteristikum zisterziensischer Spiritualität werden sollten: Zum einen gab die Menschwerdung den Ereignissen des irdischen Lebens

Jesu und auch seiner Passion ein besonderes Gewicht; zum anderen rückte neben Christus auch Maria »in ihrer Rolle bei der Inkarnation und als Mitleidende bei der Passion« in das Zentrum zisterziensischer Theologie und Frömmigkeit[18]. Dass die vertiefte Marienverehrung der Zisterzienser schon früh angelegt war, zeigt sich in der Auswahl der Gottesmutter als Patronin der Kirche des Neuklosters, die im Zuge der Ausbreitung des Ordens auf alle anderen Zisterzen übertragen wurde (Inst. 18). In der bildlichen Ausgestaltung der Schutzmantelmadonna erhielt Maria neben dem Gekreuzigten ebenfalls einen prominenten Platz in der zisterziensischen Visionsliteratur und Ikonographie. Nicht zuletzt spiegelt sich in der Liturgie die besondere Verehrung Mariens: Von der Oktav der Erscheinung bis Ostern und von Pfingsten bis in die Adventszeit wird jeweils die Konventsmesse am Samstag zu ihren Ehren gesungen. An jedem Tag außer Karfreitag und Karsamstag feiert ein Priester die Votivmesse der Gottesmutter[19].

Für den jungen Bernhard war die Begegnung mit zwei großen Gelehrten seiner Zeit prägend: Zum einen traf er bereits kurz nach seinem Klostereintritt im Neukloster auf Wilhelm von Champeaux († 1121), den früheren Pariser Theologen und Lehrer Abaelards, der als Bischof von Châlons Bernhard die Abtsweihe erteilte. Wichtiger noch wurde die Beziehung zu dem gelehrten benediktinischen Abt Wilhelm von Saint-Thierry († 1145), zu dem er in den Jahren nach 1118 eine enge Freundschaft pflegte. Von der Lehre und Lebensform der Zisterzienser angezogen, trat Wilhelm zunächst gegen Bernhards Vorbehalte um 1130 in das Zisterzienserkloster Signy ein, wo er um 1140 auf Bitten der Mönche von Clairvaux eine erste Lebensbeschreibung des damals auf dem Höhepunkt seiner Bekanntheit stehenden Abtes von Clairvaux verfasste. Wilhelm von Saint-Thierry erzählt unter anderem von theologischen Gesprächen mit Bernhard über das Hohelied, dessen »moralische Deutung« die beiden mehr interessiert habe als sein »mystischer Sinn«[20]. In seinen eigenen Schriften vertrat Wilhelm stärker mystische und spekulative Themen (z. B. »Rätsel des Glaubens«). Daneben ist auch ein

Brief an die Kartäuser von Mons Dei in der Nachbarschaft von Signy überliefert, in dem eine detaillierte Auslegung der zisterziensischen Lebensform enthalten ist und der lange Zeit fälschlich unter dem Namen Bernhards verbreitet wurde[21].

Von Bernhard selbst sind zahlreiche Predigten, fast 500 Briefe sowie theologische Traktate und kirchenpolitische Stellungnahmen überliefert. Obwohl Briefe und Predigten literarisch überarbeitet wurden, führt das Gesamtwerk die monastische Lehre Bernhards, seine Spiritualität und Theologie sowie seinen beeindruckenden Wirkungskreis zuverlässig vor Augen. Es gibt kaum ein kirchenpolitisch relevantes Thema aus der ersten Hälfte des 12. Jahrhunderts, zu dem er sich nicht geäußert hätte, freilich oft nicht aus eigenem Antrieb, sondern auf Bitten Anderer: zum Papstschisma von 1130, zu umstrittenen Bischofswahlen, zur Theologie Abaelards, an dessen Verurteilung Bernhard an vorderer Stelle mitwirkte, zu Kreuzzug und Ketzerverfolgung, Judenpogromen und zur neuen Lebensform der Tempelritter. Neben den bereits erwähnten Predigten über das Hohelied, die sein theologisches Hauptwerk darstellen, wendet er sich in vielen Predigten direkt an seinen Konvent in Clairvaux. In den hier enthaltenen Ermahnungen, Regelauslegungen und Erörterungen zu Themen der mönchischen Disziplin und Lebensweise ist sein zentraler Beitrag zur Formierung der zisterziensischen Spiritualität zu sehen. Solche Themen werden auch in verschiedenen Briefen (z.B. an Abt Petrus von Cluny) und in Traktaten zur Auslegung der Regel und Erläuterung der mönchischen Lebensweise vertieft (z.B. im Traktat »Über Vorschrift und Dispens«). Bereits Bernhards erste bekannte theologische Schrift »Über die Stufen der Demut und des Stolzes« widmet sich der Deutung des für die mönchische Sozialisierung zentralen siebten Kapitels der Benediktsregel. In der bereits erwähnten »Apologie« grenzt er die neue zisterziensische Regelauslegung gegen die in seinen Augen durch abweichende Gewohnheiten verdorbene Lebensweise des älteren Benediktinertums, insbesondere der Cluniazenser, ab.

In Abgrenzung zur aufstrebenden scholastischen Methode Abaelards, die an den Hohen Schulen in Paris und der Île-de-France ihren Siegeszug hielt, hat man Bernhard als Hauptvertreter einer »monastischen«, mit Blick auf manche seiner Schriften auch »mystischen« Theologie gewürdigt. Die neuere Forschung betont dabei seine Bedeutung für die spätmittelalterliche Christusmystik[22]. Jean Leclercq bescheinigt dem Werk des großen Abtes nicht nur allgemein »Originalität« und einen tiefen »Lehrgehalt«, sondern vor allem auch einen unmittelbaren Einfluss auf die Entwicklung der Zisterzienser, da er in der prägenden Phase der Expansion des Ordens an fast allen wichtigen Entscheidungen direkt beteiligt gewesen sei und seine Schriften die zentralen Werte und Normen der neuen zisterziensischen Lebensform gleichsam kanonisiert hätten[23]. Bernhard erhielt in der akademischen Tradition den Beinamen »honigfließender Lehrer« (*doctor mellifluus*), der bereits in der Zeit der Kirchenväter denen zugebilligt wurde, die die geistliche Botschaft der biblischen Überlieferung verstehen und weitergeben konnten. Bibel und Kirchenväter bilden das konservative thematische und stilistische Fundament von Bernhards Theologie, die nach Leclercq durch eine anschauliche und einfühlsame Sprache einen originellen Zugang zur biblischen und patristischen Tradition gefunden habe[24]. Zur bleibenden Bedeutung Bernhards trugen nicht nur die zahlreichen Abschriften seines Werks bei – über 1500 Manuskripte sind erhalten geblieben –, auch die Lebensbeschreibungen Bernhards und seine Heiligsprechung im Jahre 1174 durch Papst Alexander III. sicherten dem Abt von Clairvaux dauerhaft den Spitzenplatz unter den Lehrern des Ordens[25].

Zu Lebzeiten Bernhards traten in Clairvaux oder in von Clairvaux abhängigen Klöstern eine Reihe gelehrter Mönche ein, die als »Schülergeneration« weiter zur Verehrung Bernhards beitrugen und zugleich eigene theologische Impulse setzten. Gottfried von Auxerre, Bernhards Biograph und späterer Nachfolger in Clairvaux (1162–1165), verfasste eigene Kommentare zum Hohelied und zur Offenbarung. Der bekannteste Vertreter dieser Generation ist Aelred von Rievaulx († 1167), der zuvor am schottischen Königshof tätig war; er verfasste einen »Spiegel der Liebe«, der ein zentrales Motiv der zisterziensischen Spiritualität aufgriff und erstmals systematisch auf die verschiedenen Formen von Menschen- und Gottesliebe bezog. Durch diese Auffächerung konnte Aelred seinen Novizen die Liebe als Ursache sowohl guter als auch schlechter Neigungen vor Augen führen und ihnen Ratschläge zur Erreichung wahrer Gottesliebe und damit innerer Freiheit geben.

Viele von Bernhards Nachfolgern als Abt von Clairvaux traten auch als Lehrer und Schriftsteller hervor. Neben Gottfried befassten sich im 12. Jahrhundert noch Heinrich von Marcy (Abt 1176–1179) und Garnerius von Rochefort (1186–1192) mit Themen der zisterziensischen Spiritualität. Aus dem Konvent von Clairvaux stammte auch Guerric von Igny († 1157). Er hinterließ 56 Predigten aus seiner Amtszeit als Abt von Igny, die sich ganz im Sinne der von Bernhard gesetzten Impulse vor allem mit der Liturgie der Hochfeste und der Marienfeste auseinandersetzten. Für Guerric wird die Christusnachfolge zu einem inneren Prozess, der darauf ausgerichtet ist, dass Christus in der menschlichen Seele eine neue Gestalt gewinnt. Das alte Motiv der *imitatio Christi* wird hier nicht nur – wie im Prolog der Benediktsregel – als Nachvollzug des Lebens und Leidens Christi verstanden, sondern als innere Ebenbildlichkeit[26]. Popularität erreichten im Orden auch die Äbte Isaak von Stella (Étoile) und Adam von Perseigne, deren Predigten und Traktate von Bernhards Theologie inspiriert sind. Adam verfasste eine Reihe von Briefen, die einen tiefen Einblick in die Bedingungen der mönchischen Sozialisation geben und in der Novizenausbildung Verwendung fanden. Weitere Novizenspiegel entstanden im 13. Jahrhundert in England, so etwa in der Abtei Fountains. Um 1200 wurde der Mönch Helinand von Froidmont durch seine Predigten und Traktate bekannt. Der ehemalige Minnesänger hinterließ die »Verse über den Tod« sowie eine autobiographische Schrift[27].

Um dieselbe Zeit wirkte in Italien der Theologe und Visionär Joachim von Fiore († 1202). Der Ort seines Eintritts in den Zisterzienserorden ist umstritten. Es kommen die Zisterze Sambucina oder das Benediktinerkloster Corazzo in Frage, wo er nachweislich zum Abt gewählt wurde und die zisterziensischen Gebräuche einführte. Nach 1188 zog er sich mit päpstlicher Erlaubnis aus Corazzo zurück, um sich literarisch zu betätigen. In dieser Phase, die er in seiner eigenen eremitisch geprägten Gründung San Giovanni in Fiore verbrachte, entstanden seine theologischen und prophetischen Hauptwerke, so ein Apokalypsenkommentar, ein Buch »Über die Artikel des Glaubens« oder ein Traktat »Über die Dreifaltigkeit«. Obwohl er für seine geschichtstheologischen Neuinterpretationen der biblischen Überlieferung bereits zu Lebzeiten kritisiert wurde, stand er innerhalb des Ordens wie auch bei Päpsten und Herrschern als Visionär in hohem Ansehen. Erst nach seinem Tod begann unter dem Einduck einer zunehmend radikalen Kirchenkritik, die sich auf Joachims Schriften berief, eine Diskussion über die Rechtgläubigkeit seiner Ansichten. Der zisterziensischen Literatur hinterließ Joachim eine *Vita Benedicti*, in welcher er die zisterziensische Regelauslegung über die ältere benediktinische Tradition stellte[28].

In Spätmittelalter und Neuzeit setzten sich die gelehrten und literarischen Aktivitäten innerhalb des Ordens weiter fort. Das *Dictionnaire des auteurs cisterciens* (1975–1977) vermittelt einen Überblick über die beeindruckende Vielschichtigkeit dieser Aktivitäten. Eine Zäsur im akademischen Leben der Zisterzienser brachte die 1245 vom Generalkapitel beschlossene Einrichtung eines Studienkollegs in Paris mit sich, das die Zahl der Universitätsabsolventen und die Verbreitung der scholastischen Theologie im Orden maßgeblich förderte (s. das folgende Kapitel). Neben der Schultheologie erlebte im späten Mittelalter gerade im nordfranzösisch-flandrischen und deutschen Sprachraum das mystische Schrifttum eine Blütezeit. Das Gedicht des Abtes Arnulf von Villers über die Wundmale Christi (um 1240/48) fand in die neuzeitliche Kirchenliedliteratur Eingang. Die im Spätmittelalter weit verbreiteten

Predigten des Heilsbronner Abtes Konrad von Bundelsheim (*Sermones Socci*) variierten Themen der Christus- und Brautmystik. Ebenfalls aus Heilsbronn stammte die populäre mystische Schrift »Über die sechs Namen Fronleichnams«. Die Zisterzen Waldsassen, Kaisheim und Königsaal (Böhmen) sowie die Zisterzienserinnenklöster Nazareth (Südniederlande), Sankt Thomas an der Kyll (Eifel) und besonders Helfta (Thüringen) waren Zentren mystischer Frömmigkeit, in denen zugleich bedeutende Monumente der volkssprachlichen und lateinischen Literatur geschaffen wurden[29]. Mechthild von Hackeborn († 1294) sammelte als Leiterin der Klosterschule von Helfta die Offenbarungen und mystischen Gnadenerfahrungen ihrer Mitschwestern (»Buch der besonderen Gnade«), in deren Mittelpunkt der leidende Christus steht. Ihre Schülerin war die heilige Gertrud von Helfta († 1302), deren *Legatus pietatis divinae* als Hauptwerk der mittelalterlichen Brautmystik gilt und durch den Buchdruck des 16. Jahrhunderts stark verbreitet wurde.

3.4 Skriptorien, Bibliotheken und Schulen

Grundlage für das intellektuelle Leben im Zisterzienserorden war der Aufbau von Skriptorien und Bibliotheken. Bereits in den ersten Jahren nach der Gründung war im Neukloster unter Beteiligung Stephan Hardings ein Skriptorium eingerichtet worden, in dem die zur Liturgie und Erbauung notwendigen Bücher abgeschrieben wurden. Von augenfälliger Qualität ist die Ausstattung der heute großenteils in der *Bibliothèque municipale de Dijon* aufbewahrten frühesten Codices aus dem Skriptorium des Neuklosters, unter denen die reich illuminierten *Moralia in Iob* Gregors des Großen von etwa 1111 (Dijon 168–170, 173), die Bibel Stephan Hardings von 1109 (Dijon 12–14) und die älteste Fassung der *Ecclesiastica officia* von 1120/1130 (Dijon 114) besonders hervorstechen. Diese Arbeiten lassen keinen Zweifel daran, dass bereits den ersten Brüdern am raschen Aufbau einer funktionstüchtigen Schreibstube und einer Bibliothek gelegen war.

Forschungen zur frühen zisterziensischen Buchkunst sprechen zwar »von der Tendenz zur Vermeidung des Bildes«[30], doch gilt dies für das maßstabsetzende Skriptorium von Cîteaux erst seit etwa 1140. Von den über 300 bekannten Handschriften aus dem Neukloster des 12. Jahrhunderts fallen diejenigen aus der Amtszeit Stephan Hardings (1108–1133) durch eher kleinteilige und verspielte Federzeichnungen auf (»erster Stil«), während in den 1130er Jahren zunehmend ein monumentaler, großflächiger Stil bevorzugt wird (z. B. in den Hieronymus-Codices, Dijon 132). Zwischen 1140 und 1190 setzt sich dann ein monochromer, weitgehend bildloser Stil durch, der erkennbare Parallelen auch zu den produktiven Skriptorien von Clairvaux und Pontigny aufweist. Im 13. Jahrhundert kommt es schließlich zu einer Rückkehr der Illumination (z. B. im Markusevangelium, Dijon 37). Die anwachsenden Bibliotheksbestände in den europäischen Zisterzen weisen zu diesem Zeitpunkt große regionale Unterschiede aus, die von einem einheitlichen zisterziensischen Stil kaum sprechen lassen.

Der erste Konvent des Neuklosters hatte einen Grundstock an Büchern mit aus Molesme gebracht, von denen ein Teil nach der erzwungenen Rückkehr Roberts nach Molesme wieder zurückgegeben werden musste. Insbesondere Stephan Harding betätigte sich als Gelehrter und Büchersammler. In dem Monitum zu seiner Bibelrevision erwähnt Stephan, er habe »eine große Anzahl von Büchern aus verschiedenen Kirchen gesammelt, um der richtigen Lesart zu folgen«[31]. Wie oben dargestellt, bemühten sich Alberich und Stephan Harding besonders um die Beschaffung authentischer benediktinischer Texte für die Liturgie, die nicht nur im Neukloster genutzt, sondern im gesamten zisterziensischen Verband verbreitet wurden. Die frühesten Normtexte schreiben allen Zisterzen den Besitz liturgischer Bücher vor, »die mit denen des Neuklosters übereinstimmen« (CC prior 3). Ihrem Armutsideal entsprechend, sorgten sich die frühen Generalkapitel nicht nur um den Inhalt, sondern auch um die Ausstattung der Bücher: Kostspielige Verzierungen, Schließen und Einbände waren zu vermeiden (Inst. 13). Die eigene literarische Betätigung von Mönchen wurde 1134 unter die Kontrolle des Generalkapitels gestellt, doch stieg der Bedarf an Büchern im Zuge der Ordenserweiterung unaufhörlich an, so dass das Generalkapitel von 1154 verbieten musste, die im Skriptorium arbeitenden Brüder für andere Arbeiten einzusetzen (Stat. 1154/31).

Neben der Liturgie wurden Bücher für die von der Benediktsregel vorgeschriebene persönliche Lektüre der Mönche (*lectio divina*) benötigt, die – zumindest im Sommer – im Kreuzgang stattfand. Hier wurde am Abend zudem die gemeinsame Kollatslesung vor der Komplet abgehalten. Im Kreuzgang finden sich auch die ersten Aufbewahrungsorte für Bücher, zumeist in einer Nische neben der Eingangspforte zur Kirche. Die *Ecclesiastica officia* sprechen mehrfach vom *armarium* (Bücherschrank), das durch den Kantor verwaltet wurde. Dieser Amtsträger legte die Brüder für die Lesungen im Chor und im Refektorium fest und teilte ihnen die benötigen Bücher zu (EO 115). Auch hatte er abends die Bücher aus Krankenstube, Noviziat und Skriptorium einzusammeln und im Bücherschrank zu verschließen (115,31–33). Brüder, die ihren Platz im Kreuzgang während der Lesung verließen, mussten ihr Buch entweder in das *armarium* zurückstellen oder ihren Nachbarn durch ein Zeichen bitten, »dass er darauf aufpasst« (EO 71,9). Wer das Buch eines anderen begehrte, sollte diesem einen Ersatz mitbringen und jeden Konflikt vermeiden (71,11–12). Diese Vorschriften aus der ersten Hälfte des 12. Jahrhunderts zeigen deutlich, dass Bücher in der Frühzeit des Ordens ein kostbares und knappes Gut waren.

Das Anwachsen der Bestände lässt sich an den wenigen und oft nur fragmentarisch überlieferten Bibliothekskatalogen nachvollziehen. Ein Fragment aus Clairvaux aus dem späten 12. Jahrhundert nennt über 100 Titel. Von den insgesamt erhaltenen Handschriften aus Clairvaux, etwa 1400 Werke, deren Mehrzahl in der *Bibliothèque municipale de Troyes* liegt, lassen sich immerhin etwa 340 dem 12. Jahrhundert zuordnen. Dazu passt die Beobachtung, dass in der Abtei Bernhards schon früh der Bücherschrank im Kreuzgang durch ein ebenfalls *armarium* genanntes Zimmer an der Ostseite des Kreuzgangs ersetzt wurde[32]. Erst der Neubau einer großen Bibliothek (*magna libraria*) schuf zu Beginn des 16. Jahrhunderts adäquate Räumlichkeiten für den mittlerweile stark angestiegenen Bestand, über den ein Bibliothekskatalog von 1472 Auskunft gibt. Hier werden 1345 Bücher verzeichnet, exklusive der für den Alltagsgebrauch bestimmten *Liturgica*. Einen Schwerpunkt bildete in Clairvaux patristische Literatur, insbesondere eine vollständige Sammlung der Werke des Kirchenvaters Augustinus, der bereits in Bernhards Schriften häufig zitiert wird. Überdies bildet der Katalog sehr präzise das Spektrum monastischer Bibliotheken ab, in denen neben Bibeln, liturgischen und patristischen Werken eine reiche Auswahl an Erbauungsliteratur (Heiligenviten, Predigten, Tugendtraktaten), historiographischen und neueren theologischen Schriften zur Verfügung stand (in Clairvaux etwa die Kirchengeschichte der Angelsachsen des Beda oder verschiedene Werke des Pariser Kanonikers Hugo von Saint-Victor). Dass die Bibliothek auch kanonistische und medizinische Traktate enthielt, mag angesichts des fortwährend eingeschärften Studienverbots dieser Disziplinen ein wenig überraschen. Ein sprunghafter Anstieg gerade wissenschaftlicher Literatur ist in Clairvaux in der Mitte des 13. Jahrhunderts zu verzeichnen, als die Abtei das Pariser Ordenskolleg S. Bernhard gründete und Zugang zum großen Pariser Büchermarkt erhielt.

Vergleicht man die Verhältnisse in Clairvaux mit anderen Klöstern des zisterziensischen Verbandes, wird schnell deutlich, dass nur wenige Häuser über ähnliche literarische Ressourcen verfügen konnten[33]: In der Abtei Cheminon gab es um 1170 etwa 60 Bücher, in Les-Vaux-de-Cernay 70, in Châlis 216, in der Primarabtei Pontigny im 13. Jahrhundert 270, während neben Clairvaux auch das Mutterhaus in Cîteaux im Laufe des 14. Jahrhunderts über die Marke von 1000 kletterte. Zu derselben Zeit lagen die Bestände in Silvacane und Maubuisson bei etwa 200 Büchern. Außerhalb Frankreichs gab es bedeutende Biblioheken etwa in Rievaulx (England), Eberbach

(Rheingau) oder Walderbach (Oberpfalz). Für viele mittelalterliche Zisterzen lassen sich Umfang und Inhalt der mittelalterlichen Bibliotheken heute nicht mehr bestimmen. Auch die Bibliotheken der Zisterzienserinnen verfügten teilweise über bedeutende Bestände: In der nordfranzösischen Zisterzienserinnenabtei Maubuisson, einer Gründung der französischen Königin Blanca von Kastilien aus dem Jahr 1236, waren bei der Auflösung am Ende des 18. Jahrhunderts über 3000 Bände vorhanden; ähnliche Zahlen erreichte die Zisterze Pont-aux-Dames, während andere Frauenklöster wie Port-Royal bei Paris oder Perray-aux-Nonnains deutlich hinter dem Bestand von 1000 Büchern zurückblieben. Unter den mittelalterlichen Handschriften aus Zisterzienserinnenklöstern überwiegen die liturgischen Bücher. Dass sich die Bibliotheksbestände nicht zwingend nur innerhalb des Ordens verbreiteten, belegen zahlreiche Hinweise auf Buchleihen oder -geschenke über Ordensgrenzen hinweg. Intensive Beziehungen pflegten in dieser Hinsicht etwa Clairvaux und die Benediktinerabtei Liessies; das älteste Exemplar der kartäusischen Gewohnheiten stammt aus dem Zisterzienserkloster Signy. Auch in den Beständen von Clairvaux und Cîteaux finden sich viele kartäusische Schriften[34].

Die hier angeführten Beispiele sind ausreichende Belege dafür, dass von einer allgemeinen Wissenschaftsfeindlichkeit der frühen Zisterzienser keine Rede sein kann[35]. Dagegen spricht auch ein Brief des Zisterziensers Gottfried von Breteuil aus dem Jahr 1173, der die paulinische Metapher einer geistigen Ritterschaft um die Vorstellung erweiterte, dass ein »Kloster ohne Bücherschrank wie eine Burg ohne Waffenkammer« sei (PL 205,844 f.). Dass die frühen Zisterzienser zugleich mit dem akademischen Betrieb und scholastischen Neuerungen etwa in den Bischofsstädten der Île-de-France wenig anzufangen wussten, dürfte sich aus ihren geistlichen Idealen von selbst erklären. Bernhard von Clairvaux ging heftig gegen die neuen Methoden und Lehren Abaelards vor. Zunächst eröffnete Bernhards Freund Wilhelm von Saint-Thierry im März 1140 ein kirchliches Verfahren gegen bestimmte Thesen Abaelards, dem sich Bernhard im Juni 1140 mit seinem berühmten Brieftraktat (Ep. 190) anschloss. Nachdem beide Seiten einer Disputation auf der Synode von Sens im Mai 1141 zugestimmt und im Vorfeld aktiv Werbung für ihre Positionen gemacht hatten, erreichte Bernhard bereits am Vorabend des Streitgesprächs ein Häresieurteil gegen 14 Thesen und zwei Werke Abaelards durch die anwesenden Bischöfe[36]. Das harte Vorgehen gegen den berühmten Gelehrten stieß auch innerhalb des Ordens auf Kritik, so bei dem deutschen Zisterzienser Otto von Freising (Gesta Frid. I, 51). Die durchaus häufigen Eintritte von Gelehrten mit akademischen Erfahrungen, für die Wilhelm von Saint-Thierry oder Otto von Freising nur zwei besonders prominente Beispiele der Frühzeit darstellen, zeichnen sich durch den Wunsch aus, der theoretischen Durchdringung der Glaubensgeheimnisse eine heiligmäßige Lebensweise vorzuziehen oder beizugesellen. Gerade in der entstehenden Universität von Paris drückt sich diese Haltung nicht nur im Übertritt einzelner Theologieprofessoren zum Zisterzienserorden aus, wie dies für Petrus Cantor († 1197) oder Alain von Lille († 1202) bezeugt ist, sondern auch in der Ordensgründung der Talschüler (*Ordo vallis scholarum*), in denen Pariser Lehrer und Studenten nach 1200 ihre eigene asketische Lebensweise verfolgten[37].

Andererseits stellten die fortschreitende Institutionalisierung der Pariser Universität und das Erfolgsmodell der großen Bettelorden des frühen 13. Jahrhunderts die Zisterzienser vor handfeste Probleme. Dem Zusammenwirken zweier Akademiker in führenden Ordenspositionen ist schließlich ab den 1230er Jahren eine Öffnung des Ordens zum höheren Studienbetrieb zuzuschreiben. Der Engländer Stephan von Lexington hatte vor seinem Eintritt in Quarr Abbey 1221 in Paris und Oxford studiert. Seine Qualitäten als »Klostermanager« brachten ihn bereits 1229 auf den Abtsstuhl der wichtigen normannischen Zisterze von Savigny, von wo aus er gezielte Reformen im wirtschaftlichen und disziplinarischen Bereich unternahm (s. Kap. 5/5), bevor er 1243 auf den Abtsstuhl von Clairvaux gewählt wurde. Als Generalvisitator seines Ordens in Irland hatte er im Jahre 1228 Erfahrungen mit Aufruhr und Ignoranz machen müssen, zu deren Bekämpfung er – gegen den Wortlaut der Ordenskonstitutionen – den irischen Mönchen ein Universitätsstudium in Paris oder Oxford empfahl (Registrum II,37). Den gelehrten Zisterzienser trieb auch in den folgenden Jahren der Gedanke um, gegenüber den päpstlich geförderten und in der Regel gut ausgebildeten Mendikanten ins Hintertreffen zu geraten. Zeugnis legt dafür der Brief an den Primarabt Johannes III. von Pontigny, einen Pariser Doktor der Theologie, aus dem Jahre 1233/34 ab: Hier beklagt sich Stephan über einen allgemeinen Verfall der Bildung im Orden (*defectus litterature*) und darüber, dass seit 13 Jahren kein bedeutender Theologe mehr dem Orden beigetreten sei (Registrum I, Anh.). Davon abgesehen, dass er hier unbescheiden auf sich selbst angespielt zu haben scheint, da sein Eintritt genau 13 Jahre zurück lag, zeigte sich der Abt besonders alarmiert von der Aussicht, dass bereits der Papst von angeblichen Häresien im Zisterzienserorden Kenntnis erhalten und geplant habe, »gebildete Prediger« zu deren Bekämpfung zu entsenden. Als solche sind hier unschwer die Dominikaner zu erkennen, denen Papst Gregor IX. gerade in diesen Jahren umfassende Vollmachten zur Häresiebekämpfung übertrug[38].

Auch wenn der Brief offen lässt, wo solche Häresien entstanden sein sollen – denkbar wäre etwa neben der allgemein problematischen Situation in Irland eine Anspielung auf die posthume Verurteilung einiger Sätze des ehemaligen Zisterziensers Joachim von Fiore auf dem Vierten Laterankonzil, der eine gewisse Blüte pseudojoachitischer Schriften in Italien und Südfrankreich folgte –, so fordert er doch dezidiert eine konkrete und rasche Initiative zur Aufnahme eines zisterziensischen Studienbetriebs, um derartigen ordensfremden Untersuchungen zuvor zu kommen. Der Abt von Pontigny solle den Papst selbst bitten, dem Orden die Aufnahme von Studien vorzuschreiben, da man auf dem Generalkapitel starken Widerstand gegen eine solche Neuerung erwarten dürfe[39]. Zwar ist weder eine Reaktion aus Pontigny noch aus Rom auf dieses Schreiben überliefert, doch bahnte das Generalkapitel von 1237 den Weg für die Gründung eines zisterziensischen Studienhauses in Paris (Stat. 1237/9). Denkbar ist, dass der Abt von Pontigny statt einer offenen Konfrontation mit dem Orden, den die Einschaltung des Papstes vorbei an der Mitsprache des Generalkapitels gewiss bedeutet hätte, eine diskrete interne Werbekampagne für diese Idee bevorzugte. Der Durchbruch dürfte mit der Gewinnung des Abtes von Clairvaux erzielt worden sein, dem nicht nur als Nachfolger Bernhards besondere Autorität zukam, sondern dem auch seit 1224 ein Grundstück in Paris in der Nachbarschaft der alten Abtei Saint-Germain-des-Prés und der entstehenden Universität gehörte[40]. Der Generalkapitelsbeschluss von 1237 erlaubte es Abt Eberhard von Clairvaux jedenfalls, Mitglieder seines Konventes zum Studium nach Paris zu entsenden.

Seit dieser Entscheidung behielt Clairvaux bis ins 14. Jahrhundert die Aufsicht über die Pariser Studien des Ordens, die jedoch zunächst nicht in Form eines eigenen Ordenskollegs verfestigt wurden. Erst als im Jahr 1242 mehrere Fälle bekannt wurden, in denen zisterziensische Studenten von den in Paris führenden Bettelorden abgeworben wurden (Stat. 1242/42) und ein Jahr später Stephan von Lexington die entscheidende Stelle des Abtes von Clairvaux übernahm, rückte die Gründung des ersten zisterziensischen Studienhauses in den Mittelpunkt der Ordenspolitik. Zwar lag schon im Januar 1245 eine Genehmigung Papst Innozenz' IV. zur Einrichtung des Pariser Kollegs vor, doch zwei Generalkapitelsbeschlüsse von September 1245 machen deutlich, dass im Orden offenbar verschiedene Konzepte zur Verbesserung der Situation diskutiert wurden. Im ersten Beschluss heißt es, jeder Abt dürfe, wenn er es wolle oder könne, ein Studium in seiner Abtei einrichten. Mindestens solle aber in jeder Ordensprovinz ein Theologiestudium gegründet werden (Stat. 1253/1). In einem weiteren Beschluss bestätigte die Äbteversammlung zudem die bereits gelegten Fundamente des Pariser Studiums, das vom Papst und dem Kardinal Johannes von Toledo besonders gefördert wurde (Stat. 1253/4). Da aufgrund der bisherigen Ordenspolitik, der verbreiteten wirtschaftlichen Schwierigkeiten im Orden und der zumeist abgelegenen Situation der Klöster keinerlei Voraussetzungen für die Gründung von Studienhäusern in bestehenden Zisterzen vorlagen, wurde nur der zweite Beschluss wirksam.

Der neue Abt Stephan von Clairvaux erwarb durch Kauf und Tausch in den folgenden Jahren ein großes Gelände auf dem linken Seine-Ufer im Quartier du Chardonnet, wo eine mit allen zisterziensischen Privilegien ausgestattete Klosteranlage samt Kolleghaus, Bibliothek, Professorenwohnungen, Hospital und Kapelle entstand[41]. Papst Benedikt XII., der zweite Zisterzienser auf der *Cathedra Petri*, förderte von Avignon aus den Neubau einer großen gotischen Kirche auf dem Areal des Kollegs, die aber aufgrund finanzieller Beschränkungen unvollendet blieb. Der Unterhalt für die Bauten und Studierenden bildete ein permanentes Streitthema im Orden. Zwar konnten Stephan von Lexington und seine Nachfolger in Clairvaux namhafte Förderer gewinnen, so den Bischof von Paris, den Erzbischof von Sens oder Graf Alfons von Poitiers, den Bruder König Ludwigs IX. Doch war eine dauerhafte Finanzierung des Unterhalts ohne die Mitwirkung des Ordens nicht zu erreichen. Da der Grundsatz galt, dass jede entsendende Abtei für ihre studierenden Äbte und Mönche hohe Beiträge an das Kolleg zu überweisen hatte, bemühten sich die Äbte von Clairvaux als Träger des Kollegs von Beginn an um eine gute Auslastung. In diesem Sinne ist die Papstbulle von 1254 zu verstehen, die es grundsätzlich auch Novizen und Konversen ermöglichen sollte, in Paris zu studieren[42]. Allerdings betonte das Generalkapitel von 1278, die Studierenden dürften nicht zu jung sein und müssten über einen tadellosen Lebenswandel sowie über einen gewissen Bildungsstand verfügen (Stat. 1278/2), was zumindest für Konversen eine schwer zu meisternde Hürde dargestellt haben dürfte.

Da zur finanziellen Belastung immer wieder Streit um die Ausrichtung der Studien und die Aufsicht über die Studierenden hinzutrat, verwundert es nicht, dass das Pariser Bernhardskolleg im Jahr 1321 schließlich vollständig unter die gemeinschaftliche Kontrolle des Generalkapitels geriet. Die

Folge waren jährlich wechselnde Visitatoren und eine für Fragen der Studienordnung zuständige Kommission, die ausschließlich aus französischen Äbten bestand (Stat. 1321/9). Mitglied dieser Kommission war im September 1321 auch Abt Jacques Fournier von Boulbonne, der kurz darauf zum Bischof von Pamiers und im Jahre 1334 zum Papst (Benedikt XII.) gewählt wurde. Es ist daher nicht überraschend, dass Benedikt in seiner großen Reformkonstitution *Fulgens sicut stella* aus dem Jahr 1335 gerade den zisterziensischen Studien ausführliche Bestimmungen widmete[43]: Nach sechs Jahren sollten die Absolventen ihr Theologiestudium mit dem Bakkalaureat abschließen. Bereits seit 1256 gehörte der Inhaber des Theologielehrstuhls am Bernhardskolleg zu den zwölf Lehrstühlen der Pariser Fakultät. Um die Auslastung zu gewährleisten, musste künftig jede Abtei mit mehr als 40 Mönchen mindestens zwei Mitbrüder im Bernhardskolleg unterhalten. Genaue Sätze regelten die Bezahlung der Lehrer und des Verwaltungspersonals sowie die Höhe der jährlichen Zahlungen der entsendenden Abteien, was nicht verhinderte, dass das Generalkapitel im späten Mittelalter regelmäßig über die Unterhaltung des teuren Studienhauses weiterstritt.

Nach den Ordensgesetzen absolvierten die zisterziensischen Scholaren ihr Studium ausschließlich innerhalb des eigenen Studienhauses (Stat. 1295/7). Allerdings gab es Gelegenheiten wie die jährlichen Generalversammlungen der Universität oder Disputationen, zu denen die Zisterzienser am allgemeinen akademischen Leben teilnahmen. Einige dieser Versammlungen, so in den Jahren 1276 und 1279, fanden auch im Bernhardskolleg statt, das im normalen Studienbetrieb den Scholaren anderer Orden verschlossen blieb (Cart. Univ. Par. Nr. 468, 493). Diese Fixierung auf den eigenen Ordensnachwuchs setzte die Existenz weiterer Schulen im zisterziensischen Verband voraus, denn ein Theologiestudium – Veranstaltungen in Kirchenrecht und Medizin waren den Mönchen per se verboten – konnte nur aufnehmen, wer zuvor in den Grundwissenschaften der Freien Künste (*Artes liberales*) unterrichtet worden war. Da sich die Zisterzienser den Zutritt zur großen

Pariser Artistenfakultät versagten, musste diese Aufgabe im Verband gelöst werden. Auf der Grundlage des oben zitierten Generalkapitelsbeschlusses von 1245, der Studienhäuser in allen Provinzen erlaubte, entstand im Jahre 1262 ein Studium in der Universiätsstadt Montpellier unter der Aufsicht des Abtes von Valmagne (Stat. 1262/6). In der Grafenstadt Toulouse, dessen Universität auf die Klauseln des 1229 zwischen König Ludwig IX. und Graf Raimund VII. geschlossenen Friedensvertrags von Paris zurückgeht, stellte der Abt von Grandselve ein städtisches Grundstück für das neue Bernhardskolleg zur Verfügung, das um 1282 seinen Betrieb aufnahm. Erste Ordensstudien außerhalb Frankreichs entstanden in Navarra (Estella, ab 1335 Salamanca) und Oxford (ab 1281)[44]. Diese Häuser boten ein volles Theologiestudium (*studia generalia*) an, was die Auslastung des Pariser Stammhauses schmälerte und der stärkeren Profilierung der Provinzen innerhalb politischer Grenzen im späteren Mittelalter Vorschub leistete. Eine teilweise kurze Lebensdauer war den Versuchen einzelner Äbte beschieden, die ihre Stadthöfe zu Studienhäusern umwidmeten. Solche Initiativen gingen rechts des Rheins von Ebrach in Würzburg (1284) oder von Kamp in Köln (1285) aus. An der Universität zu Köln konnte sich erst spät ein zisterziensisches Kolleg etablieren[45].

Im 14. Jahrhundert nahm die Gründung regionaler Studienhäuser vor dem Hintergrund verstärkter politischer Bemühungen um die Orden und Universitäten signifikant zu. Um die propädeutische Ausbildung für Paris zu verbessern, gab das Generalkapitel im Jahre 1332 die Zustimmung für ein Partikularstudium in Metz unter der Aufsicht des Primarabtes von Morimond (Stat. 1332/7). Königliche Protektion lag den Gründungen in Portugal (Lissabon, 1294), Böhmen (Prag, 1374) und Aragon (Lérida, 1382) zugrunde; Landesherren wurden etwa in Heidelberg 1388 oder Leipzig 1411 aktiv[46]. Der Lebensweg des Theologen Konrad von Ebrach († 1399) macht die Ausdifferenzierung des zisterziensischen Studienwesens im späteren 14. Jahrhundert deutlich: Sein Studium der Philosophie und Theologie hatte der Ebracher Mönch in Paris und Bologna zugebracht. Hier wurde er 1370 zum Magister der Theologie promoviert, bevor man ihn 1375 als Professor an das neue Prager Theologiestudium des Ordens im dortigen Bernhardskolleg berief. Zehn Jahre später wechselte er an die Theologische Fakultät der Wiener Universität, wo er an der Ausarbeitung der Statuten und der Gründung des Zisterzienserkollegs St. Nikolaus beteiligt war. Während des Großen Schismas erhielt Konrad von Papst Urban VI. den Titel eines Abtes von Morimond und des Generalvisitators aller Zisterzen der römischen Obödienz. In den theologischen Auseinandersetzungen der Zeit beteiligte er sich als Gegner des vor allem in Prag stark vertretenen Nominalismus[47].

Wie vielfältig das zisterziensische Studienwesen im 15. Jahrhundert geworden ist, machen die Generalkapitel mehr als deutlich: 1439 beanstandete das Kapitel, dass die Äbte aus Aragon und Navarra ihre Mönche nur nach Lérida zum Studium schickten, nicht aber in andere Ordenskollegien etwa in Barcelona oder Valencia (Stat. 1439/77). Für die von der Abtei Heiligenkreuz ausgehende Gründung des Wiener *Studium generale* legte das Generalkapitel von 1411 als Einzugsbereich fest: Österreich, Steiermark, Kärnten, Bayern, Schwaben, Franken, Krain, Mähren, Polen und Ungarn, während für den gesamten nordostdeutschen Raum das Kolleg an der neuen Universität in Leipzig zentrale Funktionen wahrnehmen sollte (Stat. 1411/31). Bereits ein Jahr später erlaubte man allerdings den Scholaren aus Schlesien, Mähren und der Lausitz den Besuch des Allgemeinstudiums in Prag (Stat. 1412/37), auch wenn dort wegen der hussitischen Unruhen in dieser Zeit der Betrieb ausgesetzt war. Das Leipziger und Wiener Monopol wurde durch neue Häuser in Krakau (ab 1416), Rostock (vor 1439), Erfurt (1443), Greifswald (vor 1487) und Frankfurt/Oder (1506–1537) immer weiter eingeschränkt[48].

Die Auswertung von Matrikeln erlaubt genauere Aussagen über regionale und überregionale Studienaktivitäten seit dem 14. Jahrhundert. Bis ins 17. Jahrhundert liegen einzelne Zeugnisse für süddeutsche Zisterzienser aus Wettingen und Ebrach im Pariser Bernhardskolleg vor[49]. Einen deutlich höheren Anteil nahm jedoch das Studienhaus der Zisterzienser in Heidelberg auf, wo zwischen 1391 und der Einführung der Reformation 1522 mehr als 600 Zisterzienser eingeschrieben waren. In die so entstehende Lücke traten ab der Mitte des 16. Jahrhunderts das vom Augsburger Bischof gegründete Studienhaus in Dillingen, die 1457 neu gegründete Universität Freiburg im Breisgau und ab 1627 das neue Bernhardskolleg in Ingolstadt. Bereits zuvor hatte das Generalkapitel mehrfach Ausnahmegenehmigungen für ein Studium im katholischen Ingolstadt erteilt. Mehr als 40 Zisterzienser durften im 17. Jahrhundert auch an der jesuitischen Gründung des *Collegium Germanicum-Hungaricum* in Rom studieren, wo der Plan der Einrichtung eines eigenen Generalstudiums im Jahre 1618 am Widerstand französischer Äbte gescheitert war[50]. Im 17. Jahrhundert entstanden aufgrund der wirtschaftlichen und demographischen Probleme vieler Klöster in mehreren Ordensprovinzen gemeinsame Noviziate und Schulen. Für die oberdeutsche Zisterzienserkongregation wurde eine solche Institution in Salem gebildet. Neben den regionalen, an politischen Grenzen orientierten Provinzen und Kongregationen verschärfte sich im 17. Jahrhundert der Streit um die richtige Auslegung der Ordensregel und die Rückkehr zur ursprünglichen Strenge der Gründerväter. In diesem Konflikt verschiedener Observanzen (s. Kap. 7/2) spielte auch das Studienwesen des Ordens eine Rolle[51]: Im Jahr 1635 drangen Anhänger der strengen Observanz, unterstützt vom Kardinal Richelieu, mit Waffengewalt in das Pariser Bernhardskolleg und damit in das wichtigste und älteste Studienhaus des Ordens ein und besetzten die Professuren mit eigenen Gefolgsleuten.

3.5 Bernhard und Maria – Visionen und Heilige

Die frühen Zisterzienser übernahmen das benediktinische Kalendar und Martyrologium, ein Verzeichnis der Märtyrer und Heiligen, aus Molesme. Auch hagiographische Sammelhandschriften zählten zum Grundbestand jeder Zisterze, da sie u. a. für die gemeinschaftlichen Tischlesungen gebraucht wurden. In der zweiten Hälfte des 12. Jahrhunderts entstanden im Skriptorium von Cîteaux so genannte Normtexte der wichtigsten liturgischen Bücher, die zur Wahrung einer einheitlichen zisterziensischen Liturgie im Verband verbreitet wurden. Aus verschiedenen Zisterzienserklöstern sind gleichwohl Sammelhandschriften von Heiligenviten (*Vitae sanctorum*) erhalten geblieben, die zeigen, dass es einen erheblichen regionalen Einfluss auf den Festkalender gab. Aus der nordfranzösischen Abtei Vaucelles, gegründet 1132 als Tochter von Clairvaux, sind zwei Codices mit den Heiligenleben der Monate Oktober bis Dezember überliefert, in denen etwa Bavo, Kathedralpatron des nahe gelegenen Ghent, und Winok, nordfranzösisch-flämischer Lokalheiliger mit Grab in Sint-Winoksbergen, aufgeführt sind[52]. In anderen Fällen unterließen die Zisterzienser die Verehrung der Lokal- und Diözesanheiligen und stützten sich stärker auf Ordenstraditionen. In Eberbach im Rheingau, einer Filiale von Clairvaux, finden sich im Festkalender etwa der heilige Malachias (5. Nov.), dessen Grab in Clairvaux lag und für den Bernhard eine Vita verfasst hatte. Allerdings verzichtete man auf die Aufnahme deutscher Diözesanheiliger wie Bonifatius (5. Juni), Ulrich (4. Juli) oder Kilian (8. Juli), die allesamt nach dem Mainzer Festkalender in der regionalen Umgebung Eberbachs verehrt wurden[53]. In Zisterzienserinnenklöstern sind darüber hinaus besondere Feste für weibliche Heilige bezeugt, etwa für die in Deutschland schnell populär werdende Elisabeth von Thüringen. Die Nonnen von Tiefenthal aus der Filiation von Eberbach waren sogar im Besitz des »Bußkleids« der heiligen Elisabeth.

Das Generalkapitel befasste sich mehrfach mit der Vereinheitlichung des Festkalenders. Dabei blieb die Aufnahme von Ordensmitgliedern eher eine Ausnahme, die man als erstem 1174 Bernhard von Clairvaux, 1196 dem ersten zisterziensischen Bischof Petrus von Tarantaise und erst ein Jahrhundert nach seinem Tod Robert von Molesme (1224) zugestand. Großzügiger ging das Generalkapitel mit der Aufnahme ordensfremder Heiliger in das Kalendar um, so etwa Katharinas von Alexandrien (1207), Ursulas und der 11 000 Jungfrauen (1217), Barbaras (1227) oder auch neuer Heiliger wie Elisabeths von Thüringen (1235) oder der Dominikaner Petrus Martyr (1256) und Thomas von Aquin (1329). Die Altarpatrozinien der Zisterzienserkirchen spiegeln diese Mischung aus römischen, zisterziensischen, ordensfremden und ggf. regionalen Heiligen in aller Regel wider. Für die 35 mittelalterlichen Altäre der Abteikirche von Eberbach sind am Hochaltar die Patrozinien Marias, Johannes' des Täufers und Bernhards nachgewiesen; in den Seitenkapellen die Märtyrer Stephanus und Vinzenz, die Apostel Petrus und Paulus, der Evangelist Johannes, der gallorömische Bischof Martin von Tours, der Erzengel Michael und andere. In den Seitenschiffen finden sich unter anderem Altäre der vier Kirchenlehrer, die im Zisterzienserorden seit 1300 besonders an ihrem Gedenktag ehrenvoll mit zwei Messen bedacht wurden, Benedikts von Nursia, Elisabeths von Thüringen (15. Jahrhundert) oder Thomas' von Aquin (14. Jahrhundert)[54].

Eine spezifisch zisterziensische Hagiographie entwickelte sich zum einen durch die literarischen Bemühungen um ordensfremde Heilige und zum anderen durch die Ordensheiligen selbst. Als frühes Beispiel für ersteren Typ ist die *Vita* des irischen Bischofs Malachias von Armagh bedeutend, der in den 1140er Jahren mehrfach in Clairvaux weilte und hier im November 1148 verstarb. Bernhard verfasste um 1150 die Lebensbeschreibung des Malachias, die von einem zeitbedingten Krisenbewusstsein nach dem katastrophalen Scheitern des von Bernhard propagierten Zweiten Kreuzzugs durchzogen ist. Malachias erscheint hier als Bischof, der in Wort und

Tat die Ideale verwirklichte, die bereits Gregor der Große in seiner *Regula pastoralis* formuliert hatte. Die zum Nachweis der Heiligkeit nötige Wundertätigkeit des Bischofs konzentriert Bernhard auf visionäre Fähigkeiten und die besondere Wirkmächtigkeit des Gebets. Gleichwohl sind nicht Wunder und Visionen, sondern Tugendhaftigkeit und Standhaftigkeit im Glauben die zentralen Motive der Vita, oder in Bernhards eigenen Worten: »Das erste und größte Wunder, das er uns zeigte, war er selbst«[55]. Der Text diente zum einen der eigenen Gemeinschaft zum Trost, da Bernhard hier die Heilswirksamkeit des asketischen und kontemplativen Lebens betonte, und zum anderen der Vorbereitung der Heiligsprechung des Malachias, die allerdings erst 1190 erfolgte[56].

Bernhards eigenen Viten kam durch die Bedeutung des Heiligen und die weite Verbreitung im zisterziensischen Verband eine besondere Rolle zu. Bereits zu Lebzeiten begann Bernhards Freund Wilhelm von Saint-Thierry auf Bitten des Konvents von Clairvaux mit den Arbeiten an einer Lebensbeschreibung Bernhards (1145–1148). Diese Aufzeichnungen wurden ergänzt durch die Notizen, die Bernhards Sekretär und späterer Nachfolger Gottfried ebenfalls noch zu Lebzeiten des großen Abtes um 1145/46 zusammenstellte (*Fragmenta de vita et miraculis s. Bernardi*). Gottfried begann auch, die Briefe Bernhards zu sammeln und legte damit das Fundament für das Corpus der Werke Bernhards in der Bibliothek von Clairvaux. Nach Bernhards Tod am 20. August 1153 setzte der Benediktiner Arnold von Bonneval die *Vita prima* fort, ehe sie um 1162 in Clairvaux abschließend überarbeitet wurde[57]. Im Aufbau lassen sich Parallelen zur *Vita Malachiae* festmachen: Beide Heilige zeichnen sich durch tugendhaften Lebenswandel und die Schönheit des »inneren Menschen« (*homo interior*) aus; beide schöpfen daraus die Kraft für ein aktives Leben (*vita activa*) zugunsten von Kirche und Orden.

Einen besonderen Rang in der zisterziensischen Spiritualität nimmt die Marienverehrung ein. Das Generalkapitel hatte schon um 1135 verfügt, jede Zisterzienserkirche sei der Gottesmutter zu weihen (Capitula 9,2). Neben den allgemeinen

Marienfesten wurden bei den Zisterziensern auch die Kirchweihfeste regelmäßig zu Ehren Mariens begangen. Kalendare, Altarpatrozinien und Reliquiensammlungen geben Auskunft über das spirituelle Leben in den Konventen. Das Eberbacher Reliquienverzeichnis von 1502 verzeichnet nicht weniger als 338 Reliquien von 105 Heiligen. Die Liste der Mehrfachüberlieferungen weist auf den ersten drei Plätzen 24 Christus-, 16 Heiligkreuz- und 13 Marienreliquien aus und zeichnet somit ein getreues Bild der Fundamente zisterziensischer Spiritualität. Von Maria besaß der Konvent unter anderem Haare, Milch und Schleier[58]. Christusreliquien und Marienmilch stehen im Übrigen in besonderer Beziehung zur mittelalterlichen Bernhardsverehrung. In den Mirakelsammlungen werden im späten Mittelalter zwei Visionen populär, die die besondere Beziehung Bernhards von Clairvaux zu Christus und Maria illustrieren: Im ersten Fall neigt sich der Gekreuzigte zu Bernhard, der vor dem Kreuz sein Gebet verrichtet, und umarmt ihn liebevoll (*Amplexus*). In der zweiten Vision nährt die Gottesmutter den in Andacht versunkenen Bernhard mit der Milch aus ihrer Brust und vermittelt ihm so die Gaben des Heiligen Geistes (*Lactatio*). Die Laktation, die zu Beginn des 14. Jahrhunderts erstmals überliefert ist, kennzeichnet nicht nur Maria als »Mutter des Ordens«, wie sie bereits in Predigten Aelreds von Rievaulx († 1167) bezeichnet wurde, oder als »Patronin des Ordens«, wie dies das Generalkapitel von 1281 offiziell feststellte, sondern auch Bernhard von Clairvaux als »Vater und Mutter seiner Mönche«, da er die von der Gottesmutter empfangene Milch durch seine Worte und Schriften an seinen Orden weitergegeben habe[59]. Beide Motive gehören nicht zuletzt – wie auch die Schutzmantelmadonna – zum festen Programm spätmittelalterlicher zisterziensischer Bildkunst (s. Kap. 3/6).

Die Bedeutung Mariens für den Orden erschließt sich am umfassendsten in der zisterziensischen Visionsliteratur. In der zweiten Hälfte des 12. und der ersten Hälfte des 13. Jahrhunderts befand sich diese Literaturgattung innerhalb des Zisterzienserordens in voller Blüte. An erster Stelle ist eine anonyme Sammlung von Visionen und Wunderberichten aus der Abtei von Clairvaux zu nennen, die im Abbatiat Johannes' von Clairvaux (1171–1179) entstanden ist. Größeren Einfluss innerhalb und außerhalb des Ordens übte die um 1178 ebenfalls in Clairvaux entstandene Mirakelsammlung des Mönchs Herbert aus. Neue Impulse kamen zu Beginn des 13. Jahrhunderts aus Deutschland: Hier beendete der ehemalige Mönch aus Clairvaux Konrad von Eberbach um 1206 das *Exordium magnum Cisterciense* mit einer Fülle von Visionen, Mirakeln und *Exempla*, von denen er allein etwa 90 wörtlich von Herbert von Clairvaux übernommen hatte. Viele der in sieben Büchern geordneten Visionen stellen das Wirken Marias als Patronin der Zisterzienser heraus (z. B. EM 3,13); weit mehr *Exempla* noch gelten dem heiligen Bernhard, so etwa ein großer Teil des 2. und 3. Buchs. Die weitaus umfangreichste Sammlung wurde etwas später in der Zisterze Heisterbach angelegt: Der Prior Cäsarius stellte hier in den zwölf Büchern seines »Dialogs über die Wunder« mehr als 700 Wundererzählungen, *Exempla* und Visionen zusammen. Den Marienvisionen ist das ganze Buch 7 gewidmet[60]. Cäsarius von Heisterbach wurde wegen seiner literarischen Qualitäten auch mit der Abfassung von Heiligenviten betraut. Im Auftrag des Kölner Erzbischofs Heinrich verfasste er 1226 die Lebensgeschichte von Heinrichs ermordetem Vorgänger Engelbert I., den er als vorbildlichen Seelsorger und von Gott geliebten Märtyrer beschreibt. Zehn Jahre später entstand die Vita der heiligen Elisabeth von Thüringen, für die Cäsarius bereits vom 1233 ermordeten Beichtvater Elisabeths, Konrad von Marburg, vorgeschlagen worden war und die dem offiziellen Heiligsprechungsverfahren diente[61].

Mirakelsammlungen und Legendare sind aus vielen Zisterzen überliefert. Eine umfangreiche Sammlung, die zugleich aus österreichischen Zisterzienser- und Benediktinerklöstern überliefert ist, enthält nicht weniger als 580 Visionen und Wundererzählungen. Im Spätmittelalter wurden die Visionen und Wunder der heiligen Birgitta von Schweden († 1373) populär, die unter der geistlichen Aufsicht der Mönche in der Zisterze Alvastra lebte. Ihre Offenbarungen wurden von zwei

Zisterziensern ins Lateinische übersetzt[62]. Im 15. Jahrhundert versuchte das Generalkapitel, über die Sammlung und Verbreitung der Viten von Ordensheiligen zu einer religiösen Erneuerung zu finden. In diesem Sinne forderten die Generalkapitel von 1439 und 1447 alle Äbte auf, in ihren Bibliotheken nach Lebensbeschreibungen heiliger Mönche und Nonnen zu suchen und diese nach Cîteaux zu senden (Stat. 1439/98). Im 17. Jahrhundert sammelte der spanische Zisterzienser Henriquez die Viten der Ordensheiligen, die mehrere Bearbeitungen bis ins 20. Jahrhundert fanden.

3.6 »Heilige Räume und Bilder« – zisterziensische Architektur und Kunst

Die ersten Zisterzienserbauten waren vom asketischen Ideal der Gründergeneration genauso geprägt wie von den materiellen Beschränkungen der Anfangsjahre. Inschriften, Bildzeugnisse und Geschichtsschreiber wie Ordericus Vitalis (Hist. eccl. III,8) lassen erkennen, dass die frühen Zisterzienser ihre Klöster und Kirchen selbst errichteten. Eine Schlüsselstellung nahmen dabei die Laienbrüder ein, die in einer Inschrift als Erbauer der deutschen Abtei Schönau eigens erwähnt werden[63]. Dass sich die Zisterzienser dabei einen Ruf als Experten auch außerhalb des Ordens erarbeitet hatten, bezeugen die Generalkapitel von 1157 und 1175, als sie die Annahme von ordensexternen Bauaufträgen untersagten (Stat. 1157/47; 1175/33). Allerdings ließen politische Zwänge die strikte Umsetzung dieser Beschlüsse oft nicht zu. So sind Zisterzienser unter anderem an den Dombauten von Trier (um 1200), Bamberg (nach 1220) und Magdeburg (1230–1235) nachweisbar. Kaiser Friedrich II. ließ zisterziensische Konversen aus Süditalien sogar an der Konstruktion von Kastellen und Herrscherresidenzen mitwirken[64].

Für ihre eigenen Bauten entwickelten die Zisterzienser im Laufe des 12. Jahrhunderts bestimmte Normvorstellungen, die sowohl auf ihre religiösen Ideale als auch auf materielle Beschränkungen und regionale Besonderheiten Rücksicht nahmen. Oft zitiert werden die Passagen aus der »Apologie« Bernhards von Clairvaux an die Adresse seines Freundes Wilhelm von Saint-Thierry, in denen Bernhard unter anderem auf die Baukunst Clunys eingeht. Erst drei Jahre vor dem Auszug der Brüder aus Molesme hatte Papst Urban II. die neue Klosterkirche von Cluny feierlich geweiht. Das fünfschiffige Bauwerk, mit dem Abt Hugo der Große den europäischen Rang seiner Abtei an der Spitze der *Cluniacensis ecclesia* unterstrich, zählte zu den größten und prächtigsten Kirchen des Mittelalters. In der polemischen Auseinandersetzung zwischen Cluniazensern und Zisterziensern bezog sich der Vorwurf der Unmäßigkeit und Übertreibung, den letztere erhoben, nicht nur auf die Ausgestaltung der Liturgie, sondern auch auf die Pracht der cluniazensischen Gotteshäuser:

> Ich will jetzt zu größeren Mißständen kommen, die aber deswegen als geringer erscheinen, weil sie gang und gäbe sind. Ich übergehe die grenzenlose Höhe der Bethäuser, ihre übermäßige Länge und unnötige Breite, den kostspieligen Glanz und die bis ins Kleinste ausgearbeiteten Abbildungen. Dies alles zieht den Blick der Betenden auf sich und hindert die Andacht. [...] Aber wozu dienen in den Kreuzgängen, vor den Augen der lesenden Brüder, jene lächerlichen Mißgeburten, eine auf wunderliche Art entstellte Schönheit und schöne Scheußlichkeit? Was bezwecken dort die unflätigen Affen, die wilden Löwen? [...] Bei Gott, wenn man sich schon nicht der Albernheiten schämt, warum tut es einem nicht wenigstens um die Kosten leid? (Bernhard, Apologia XII, 28, um 1123, Werke II, 193–197)

Die neuere architekturhistorische Forschung hat davor gewarnt, Bernhards unversöhnliche Kritik am reichen Baustil Clunys als allgemeine Doktrin der frühen Zisterzienserbauten zu verstehen. Dagegen spricht nicht zuletzt die noch unter Bernhard selbst begonnene monumentale Ausführung von Clairvaux III, die im Orden sofort Nachahmung fand. Nur verhältnismäßig selten befassten sich die frühen Generalkapitel mit Fragen der Architektur. In den *Instituta* fällt das Verbot von

Bildern und Skulpturen auf, »weil man gerade auf solche Dinge seine Aufmerksamkeit lenkt« (Inst. 20). Das Verbot farbiger Glasmalereien (Inst. 82) führte zur weit verbreiteten Verwendung von Grisaillefenstern in den Kirchen und Kreuzgängen. Allerdings wurde das Verbot farbiger Fenster offenbar nicht konsequent beachtet, da die Äbteversammlung immer wieder darauf pochte (1159, 1182). Das Generalkapitel von 1157 verhängte zudem ein Bauverbot für steinerne Glockentürme, aus dem sich die charakteristischen Dachreiter auf Zisterzienserkirchen erklären lassen. Ohne Näheres zur Ausführung zu sagen, zählen die *Instituta* nach den Büchern auch die Gebäude auf, die in allen Klöstern in gleicher Form vorhanden sein mussten: »Oratorium, Refektorium, Dormitorium sowie die Wohnung für die Gäste und den Pfortenbruder« (Inst. 12). Insbesondere aus den *Ecclesiastica officia* aus den 1130er Jahren erfährt man viele Details zum Klosterleben, zu den Räumlichkeiten und den dort tätigen Personengruppen. Zu dieser Zeit waren die provisorischen Bauten der Anfangsjahre längst großen Klosteranlagen gewichen, die sich trotz der oben aufgezählten Verbote an der benediktinischen Tradition in Westeuropa anlehnten. In den Normtexten sind die Bemühungen um Armut, Schlichtheit und Einheitlichkeit in den Gebräuchen wie Gebäuden der frühen Zisterzienser unverkennbar, doch zeigen sich in der Architektur – wie in vielen anderen Bereichen des Klosterlebens – bereits im 12. Jahrhundert eine immense Vielfalt und die Wirksamkeit regionaler Faktoren, unter denen etwa die Dispositionen der zur Finanzierung beitragenden adligen Stifter besonderes Gewicht hatten.

In der Frühzeit des Ordens dominierten wirtschaftliche Zwänge die Bautätigkeit. Die ersten Anlagen in Cîteaux und den Primarabteien dürften vorwiegend aus Holz und Lehm errichtet worden sein. Erst zwischen 1120 und 1130 ging man mit dem massiven Zustrom neuer Brüder zur Steinbauweise und zur systematischen Verbindung von Kirche und Klausur über. Die Anfänge des *Novum monasterium* in Cîteaux bleiben unter bauhistorischen Aspekten weitgehend im Dunklen. Die ersten Zisterzienser hatten auf einem landwirtschaftlich genutzten Gelände in einem Waldgebiet südlich von Dijon nach 1098 einige Konventsgebäude aus Holz errichtet, ehe Abt Alberich eine Verlegung an den endgültigen, wasserreicheren Ort verfügte, wo im ersten Jahrzehnt eine Steinkirche, Konventsgebäude um den südlich gelegenen Kreuzgang und ein Mönchsfriedhof geschaffen wurden[65]. Erst auf dem Generalkapitel von 1147, an dem auch Papst Eugen III. teilnahm, wurde die Entscheidung zu einer umfassenden Erweiterung der Anlage und dem Neubau der Abteikirche gefällt, deren Schlussweihe für das Jahr 1193 bezeugt ist. Während die Aufnahme der Bautätigkeit in der ältesten Tochtergründung in La-Ferté-sur-Grosne (1113) sowie in Morimond (um 1117) nicht näher bestimmt werden kann, liegen für die Klosteranlagen in Pontigny (1114) und Clairvaux (1115) bessere Erkenntnisse vor. Insbesondere die Abtei Bernhards lässt sich durch schriftliche, bauhistorische und archäologische Quellen in ihrer Entstehung erfassen. Bis ins 18. Jahrhundert waren der älteste Kirchbau und einige Konventsgebäude aus Holz um einen kleinen Kreuzgang sogar zu besichtigen[66]. Diese Anlage, die auch auf frühneuzeitlichen Stichen dargestellt ist, dürfte bereits nach wenigen Jahren zu klein geworden sein. Bernhards Vita zählt drei Altäre im ersten Oratorium auf: Der Hauptaltar war Maria geweiht, zwei Nebenaltäre den Heiligen Laurentius und Benedikt (Vita prima 1,12). Zum ältesten Bestand der Anlage gehört auch eine Abtszelle neben dem Mönchsfriedhof, in die sich Bernhard zum Gebet zurückziehen konnte und in der er verstorben sein soll.

In Bernhards Abbatiat (1115–1153) wuchs der Konvent beständig: Innerhalb von sechs Jahren war man bereits in der Lage, drei Gründungskonvente, d. h. mindestens 39 Brüder, für neue Filialen abzustellen. Nach den Forschungen des Kunsthistorikers Matthias Untermann entstand in Clairvaux um 1120/25 an einem neuen Bauplatz ein großer Kirchen- und Klosterbau aus Stein (Clairvaux II)[67]. Die Auswahl des neuen Ortes nahm Bernhard persönlich aufgrund einer Vision vor, mit der er einen Streit im Konvent über die Eignung verschiedener Bauplätze beendete. Bereits 1131 konnten Papst Innozenz II. und sein Gefolge die noch kahlen Wände der neuen Kirche bewundern (Vita prima 2,1). Ein Brief des Mönchs Nikolaus von Clairvaux erwähnt »eine kleine Schreibstube« neben dem Noviziat sowie eine gesonderte Krankenstube mit eigenem Kreuzgang (PL 196, 1626 f.). Die letzten Reste dieser Anlage wurden nach der Aufhebung des Klosters 1794 zerstört; die Klosterkirche musste nach nur wenigen Jahrzehnten einem größeren Bau weichen (Clairvaux III). Diese neue Kirche, mit deren Bau 1148 begonnen wurde und deren Planung somit noch in die letzten Jahre von Bernhards Abbatiat fiel, setzte in Größe und Ausstattung neue Maßstäbe. Gottfried von Auxerre zählt beim Tode Bernhards mehr als 700 Mönche und Novizen in Clairvaux (Vita prima 5,20). Dazu passt die Aussage Konrads von Eberbach, eines Professen aus Clairvaux, in der Mitte des 12. Jahrhunderts hätten dort 90 Novizen gleichzeitig gelebt (EM 6,10). Bei dem neuen Kirchenbau handelte es sich um eine große dreischiffige Basilika mit Querhaus und einem Chorumgang mit Kapellenkranz, deren Vorbild in der benachbarten Kathedrale von Langres zu sehen ist. Reiche Stiftungen etwa der Könige von Sizilien und England erlaubten die Finanzierung der neuen Kirche, die anlässlich von Bernhards Heiligsprechung im Jahre 1174 geweiht wurde. Während die portugiesische Abtei Alcobaça, eine königliche Stiftung aus der Filiation von Clairvaux (ab 1178), als gut erhaltene Kopie von Clairvaux III gilt, bietet heute vor allem noch die Abteikirche der zweiten Tochtergründung Bernhards im burgundischen Fontenay einen Eindruck von der frühen zisterziensischen Steinarchitektur vom Typ Clairvaux II, der in der Forschung als »bernhardinischer Plan« angesprochen wird[68].

Eine Erweiterung erfuhr der »bernhardinische Plan« beim Bau der bis heute erhaltenen Abteikirche von Pontigny. Die Anfänge für den ersten monumentalen Steinbau in der nordburgundischen Primarabtei fallen in die Jahre zwischen 1130 und 1140. Wie die amerikanische Kunsthistorikerin Terryl

»Heilige Räume und Bilder« – zisterziensische Architektur und Kunst 137

Abb. 4: Mittelschiff der Abteikirche von Fontenay

Kinder nachgewiesen hat, zogen sich die Bauarbeiten unter mehrfachen Planwechseln und Erweiterungen bis in die 1170er Jahre hin[69]. Die dreischiffige Basilika mit kleinem Querhaus war um 1170 als zweiter Bau an dieser Stelle gerade abgeschlossen worden, als der Konvent den Ostchor als ältesten Gebäudeteil im Stil von Clairvaux III mit Chorumgang und Kapellenkranz noch einmal erneuern ließ. Die Weihe der neuen Abteikirche sorgte im Jahre 1205 für eine Rüge des

Abtes auf dem Generalkapitel, da anlässlich der Feierlichkeiten der französischen Königin Adela und ihrem Gefolge Zutritt zur Klausur gewährt worden war. Derselbe Beschluss tadelt die aufwändige farbliche Gestaltung des Fußbodens und verwendet dabei mit dem Vorwurf der »Überflüssigkeit« (*superfluitas*) und der »Neugier weckenden Abwechslung« (*curiosa varietas*) ähnliche Argumente wie einst Bernhard von Clairvaux gegen die Cluniazenser (Stat. 1205/10). Der Ostchor diente dem Hauptförderer des Kirchbaus, Graf Tedald III. von der Champagne († 1201), als Grablege. Seinem Beispiel folgte im Jahre 1206 seine Tochter Adela, die als französische Königin ein Jahr zuvor für die Beschwerde des Generalkapitels gesorgt hatte. Auch in den anderen Primarabteien entstanden zwischen 1170 und 1220 große Neubauten, die für das Baugeschehen in den Filiationen Vorbildcharakter annahmen.

Als ideale Verwirklichung zisterziensischer Spiritualität und Architektur hat die Forschung allerdings – trotz ihrer Ausstrahlung auf die Filiationen – nicht die monumentalen Kirchbauten des späteren 12. und des 13. Jahrhunderts angesehen, sondern die Klöster und Kirchen vom Typ Clairvaux II, der vor allem an dem heute weitgehend aus dem 13. Jahrhundert stammenden Ensemble in Fontenay festgemacht wurde[70]. Fontenay wurde als zweite Tochter von Clairvaux bereits 1119 gegründet. Den Baubeginn der heutigen Kirche (Länge 66 Meter, Querschiffbreite 30 Meter) datiert die neuere Forschung in die Jahre um 1145, also deutlich später als Clairvaux II (Untermann); frühere Zisterzienserkirchen aus den 1130er Jahren (so etwa Bonmont oder Hauterive) sind erheblich kleiner und im Innenraum weniger ausgestaltet. Als planmäßige Gemeinsamkeit vieler früher Zisterzienserkirchen gerade aus der Filiation von Clairvaux gilt »eine charakteristische Grundrißprägung: die kreuzförmige Kirche mit rechteckigem Sanktuarium und ebenfalls rechteckigen Querarmkapellen«[71]. Wie in Fontenay oder Bonmont erhalten, gehören zu diesem Idealplan auch die Tonnenwölbung der Langhäuser und ein fensterloses Mittelschiff. Die neuere Forschung hat jedoch betont, dass weder der »bernhardinische Plan« noch der oft abgebildete Idealplan einer zisterziensischen Klosteranlage Allgemeingültigkeit beanspruchen können[72].

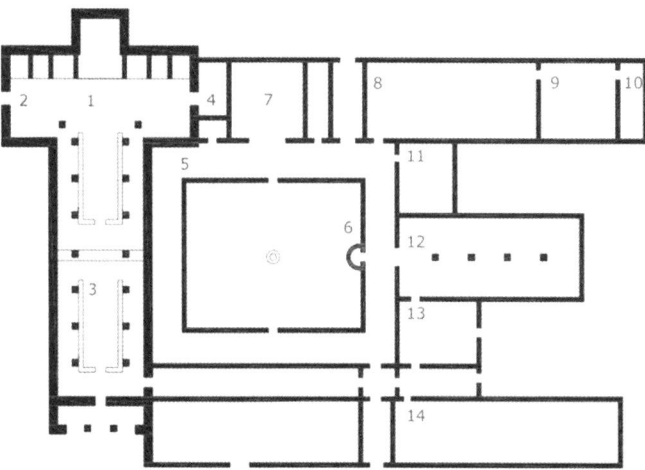

Abb. 5: Idealplan zisterziensischer Klöster (1: Kirche, 2: Totenpforte, 3: Laienbrüderchor, 4: Sakristei, 5: Kreuzgang, 6: Quadrum mit Brunnen und Gartenhaus, 7: Kapitelsaal, 8: Schlafsaal, 9: Novizensaal, 10: Latrinen, 11: Wärmestube, 12: Speisesaal der Mönche, 13: Küche, 14: Speisesaal der Laienbrüder).

Für die sich südlich an die Kirche anschließenden Klausurgebäude um einen zentralen Kreuzgang entwickelte sich im Laufe des 12. Jahrhunderts eine Bauform in benediktinischer Tradition, die den praktischen Erfordernissen der in Mönche und Laienbrüder geteilten Konvente entsprach. Im nördlichen Kreuzgangflügel, der an die Kirche angrenzte, befinden sich noch heute in vielen ehemaligen Zisterzen Bänke, Lesepulte und Wandnischen für Bücher. In diesem Teil des Kreuzgangs kamen die Mönche nach dem Schuldkapitel am Morgen zur Lektüre heiliger Schriften (*lectio divina*) zusammen. Nach Westen war dieser Kreuzgangflügel durch eine Mauer vom Trakt der Konversen getrennt, die einen eigenen Zugang zur Kirche hatten. Im östlichen Flügel dominierte im Erdgeschoss der zentral gelegene Kapitelsaal der Mönche, der nicht nur für die Versammlungen des Konvents, sondern auch als Begräbnisplatz genutzt wurde (s. Kap. 4/1). Im Obergeschoss lag der gemeinschaftliche Schlafsaal der Mönche (Dormitorium), der durch eine Treppe mit dem Ostchor der Kirche verbunden war. Der südliche Flügel wurde vom Speisesaal der Mönche (Refektorium), Küche und anderen Versorgungseinrichtungen beherrscht. Gegenüber dem Eingang zum Refektorium befand sich das Brunnenhaus, das hygienischen und rituellen Bedürfnissen, wie der Fußwaschung der Mönche durch den Abt an Gründonnerstag, entsprach. Eine Wärmestube neben oder über der Küche diente den Brüdern im Winter zu Hand- und Schreibarbeiten. Im westlichen Kreuzgangflügel befanden sich die Lebensbereiche der Konversen, die in vielen Fällen auf umliegenden Wirtschaftshöfen (Grangien) lebten und nur am Sonntag ins Kloster kamen. Mit den Um- und Neubauten der meisten Klöster in Spätmittelalter und Neuzeit verbanden sich auch im Klausurbereich weit reichende Änderungen der urspünglichen Anordnung. Eigene Wohnbereiche oder Gebäude für den Abt sind vereinzelt bereits im 12. Jahrhundert bezeugt, so aus der Abtei Rievaulx aus den 1160er Jahren oder aus Furness aus der Zeit um 1200. Frei stehende, prächtige Abtsresidenzen werden in der Barockzeit in den meisten Klöstern errichtet. In Großabteien wie Cîteaux oder Clairvaux gruppierte sich das mönchische Leben um mehrere Kreuzgänge[73].

Die Zisterzienser haben sich im 12. Jahrhundert um eine eigene Antwort auf die Frage bemüht, in welcher Umgebung sich gottgefällig leben lasse. Armut und Strenge galten ihnen als zentrale Werte; Überfluss und offen zur Schau gestellte Pracht lehnten sie ab. Doch auf die künstlerische Ausgestaltung ihrer Bauten, Bücher und liturgischen Gerätschaften wollten sie keineswegs verzichten. Bernhard von Clairvaux hat seinem Konvent diesen Widerspruch zu erklären versucht: Die Steine unserer Kirchen und Klöster »haben durchaus etwas Heiliges, aber nur in Verbindung mit eurem Leib«[74]. Zu Beginn des 13. Jahrhunderts beschrieb auch Cäsarius von Heisterbach

»Heilige Räume und Bilder« – zisterziensische Architektur und Kunst 141

Abb. 6: Das Brunnenhaus im Kloster Maulbronn

seinen Zugang zur bildenden Kunst: Kirchen und Kunstwerke dienen dem Mönch bei seiner Aufgabe der Selbstheiligung, wenn sie in ihrer Kunstfertigkeit so gestaltet sind, dass sich daran die Prinzipien der göttlichen Ordnung und der mönchischen Ideale wiedererkennen lassen (Dialog VIII, 1). Wie bei der zisterziensischen Buchmalerei sind auch bei der künstlerischen Ausstattung von Kirchen regionale Unterschiede und ein längerfristiger Wandel zu beobachten. Während das Skriptorium von Cîteaux in den ersten Jahrzehnten bebilderte Werke von hoher Qualität herstellte und erst in der Mitte des 12. Jahrhunderts zu einem weitgehenden Bildverzicht fand, sind die erhaltenen Zeugnisse für zisterziensische Kirchenkunst aus dem 12. Jahrhundert verschwindend gering. Von bunten Glasmalereien, figürlichen Plastiken und Kapitellen oder aufwändigen Mosaikfußböden erfährt man in aller Regel nur aus entsprechenden Tadeln oder Verboten des Generalkapitels. In der Sammlung der *Capitula* aus den 1130er Jahren heißt es zur Ausstattung bei der Messfeier: Die Kleider der Zelebranten und Altardiener dürften nicht aus Seide und nicht mehrfarbig sein; »alle Ornamente des Klosters, Gefäße und Gegenstände, seien nicht von Gold, Silber oder mit Edelsteinen bedeckt, außer Kelch und Kommunionsröhrchen, die beide versilbert oder vergoldet, aber niemals von Gold sein dürfen« (Cap. 25). Das folgende Kapitel untersagt zudem alle Bildwerke in den Kirchen mit Ausnahme bemalter Holzkreuze (Cap. 26). Ein späterer Beschluss verbietet überhaupt die Herstellung von Bildwerken in den klösterlichen Werkstätten[75]. Zu Beginn des 13. Jahrhunderts ging das Generalkapitel vereinzelt gegen Äbte vor, die gegen das Bildverbot im Kirchenraum verstoßen hatten. Die Aufforderung an Visitatoren, Skulpturen und andere »überflüssigen Neuheiten« aus Kirchen und Klosterräumen zu entfernen, blieb bis in die Rechtssammlungen des 14. Jahrhunderts erhalten (Kodifikation 1316, Dist. III, 1).

In der Praxis hatten sich zu diesem Zeitpunkt längst in vielen Regionen des Ordens reich bebilderte Altaraufsätze (Retabel) und Madonnendarstellungen verbreitet. Aus dem Zisterzienserinnenkloster Maubuisson ist um 1240 eine Schreinmadonna erhalten. Belege gibt es auch für ordensinterne Kunsttransfers im 13. Jahrhundert. So brachte der Abt von Zwettl um 1250 eine Marienfigur für seine Kirche aus Frankreich mit[76]. Weitere Madonnenstatuen des frühen 14. Jahrhunderts stammen aus Doberan und Pont-aux-Dames. Angesichts der Überlieferungsbefunde kann dem Generalkapitelsbeschluss von 1240 keine durchschlagende Wirkung zugefallen sein, der versucht hatte, Retabel zu verbieten oder zumindest weiß übertünchen zu lassen (Stat. 1240/12) Unter den Bildthemen nehmen Mariendarstellungen deutlich den ersten Rang ein, gefolgt von christologischen und eucharistischen Motiven sowie den Mönchsheiligen Benedikt und Bernhard, die häufig auch gemeinsam dargestellt wurden[77]. In der zweiten Hälfte des 13. Jahrhunderts setzte mithin ein – auch außerhalb des Zisterzienserordens zu beobachtender – Schub in der bildlichen Ausstattung der Kirchen ein, der von den zentralen Ordensinstanzen zwar weiterhin kritisch gesehen wurde, gegen dessen Fortschreiten das Generalkapitel jedoch machtlos war.

Aus dem 14. Jahrhundert stammen die frühesten bildlichen Darstellungen von Bernhardsvisionen. Am populärsten waren dabei die Motive des *Amplexus* (der Gekreuzigte neigt sich zu Bernhard und umarmt ihn) und der *Lactatio* (Maria nährt Bernhard mit ihrer Milch). Im Spätmittelalter und in der frühen Neuzeit nimmt die Überlieferung von Bild- und Kunstwerken im Orden weiter zu, dies jedoch in großer regionaler Diversität. Dabei kommen alle Genres kirchlicher Kunst zum Tragen, so auch Wandmalereien, skulpturierte Kapitelle und Bauornamente, Lettner und Chorgestühle, frei stehende Statuen und Statuetten, Tafelbilder, Reliquienschreine, Altaraufsätze, textile Altarbekleidungen, liturgisches Gerät u. a. Kriege und Säkularisation haben den Bestand vielerorts vernichtet oder verstreut, jedoch darf man auch hier keinen Automatismus annehmen. Nicht wenige ehemalige Zisterzen, die im Zuge der Reformation aufgehoben und, so wie Doberan oder Heilsbronn, zu protestantischen Pfarrkirchen umgewandelt wurden, haben größere Teile der mittelalterlichen Ausstattung bis heute bewahrt.

4 Soziale Netzwerke in der Einsamkeit – Zisterzen in ihrer weltlichen und kirchlichen Umgebung

Der Erfolg der Zisterzienser wäre ohne eine gut funktionierende Vernetzung mit den weltlichen und geistlichen Eliten in Frankreich und Europa nicht denkbar gewesen. Der Skandal um Robert von Molesme zog seine Kreise bis in die höchsten Adelsfamilien Burgunds und der Champagne, die von Beginn an zu Förderern des Neuklosters wurden. Ein enges Verhältnis bestand zu den regionalen Bischöfen, die in den folgenden Jahrzehnten nicht nur materiellen und rechtlichen Schutz boten, sondern in vielen Fällen selbst die Gründungsinitiative für Zisterzen übernahmen. Auch wenn die Bindung an den Episkopat unter der Entwicklung des päpstlichen Exemtionsprivilegs im Laufe des 12. Jahrhunderts litt, verdichteten sich in derselben Zeit die Beziehungen der Zisterzienser zu Herrscherhäusern, Landesherren und regionalen Adelsfamilien in ganz Europa. Trotz der gut ausgebauten Ordensverfassung, die den Zisterziensern ein hohes Maß an Einheitlichkeit und Zentralität verlieh, spielte sich das zisterziensische Leben im Einzelkloster und in jenen Netzwerken ab, die die Einbettung in die politischen, wirtschaftlichen, sozialen und kulturellen Strukturen der jeweiligen Region leisteten. Der von den Exordien beschworene Auszug in die Wüste oder Waldeinsamkeit war von Beginn an ein Topos.

4.1 Memoria als soziale Praxis

Als sich die Gründung des Neuklosters in den Wäldern zwischen Beaune und Dijon vollzog, stand der Klosterverband von Cluny unter Abt Hugo dem Großen (1056–1109) im

Zenit seines Ansehens. Wie in vielen anderen Bereichen hatten die Cluniazenser die Maßstäbe der benediktinischen Lebensweise in ihrer adlig geprägten Umgebung auch im Bereich des Totengedenkens verändert. Die Überlieferung der cluniazensischen Nekrologien weist den laikalen und kirchlichen Förderern einen prominenten Platz in der klösterlichen *Memoria* zu, der durch ein liturgisch aufwändiges Jahresgedenken, durch Armenspeisungen, die Möglichkeit von spätem Klostereintritt und klösterlichem Begräbnis und nicht zuletzt durch den Transfer von Totennamen zwischen allen Cluniazenserklöstern mit Inhalt gefüllt wurde[1]. An solchen Erwartungen wurde auch der Konvent des Neuklosters gemessen, wie der Wunsch Herzog Odos von Burgund nach klösterlichem Begräbnis im Jahre 1101 signalisiert. Dass sich der erste Konvent zwar solch hochrangigen Wünschen nicht verschließen konnte, aber dennoch einen neuen Weg einzuschlagen bereit war, deutet sich in dem ebenfalls auf die Frühzeit zurückgehenden Verbot von Laienbegräbnissen (EP 15) an. Auch wenn die wirtschaftlichen Kapazitäten des Neuklosters im ersten Jahrzehnt ohnehin keine Memorialangebote nach cluniazensischem Vorbild erlaubt hätten, beschritten die Zisterzienser in den folgenden, wirtschaftlich deutlich erfolgreicheren Jahrzehnten ihren neuen Weg umso konsequenter, der im oft zitierten Verbot des Generalkapitels einer individuellen *Memoria* für Ordensmitglieder wie Wohltäter gipfelte[2].

Das frühe Totengedenken der Zisterzienser lehnte sich noch am cluniazensischen Vorbild an: Die erste Fassung der liturgischen Gebräuche aus den 1120er Jahren kennt sowohl die Einhaltung eines 30tägigen Gebetsgedenkens als auch den Eintrag und die Verbreitung des Namens von verstorbenen Konventsmitgliedern (EO 95–98). Für die Verbreitung innerhalb des Verbandes wurde zunächst das Generalkapitel genutzt, auf dem die Namen der Verstorbenen ausgetauscht wurden. Danach folgte der Eintrag in das Kalendar jeder Abtei, das überall die gleiche Gestalt haben musste (CC prior 3). Auch wenn es in den zitierten Texten ausschließlich um Ordensmitglieder ging, liegt es nahe, dass für Verwandte, Stifter und

Förderer analog verfahren wurde. Jedenfalls berücksichtigen die ersten regulierenden Eingriffe in die skizzierte Praxis der individuellen *Memoria* diese Gruppe ausdrücklich mit: Von zentraler Bedeutung ist der Beschluss des Generalkapitels von 1183, der an der Stelle eines Einzelgedenkens vier allgemeine Gedenktage im Verband benennt, deren Termine in späterer Zeit leicht variieren: den 11. Januar für Äbte und Bischöfe des Ordens, den 17. September für Mönche und Wohltäter, den 2. November (Allerseelen) für alle Verstorbenen und den 20. November für die Verwandten und Angehörigen der Kloster*familia* (Stat. 1183/1). Bereits in die 1150er Jahre weist ein Beschluss zurück, der ein individuelles Jahresgedenken im Konvent für die Äbte betont, und damit implizit die Abschaffung desselben für den restlichen Konvent einschließlich der Konversen und Ordensfremden nahelegt (Stat. 1152/8).

Auch wenn die genannten Beschlüsse keine Begründung liefern, liegt es nahe, dass die Ordensverantwortlichen eine Überlastung der Konvente durch zunehmende liturgische und materielle Pflichten nach cluniazensischem Vorbild fürchteten, die sich aus dem individuellen Totengedenken ergeben konnten. Dass es bei der Umsetzung dieser Neuregelung Probleme gab, beweisen die häufigen einschärfenden Mahnungen des Generalkapitels (z. B. Stat. 1192/3). Zisterziensische Predigten und Mirakelberichte hoben gezielt auf das heiligmäßige Leben des Verstorbenen als Maßstab seiner Erlösung ab und relativierten damit die Wirksamkeit individueller *Memoria*. Allerdings wecken die wiederholten Mahnungen der Generalkapitel, nach dem Tod eines Mönchs seien nach der Absolution keine weiteren Messen zu lesen, Zweifel an der Durchsetzbarkeit dieser Vorschrift[3].

Das offenbar bereits seit der Jahrhundertmitte geltende Verbot einer individuellen Toten*memoria* wurde nicht nur zugunsten der Äbte, sondern auch für bedeutende Wohltäter aufgeweicht: Für König Ludwig VII. (1137–1180), der in seiner zisterziensischen Gründung Notre-Dame-de-Barbeau begraben wurde, richtete das Generalkapitel eine ordensweite jährliche Kommemoration an seinem Todestag ein. Bis zum

Ende des 13. Jahrhunderts stieg die Zahl der vom Generalkapitel genehmigten Anniversarien für hochgestellte Förderer und Stifter drastisch an. Zusätzlich boten die Zisterzienser im 13. Jahrhundert weitere Formen individueller Gebetsleistungen für Stifter und Wohltäter des Ordens an, etwa in Form einer einmaligen Messe, die von allen Priestern eines Klosters zu lesen war, oder weiterer »Dienstleistungen« (*servitia*), die das Generalkapitel gemeinsam mit oder unabhängig von Kommemorationen gewähren konnte.

Solche Sonderbestimmungen und mehr noch die urkundlichen Zeugnisse aus der lokalen Praxis einzelner Zisterzen zeigen deutlich, dass sich die Zisterzienser den Erwartungen ihrer sozialen Umgebung nicht vollständig entziehen konnten. Die zisterziensischen Cartulare und Urkundenbücher, in welchen die Stiftungen und Wünsche adliger Wohltäter festgehalten sind, weisen eine große Zahl von Teilhabeformen aus, durch die sich Laien oder Kirchenleute mit einem Konvent verbinden konnten. In den Urkunden der südfranzösischen Zisterzen Berdoues und Gimont finden sich beispielsweise mehr als 240 Fälle, in denen Stifter ihrem Bedürfnis nach Partizipation an den geistlichen Werken (*particeps omnium beneficiorum spiritualium*) des Konvents Ausdruck verliehen[4]. Solche Formulierungen tauchen auch in den Urkunden anderer Klöster und Orden des Mittelalters immer wieder auf, stellen mithin eine allgemeine Erwartung des adligen Umfeldes an monastische Institutionen dar. Welche Gegenleistungen konkret unter den »geistlichen Wohltaten« des Konvents zu verstehen sind, wurde im Urkundentext detailliert festgehalten. Solche Dispositionen verhandelte der Stifter in aller Regel persönlich mit dem Abt und Mitgliedern des Konventes. Männern wurde häufig das Angebot gemacht, zu einem späteren Zeitpunkt als Mönch oder Konverse in den Konvent einzutreten und auf diesem Weg das für Mönche vorgesehene Begräbnis und Totengedenken zu erhalten. Ausweislich der Urkunden war dieses Versprechen für die Stifter überaus attraktiv. In anderen Fällen gewährte das Kloster seinen Förderern die Aufnahme als *frater* oder *familiaris*, was nicht

Mönch oder Konverse bedeutete, sondern ein enges Vertrauensverhältnis zum Kloster charakterisierte, das sogar auf die Söhne oder Töchter von Stiftern übertragbar war[5]. Auf diesem Wege konnten stabile generationenübergreifende Beziehungen zu den Adelsfamilien des regionalen Umfeldes gestaltet werden.

Einige höher gestellte Persönlichkeiten aus dem Umfeld der genannten südfranzösischen Zisterzen finden sich in der Liste der vom Generalkapitel genehmigten ordensweiten Anniversarien; deutlich mehr Wohltäter gehörten zu der Gruppe derjenigen, für die nur in Berdoues oder Gimont gebetet wurde. Ob in solchen Fällen immer die Erlaubnis aus Cîteaux eingeholt wurde, lässt sich aufgrund der lückenhaften Überlieferung der jährlichen Kapitelsakten nicht sicher bestimmen. Befunde aus dem ältesten Cartular von Pontigny, in denen sich sehr viele Anniversarien für Stifter finden, ohne eine Spur in den *statuta annalia* des Generalkapitels zu hinterlassen, scheinen eher dagegen zu sprechen[6]. In diesen Kontext passt der Beschluss des Generalkapitels von 1252, der dazu aufforderte, dem »Drängen der Stifter« auf individuelle Anniversarien nicht nachzugeben, sondern diese Fälle dem Generalkapitel zur Entscheidung vorzulegen (Stat. 1252/4). Da das individuelle Totengedenken durch das Generalkapitel konsequent eingeschränkt und streng kontrolliert wurde, schlossen viele Zisterzen ihre Wohltäter lieber bereits zu Lebzeiten in die »Gebete und Opfer« (*beneficia et orationes*) des Konventes mit ein[7]. Nichtsdestotrotz scheint es auf Bitte von Gründern und Förderern immer wieder zur lokalen Vereinbarung individueller Gebetsleistungen gekommen zu sein, die sich nicht zuletzt in den überlieferten zisterziensischen Nekrologien überprüfen lassen.

Mit dem Angebot des klösterlichen Begräbnisses oder des späteren Ordenseintrittes sind zentrale Möglichkeiten benannt, um Wohltäter enger an ein Kloster zu binden. Schenkungen auf dem Totenbett (*in extremis*) oder zum Zwecke des klösterlichen Begräbnisses (*ad sepulturam*) waren in der Frühzeit des Ordens noch die Ausnahme. Nach dem pauschalen Verbot externer Begräbnisse in den *Instituta*, das in die Amtszeit Stephan Hardings (1108–1133) fiel, beschloss das Generalkapitel bereits um 1134 eine Lockerung dieser Praxis: Jedes Kloster sollte höchstens zwei Wohltäter und Verwandte mit ihren Ehefrauen zum Begräbnis im Kloster zulassen (Stat. XXVII). Spätere Zusätze lockerten diese Beschränkung wieder: So konnten etwa im Kloster verstorbene Gäste und weltliche Klosterbedienstete auf dem Mönchsfriedhof bestattet werden (Kodifikation 1202, S. 128)[8]. Im Jahre 1157 ließ das Generalkapitel auch solche Laien zu, die auf dem Weg zu einem Zisterzienserkloster verstarben (Stat. 1157/63). 60 Jahre später erleichterte das Generalkapitel noch einmal das Begräbnis von Laien auf dem Mönchsfriedhof, für welches künftig neben dem Einverständnis des Abtes nur noch die Genehmigung durch den zuständigen Ortspfarrer einzuholen war. Damit kam das Generalkapitel der Forderung des Vierten Laterankonzils (1215) nach, das den Pfarrzwang betont hatte (Stat. 1217/3).

Einschränkungen, jedoch keine generellen Verbote, lassen sich beim Begräbnis von Frauen auf den Klosterfriedhöfen beobachten. In Gimont etwa arbeiteten die Zisterzienser mit dem benachbarten Benediktinerinnenkloster Saint-Jean-de-las-Monges zusammen, um adligen Stifterinnen ein klösterliches Begräbnis zu ermöglichen[9]. In vielen anderen Fällen betrieben die weiblichen Mitglieder der Stifterfamilien die Gründung eigener zisterziensischer Frauenkonvente. Während Herzog Heinrich II. von Brabant (1235–1248) gemeinsam mit seiner zweiten Gemahlin Sophia von Brabant, einer Tochter Elisabeths von Thüringen, in der Zisterze Villers-en-Brabant seine letzte Ruhe fand, waren seine Töchter und Nichten an der Gründung von drei Zisterzienserinnenklöstern in der Region beteiligt: Valduc, Groeningen und Binderen[10].

Offenbar war das mönchische Begräbnis eine Hauptattraktion für adlige Stifter, denn das Generalkapitel rang in den folgenden Jahren immer wieder um einen Mittelweg zwischen kontemplativer Abgeschiedenheit und sozialer Verankerung der Konvente. In dieser Diskussion kam dem Ort solcher

Begräbnisse im Kloster eine zunehmende Bedeutung zu: Der Kapitelsaal war nach dem Beschluss des Generalkapitels von 1180 der übliche Begräbnisort für Äbte und Äbtissinnen, nicht aber für Stifter. Auch im Kreuzgang waren Begräbnisse zulässig, sofern sie keine Aufbauten besaßen, die den Durchgang behinderten (Stat. 1191/78). Dasselbe Generalkapitel sah sich, kurz nach dem Begräbnis König Ludwigs VII. vor dem Hauptaltar in seiner Gründung Barbeau, zur Bekräftigung eines Beschlusses von 1152 veranlasst, nur Mitglieder von Königsfamilien und Bischöfe dürften ein Begräbnis innerhalb der Kirche erhalten (Stat. 1180/5). Außer dem Königsgrab in Barbeau finden sich im 12. Jahrhundert vor allem Bischofsbegräbnisse in Zisterzienserkirchen, die die Bedeutung dieser Gruppe bei der Etablierung des Ordens unterstreichen: So ließen sich um die Mitte des 12. Jahrhunderts die Bischöfe Evrard von Norwich in Fontenay, Bartholomäus von Laon in Foigny, Hugo von Auxerre in Pontigny und Otto von Freising in seiner ehemaligen Abtei Morimond beisetzen[11]. Von Otto von Freising ist bekannt, dass er sich seinen Begräbnisplatz in der Abteikirche nördlich des Hauptaltares an der Schwelle zwischen Kirche und Kreuzgang wünschte, welche die Brüder täglich mehrmals überschritten, wenn sie sich zum Chorgebet versammelten.

In der Baugeschichte vieler Zisterzienserklöster bildet sich das Ringen um die Stifter*memoria* und den richtigen Ort von Stiftergräbern anschaulich ab. Erst seit dem späteren 13. Jahrhundert kam es zu einer verbreiteten Installation von innerkirchlichen Stiftergräbern, die in vielen Fällen von weiteren Maßnahmen der *Memoria* wie dem Anbringen von Inschriften, der aufwändigen Ausgestaltung der Grabmäler oder der Ausschmückung von Gründungsgeschichten begleitet wurde[12]. Im 12. Jahrhundert blieb das Kirchenbegräbnis noch auf die Fälle beschränkt, die vom Generalkapitel festgelegt waren. Selbst so bedeutenden Territorialherren wie den österreichischen Babenbergern blieb der Kirchenraum versperrt. Eine Ausnahme stellen Stifterbegräbnisse auf dem Bauplatz noch unfertiger oder ungeweihter Kirchen dar, mit denen man das Verbot innerkirchlicher Begräbnisse unterlaufen konnte. Solche Fälle sind aus Kaisheim, Walderbach oder Brightley überliefert. Die übliche Form der Bestattung adliger Stifter waren im 13. Jahrhundert zumeist schlicht gehaltene Tumben oder Grabplatten in Kapellen, Kirchenvorhallen, Kreuzgängen und anderen kirchennahen Räumen. Im bayerischen Fürstenfeld befand sich etwa das Grab des Klostergründers, Herzog Ludwigs II. von Bayern († 1294), sowie seiner beiden Ehefrauen in einer nordöstlich an die Kirche anschließenden Kapelle. Das Verbot prunkvoller Ausstattung wurde lediglich für die königlichen Gräber in Barbeau und Royaumont gelockert (Stat. 1263/9).

Abb. 7: Stiftergrablege der Babenberger im Kapitelsaal der Abtei Heiligenkreuz

Erst als die Bindekraft und Kontrollmechanismen des Generalkapitels im 14. Jahrhundert nachließen, ist in vielen europäischen Zisterzen eine verstärkte Bestattungstätigkeit in den Hauptkirchen – und zwar sowohl für Laien und Kirchenleute als auch für Äbte und Mönche – nachzuweisen. Besonders beeindruckende Beispiele für spätmittelalterliche Stifterhochgräber in Zisterzienserkirchen fanden sich für die Nürnberger

Burggrafen aus dem Haus Zollern in der Abtei Heilsbronn oder für die Herzöge von Brabant in der Abtei Villers-en-Brabant. Eine hochwertige künstlerische Ausgestaltung weisen auch die erhaltenen Grabplatten der wettinischen Markgrafen von Meißen aus dem 13. Jahrhundert auf, die sich in ihrer Gründung Altzella erhalten haben. Welches Ausmaß innerkirchliche Begräbnisse annehmen konnten, hat die archäologische und bauhistorische Forschung an der Primarabtei Clairvaux nachgezeichnet: Vor dem Hauptaltar lagen die Gräber des irischen Bischofs Malachias, der zu Bernhards Zeiten in den Konvent von Clairvaux eingetreten war und dem Bernhard eine eigene Vita gewidmet hatte, Bernhards eigenes Grab sowie ein Heiligengrab für die Märtyrer Eutropius, Zosima und Bonosa, die Clairvaux im Jahre 1227 vom Kardinal Konrad von Urach geschenkt wurden. Im Kirchenschiff und den Seitenkapellen lagen ferner Gräber von vier Ordenskardinälen (Heinrich von Marcy, † 1189; Konrad von Urach, † 1227; Jakob Herbert della Porta, † 1255; Johannes von Boissière, † 1376), 17 Bischöfen, darunter allein fünf Bischöfe der für Clairvaux zuständigen Diözese Langres, einem Abt, Johannes von Aizanville († 1334/35), sowie mehreren hoch gestellten Laien, darunter Aleth, der Mutter Bernhards, die im Jahre 1250 aus S. Bénigne in Dijon in eine Seitenkapelle von Clairvaux III transferiert wurde, der Königin Margarete von Navarra († 1258) und Elisabeth, der Tochter König Ludwigs VI. († 1271). In einer eigenen, östlich der Kirche gelegenen Grabkapelle, die Graf Philipp von Flandern (1161–1191) mit Erlaubnis Papst Clemens' III. gestiftet hatte, wurden neben Philipp und seiner Gemahlin Mathilde von Portugal weitere Familienmitglieder bestattet. Dutzende weiterer Gräber von Äbten, Mönchen und Laien waren im Kreuzgang und im Kapitelsaal situiert[13].

Dass sich die Öffnung der Kirchen für die Begräbniswünsche einflussreicher Stifter und Förderer störend auf das Chorgebet oder die Messe auswirken konnte, bemängelte noch das Generalkapitel von 1601, indem es Hochgräber und jedweden Aufbau im Umfeld des Hauptaltars oder in Kapellen verbot und sogar ihre Entfernung verlangte, sofern aus ihnen »der Feier der Heiligen Offizien irgendein Hindernis entstehen könnte« (Stat. 1601/4.).

4.2 Stifter und Herren

Die Stiftergräber in den Kirchen, Klöstern und Friedhöfen von Zisterzen sind die augenfälligsten Zeugnisse für die regionale und territoriale Einbettung der Klöster. Aus der Sicht des europäischen Adels hatte sich das Angebot klösterlicher Dienstleistungen im 12. Jahrhundert entscheidend vergrößert. Nachdem die Cluniazenser im 10. und 11. Jahrhundert vor allem in Burgund und Frankreich vorgemacht hatten, wie eng die Bindungen zum regionalen Adel zu beiderseitigem Nutzen ausgebaut werden konnten, brachte das späte 11. und das 12. Jahrhundert die oben skizzierte Ausdifferenzierung des Ordenswesens mit sich, die bereits Zeitgenossen als Besonderheit registriert hatten (Kap. 1/1). Auch wenn sich die Neugründungen von Kartäusern, Vallombrosanern, Grandmontensern, Zisterziensern, Prämonstratensern oder den religiösen Ritterorden in ihren monastischen Idealen und ihrer funktionalen Ausrichtung stark voneinander unterschieden, so fällt doch auf, dass nach nur wenigen Jahren oder Jahrzehnten in allen diesen Orden sehr ähnliche Angebote der Partizipation von Stiftern und Förderern etabliert wurden. Selbst die strengen Eremiten des Kartäuserordens konnten sich solchen Erwartungen nicht vollends verschließen, wie die Stiftergräber aus dem 14. Jahrhundert in den Kartausen Champmol (Herzöge von Burgund) oder Gaming (Habsburger) illustrieren.

Vielen Grundbesitzern, Territorialherren und Bischöfen erschien die Gründung einer Zisterze so attraktiv, dass sich das Generalkapitel im späteren 12. Jahrhundert in manchen Jahren gleich mit mehreren Gründungsgesuchen befassen musste. Neben den vom Orden bevorzugten Neugründungen, bei denen routinemäßig eine Kommission aus benachbarten Zisterzienseräbten gebildet wurde, die das Gelände und die wirtschaftlichen wie politischen Bedingungen der Gründung zu begutachten hatten, kam es, wie dargelegt (Kap. 2/4), häufig zur Übertragung schon bestehender Klöster. Die Analyse der Gründungsbedingungen zeigt eine ebenso breite Vielzahl von beteiligten Akteuren wie institutionellen Szenarien. Während die Frühzeit des Ordens in Skandinavien auf die Initiative einzelner Bischöfe zurückging, hat Janet Burton für England die tragende Rolle des Laienadels betont[14]. Vergleichende Untersuchungen haben deutlich gemacht, dass die Mehrzahl der Zisterzienserklöster eine eher geringe Gründungsaustattung erhielt und die Zahl der Klostergründer aus dem mittleren und niederen Adel diejenige der Hochadligen und Herrscher bei Weitem übertraf[15]. Die zentrale Bedeutung königlicher Besitzbestätigungen und Privilegien für die Etablierung des Ordens darf gleichwohl nicht übersehen werden. Im kapetingischen Frankreich war die Verbindung zum Herrscherhaus von Anfang an gegeben, da Herzog Odo I. von Burgund († 1102), der mächtige Förderer und erste im Neukloster begrabene Stifter, ein Urenkel König Roberts des Frommen († 1031) war. Von den Königen nahm sich erst Ludwig VI. (1108–1137) des Ordens an: Im Jahr 1128 ist seine Präsenz in Cîteaux bezeugt, wo sich Stephan Harding und Bernhard von Clairvaux um einen Ausgleich zwischen dem Herrscher und Erzbischof Heinrich von Sens bemühten. Von 1128 stammt eine Besitzbestätigung für die Abtei Igny, von 1129 ein weiteres Privileg für Loroy; zwei Jahre später gewährte der Kapetinger der Primarabtei Pontigny Handelsprivilegien auf königlichem Territorium (Cart. de Pontigny, 1). Die Könige Ludwig VII. (Barbeau) und Ludwig IX. (Royaumont) traten dann als Gründer eigener Zisterzienserabteien hervor; ersterer vertraute dem Orden sogar seine Grablege an.

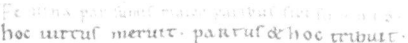

Abb. 8: Stephan Harding (rechts) und der Abt von S. Vaast (Arras) präsentieren Maria den Neubau ihrer Klosterkirchen

Auch andere europäische Herrscherhäuser kamen schon früh mit den Zisterziensern in Berührung. In Schottland gingen die meisten Gründungen des Ordens auf die direkte Initiative der Könige zurück. Als Förderer traten auch die Herrscherfamilien aus Spanien, Portugal, Skandinavien, Deutschland, Böhmen und Ungarn auf. Einen Sonderfall stellen zudem die italienischen Zisterzienserklöster unter der direkten Herrschaft des Heiligen Stuhls dar. An der staufischen Förderung der Zisterzienser in Deutschland und Sizilien lässt sich eindrücklich das Wechselspiel politischer und religiöser Faktoren sowie die Rolle der Klosterpolitik im Verhältnis zwischen Herrscher und Territorialadel beobachten. Hatte sein Vorgänger, Kaiser Lothar III. (1125–1137), allein die zisterziensische Gründung im thüringischen Walkenried durch ein Privileg unterstützt, förderte der erste staufische König, Konrad III. (1138–1152), die Entstehung und Ausstattung zahlreicher Zisterzen im Reich. Privilegien dieses Herrschers sind u. a. für Lützel, Heilsbronn, Waldsassen, Zwettl, Pforta, Georgenthal, Raitenhaslach, Salem und Ebrach überliefert. An der Gründung Ebrachs waren Konrad und seine Gemahlin Gertrud beteiligt. Zu Abt Adam von Ebrach (1127–1166) pflegte die Königsfamilie engen Kontakt; mehrfach taucht Adam im Dienst Konrads III. und Friedrich Barbarossas auf. In der Abtei ließen sich die Königin Gertrud im Jahr 1146 und ihr Sohn Friedrich von Schwaben († 1167) beisetzen.

Im Osten des Reichs strebten die staufischen Herrscher mit Hilfe des Zisterzienserordens eine Stärkung der königlichen Zentralgewalt an. Das oberpfälzische Kloster Waldsassen lag im 12. Jahrhundert im Mittelpunkt der von staufischen Reichsministerialen gebildeten Landesherrschaft im Egerland und leistete gemeinsam mit diesen wertvolle Dienste im Landesausbau, bei der Rodung, der Trockenlegung von Sümpfen und dem Ausbau einer wirtschaftlichen Infrastruktur. Die zentrale Bedeutung der Reichsministerialität wie der Klöster für die staufische Herrschaftskonzeption zeichnet sich in einem bereits 1193 von Kaiser Heinrich VI. erteilten Privileg ab, in welchem den Ministerialen erstmals gestattet wurde, eigene Stiftungen

Abb. 9: Zisterzienser bei der Rodung, Darstellung der Initiale Q im Hiobkommentar Gregors des Großen.

an Zisterzienserklöster zu tätigen[16]. Friedrich II. erlaubte in einem Privileg von 1215 den Ministerialen sogar, ohne weitere Genehmigung Reichsgüter für ihr Seelenheil zu stiften. Damit stieg diese soziale Gruppe für alle sichtbar in den Rang einer herrschaftsfähigen und zu eigenen Gründungen berechtigten Adelsfraktion auf. Erste ministerialische Gründungen wie das Neuwerkkloster in Goslar noch vor 1200 durch den Reichsvogt Volkmar waren die Konsequenz. Die Zisterzienserabtei Buch im Pleißenland, eine eigenklösterliche Gründung der aus dem Ministerialenstand hervortretenden Burggrafen von Leisnig, ist mit ihrer Stiftergrablege ein besonders repräsentatives Beispiel für die Verbindung von staufischer Königslandpolitik und ministerialischem Aufstiegswillen. Als Kaiser Friedrich II. das in den Jahren 1236/1237 erledigte Herzogtum Österreich unmittelbar an das Reich ziehen und das Territorium zu einer geschlossenen Königslandschaft ausbauen wollte, privilegierte er insbesondere die in Österreich ansässigen Zisterzienser, so etwa Heiligenkreuz, Lilienfeld, Zwettl und Wilhering.

Nicht zuletzt bedienten sich auch die Mittelgewalten, das meint die seit dem 12. Jahrhundert mehr und mehr nach

Unabhängigkeit strebenden Territorialherren, der Zisterzienser für den Ausbau ihrer Landesherrschaften und für die Sicherung von Grablege, Totengedenken und Familiengeschichtsschreibung. Die zisterziensischen Gründungen Heinrichs des Löwen im sächsischen Riddagshausen, der Babenberger in Heiligenkreuz, der Askanier in Chorin oder der Wettiner in Altzelle, allesamt aus der Zeit zwischen 1150 und 1200, zeigen mustergültig, worauf es adligen Herrschaftsträgern vom König bis zum Ministerialen bei der Förderung der Zisterzienser im 12. Jahrhundert ankam: Eine repräsentative klösterliche Grablege in einem angesehenen Orden war im hohen Mittelalter konstitutiver Bestandteil adliger Kultur und Selbstdarstellung. Durch die üppige Ausstattung der betroffenen Klöster mit Land und Rechten konzentrierten die Landesherren darüber hinaus wichtige Bereiche ihrer Herrschaft bei einer von ihnen abhängigen geistlichen Institution, die sowohl das Knowhow zur fachkundigen Verwaltung bereitstellen als auch die Ansprüche konkurrierender Adliger zurückdrängen konnte. Hinzu kamen Kapazitäten des Zisterzienserordens im Bereich des aktiven Landesausbaus durch Rodung, Anlegen von Agrarflächen und Wasserwirtschaft, deren man sich nicht nur im Neusiedelland gerne bediente.

Für die politische und rechtliche Stellung der Zisterzienser war ihr Verhältnis zu Vogtei und Eigenklöstern von zentraler Bedeutung. Nach dem Vorbild des Neuklosters versuchten die frühen Zisterzienser bei ihren Neugründungen, die Stifter und ihre Familien zu einem umfassenden Verzicht ihrer Herrschaftsrechte zu bewegen. Päpstliche Privilegien garantierten dem Orden, dass die Prinzipien der *Carta caritatis*, die von einer vollen Autonomie jeder Abtei in geistlichen wie weltlichen Angelegenheiten ausgingen, von allen Stiftern und Ortsbischöfen anerkannt werden mussten. Dies schloss insbesondere den Verzicht auf die Einsetzung von Vögten ein, die über die gestifteten Temporalien eines Klosters wachten und Gerichtsrechte gegenüber der bäuerlichen Bevölkerung wahrnahmen. Die Entscheidung der Gründerväter zugunsten einer Eigenbewirtschaftung der Güter erleichterte in den ersten

Abb. 10: Zisterzienser bei der Rodung, Darstellung im Hiobkommentar Gregors des Großen.

Jahrzehnten die Verteidigung solcher Freiheiten. Auch wenn ausdrückliche päpstliche Bestätigungen der Vogtfreiheit die Ausnahme blieben, lassen die überlieferten Beispiele keinen Zweifel sowohl an der Allgemeingültigkeit des Anspruchs als auch an der Undurchführbarkeit in der Praxis. Das Papstprivileg, das der erste Abt Frowin von Salem (1138–1165) für sein Haus bei Innozenz II. erwirkte, untersagte jegliche Unterstellung Salems unter einen Vogt und übertrug dem Heiligen

Stuhl selbst die Vogtei (JL 8073). Doch schon zwei Jahre später lud Herzog Friedrich II. von Schwaben den Salemer Abt auf seinen Konstanzer Hoftag, wo König Konrad III. die Abtei unter seinen Schutz stellte und dabei die Königsvogtei übernahm. Der in Konstanz anwesende päpstliche Legat hat gegen die herrscherliche Vogtei offenbar keinerlei Widerspruch erhoben; sie blieb vielmehr Bestandteil auch aller späteren Herrscherprivilegien für Salem bis zu Friedrich III.[17] Dieser Befund trifft ebenfalls auf die ursprünglich abgelehnte Inkorporation von Eigenklöstern zu. In Italien nahmen die Zisterzienser ab den 1130er Jahren eine Reihe bischöflicher Eigenklöster in ihren Orden auf, an denen die Bischöfe ihre angestammten Rechte behielten[18]. Im späteren Mittelalter gingen die Zisterzienser an vielen Orten zur traditionellen Grundherrschaft über; in diesem Zuge setzten auch regionale Stifter immer häufiger ihren Anspruch auf Vogtei oder Mitsprache in weltlichen Angelegenheiten durch.

4.3 Kommunikation über Ordensgrenzen

Dass die Zisterzienser in regem Austausch mit ihrem monastischen Umfeld standen, belegen die erhaltenen Briefe ebenso wie der Transfer normativer Texte. Der zisterziensische *Liber usuum* weist Parallelen zu den Gewohnheiten der Vallombrosaner auf, deren Lebensform Stephan Harding vor seinem Eintritt in Molesme auf einer Romreise persönlich kennengelernt hatte. Die ersten Statuten der Prämonstratenser zitieren ihrerseits aus der *Carta caritatis* und den *Ecclesiastica officia*. Zwischen Bernhard von Clairvaux und Norbert von Xanten, dem Gründer Prémontrés, bestanden seit 1124 persönliche Kontakte. Durch die persönliche Bekanntschaft Roberts von Molesme mit Bruno von Köln und den kurzen Aufenthalt Brunos in Molesme nahmen die frühen Zisterzienser ebenso regen Anteil an der Entwicklung der *Grande Chartreuse* bei Grenoble und der weiteren Kartausen. Die Zisterzienser wurden in das Totengedenken für Bruno einbezogen. Nicht zuletzt in der Briefsammlung Bernhards von Clairvaux sind einige eindrückliche Zeugnisse für das enge Verhältnis zu den Kartäusern erhalten geblieben. Im September 1121 wurde Bernhard überdies auf das Generalkapitel des Klosterverbandes von Arrouaise eingeladen. Wenige Jahre später schrieb ihm ein deutscher Prämonstratenser über einen Ketzerprozess in Köln mit der Bitte um Rat. Diese Beispiele deuten an, dass die Zisterzienser unter maßgeblicher Beteiligung Bernhards über ausgezeichnete Verbindungen zu anderen Orden, Klöstern und Kirchenleuten verfügten.

Komplizierter gestaltete sich das Verhältnis zu den Cluniazensern, das von der Forschung wiederholt thematisiert wurde[19]. Für den Abt von Cluny, Petrus Venerabilis (1122–1156), hegte Bernhard trotz aller Differenzen der beiden burgundischen Klosterverbände durchaus Hochachtung. Vor der Verurteilung Abaelards auf der Synode von Sens im Jahr 1141 arbeiteten die beiden Äbte eng zusammen. Auch übersandte der Abt von Cluny an seinen Amtsbruder seine Schrift gegen eine vor allem im Süden Frankreichs verbreitete Ketzerbewegung »Gegen die Petrobrusianer«, die Bernhard zur Vorbereitung seiner Okzitanienreise im Jahr 1145 nutzte. In ihren Briefen tauschten sich die beiden Äbte des öfteren über Fragen der mönchischen Disziplin und Regelauslegung aus, doch wurde die Kommunikation zunehmend durch konkrete Streitfragen und den polemischen Ton der zwischen beiden Klosterverbänden entstehenden Streitkultur belastet. Zum ersten Mal hatte Bernhard um 1120 Anlass, sich mit der Lebensform in Cluny auseinanderzusetzen, auch wenn der diesbezügliche Brief erst fünf Jahre später datiert. Anstifter des Konfliktes war Bernhards Vetter Robert von Châtillon, der zum Gründungskonvent von Clairvaux zählte und Ende 1119 in Abwesenheit Bernhards sein Kloster verließ, um als Mönch in Cluny zu leben. Dieser Klosterwechsel wurde vom Papst gebilligt, da Robert offenbar bereits als Kind der Abtei Cluny versprochen worden war[20].

Bernhards Schreiben an Robert, mit dem die in Clairvaux zusammengestellte Briefsammlung beginnt, ist im Ton väterlicher Liebe, Vergebung und Selbstkritik gehalten. Offenbar hatte sich Robert über die harten Strafen im Schuldkapitel beklagt, denn Bernhard verspricht ihm: »Du bist vor einem Wilden geflohen, kehre zu einem Zahmen zurück« (Ep. 1). Die Strenge der eigenen Lebensform wird im folgenden dem opulenten Leben in Cluny gegenübergestellt (»Von den Kutten zu den Pelzen, von den Gemüsen zu den Genüssen«). Es ist leicht verständlich, dass daraus am Briefende ein dringlicher Appell wird, an das eigene Seelenheil zu denken, das in Cluny verspielt und in Clairvaux gewonnen wird. Dieser persönliche Brief bildete nur die Vorstufe zu einer systematischen Auseinandersetzung mit Cluny, um die ihn sein Freund Wilhelm von Saint-Thierry, selbst Abt in einem cluniazensisch geprägten Kloster, um 1125 bat. Die so entstandene »Apologie« rechnet ausführlich mit den Gewohnheiten und Regelübertretungen in Cluny ab, setzt sich aber durchaus auch selbstkritisch mit den Verhältnissen im eigenen Verband und im Mönchtum allgemein auseinander (»Wer hätte zu Beginn, als das Mönchtum sich entfaltete, glauben können, daß die Mönche zu einem solchen Grad an Trägheit gelangen könnten?« [19]). Die in 31 Abschnitte gegliederte Schrift hat im Orden und außerhalb weite Verbreitung gefunden[21]. Konkret kritisierte Bernhard bei den Mönchen von Cluny beispielsweise den opulenten Speiseplan (»Alles wird mit solcher Akkuratesse und Kochkunst zubereitet, daß die ersten Gänge die letzten nicht stören und die Sättigung den Appetit nicht mindert, selbst wenn du schon vier oder fünf Gänge hinuntergeschlungen hast« [20]), prunkvolle Mönchsgewänder (»Jeder König oder Kaiser [...] würde diese Kleidung nicht verschmähen« [25]), die herrschaftliche Inszenierung der Abtswürde (27) oder den aufwändigen und auffälligen Schmuck in vielen Kirchen (28).

Umgekehrt ernteten auch die Zisterzienser von den mächtigen Cluniazensern Kritik an ihrer neuen Lebensweise: Der Chronist Ordericus Vitalis, der den Anfängen und ersten Jahrzehnten von Cîteaux mehrere ausführliche Kapitel seiner Kirchengeschichte widmet, schreibt lakonisch, er habe nicht viel Achtung vor strengen Mönchen, die alte Traditionen veränderten, womit er die Mönche von Cîteaux meinte (Hist. eccl. III,8,26). Etwas später spitzt er zu, »die meisten Zisterzienser strebten danach, sich den wahren Dienern Gottes eher durch ihr Ordenskleid als durch ihre Tugend anzugleichen«[22]. In kaum zu überbietender Polemik schreibt ein anonymer Cluniazenser wenig später als direkte Antwort auf Bernhards Apologie, durch ihre strengen Speisevorschriften richteten die Zisterzienser insbesondere ihre Kranken und Alten förmlich zugrunde. Abt Bernhard bezeichnet er als »vor Heiligkeit aufgeblasenes Männchen«, der »die stinkenden Scherze eines Juvenal einhellig mit Christi Worten ertönen« lasse[23].

Mit einer eher ausgewogenen Stellungnahme mischte sich Petrus Venerabilis in diesen Streit ein. In einem persönlichen Brief an Bernhard beharrte Petrus darauf, dass man auf verschiedenen Wegen die mönchische Lebensweise nach den Geboten der Regel pflegen könne. Fast resignierend hatte der Abt von Cluny kurz zuvor an Papst Innozenz II. geschrieben, es sei »in religiösen Angelegenheiten leichter, Neues zu gründen als Altes zu reformieren«[24]. Damit spielte der Abt auf seine eigenen, bei seinen Mönchen durchaus umstrittenen Versuche an, die cluniazensischen Lebensgewohnheiten zu verändern, um sie an die Bedürfnisse der Gegenwart anzupassen. Gelehrten Juristen und Theologen dieser Zeit war durchaus das Argument vertraut, dass zur Bewahrung althergebrachter und unverhandelbarer Werte und Normen menschliche Gesetze grundsätzlich veränderbar seien. Das galt insbesondere, wenn eine Notwendigkeit (*necessitas*) oder ein offensichtlicher Nutzen (*utilitas*) vorlagen[25]. Petrus Venerabilis begründete etwa seine gravierenden Eingriffe in das bislang als stabil angesehene Korpus der cluniazensischen Lebensgewohnheiten als bloße »Hilfsmittel der Tugenden« (*adiumenta virtutum*), deren Änderung ein Gebot des Nutzens sei, »um sie an Dinge, Menschen und Zeiten anzupassen«. Diese Vorstellung teilte der Abt von Cluny mit den Architekten der *Carta caritatis*, deren Verfassungsmodell darauf beruhte, durch feste Spielregeln für eine permanente Reformtätigkeit den religiösen Kern ihrer Lebensform mit Stabilität zu versehen.

Ein etwas späteres Zeugnis für die zunehmende Konkurrenz der beiden Orden ist der in Regensburg entstandene »Dialog zweier Mönche« Idungs von Prüfenig (um 1153). Der Text zeigt, dass innerhalb des Mönchtums des 12. Jahrhunderts durchaus über die Vorzüge und Nachteile der verschiedenen Orden lebhaft diskutiert wurde. Idung war erst 1144 in den noch jungen Konvent von Prüfening eingetreten, doch er dachte bereits um 1153 wieder über den Austritt und den Eintritt in ein – nach seiner Auffassung – strengeres Zisterzienserkloster nach[26].

> Alle unsere [zisterziensischen] Klöster sind wie ein einziger Körper, da sie auf unseren jährlichen Kapiteln von einem einzigen Haupt regiert werden, was unserer Berufung [*religio*] Dauerhaftigkeit verleiht. Und weil eure [benediktinischen] Äbte ohne Haupt sind, wie Schüler, die keinen Lehrer über sich haben, macht jeder in seinem Kloster, was er will. Das ist der Grund, dass die Berufung in euren Klöstern nicht von Dauer ist (Idung von Prüfening, Dialogus duorum monachorum III,31).

Maßgeblich schrieben sich die Zisterzienser auch in die Frühgeschichte eines weiteren Ordens von europäischem Rang ein: des Ordens der Tempelritter. Dass der Ordensgründer Hugo von Payens in Europa die Unterstützung seines Verwandten Bernhard von Clairvaux gewann, dessen Familie ebenso wie die Herren von Payens eng mit dem Grafenhaus der Champagne verknüpft war, wird in der Forschung als einer der Hauptgründe für den durchschlagenden Erfolg der Mission angesehen. Richtungsweisend wurde vor allem das in Troyes im Jahre 1129 abgehaltene Konzil unter Leitung des Kardinals Matthäus von Albano, auf dem als Ergebnis ein erster Entwurf der Templerregel entstand. Auf dem Konzil waren mehrere Äbte aus dem Zisterzienserorden anwesend, darunter Stephan Harding und Bernhard von Clairvaux. Letzterem wurde die Ausarbeitung der Regel übertragen[27]. Kurz nach dem Konzil dürfte auch die programmatische Schrift »Über das Lob der neuen Ritterschaft« (*De laude novae militiae*) abgefasst worden sein. Zentrale Aufgabe der Templer sei, das Heilige Grab zu bewachen, dafür trügen sie ihr Schwert und schulten sie sich für den Kampf (De laude, 4). Ein anderer Zisterzienser, der deutsche Chronist und Bischof Otto von Freising, geht in den Jahren vor dem Zweiten Kreuzzug (1146–1148) in seinem Werk ebenfalls auf die Templer ein. Zu den »glühendsten Eiferern für Gott« zählt Otto die Mitglieder der neuen Templergemeinschaft, seine eigenen Ordensbrüder und alle Reformmönche und -kanoniker, die sich einem strengen Leben verschrieben hätten (Chronik VII, 9).

Die Zisterzienser spielten nicht zuletzt in der Frühgeschichte der großen Mendikantenorden im frühen 13. Jahrhundert eine Rolle. So nahmen der heilige Dominikus und sein Bischof Diego im Jahre 1207 am Generalkapitel in Cîteaux teil, um gemeinsam mit Abt Arnold Amaury und den Zisterziensern über die Ketzerverfolgung in Okzitanien zu diskutieren (s. Kap. 4/5). Im zeitlichen Umfeld der Entstehung der Franziskaner und Dominikaner entschied sich mit höchster kirchlicher Autorität das Vierte Laterankonzil (1215) dazu, die Diversität im Mönchtum einzugrenzen, indem es die Entstehung neuer Regeln verbot (Can. 13). Die Väter desselben Konzils hatten aber zugleich erkannt, dass das von den Zisterziensern erfundene Reformkonzept der *Carta caritatis* auch für die älteren Klöster geeignet war. Den traditionellen Benediktinerklöstern wurden jährliche Provinzialkapitel und Visitationen »nach dem Vorbild der Zisterzienser« verbindlich vorgeschrieben (Can. 12).

Enge Kontakte zwischen Angehörigen verschiedener Orden gab es auch in der späteren Zeit. Im 15. Jahrhundert bildeten sich in den politischen Grenzen der europäischen Königreiche neue Klosterverbände (Kongregationen), die teilweise über Ordensgrenzen hinweg gebildet wurden. Auch die katholischen Reformen des 16. und 17. Jahrhunderts waren durch eine kirchen- und ordensübergreifende Verbreitung von Reformideen gekennzeichnet, wie sie besonders durch die Konzilsväter von Trient (1545–1563) vertreten wurde. Im Zisterzienserorden schlugen sich die Tridentiner Ideen und die Vorbilder anderer Orden, so etwa der Karmeliter unter Theresia von Avila († 1582), in neuen Reformbewegungen und alten Konflikten um die Regelauslegung nieder (s. Kap. 7/1).

4.4 Zisterzienser in der kirchlichen Hierarchie

Der Ruf des Weltklerus erreichte den Orden bereits in der zweiten Generation: Bischöfe, Kardinäle und päpstliche Legaten entwuchsen der zisterziensischen Gemeinschaft. Kaum ein halbes Jahrhundert nach der Gründung des Neuklosters übernahm einer der ihren sogar die Führung der Kirche: Papst Eugen III., gewählt im Februar 1145, war um 1138 als Mönch in Clairvaux eingetreten und nur drei Jahre später vom heiligen Bernhard zur Gründung einer neuen Zisterze nach Latium entsandt worden, von wo er den Weg ins Kardinalskollegium und schließlich auf den Papstthron fand[28]. Später sollte sich der Papst wehmütig an diesen Schritt in die lärmende Welt Italiens und der Kurie erinnern, »entrissen der Hut unseres Vaters, weggestoßen vom Schoß unserer Mutter und von den Brüsten ihrer Tröstung« (Ep. 343), wie er dem heiligen Bernhard fast vorwurfsvoll nach Clairvaux schrieb. Bernhard selbst litt, wie oben ausgeführt, unter diesem Widerspruch zwischen mönchischer Berufung und kirchlicher Aufgabe. Bernhards Freund Wilhelm von Saint-Thierry begründete diesen Widerspruch im Wirken Bernhards so: Er habe nicht nach Ehren gestrebt, aber sich der Verantwortung gestellt, die alle Ehre mit sich bringe (Vita prima 1, 14). Bernhard war es auch, der die noch junge Gemeinschaft der Zisterzienser im französischen Episkopat bekannt machte. Nach der Doppelwahl von 1130 führte Bernhard einen wahren Werbezug durch die französischen Bistümer, um dem von ihm unterstützten Papst Innozenz II. Zustimmung zu verschaffen. Schon bald danach nehmen die Bischöfe einen erheblichen Teil in Bernhards Korrespondenz ein. Mehrfach wirkte er als Ratgeber oder Vermittler in

Konflikten, so 1133 in Tours oder 1151 in Auxerre. Es überrascht nicht, dass man Bernhard noch im Jahr 1130 selbst das Bistum Châlons-sur-Marne anbot, dessen Annahme er – ebenfalls nicht überraschend – verweigerte.

Durch die Wahl Abt Peters von La Ferté zum Erzbischof von Tarantaise war im Jahre 1124 zum ersten Mal ein Zisterzienser in den Episkopat aufgestiegen. Es folgten nach der Auflistung A. Dimiers bis zum Ende des Jahrhunderts nicht weniger als 93 weitere Promotionen zu Bischöfen, Erzbischöfen und Kardinälen. Allein unter den Professen aus dem Konvent von Clairvaux zur Zeit Bernhards finden sich neben Papst Eugen III. fünf Kardinäle und elf Bischöfe[29]. Bernhard selbst wird in der späteren Ikonographie gerne mit fünf Bischofsmitren zu seinen Füßen dargestellt, ein Hinweis auf die hohen Kirchenämter, die dem Abt von Clairvaux angeboten wurden und die er allesamt ausschlug. In den Beschlüssen des Generalkapitels und übrigens in Bernhards eigenen Predigten finden sich Passagen, die die Rückkehr der Äbte und Mönche in die »Welt« als Bruch ihres Gelübdes und Gefährdung ihres Seelenheils kritisieren (z. B. Predigt über das Hohelied 12,6,9).

Trotz ihrer Vorbehalte bauten die Zisterzienser durchaus aktiv ihre Netzwerke zum Episkopat weiter aus, der ihnen die rechtliche und materielle Absicherung ihrer Gründungen gewähren konnte. Bernhard selbst mischte sich aktiv in die Bischofswahl des Jahres 1138 in Langres ein, dem Ortsbistum seiner Abtei Clairvaux und zahlreicher Filialen. Vom Wohlwollen der bisherigen Bischöfe hatte Clairvaux ausgiebig profitiert. Trotz seiner energischen Versuche, beim Papst und beim zuständigen Erzbischof von Lyon einen ihm gewogenen Kandidaten durchzusetzen, verständigte sich das Kathedralkapitel von Langres zunächst auf einen Cluniazenser, den Bernhard in seinen Briefen als *monstrum* verunglimpfte (Ep. 166). Es spricht für Bernhards Einfluss und persönliches Ansehen, dass daraufhin das Kapitel nicht nur seine frühere Entscheidung revidierte, sondern gleich ihn selbst zum neuen Bischof wählte. Wie bereits 1130 lehnte Bernhard auch diesmal die neue Würde ab, konnte aber in den jetzt folgenden

Verhandlungen seinen Vetter und Stellvertreter in Clairvaux Gottfried in Langres installieren. Die grundsätzlichen Vorbehalte gegen die Hierarchie der Weltkleriker mussten auch in diesem Falle einem politischen Pragmatismus weichen, durch den sich die Zisterzienser ihre Handlungsspielräume gegenüber den weltlichen und kirchlichen Autoritäten ihrer Umgebung bewahrten.

Die Zahl der Bischofspromotionen nahm seit der Mitte des 12. Jahrhunderts noch einmal sprunghaft zu. In den meisten Diözesen des Abendlandes gab es aktive Zisterzienserklöster, deren Kontakte zum Bischof zwar durch die päpstlichen Privilegien eingeschränkt, aber keineswegs unterbunden wurden. Im Gegenteil betätigten sich viele Bischöfe und Domkleriker, die in aller Regel aus regionalen Adelsfamilien stammten und nicht selten die memorialen Praktiken ihrer Familie übernahmen, als Förderer der Zisterzienser. Solche gewachsenen regionalen Netzwerke gaben in vielen Fällen den Ausschlag für die Wahlentscheidungen der Domkapitel und Mitbischöfe. In Metz verzichtete der Ortsbischof im Jahre 1140 freiwillig auf die ihm zustehenden Abgaben (Marilier, Nr. 109). In der Lombardei gab es in der zweiten Hälfte des 12. Jahrhunderts eine ganze Serie zisterziensischer Bischöfe aus dem regionalen Adel[30]. In genau gegenteiliger Absicht, die lokalen Netzwerke zwischen Episkopat und weltlichem Adel zu zerschneiden, um somit der bislang schleppend verlaufenden Katharerverfolgung Auftrieb zu verleihen, sind die durch die Päpste des frühen 13. Jahrhunderts verfügten Bischofserhebungen von Zisterziensern in Okzitanien erfolgt. In einer konzertierten Aktion erhielten nicht weniger als sieben Zisterzienser in den Jahren 1204 bis 1218 okzitanische Bischofsstühle.

Die Päpste des 12. und 13. Jahrhunderts nutzten ihrerseits das Reformpotenzial der Zisterzienser und betonten zunehmend ihre Eigenständigkeit vom Ortsbischof (s. Kap. 2/3). Auf dem Vierten Laterankonzil stellte Innozenz III. den Bischöfen bei den anstehenden Reformen in den Klöstern ihrer Diözesen die Zisterzienser als leuchtendes Beispiel vor Augen. Bei dieser

Ausgangslage konnten Konflikte zwischen beiden Seiten nicht ausbleiben. Bereits Papst Lucius III. beklagte in der Einleitung seines Ordensprivilegs, die frühere Liebe der Bischöfe zu Cîteaux sei heute in vielen Fällen erkaltet (PL 201, 1301). Klassische Themen solcher Streitigkeiten betrafen – wie in den meisten anderen Klosterverbänden – die bischöflichen Jurisdiktions-, Visitations- und Weiherechte sowie den Kirchenzehnt und Verstöße gegen die bischöfliche Lehrgewalt. Überdies machten die Zisterzienser schon früh die Erfahrung, dass nicht jeder zisterziensische Bischof nach Übernahme seines neuen Amtes eine ordensfreundliche Politik betrieb. Seit 1275 durften die Zisterzienserbischöfe nicht einmal mehr an den Versammlungen des Generalkapitels teilnehmen (Stat. 1275/6).

Im 13. Jahrhundert stiegen mehrere Äbte von Cîteaux zu Kardinälen auf, so etwa der Kardinal Guido von San Lorenzo in Lucina († 1272), der sich als Förderer der Ordensinteressen an der Kurie betätigte und nach seinem Tod ein privilegiertes Totengedenken im Orden erhielt[31]. Dem Kardinal Johannes von Toledo († 1275), der sich stark für den Ausbau der zisterziensischen Studien in Paris und Montpellier einsetzte, wurde als erstem die Funktion eines Kardinalprotektors (*protector ordinis*) zugeschrieben. Viele Ordenskardinäle wurden vom Generalkapitel eingeschaltet, wenn dieses rechtlichen Beistand in Konflikten mit Bischöfen oder Landesherren benötigte (so in Stat. 1296/3). Andere Generalkapitelsbeschlüsse zeigen, dass zisterziensische Kardinäle finanzielle Zuwendungen vom Orden erhielten (z. B. Stat. 1279/6). In der Zeit des Avignonesischen Papsttums stieg mit Benedikt XII. (1334–1342) der zweite Zisterzienser auf den päpstlichen Stuhl; die Zahl der Kardinalspromotionen blieb dennoch im 14. Jahrhundert deutlich hinter den beiden früheren Jahrhunderten zurück. Nur vier Ordenskardinälen standen zwischen 1309 und 1378 insgesamt 17 Benediktiner, 16 Mendikanten und eine große Mehrheit von Weltklerikern gegenüber. Dies schließt beeindruckende Karrieren von Zisterziensern in der Weltkirche selbstredend nicht aus, wie das Beispiel des von Benedikt XII. erhobenen Kardinals Guillaume Court zeigt, eines Mönchs aus Boulbonne, der 1319 zum Doktor der Theologie promoviert wurde, bevor er in kurzen Abständen zum Bischof von Nîmes, Erzbischof von Albi, Kardinalpriester tit. SS. Quattro Coronati und schließlich 1350 zum Kardinalbischof von Tusculum aufstieg[32].

Die *Biographia Cisterciensis* zählt insgesamt 44 zisterziensische Kardinäle, davon allerdings nur sechs in der Zeit nach 1500. Darunter befand sich der italienische Theologieprofessor Johann Maria Gabrielli († 1711), der im Jahre 1699 durch Papst Innozenz XII. ernannt wurde. Als bislang letzter Zisterzienser wurde der ehemalige Generalprokurator des Ordens Joachim Besozzi († 1754) am 23. September 1743 durch Benedikt XIV. zum Kardinal erhoben[33]. Der relative Bedeutungsverlust an der römischen Kurie in der Neuzeit lässt sich auf der Ebene der Bistümer nicht feststellen. Bis in die Gegenwart finden sich zahlreiche Bischofspromotionen von Ordensangehörigen.

4.5 Kreuzzug und Mission

Nur wenige Monate nach der Gründung des Neuklosters eroberten die Teilnehmer des Ersten Kreuzzugs im Juli 1099 Jerusalem. Wie die starke zisterziensische Präsenz auf dem Konzil von Troyes im Januar 1129 zeigt, bestanden ältere Verbindungen zwischen den vorwiegend französischen Kreuzfahrern und den Klöstern ihrer Heimat. In Troyes war unter der Federführung Bernhards von Clairvaux und in Anwesenheit Stephan Hardings eine erste Fassung der Templerregel entstanden (Kap. 4/3). Zwischen Bernhard und dem ersten Templermeister Hugo von Payens bestand eine verwandtschaftliche Beziehung. Solche Verbindungen führten auch zur Gründung von Ordenshäusern in den neuen Kreuzfahrerterritorien, deren Bestand freilich nicht von langer Dauer war. Bereits um 1125 ist der abtrünnige Gründungsabt von Morimond, Arnold, mit einer Gruppe von Mönchen als Pilger in Jerusalem nachweisbar. Bis zur Gründung einer Zisterze im

Königreich Jerusalem vergingen allerdings fast vier Jahrzehnte: Die Salvatio-Abtei vor den Toren der Heiligen Stadt bestand als direkte Tochter von Morimond nur zwischen 1161 und den Anfängen der Kriege gegen Saladin um 1174. Eine längere Wirkung entfaltete die Abtei Belmont in der Grafschaft Tripolis (1157–1290), von der weitere Filialen in Akkon und auf Zypern ausgingen.

In größere Nähe zum Kreuzzugsgeschehen geriet der Orden, als der Zisterzienser Eugen III. im Januar 1145 das päpstliche Amt nur wenige Tage nach dem Verlust Edessas antrat. Die seldschukische Rückeroberung des ältesten Kreuzfahrerterritoriums löste im Abendland starke Besorgnis und die Initiative zu einem weiteren großen Kreuzzug unter der Führung des französischen und deutschen Königs aus. Eugen III. beauftragte seinen ehemaligen Abt und Lehrer Bernhard von Clairvaux, dessen Autorität zu diesem Zeitpunkt nicht nur in Frankreich anerkannt war, mit der Kreuzpredigt. Bernhard verhandelte zu Ostern 1146 zunächst erfolgreich in Vézelay mit König Ludwig VII. und seinen Beratern, die sich zuvor gegen eine vom Papst geführte Kreuzzugsinitiative gesperrt hatten. Am Weihnachtstag desselben Jahres gelang es Bernhard überdies in Speyer, den zögernden staufischen König Konrad III. zur Kreuznahme zu bewegen. Es wird von der Forschung angenommen, dass sich der Abt damit über die Einwände des Papstes hinweg gesetzt habe[34]. Unbestritten führte die Konkurrenz und fehlende Kommunikation zwischen den beiden Herrschern in den Jahren 1147/48 zum militärischen Fiasko des Zweiten Kreuzzugs. Bernhard, der von vielen Zeitgenossen als eigentlicher Initiator des Kreuzzugs der Könige wahrgenommen wurde, stand in seinen letzten Lebensjahren deshalb verstärkt in der Kritik.

Mit der Person und Ausstrahlung Bernhards hängt auch das zisterziensische Engagement gegen die okzitanischen Katharer zusammen[35]. Dieses Engagement gipfelte in den Jahren nach 1209 in der führenden Beteiligung von Zisterziensern am so genannten Albigenserkreuzzug (1209–1229). Zuvor hatten Bernhard und seine Amtsnachfolger in Clairvaux ihren Orden für den Kampf gegen die Ketzerei bereit gemacht. Ohne durchschlagenden Erfolg blieb eine Predigtreise Bernhards nach Okzitanien im Spätsommer 1145. Um 1147 suchte der deutsche Prämonstratenser Everwin von Steinfeld den Rat Bernhards im Falle eines Kölner Ketzerprozesses (PL 182, 676 ff.). Der Abt von Clairvaux nahm den Brief Everwins und seine eigenen Erfahrungen aus Okzitanien zum Anlass, das Thema der Ketzerei in seinem theologischen Hauptwerk, den Predigten über das Hohelied, aufzugreifen. Die Predigten 63 bis 66 standen gemeinsam unter dem Thema: »Fangt die kleinen Füchse, die unsere Weinberge verwüsten« (Hld. 2,15), einem beliebten Topos in der antihäretischen Literatur seit Augustinus. Für die schlimmste Art der Füchse hielt er jene neuen Ketzer, und hier meinte er die Katharer, die die dualistische Irrlehre der Manichäer unter dem Volk verbreiteten und mit dem Schwert bekämpft werden müssten (Predigt 66).

In der Tradition dieser Forderung stand auch Bernhards späterer Nachfolger Heinrich von Marcy, der als Abt von Clairvaux im Jahre 1177/78 einer päpstlichen Delegation in Okzitanien angehörte. Dem Papst ging es darum, einen zuverlässigen Bericht zu erhalten, den er dem für 1179 geplanten Dritten Laterankonzil vorlegen konnte. Auslöser für die erneute Mission war ein Brief des Territorialherrn, Graf Raimunds V. von Toulouse, an das Generalkapitel von Cîteaux aus dem Jahr 1177, in welchem dieser die eigene Machtlosigkeit im Kampf gegen die Häresie eingestand und den Zisterzienserorden um Hilfe bat[36]. Offenbar unterhielt der Graf gute Beziehungen zu den regionalen Zisterzen. Die zisterziensische Präsenz in Südfrankreich ist im übrigen eine unmittelbare, und, auf Dauer gesehen, wohl die bedeutsamste Konsequenz aus dem kurzen Auftritt Bernhards von Clairvaux in diesem Gebiet im Sommer 1145: Der Abt des seit 1114 bestehenden Klosters Grandselve nahe Toulouse bat Bernhard seinerzeit um Aufnahme in den Zisterzienserorden. Die Abtei wurde auf diesem Wege direkte Tochter Clairvauxs. Von Grandselve aus gründete sich in der zweiten Hälfte des 12. Jahrhunderts eine starke zisterziensische Filiation in ganz Südfrankreich.

Papst Innozenz III. (1198–1216) leitete bereits in seinem ersten Amtsjahr neue Maßnahmen gegen die Ketzer ein. Angesichts der Tatenlosigkeit des örtlichen Klerus waren es vor allem Zisterzienser, auf die sich diese neuen Initiativen stützten. Innozenz berief zunächst den Zisterzienser Rainer von Fossanova zum Legaten für Spanien und Südfrankreich. Sein Auftrag bestand darin, die örtlichen Bischöfe bei der Ketzerverfolgung zu unterstützen. Im Jahre 1203 beauftragte Innozenz die Mönche Peter von Castelnau und Radulph von Fontfroide aus der gleichnamigen Zisterzienserabtei unweit Narbonnes direkt mit der Predigt gegen die Katharer und den Verhandlungen mit den südfranzösischen Autoritäten. Im Mai 1204 schloss sich die Berufung des Abtes von Cîteaux, Arnold Amaury (Abt 1200–1212), zum päpstlichen Cheflegaten in Südfrankreich an. Diese Ernennung zeigt am deutlichsten, wie sehr die Zisterzienser inzwischen in den Kampf gegen die Katharer involviert waren. In diesen Jahren wurden mit Hilfe der päpstlichen Vollmachten nicht weniger als sieben regionale Bischöfe wegen Untätigkeit gegen die Ketzerei abgesetzt und ausnahmslos durch Zisterzienser ersetzt (zuerst 1205 Abt Fulko von Le Thoronet als Bischof von Toulouse). Dennoch blieben größere Erfolge bei der Bekehrung von Katharern aus. Diese Bilanz und die Ermordung des zisterziensischen Legaten Peter von Castelnau im Jahre 1208 durch einen Gefolgsmann Graf Raimunds VI. von Toulouse führten zu einem Politikwechsel an der Kurie, die nun wieder für eine gewaltsame Bekämpfung der Katharer eintrat[37]. Der stark beworbene Kreuzzug unter der Leitung des Abtes Arnold von Cîteaux richtete sich zunächst gegen die Länder des Vizegrafen von Béziers und Carcasonne. Aus der Perspektive des Zisterzienserordens interessieren weniger die militärischen Anfangserfolge oder die späteren politischen Verwicklungen dieses Unternehmens. Vielmehr geriet die führende Rolle des Ordensoberhauptes bei der blutigen Eroberung von Béziers unverhohlen in die ordensinterne Kritik, die sich am deutlichsten bei Cäsarius von Heisterbach äußert: Arnold soll nach Einnahme der Stadt von seinen Truppen gefragt worden sein: »Herr, was sollen wir tun?

Wir können die Katholiken nicht von den Ketzern unterscheiden.« Der Abt gab daraufhin die berühmt gewordene Antwort: ›Tötet sie alle, der Herr kennt die Seinen‹« (2 Tim 2, 19) (Cäsarius, Dialog 5, 21, Bd. 3, S. 1027).

Abb. 11: Zisterzienserabtei Fontfroide in den Corbières

In der Kreuzzugsbewegung des späten 12. und des 13. Jahrhunderts behielten die Zisterzienser als Prediger und Diplomaten führende Rollen. Allein unter Papst Innozenz III. (1198–1216) wirkten die Äbte Martin von Pairis, Peter von Neuburg, Eberhard von Salem und Berthold von Lützel in der Kreuzzugspredigt. Mit dem Kardinalbischof von Porto Konrad von Urach († 1227) stand ein ehemaliger Abt von Clairvaux und Cîteaux an der Spitze der kurialen Kreuzzugsdiplomatie. Päpstliche Aufträge führten schließlich auch zur Beteiligung des Ordens an der Christianisierung in den slawischen und baltischen Gebieten östlich der Elbe. Im Jahre 1147 hatte bereits Bernhard von Clairvaux in päpstlichem Auftrag die weitere Mission östlich der Elbe gebilligt. Etwa ein Jahrzehnt später erhielt der Zisterzienser Berno von Amelungsborn († 1191) die päpstliche Weisung zur »Wendenmission« und den Titel eines Bischofs von Schwerin. Erster Bischof der Preußen wurde im Jahre 1215 der Zisterzienser Christian, der aufgrund der angespannten Sicherheitslage gemeinsam mit Herzog Konrad von Masovien den Orden der Ritterbrüder Christi von Dobrin gründete[38]. Schwedische Zisterzienser aus der Abtei Gutvalla waren an der ersten livländischen Mission beteiligt. Mit Abt Berthold von Loccum wurde 1196 ein Ordensmitglied zum Bischof von Livland erhoben, der zwei Jahre später bei einem regionalen Aufstand das Leben verlor.

Stabilität erreichte die zisterziensische Präsenz in Livland durch die Gründung der Abtei Dünamünde (Daugavgrīva) bei Riga im Jahre 1208, die von Pforta aus betrieben wurde. Der erste Abt von Dünamünde, Dietrich, erhielt im Jahre 1211 die päpstliche Berufung zum Bischof des benachbarten Estland, wo er um 1219 ebenfalls das Martyrium erlitt. Weitere Äbte und Konventualen von Dünamünde finden sich in den baltischen Bischofslisten, so etwa Abt Bernhard als Bischof im lettischen Semgallen oder Nikolaus von Dargun als lettischer Missionar. Mit der Zerstörung Dünamündes im Jahre 1228 durch heidnische Balten ging der Missionsauftrag bei den Balten auf die Bettelorden und im Spätmittelalter auf den Deutschen Orden über. Weitere Zisterzienser waren im 13. Jahrhundert in Preußen und Ruthenien tätig, bis auch hier der Deutsche Orden alle Missionstätgkeiten übernahm. Noch im 15. Jahrhundert beteiligten sich die Zisterzienser am Kreuzzug gegen die Hussiten. Der Prior von Marienstatt erhielt 1421 seine Bestellung als Kreuzzugsprediger und Militärgeistlicher der Truppen des Mainzer Erzbischofs Otto von Ziegenhain.

4.6 Pilger und Pauperes

Ihre Lebensform beschränkte die ersten Zisterzienser auf die Bedürfnisse und das Tätigkeitsfeld des eigenen Klosters. Predigten gehörten zu den täglichen Pflichten der Äbte, Novizenmeister und Priester im Konvent. Nicht nur Bernhard hinterließ ein umfangreiches Predigtkorpus, in vielen homiletischen Sammlungen des 12. Jahrhunderts spiegelt sich die ordensinterne Paränese (Mahnrede), so in den überlieferten Sammlungen der Äbte Isaak von Stella († um 1169), Aelred von Rievaulx († 1167) oder Gilbert von Swineshead († 1172). Für eine seelsorgerische Tätigkeit von Ordensmitgliedern außerhalb des eigenen Klosters fehlte lange Zeit die rechtliche Grundlage. Noch die Generalkapitel von 1215 und 1234 verboten kategorisch die Übernahme von Pfarreien durch Ordensgeistliche. Allerdings zeigt der Zusatz von 1234, man müsse die Mönche, die eine Pfarrei innehätten, umgehend abberufen, dass in der Praxis die Seelsorge längst Einzug gehalten hatte (Stat. 1234/1). Ausnahmen machte der Orden bei den eigenen Konversen und Klosterbediensteten sowie auf Anfrage von Bischöfen und Landesherren (z. B. Stat. 1220/4).

Ab der Mitte des 13. Jahrhunderts finden sich dann vermehrt Belege für eine zisterziensische Seelsorge außerhalb des Klosters. Die Abtei Kaisheim erhielt im 13. Jahrhundert Pfarreien in den Diözesen Augsburg und Eichstätt, damit sie aus den Einnahmen die zunehmende Zahl von Pilgern versorgen konnte[39]. Das in einigen Regionen feststellbare Abrücken von der Eigenbewirtschaftung und die Hinwendung zu Pacht- und Leiheverhältnissen schuf neue Betreuungsbedürfnisse in den betreffenden Bauerndörfern. Im oberpfälzischen Waldsassen spielten die Klosterpfarreien in Spätmittelalter und Frühneuzeit eine tragende Rolle in der Gestaltung der Beziehungen zum regionalen Umfeld; der Abt hielt seit dem 15. Jahrhundert regelmäßig Kapitel mit den Klosterpfarrern ab. Doch nahmen erst im Zuge der katholischen Reformen des 16. und 17. Jahrhunderts die dem Orden inkorporierten Pfarreien signifikant zu. Das Generalkapitel von 1601 befasste sich mit den Ordensgeistlichen, die als Seelsorger tätig waren. Diese sollten zumindest nicht ihren ständigen Wohnsitz außerhalb des Konventes haben (Stat. 1601/XXV,3). In Österreich setzte sich die außerklösterliche Seelsorge mit Billigung des Kapitels und der Ortsbischöfe in der Mitte des 17. Jahrhunderts auf breiter

Basis durch. Diese Einbindung sicherte vielen Zisterzen den Bestand, als Kaiser Joseph II. (1765–1790) die rein kontemplativen Orden mit der Aufhebung bedrohte (s. Kap. 7/4). Bis in die Gegenwart beteiligen sich zahlreiche Zisterzienserabteien an der Pfarrseelsorge in ihrer Umgebung.

Mit der Seelsorge und den zunehmenden finanziellen Problemen vieler Ordenshäuser ging das Einwerben von Spenden durch Predigten und Ablässe einher, das vom Generalkapitel unter Strafe gestellt wurde (Stat. 1198/3), jedoch in der Praxis verbreitet zu sein schien. Für das Kirchweihfest der schwäbischen Zisterze Bebenhausen gewährte Papst Honorius III. 1229 einen 40tägigen Ablass; ähnlich wurden Pilger 1243 und 1250 durch Ablässe zum Besuch und zur Unterstützung des Zisterzienserinnenklosters Heiligkreuztal ermuntert[40]. Nach dem Vorbild vieler Diözesen und Klöster öffneten auch Zisterzienserkirchen ab dem 14. Jahrhundert ihre Reliquiensammlungen und präsentierten sie in so genannten Heiltumsschauen den Pilgern, die zu solchen Gelegenheiten Ablässe erwerben konnten[41]. Um 1300 gab es für Pilger etwa die Möglichkeit, sich in den Klosterkirchen von Himmerod und Altenberg an einer Sakramentswallfahrt zu beteiligen. In Marienstatt wehrten sich die Mönche bis zum Ende des 15. Jahrhunderts gegen eine entsprechende Verfügung des Kölner Erzbistums. Die Abtei Heiligenkreuz war bereits zur Gründung im Jahr 1133 mit einem Splitter des Heiligen Kreuzes ausgestattet worden. Hier entwickelte sich in der Frühen Neuzeit eine der bedeutendsten Heiligkreuzwallfahrten. Ordensmitgliedern selbst war die Beteiligung an Wallfahrten verboten (Stat. 1157/53). Noch in der Mitte des 14. Jahrhunderts unterband das Generalkapitel eine Beteiligung von Zisterziensernonnen an der Romwallfahrt (Stat. 1349/3). Zahlreiche lokale Wallfahrten an Zisterzienserkirchen oder -kapellen sind erst in der Neuzeit belegt, so 1677 ein wundertätiges Gnadenbild in der polnischen Zisterze Blesen oder die 1765 erbaute Wallfahrtskirche Marienberg im Besitz der Zisterzienser von Raitenhaslach. Wundertätige Marienbilder stehen auch in vielen anderen Fällen im Zentrum regionaler Wallfahrten, so bereits im 14. Jahrhundert bei der Abtei Fürstenfeld, in Marienweiher (Oberfranken) als Besitz von Langheim oder im elsässischen Ammerschwir als Besitz von Pairis. Überregionale Bekanntheit erhielt die Wallfahrt zu den 14 Nothelfern in Vierzehnheiligen, die seit dem 15. Jahrhundert von den Zisterziensern in Langheim betreut wurde.

Die Benediktsregel kennt sowohl das Gebot der Gastfreundschaft (RB 53) als auch der Krankensorge (RB 31,9; 36). In den Klosteranlagen der Zisterzienser waren mithin von Beginn an Gästehäuser und Krankenreviere vorgesehen. Bereits in der älteren benediktinischen Tradition gab es einen engen Zusammenhang zwischen Armensorge, Krankenpflege und Gastaufnahme[42]. In den *Ecclesiastica officia* des 12. Jahrhunderts treten Arme (*pauperes*), Kranke (*infirmi*), vorbeireisende Pilger (*peregrini*) und teilweise hochrangige Gäste (*hospites*) als klosterfremde Gruppen nebeneinander auf. Nach EO 119,6 sollten diese Gruppen unterschiedslos im allgemeinen Gästehaus (*domus hospitum*) untergebracht werden. Den Gästen ist das Betreten der Klausur oder die Teilnahme an Predigten im Kapitel streng untersagt (EO 17,25). Bei genauerer Lektüre jedoch werden soziale Rangunterschiede unter den Gästen, die in der Praxis ohnehin nicht zu umgehen waren, auch in den normativen Texten erkennbar: Für Bischöfe und Herrscher war eine besondere Einholungszeremonie vorgesehen (EO 86,11–12). Die Lesung für die Gäste wurde bei solchen feierlichen Anlässen im Kapitelsaal abgehalten. In der Praxis spielten die Bedürfnisse hochrangiger Stifter eine nicht zu unterschätzende Rolle bei der Planung und Realisierung neuer Gebäude. Das kapetingische Königshaus unterhielt in den beiden königlichen Gründungen des 13. Jahrhunderts, Maubuisson und Royaumont, eigene Herbergen. Aus dem Rechnungsbuch der Zisterzienserabtei Beaulieu wird ersichtlich, dass Aufenthalte von Herrschern, Kardinälen, Bischöfen und Grafen nicht aus dem normalen Etat des Gastmeisters, sondern aus den Einkünften des Konvents zu bestreiten waren. In Deutschland haben die staufischen Herrscher verstärkt in zisterziensischen Stadthöfen Quartier genommen, wo sich die

Erfüllung der Gastungspflicht für die Zisterzienser weniger störend auf das Konventsleben auswirkte[43].

Ab dem ausgehenden 12. Jahrhundert errichteten viele Zisterzen große Hospitalbauten, so in Ourscamp (Frankreich), Aduard (Niederlande), Fountains (England) oder Eberbach (Deutschland), dessen Hospital von etwa 1220 als dreischiffiger Bau über einem Grundriss von 38 x 16 Metern realisiert wurde. In Cîteaux maß das »große Krankenhaus« (*grande infirmerie*) aus dem späten 13. Jahrhundert 52 Meter. Das ältere Hospital von Orval (Belgien) ersetzte man noch im Jahr 1761 durch einen großen Neubau mit 120 Plätzen für Mönche, Konversen und Laien[44]. Auch das große Hospital in Cîteaux scheint primär für Pilger und Gäste genutzt worden zu sein, denn zur gleichen Zeit blieb das Krankenrevier für die Mönche (*infirmerie ordinaire*) weiter in Gebrauch. Diese Beobachtung korrespondiert mit den sich wandelnden Bedürfnissen des laikalen Umfelds von Zisterzienserklöstern im Mittelalter. Unter den Motiven von Stiftern erhielt nach neueren Untersuchungen die Alterssicherung im späteren Mittelalter eine zunehmende Bedeutung[45]. Während direkte finanzielle Zuwendungen oder Besitzübertragungen im 13. Jahrhundert signifikant abnahmen, traten immer häufiger Vertragsformen auf, die den Schenkern oder ihren Ehegatten und Familienmitgliedern eine angemessene Altersversorgung sicherten. Die Formen reichten von der Gewährung einer Lebenszeitrente oder eines Nießbrauchs des gestifteten Gutes über das Wohnrecht in einem Hospital oder Stadthof des Ordens bis zur Berechtigung eines späteren Klostereintritts. In den Wirtschaftsstatuten für den Verband von Savigny hatte Abt Stephan von Lexington 1230 solche Vereinbarungen noch unter Strafe gestellt, in denen arbeitsunfähig gewordenen Stiftern oder Familienmitgliedern der Mönche die Krankenfürsorge des Klosters zur Verfügung gestellt wurde (Registrum II, Nr. 28). Im späteren Mittelalter scheint diese Praxis verbreitet in den Orden Einzug gehalten zu haben. Der Visitator des westfälischen Zisterzienserklosters Marienfeld kritisierte im Jahr 1336 die Aufnahmepraxis im klösterlichen Hospiz (*domus hospitalis*): Der Gastmeister solle künftig keine Gäste mehr auf Lebenszeit aufnehmen, sondern nur für eine beim Eintritt genau bestimmte Frist und unter Einhaltung strenger disziplinarischer Vorschriften. So war den Gästen während ihres Aufenthaltes der Besuch von Tavernen untersagt; stattdessen sollten sie sich in angemessener Form an den Handarbeiten und dem liturgischen Stundengebet des Konvents beteiligen.

Für den Umgang mit armen Gästen und Pilgern legte erst das Generalkapitel von 1185 genauere Instruktionen fest: Der Pförtner (*portarius*) solle täglich unter den ankommenden Armen Mahlzeiten, Kleidung und Schuhe verteilen (Stat. 1185,13). Zehn Jahre später präzisiert das Generalkapitel, dass diejenigen Abteien, deren Versorgungslage gesichert sei, jeweils freitags eine Weinration an die Armen ausgeben sollten (Stat. 1195,2). In den *Ecclesiastica officia* war lediglich festgelegt worden, der Gastmeister solle sich mit besonderer Sorgfalt der erkrankten und armen Gäste annehmen (EO 119,6). Aus welchen Mitteln der Pförtner bei der Armensorge schöpfen konnte, macht EO 120,27 deutlich: Die Reste der Mahlzeiten der Mönche im Refektorium wurden gesammelt und ggf. durch Leistungen des Cellerars ergänzt. Die Armenspeisungen an der Klosterpforte fanden mithin immer im Anschluss an die Hauptmahlzeiten des Konvents statt. Größere Mengen an Lebensmittelspenden und weitere karitative Leistungen fielen traditionsgemäß an Gründonnerstag an, zu dem die Armensorge auch im Zentrum der monastischen Liturgie steht. Da die in anderen Orden übliche Verbindung zwischen individuellem Totengedenken und der Almosenpraxis bei den Zisterziensern durch die Einführung der summarischen *Memoria* entfiel (s. Kap. 4/1), hatte sich der Pförtner einer Zisterzienserabtei mit täglich drei zusätzlichen Mahlzeiten (Präbenden) zu Ehren der Verstorbenen zu begnügen (EO 98,49). Dass im Selbstverständnis der Zisterzienser die Armensorge dennoch einen hohen Stellenwert einnahm, ist unter anderem in der Lebensbeschreibung Bernhards von Clairvaux zu fassen, wo über große Armenspeisungen an der Klosterpforte berichtet wird (z. B. Vita prima 1,10). Ab dem 13. Jahrhundert sind in vielen Zisterzienserklöstern zudem spezielle Armenhospitäler bezeugt, so etwa in Eberbach, Dargun oder Kamp, die allerdings nicht zur ständigen Aufnahme von Armen oder Kranken gedacht waren[46].

5 Innovationen in Armut – zisterziensische Arbeit, Ökonomie und Technik

Die Zisterzienser stehen bis heute in dem Ruf, mit Erfolg gewirtschaftet zu haben und Spezialisten in der Klosterverwaltung, in der Kultivierung von Neubruchland, im Bergbau und in der Wasserwirtschaft gewesen zu sein. In erster Linie verdankt der Orden diese Wertschätzung der Entscheidung seiner Gründerväter, zum benediktinischen Prinzip der Eigenwirtschaft zurückzukehren und dafür Bauern als Laienbrüder einzusetzen. Mithilfe dieser Gruppe vermochten die Neugründungen in kurzer Zeit ihre Klöster und Ökonomien aufzubauen und sich auf einträgliche Kulturen und Gewerbe zu spezialisieren. Die Überschüsse brachte man in den städtischen Markthandel ein; Gewinne wurden häufig in den weiteren Erwerb geeigneter Ländereien, Weinberge, Mühlen, städtischer Immobilien oder Bergbaukonzessionen investiert. Die Zisterzienser profitierten somit vom städtischen Aufschwung und technischen Wandel des 12. Jahrhunderts in Europa, die parallel zur dynamischen Verbreitung des Ordens abliefen. Andererseits stand der Orden schon früh vor immensen wirtschaftlichen Problemen. Nicht nur dass der Erfolg in Landwirtschaft und Handel als Verrat an der ursprünglichen Strenge, Armut und Demut ausgelegt werden konnte (und wurde); bereits im 12. Jahrhundert lösten teure Bauprojekte und aggressive Landkäufe eine Schuldenkrise aus, die den Orden zu teilweise drastischen Gegenmaßnahmen zwang.

5.1 Arbeit bei den Zisterziensern

Die frühen Zisterzienser nahmen das benediktinische Gebot der Handarbeit ernst. Die bekannten Miniaturen in den um 1111 im Skriptorium des Neuklosters entstandenen *Moralia* Gregors des Großen, die Mönche bei der Feldarbeit oder bei der Rodung von Wäldern zeigen, müssen nicht als wirklichkeitsfremd gelten. Es gibt zahlreiche Belege dafür, dass die frühen Zisterzienser unter Handarbeit tatsächlich alle anfallenden Tätigkeiten in der Landwirtschaft, im Klosterbau und im Handwerk verstanden. Ein solches Zeugnis sind die liturgischen *Ecclesiastica officia* des 12. Jahrhunderts. Nach diesem Text war der Prior für die Arbeitsorganisation im Kloster zuständig. Im Sprechzimmer verteilte er täglich die anfallenden Arbeiten und Arbeitsgeräte (EO 75,1 ff.). Für den Einsatz von Mönchen in Erntezeiten galten besondere Regeln. So sollten die Brüder die Gebetsstunden zwingend einhalten, auch wenn die liturgischen Vollzüge durchaus schneller ablaufen dürften (EO 75,29). Sogar Arbeitseinsätze außerhalb des Klosters auf einem der landwirtschaftlichen Klosterhöfe (Grangien) waren unter bestimmten Bedingungen erlaubt:

> (23) Wer seine Mönche auf die Grangien schickt, achte unbedingt darauf, dass sie das Schweigen einhalten, wenn sie dorthin gehen und von dort zurückkehren und besonders dann, wenn sie sich dort aufhalten. (24) Er achte auch darauf, dass dort Häuser bereitstehen, wo sie anständig und ordentlich gemeinsam essen und gemeinsam schlafen, jeder in einem eigenen Bett (Ecclesiastica officia, Kap. 84, 23–24).

Die von der Benediktsregel geforderte Handarbeit hatte bereits im Zentrum der Konflikte im Konvent von Molesme am Ende des 11. Jahrhunderts gestanden. Damit wuchs ihr gleichsam eine konstitutive Rolle bei der Neubestimmung des mönchischen Lebens nach der Regel zu, wie sie im Neukloster angestrebt wurde. Der cluniazensische Chronist Ordericus Vitalis zitiert Abt Robert von Molesme mit dem Vorwurf an seinen alten Konvent: Wir arbeiten nicht mit unseren

Händen, wie die heiligen Väter es getan haben. Stattdessen beziehen wir reiche Nahrung und Kleidung aus Zehnten und Opfergaben, die dem Priester zustehen (Hist. eccl. VIII,26).

Das eingespielte feudale Modell der klösterlichen Grundherrschaft, in dem die Konvente durch Pacht- und Zehnteinnahmen sowie durch Stiftungen ihres laikalen Umfeldes reichlich versorgt wurden, stand gerade bei den Cluniazensern um 1100 in voller Blüte. In vielen Cluniazenser- und Benediktinerklöstern bildeten sich große und verstreut liegende Grundherrschaften, aus denen die Konvente, ergänzt um Jurisdiktions-, Zehnt- und andere Rechte, ihre Einkünfte bezogen. Die Äbte und Prioren saßen über die Mitglieder ihrer bäuerlichen Klosterfamilie zu Gericht und hörten deren Klagen über hohe Fronleistungen oder unzureichenden Schutz. Ordericus Vitalis rechtfertigte die Haltung seines eigenen Ordens, indem er auf lange bewährte Gewohnheiten verwies, nach denen die Landarbeit von den Bauern geleistet, Gebet, Meditation und Gelehrsamkeit aber von den Mönchen geübt würden (Hist. eccl. VIII,26)[1]. Damit steht er der Vorstellung der dreigliedrigen Gesellschaft der Kämpfenden (*bellatores*), Betenden (*oratores*) und Arbeitenden (*laboratores*) nahe, wie sie in Frankreich seit dem 10. Jahrhundert in Kirchenkreisen kursierte.

Die zisterziensischen Gründerväter beharrten hingegen darauf, Mönche und Bauern zugleich zu sein. Sie verstanden das Gebot der Regel zur Handarbeit als Aufforderung, für ihren Lebensunterhalt mit eigener Arbeit zu sorgen. In den *Instituta* der 1130er Jahre heißt es unmissverständlich: »Die Mönche unseres Ordens müssen ihren Lebensunterhalt durch Handarbeit, Ackerbau und Viehzucht verdienen« (Inst. 5). Dieselbe Formulierung wurde auch in die *Summa Cartae caritatis* übernommen (SCC 15,1). Freilich provozierten sie damit bis in höchste Kirchenkreise Widerspruch und Spott: Der cluniazensische Kardinalbischof Matthäus von Albano machte sich darüber lustig, dass »Bäume roden und Steine ausgraben« für Mönche keine sehr würdevolle Tätigkeiten seien. Sie sollten sich lieber im Beten, Singen »und anderen heiligen Handlungen« üben. Auch Bernhard von Clairvaux wurde mit der Frage konfrontiert, was es für eine »religiöse Lebensform« (*religio*) sei, »den Boden umzugraben, den Wald zu roden und Mist zu tragen«. Bernhard selbst, der große Gelehrte, konnte der Unterscheidung zwischen niederen (landwirtschaftlichen) und höheren (intellektuellen) Tätigkeiten durchaus etwas abgewinnen, wenn er in Predigten seine Mitbrüder davor warnt, die Feldarbeit raube ihnen zu viel Zeit für Gebet, Meditation und Lektüre. Den Wert der Handarbeit an sich stellte er damit nicht in Frage, sondern er brachte nur in Erinnerung, dass auch Benedikt die heiligen Werke (das *opus Dei*) über alle anderen Tätigkeiten stellte (RB 43, 3)[2].

Das Arbeitsethos der Gründerväter setzte voraus, dass man landwirtschaftliche Nutzflächen möglichst im direkten Umfeld des Klosters zur Verfügung hatte. Da alle Formen einer Fremdbewirtschaftung und fremder Einkünfte abgelehnt wurden, hatten die Mönche keine Alternative zur eigenen Feld- und Gartenarbeit. Ein früher Beschluss des Generalkapitels verbot in diesem Sinne den Besitz von Dörfern, abhängigen Bauern, Zehntleistungen aus fremder Arbeit, Einkünften aus Grundstücken, Backhäusern, Mühlen, fremden Kirchen oder Altären (Inst. 9). Allerdings machten schon die Äbte Alberich und Stephan Harding die Erfahrung, dass ein solches Arbeitsideal, das in den *Instituta* als »monastische Reinheit« (*puritas monastica*) gefeiert wird, in der Praxis kaum durchzuhalten war. Die adlige Umgebung der frühen Zisterzienser versorgte die ersten Gründungen keineswegs nur mit unbevölkertem Landbesitz im direkten Umfeld des Klosters; zu den üblichen Stiftungen zählten, wie bereits oben dargestellt, auch die Übertragung von Pächtern, von Streubesitz in teilweise großer Entfernung zur Abtei, von Renteneinkünften aus Grundstücken und von Zehntrechten. Angesichts der prekären wirtschaftlichen Lage des Konvents unter Alberich und in den ersten Jahren Stephan Hardings, als man nach Auskunft des *Exordium magnum* sogar auf das Betteln außerhalb des Klosters angewiesen war, konnten die ersten Brüder die genannten Stiftungen auch kaum ablehnen.

In der Konsequenz finden sich bereits in den ersten Jahrzehnten unterschiedliche Wirtschaftsmodelle im Orden nebeneinander: Kaum zu bezweifeln ist, wie in vielen Gründungsberichten und Abbildungen festgehalten, dass die Mönche beim Klosterbau, bei der Urbarmachung der klösterlichen Umgebung, der Anlage von Fischteichen, handwerklichen Produktionsstätten, beim Ackerbau und bei der Viehzucht selbst tätig wurden. Für ältere und schwächere Brüder gab es zudem den Klostergarten mit Heilkräutern, Obst- und Gemüseanbau. Wo die landwirtschaftliche Produktion aufgrund der Entfernung zum Kloster nicht ohne Störung des Konventslebens möglich war, übertrug man die Arbeit Laienbrüdern, die zwar nicht den Status der Mönche erhielten, aber dennoch zum Konvent zählten und somit nicht unter das Verbot der Fremdbewirtschaftung fielen. Nicht ohne Grund steht in den *Instituta* der 1130er Jahre das Verbot unerlaubter Einkünfte (Inst. 9) unmittelbar neben der Zulassung von Laienbrüdern, die hier als »unentbehrliche Gehilfen« und »Mitbrüder, die an unseren geistlichen und materiellen Gütern Anteil haben«, bezeichnet werden (Inst. 8). Bei der Übernahme älterer Klöster mit eigenem Grundbesitz, wie 1147 beispielsweise durch die Aufnahme der Klosterverbände von Savigny und Obazine geschehen, kamen abhängige Pächter und Zehntrechte sogar in großem Umfang in den Orden, gegen die man sich bei Neugründungen zumindest bis zum frühen 13. Jahrhundert zur Wehr zu setzen wusste.

Im Laufe des 13. und 14. Jahrhunderts waren viele Zisterzen zur Umstellung der Landwirtschaft auf das ältere grundherrschaftliche Modell der Villikation gezwungen. Im gleichen Zuge veränderte sich der Begriff der Arbeit (*labor*). War zunächst vor allem schwere Feldarbeit damit gemeint, dehnte sich die Bedeutung später auf fast alle körperlichen Betätigungen der Mönche im Kloster aus. Zu den üblichen Tätigkeiten gehörten das Abschreiben und Illustrieren von Büchern, Dienste in der Küche, als Vorleser oder Vorsänger, Einsätze bei der Krankenpflege, bei der Betreuung von Pilgern und Gästen, bei Bau- und Instandsetzungsarbeiten sowie – vor allem auch in

Frauenklöstern – bei Textil- und Gartenarbeiten. Die Abgrenzung zum älteren Mönchtum cluniazensischer Prägung verlor dadurch an Schärfe. Noch 1155 hatte der Neuzisterzienser Idung von Prüfening gegen den Hang der älteren Benediktiner zu »nutzlosen und müßigen Beschäftigungen« polemisiert, während sein neuer Orden nur »harte und nützliche Arbeit« kenne (Dialogus II). Trotz des Wandels in der Bewirtschaftungspraxis pochten zisterziensische Autoren des späteren Mittelalters weiterhin auf die Kombination des kontemplativen, demütigen Lebens mit schweißtreibender, harter Arbeit, für die man sich auf das Vorbild Marias und ihrer Schwester Martha bezog: »Wir imitieren beide: Maria in der Kontemplation, indem wir die Speise bereiten, die nicht vergeht bis in Ewigkeit, und Martha, indem wir unser Brot im Schweiße unseres Angesichts essen«[3].

5.2 Konversen

Die frühen Zisterzienser wollten nicht nur zum benediktinischen Ideal der Selbstversorgung zurückkehren, sie wandten sich mit ihrem Programm auch bewusst gegen die Übernahme feudaler Pflichten und allzu hohe Erwartungen an die Gewährung adliger Stifter*memoria*. Die restriktive Behandlung von Laienbegräbnissen in den ersten Jahrzehnten gehört in diesen Zusammenhang, da mit der Wahl der Grablege und weiteren Vereinbarungen zur *Memoria* in der Regel einträgliche Schenkungen von Land und Leuten verbunden waren. Wie bereits ausgeführt, konnten sich die Zisterzienser den Wünschen und Stiftungen des territorialen Adels aber nicht entziehen. Unter diesen Bedingungen verlangten die Grundsätze der Eigenwirtschaft und der mönchischen Stabilität nach einem Kompromiss, den man offenbar im Abbatiat Stephan Hardings fand, als der Grundbesitz des Neuklosters entscheidend erweitert wurde und auch die ersten Neugründungen eine breite Stiftungswelle seitens des territorialen Adels auf sich zogen. Das *Exordium parvum* begründet die Entscheidung für die

Aufnahme von Laienbrüdern und Lohnarbeitern allein mit religiösen Erwägungen:

> Damals beschlossen sie [die Mönche des Neuklosters], mit Erlaubnis des Bischofs, Laien als Konversen aufzunehmen, die einen Bart trugen, und sie in Leben und Tod wie ihresgleichen zu behandeln, ohne dass sie dem Mönchsstand angehörten; außerdem auch noch Tagelöhner. Sie sahen nämlich, dass sie ohne deren Hilfe die Vorschriften der Regel bei Tag und bei Nacht nicht voll und ganz erfüllen konnten (EP 15,11–12).

Für die Institution der Laienbrüder (Konversen) gab es Vorbilder. Im älteren benediktinischen Mönchtum wurde der Begriff *conversus* für neue Mitglieder des Konvents gebraucht, die sich erst im Erwachsenenalter zur klösterlichen Lebensform bekehrt hatten (*conversio*), während die dem Konvent anvertrauten Kinder *oblati* hießen. Im 11. Jahrhundert entwickelte sich bei Reformklöstern in Italien eine neue Form des Konversentums. Da die Mönche in Fonte Avellana, Camaldoli und Vallombrosa ihr Vorbild im spätantiken Eremitentum sahen, verzichteten sie auf landwirtschaftliche Tätigkeiten außerhalb des Klosters. Zur Subsistenzsicherung nahmen sie Laienbrüder auf, die ein Gelübde ablegten und sich zu einer religiösen Lebensweise verpflichteten, diese jedoch mit wirtschaftlichen Tätigkeiten für Kloster und Konvent in Einklang zu bringen hatten. Nach Kassius Hallinger entsprach dieses neue Konversentum einem seit langem zu beobachtenden Bedürfnis der bäuerlichen Klosterhörigen und -bediensteten (*familia*), eine größere Rolle im religiöse Leben des Konvents zu spielen[4].

Vor seinem Eintritt in Molesme hatte Stephan Harding auf einer Romreise das neue eremitische Mönchtum in Camaldoli und Vallombrosa kennengelernt. Nicht unwahrscheinlich ist, dass er in Oberitalien auch auf die neue Form der Bewirtschaftung durch Laienbrüder aufmerksam wurde. In jedem Fall kam die Institution der Laienbrüder dem Wunsch der Gründerväter nach Eigenwirtschaft und der Vermeidung von Pachtverhältnissen entgegen. Es ist kein Zufall, dass sich diese

Neuerung im 12. Jahrhundert nicht nur bei den Zisterziensern, sondern auch bei den eremitisch lebenden Kartäusern zu voller Blüte weiter entwickelte. Spielten religiöse und soziale Motive auf der Seite der Konversen eine zweifellos wichtige Rolle, gaben für die zisterziensischen Konvente die wirtschaftlichen und disziplinarischen Vorteile dieser Institution den Ausschlag. Mit dem Status des Konversen gewannen Bauern erstmals die Möglichkeiten, »an den geistlichen und materiellen Werken« (Inst. 8) einer klösterlichen Gemeinschaft teilzuhaben. Dies schloss Versorgung, Unterkunft, seelsorgerische Betreuung und ein Begräbnis auf dem Klosterfriedhof mit ein. Damit wies die neue Lebensform unabweisbare Vorzüge gegenüber den unfreien Laienarbeitern und Bediensteten auf, wie sie auch bei den Zisterziensern im Umfeld eines jeden Klosters zu finden waren[5].

Ferner boten die Spezialisierung auf bestimmte Tätigkeiten und die Anleitung durch die Mönche vielen Konversen bäuerlicher Herkunft soziale Aufstiegschancen. Viele Laienbrüder durften zwischen Klöstern reisen, für Klöster Geschäfte tätigen oder als anerkannte Spezialisten in Handwerk oder Landwirtschaft auch außerhalb des Ordens arbeiten. Einzelne Konversen wurden sogar in der päpstlichen Kanzlei als Bullatoren eingesetzt. Ihre Lebensform und fehlende literarische Bildung wappneten sie in den Augen der Kurie gegen Korruption und Betrügereien. Gleichwohl verwehrte ihnen der Zisterzienserorden durch strenge Gesetze den Aufstieg in den Rang eines Chormönchs. Dass in Einzelfällen in den ersten Jahrzehnten sogar Adlige in den Konversenstand eintraten, zeigt nur, wie die Zisterzienser diese Einrichtung auch zur Gestaltung ihrer Beziehungen zum laikalen Umfeld nutzten und entsprechend variabel ausgestalteten. Allerdings machte das Generalkapitel im Jahre 1188 mit dieser Praxis Schluss und verfügte, Adlige nur noch als Mönche aufzunehmen, weil sie so »für den Orden nützlicher« seien (Stat. 1188/8).

Für die Gruppe der Konversen und die in Frauenklöstern ebenfalls anzutreffenden Konversinnen wurden ausführliche Regelungen getroffen, die in einem Buch zusammengefasst und durch Generalkapitelsbeschlüsse ergänzt wurden. Das Mindestalter für den Eintritt lag – wie bei den Mönchen – bei 18 Jahren (Stat. 1201/4). Dem einjährigen Noviziat ging eine Kennenlernphase von mindestens sechs Monaten voraus, in welcher der Kandidat dem Konvent in weltlicher Kleidung zu dienen hatte. Das Noviziat der Konversen endete, die Zustimmung von Abt und Konvent vorausgesetzt, mit einem ewigen Gehorsamsgelübde, das ihnen Ehe- und Besitzlosigkeit abverlangte. Die Konstitutionen des 13. Jahrhunderts erwähnen ein Konversenkapitel unter Vorsitz des Abtes, in dem die Angelegenheiten der Laienbrüder besprochen wurden (Kodifikation 1237, Dist. XIV). Im Kloster teilten sich der Abt, der Cellerar als Verantwortlicher für die Klostergüter und ein Konversenmeister, der zugleich die Aufgabe des Beichtvaters versah, die Aufsicht über die Laienbrüder (Stat. 1241/75). Hielten sich die Konversen im Kloster auf, waren eigene und abgetrennte Bereiche im westlichen Teil der Klausur für sie vorgesehen. Der Zutritt zum Chorbereich der Mönche in der Kirche und zur mönchischen Klausur war ihnen verwehrt; ebenso die Beteiligung am täglichen Schuldkapitel und an der Abtswahl (Stat. 1181/2). Die strikte Trennung beider Lebensbereiche hatte schon Idung von Prüfening um 1155 von »zwei Klöstern in einem« sprechen lassen, »eines für die Laienbrüder, das andere für die Chormönche« (Dialog III).

Aufgrund ihrer Tätigkeit in der Landwirtschaft hielten sich die meisten Konversen auf den klösterlichen Wirtschaftshöfen auf. Zwar sollten Grangien nach den Vorstellungen des Generalkapitels nicht weiter als eine Tagesreise vom Kloster entfernt liegen, doch war bei der weiten Streuung des Grundbesitzes nicht an eine tägliche, oft nicht einmal an eine sonntägliche Rückkehr der Laienbrüder ins Kloster zu denken. Die größeren Grangien verfügten über Kapellen, Schlaftrakte und Versammlungsräume für Konversen, Gästeräume und Hospitäler. Zum Inventar zählten ferner oft Scheunen, Werkstätten, Ställe, Mühlen, Backöfen und Schmieden. Nicht wenige Grangien erhielten eine aufwändige architektonische Gestalt; gut erhaltene Beispiele dafür liegen etwa in Vaulerent, einem Wirtschaftshof der Abtei Châlis bei Senlis oder in Beaumont, einer großen Grangie von Clairvaux im Grenzgebiet zwischen burgundischer Côte d'Or und Champagne[6]. Die Kontrolle der Wirtschaftshöfe band man mit in die Kommunikationsstrukturen des Ordens ein. Die Visitatoren des Mutterklosters hatten nicht nur ihre Filialen, sondern auch möglichst deren Grangien zu besuchen. Der Grangienmeister (*magister grangiae*) hatte darüber hinaus gegenüber dem Cellerar über die Erträge genau Buch zu führen. Die Verbesserung dieser Buchführung war eines der zentralen Anliegen der Generalkapitel.

Abb. 12: Die Überreste der Grangie in Vaulerent

Im klösterlichen Alltag fielen die Konversen durch ihre Bärte auf (deshalb auch *fratres barbati*). Ansonsten trugen sie – wie die Mönche – Tonsur und Habit, jedoch keine Kukulle, sondern Tunika, Mantel und Skapulier aus grauem Tuch. Den anstrengenden körperlichen Tätigkeiten war es geschuldet, dass es für Konversen Einschränkungen beim Fasten und häufigere Mahlzeiten gab. Auch in der Liturgie und beim Schweigegebot gewährten die Lebensgewohnheiten den Laienbrüdern größere Freiheiten, insbesondere den außerhalb des Klosters tätigen Brüdern. Viele dieser Vorschriften lassen sich so verstehen, dass die Zisterzienser dabei primär an die Optimierung der Arbeitsleistung ihrer Konversen dachten: So sollten kurze Gebete tagsüber am Arbeitsplatz verrichtet und ggf. sogar die Beichte auf dem Feld oder in der Werkstatt abgelegt werden (UC 2, 10 ff.). Großen Wert legen die Bestimmungen indessen auf die Teilnahme möglichst aller Brüder an den Sonn- und Feiertagsmessen im Kloster (Stat. 1157/67). In den ersten Beschlüssen des Generalkapitels zu diesem Thema ging man noch davon aus, dass die Brüder nur in Ausnahmesituationen außerhalb des Klosters übernachten müssten (Stat. 1134/VI). Ab der Mitte des 12. Jahrhunderts, in der großen Expansionsphase sowohl des Ordens als auch des klösterlichen Grundbesitzes, waren die meisten Konversen auf den zisterziensischen Wirtschaftshöfen (Grangien) eingesetzt, deren Entfernung zum Kloster in den meisten Fällen eine tägliche Heimkehr unmöglich machte.

Die Distanz zur Lebensform der Mönche wurde zusätzlich durch strikte Verbote vergrößert, in den Stand der Chormönche einzutreten, Latein zu lernen, Bücher zu lesen oder an Schreibarbeiten beteiligt zu werden. In der Visions- und Mirakelliteratur des Ordens finden sich hingegen viele Exempla, in denen die festgezurrten Standesgrenzen mühelos überwunden werden und Konversen in den Genuss reichen himmlischen Lohns kommen. Cäsarius von Heisterbach erzählt von einem Konversen, der wegen seiner Arbeit auf dem Feld die Messe der Mönche verpasste und dem die geweihte Hostie in den Mund geflogen sein soll (Dial. mirac. 10,38). Bei Konrad von Eberbach erscheint einem zisterziensischen Schafhirten die Gottesmutter persönlich, um ihn zu trösten, da er nicht an der Feier zur Himmelfahrt Mariens in der Abteikirche teilnehmen kann (EM 6,13). Allein im vierten Buch des *Exordium magnum* finden sich zwölf *Exempla*, die die Heilsgewissheit fromm lebender und gehorsamer Laienbrüder thematisieren. Damit übernahm die Mirakelliteratur nach neueren Forschungen eine Ventilfunktion, um die im Alltag unausweichlichen Spannungen zwischen den Gruppen der Mönche und Konversen abzumildern. In manchen Fällen kam es zu regelrechten Rebellionen, bei denen Mönche verletzt oder getötet, Vateräbte vor die Tür des Klosters gesetzt und Klostergüter geraubt wurden. Von seinem Vorgänger als Abt von Eberbach, Theobald, erhielt Konrad Kenntnis von einem Konversenaufstand um 1179 in der Eberbacher Gründung Schönau und einige Jahre später in Eberbach selbst, über die das *Exordium magnum* berichtet (EM 5,10). Im Jahre 1196 ermahnte das Generalkapitel den Abt von Lützel eindringlich, er möge persönlich seine Tochterabtei Salem visitieren, um die Umstände einer Verschwörung durch die Konversen (*conspiratio conversorum*) aufzudecken (Stat. 1196/49). Im frühen 13. Jahrhundert schien in der irischen Ordensprovinz ein flächendeckender Aufstand von Konversen zu wüten, und noch 1260 befahl das Generalkapitel den Vateräbten, in deren Filialen es zu Konversenaufständen gekommen war, dort die weitere Aufnahme von Laienbrüdern zu verhindern (Stat. 1260/25.). Verallgemeinerungen lassen sich aus diesen Fällen freilich nicht ableiten. Vielmehr kommen neuere Untersuchungen zu dem Ergebnis, dass gewalttätige Konflikte insgesamt eher selten ausbrachen und kaum überregionale Wirkungen entfalteten[7].

Bei Visitationen, in Rechnungsbüchern und in der Historiographie wurden gelegentlich Übersichten über den Personalstand angelegt, die den Umfang des Konverseninstituts vor Augen führen. In England kamen als neue Quelle im 14. Jahrhundert Kopfsteuerlisten hinzu, die auch die klösterlichen Konvente mit erfassten. In Clairvaux lebten am Ende des Abbatiates Bernhards etwa 200 Mönche und 300 Konversen; eine ähnliche Größenordnung erreichte die Konversenzahl – bei etwa 100 Mönchen – um 1270 in Villers-en-Brabant. In Altenberg war das Verhältnis zwischen beiden Gruppen um 1200 in etwa ausgewogen (107/138); ebenso um 1280 in Kamp (73/72) und Neuenkamp (60/55), während zu derselben Zeit in Walkenried (80/180), Michaelstein (50/98) und

Volkenrode (50/104) die Zahl der Laienbrüder diejenige der Chormönche weit überragte[8]. Andererseits muss es schon im 13. Jahrhundert viele Abteien mit nur wenigen Laienbrüdern gegeben haben. Das Generalkapitel erlaubte nämlich im Jahr 1237 den Häusern mit weniger als acht Konversen, gewöhnliche Laien für die anfallenden Arbeiten einzusetzen (Stat. 1237/3). Einen drastischen Rückgang der Konventszahlen erlebte der Orden in beiden Gruppen während des 14. und 15. Jahrhunderts. Im englischen Rievaulx, wo um 1170 mehr als 140 Mönche und 500 Konversen gelebt haben sollen, waren um 1380 nur noch 15 Mönche und 3 Konversen anzutreffen. Auch in den anderen Klöstern der englischen Ordensprovinz bewegte sich die Zahl der Laienbrüder im späteren 14. Jahrhundert im einstelligen Bereich, was auf die Folgen der Großen Pest und einen fundamentalen Wandel der Bewirtschaftungsmethode hindeutet. Diese Befunde werden aus anderen europäischen Regionen bestätigt: In Vaucelles war die Zahl der Konversen bereits um 1316 auf 17 abgesunken, in Wettingen um 1335 auf 13, in Viktring auf 7 und in Heisterbach um 1357 auf 15. Eine Ausnahme stellte die Bodenseezisterze Salem dar, die im Jahre 1311 130 Mönche und 180 Konversen zählte, 1323 nur geringfügig unter diesen Werten lag (125/160) und – nach der Großen Pest – im Jahre 1377 immerhin noch bei 100/80 verharrte.

5.3 Landwirtschaft

Die landwirtschaftliche Produktion bestimmte bis in die Neuzeit das Wirtschaftsleben innerhalb des Zisterzienserordens. Wie dargestellt, setzte der Orden im 12. und 13. Jahrhundert – in Abgrenzung zum älteren Benediktinertum – verstärkt auf die Eigenwirtschaft, die mit Hilfe von Laienbrüdern und Lohnarbeitern geführt wurde. In der wirtschaftlichen Blütezeit des Ordens zwischen etwa 1130 und 1200, die durch ein hohes Niveau der Stiftungen, Arbeitserträge und Berufungen geprägt war, schufen fast alle Neugründungen ein Netz an ländlichen

Wirtschaftshöfen, umliegenden Stadthöfen, Weinbergen, Fischteichen, Mühlen und gewerblichen Einrichtungen, die vorrangig von Laienbrüdern betrieben wurden. Probleme bei dieser neuen Wirtschaftsform mussten auftauchen, wenn das den Zisterziensern gestiftete Land, wie zuvor üblich, bereits von Pächterfamilien besetzt war. Eine Abtei besaß verschiedene Möglichkeiten, die allesamt im Orden genutzt wurden, um ihren religiösen wie wirtschaftlichen Ansprüchen gerecht zu werden: Zum einen bemühten sich die Konvente um geschlossenen Landbesitz in Klosternähe, den man durch Zukauf oder Tausch stets zu vergrößern suchte (Arrondierung). Gezielt versuchten die Zisterzienser, einen zentralen Wirtschaftshof in der Nähe zum Kloster (Nahgrangie) zu etablieren, von dem aus die Bewirtschaftung des klosternahen Grundbesitzes erfolgte. Waren die Güter von Pächtern besiedelt, griffen viele Klöster zu Zwangsmitteln, um die Pachtverhältnisse zu lösen und die Bauernfamilien zum Verlassen des Landes zu bewegen (das sog. Bauernlegen). Aus der Abtei Kamp am Niederrhein sind Aufzeichnungen erhalten geblieben, die dokumentieren, wie ganze Bauerndörfer aufgelöst und zu zisterziensischen Wirtschaftshöfen umgewandelt wurden. Dabei wurden viele Grangien durch Zukauf von Land systematisch zu agrarischen Großbetrieben ausgebaut, die teilweise bis zu 1000 Hektar Land und mehr bewirtschafteten. Das Bauernlegen schadete dem Ansehen des Ordens bei der ländlichen Bevölkerung und im landbesitzenden Niederadel, wie Cäsarius von Heisterbach um 1220 freimütig bekennt: »Viele sagen: ›Diese Mönche sind gekommen, um uns und unsere Söhne zu enterben‹« (Dial. mirac. 7,7)[9].

Zum anderen konnte man die Stifter um die Übertragung unbebauter Flächen bitten, auf denen noch keine Pachtverhältnisse lagen und deren Kultivierung das Kloster selbst übernahm (Neubruchland). Solche Flächen hatten nicht nur den Vorteil, dass hier keine Bevölkerung ansässig war, sondern auch dass sich hier die vom Papst gewährte Zehntfreiheit leichter durchsetzen ließ. Diese Option wurde vor allem an den Küsten oder in dünn besiedelten Regionen zum Beispiel in Mittel- und

Osteuropa genutzt und trug den Zisterziensern den Ruf ein, Spezialisten der Urbarmachung von Land, der Rodung von Wäldern oder der Trockenlegung von Sümpfen zu sein. Der Kleriker Giraldus Cambrensis schrieb um 1188 voller Bewunderung:

»Gebt diesen Mönchen ein ödes Moor oder einen wilden Wald, lasst dann einige Jahre vergehen und ihr werdet nicht nur schöne Kirchen, sondern auch menschliche Behausungen dort errichtet finden«[10].

Die Zisterze Les Dunes hatte bis 1300 ungefähr 6 500 Hektar Ackerland im flandrischen Küstengebiet gewonnen; ähnliche Leistungen vollbrachten Dünamünde in Livland oder Fossanova im südlichen Latium. Auch im Binnenland erzielten die Zisterzienser Erfolge bei der Entwässerung und Kultivierung. So erhielt die Abtei Walkenried 1144 große Moorgebiete im Thüringer Becken, die sie innerhalb kurzer Zeit in Acker- und Weideflächen umwandelten. Die Erträge in der Goldenen Aue blieben bis in die Neuzeit hoch. Untersuchungen zu den Zisterzen der heutigen Schweiz haben den zentralen Stellenwert des Getreideanbaus ergeben: Das Verhältnis zwischen Ackerflächen und Weiden bzw. Wiesen lag dabei zwischen 4:1 und 9:1. Dieselbe Untersuchung legt nahe, dass die Zisterzienser mit ihrem europäischen Netzwerk von Klöstern und Wirtschaftshöfen an der Verbreitung innovativer Kulturtechniken wie der Mehrfelderwirtschaft und des Einsatzes von Räderpflügen Anteil hatten. Auf einem Wirtschaftshof der Abtei Hauterive wurden im 12. Jahrhundert abhängige Bauern zu drei jährlichen Pflugdiensten verpflichtet, deren Terminierung im Frühjahr (Sommergetreide), Juni (Brachfläche) und Herbst (Wintergetreide) auf die Anwendung des Dreifeldersystems schließen lässt[11].

Die wichtigste Einrichtung der Klosterwirtschaft waren im 12. und frühen 13. Jahrhundert die Grangien, die als Großbetriebe im Zentrum klösterlicher Grundbesitzungen lagen und von Laienbrüdern geführt wurden. Die südfranzösische Abtei Belleperche (Tarn-et-Garonne) bewirtschaftete um

1200 über 9000 Hektar Land von acht Grangien aus. Durch ihre günstige Lage erzielten die Höfe hohe Erträge beim Weinbau sowie bei der Rinder- und Pferdezucht. Direkt am Ufer der Garonne gelegen, unterhielt Belleperche im späten Mittelalter zu Handelszwecken eigene Häfen, Schiffe und Stadthöfe. Die am südlichen Harzrand gelegene Abtei Walkenried besaß um 1200 bereits elf leistungsfähige Wirtschaftshöfe; 100 Jahre später war die Zahl auf 17 gestiegen. In der Bodenseeabtei Salem verteilten sich die etwa 180 Konversen auf immerhin 20 Höfe. Der durchschnittliche Wert lag für französische und deutsche Zisterzienserabteien im 13. Jahrhundert bei etwa acht bis zehn Grangien[12]. Gegenüber den zumeist kleinteiligen Flur- und Weideflächen mittelalterlicher Bauerndörfer wiesen die großen Grangien deutliche Effizienzvorteile bei der Landnutzung und Viehhaltung auf. Wo die Böden vor allem Getreideanbau nahelegten, erzielten die Grangien in der Regel hohe Überschüsse, die zur Vermarktung vorgesehen waren. Der geplante Ausbau der Grangienwirtschaft und der Ausbildungsstand der Konversen ermöglichten zudem in vielen Fällen den Betrieb von Spezialkulturen oder gewerblicher Produktion wie Weinbau, Forstwirtschaft, Leder- und Papierverarbeitung, Salz- oder Eisenproduktion (s. Kap. 5/4).

In vielen Regionen und Grangien spezialisierten sich die Zisterzienser zudem auf Viehzucht. Dabei standen zunächst die Versorgungsbedürfnisse der Konvente im Vordergrund: Fleisch und Fisch, Milch, Eier und Honig, Leder und Wolle gewann man vorrangig aus eigener Haltung. Bekannt ist, dass die Abtei Clairvaux um 1153 hochwertige Zuchttiere aus Norditalien kaufte und von Laienbrüdern über die Alpen treiben ließ[13]. Von den fünf Grangien der Abtei Doberlug in der Niederlausitz hatten sich drei auf Viehwirtschaft spezialisiert. Nicht nur in England, sondern auch in Frankreich und im Alpenvorland hielten viele Klöster große Schafherden. In der Abtei Hauterive hielt man um 1289 eine Herde von 500 Tieren, von denen hundert zum Verkauf und vierhundert zur Haltung auf den klösterlichen Weiden vorgesehen waren. Eindrucksvolle

Zahlen gehen aus den Abrechnungen englischer Zisterzen hervor: Im 13. Jahrhundert produzierten Fountains, Rievaulx und Jervaulx durchschnittlich 50 bis 70 Sack Wolle, was auf eine Herde von etwa 10 000 Tieren schließen lässt[14]. Die fränkische Zisterze Heilsbronn besaß noch im 15. Jahrhundert etwa 3000 und Waldsassen in der Oberpfalz im 16. Jahrhundert immerhin noch mehr als 1000 Schafe. Erfolgreich betrieben die Zisterzienser auch Pferdezucht, wie der Verkauf von 80 Wildpferden aus der Abtei Otterberg an Pfalzgraf Ludwig im Jahre 1426 belegt.

Angesichts der klösterlichen Fastenzeiten und liturgischen Bedürfnisse betrieben die Zisterzienser dort, wo es die örtlichen Verhältnisse gestatteten, Fischzucht und Weinbau. Die oberpfälzische Abtei Waldsassen war bereits im 12. Jahrhundert nicht nur für ihre ausgedehnte Forstwirtschaft, sondern auch für ihre Fischzucht bekannt. Am Ende des 16. Jahrhunderts besaß das Kloster trotz Besitzverlusten noch immer 159 Fischteiche, die systematisch zur Brut von Karpfen, Forellen, Hechten und Schleien herangezogen wurden und eine zentrale Einnahmequelle des Konventes bildeten[15]. Die Zisterzienser von Maulbronn legten über mehrere Geländestufen ein Netz von etwa 20 natürlichen und künstlichen Teichen an, die untereinander durch ein umfangreiches Kanalsystem verbunden waren und unter anderem zur Fischzucht genutzt wurden.

Ihre Kenntnisse im Weinbau setzten die Zisterzienser auch unter schwierigen klimatischen und ökologischen Bedingungen ein. So gab es bei den brandenburgischen und schlesischen Zisterzen nach einer jüngeren Untersuchung umfangreiche Weinberge, die nach dem Vorbild der Mutterklöster am Niederrhein (Kamp) und im Saale-Unstrut-Gebiet (Pforta) angelegt wurden[16]. In ihrer französischen Heimat fanden die Zisterzienser freilich beste Bedingungen für den Weinbau vor. Höchst erfolgreich und überregional bedeutsam waren etwa die Produktion im Weingut *Clos de Vougeot* bei Cîteaux oder die Chablis-Weine aus der Primarabtei Pontigny. Aber auch weiter östlich entstanden produktive Weinbauzentren. So waren etwa die rheinfränkischen Höfe der Abtei Eberbach für ihre Weine bekannt, mit denen sie den Kölner Markt versorgten. Von der fränkischen Abtei Ebrach aus verbreitete sich im 17. Jahrhunder die Silvanerrebe in Deutschland.

Wie bereits betont, erlaubten bereits die frühen Generalkapitel in den 1130er Jahren den Einsatz von Lohnarbeitern (*mercenarii*), um etwa Engpässe in Erntezeiten zu überbrücken. Auch das frühe Verbot der Übernahme von Zehnten, Renteneinkünften und Pachtverhältnissen wurde nicht flächendeckend durchgesetzt, sondern den jeweiligen ökonomischen und politischen Verhältnissen im Umfeld der Gründungen angepasst. In einigen Regionen an der Peripherie schien man sich schon in der Mitte des 12. Jahrhunderts eher an der traditionellen benediktinischen Grundherrschaft zu orientieren. Die um 1150 gegründete polnische Zisterze Jędrzejów (bei Gnesen) verfügte bis zum Ende des 12. Jahrhunderts über 24 Dörfer sowie Zehnteinkünfte aus weiteren 40 Dörfern, die aus Stiftungen seitens des polnischen Hochadels und des Gnesener Erzbistums resultierten. Aber auch in den Kerngebieten des Ordens traten immer häufiger Klagen über wirtschaftliche Probleme und Aufweichungen des alten Ideals der Eigenwirtschaft auf. Papst Alexander III. beschwerte sich beim Abt von Cîteaux bereits im Jahr 1169 darüber, dass viele Zisterzen zinspflichtige Bauern, Lehnsleute und Feudaleinkünfte besäßen, die zu Streitigkeiten mit den Nachbarn führten und die Liebe (*caritas*) vergessen ließen. Als Strafe drohte der Papst mit der Rücknahme der Zehntbefreiung, die dem Orden finanzielle Vorteile verschaffte[17].

Im Spätmittelalter nahmen solche feudalen Pachtverhältnisse noch zu, da sich angesichts disziplinarischer Probleme mit Konversen, eines allgemeinen Rückgangs der Berufungen, einer hohen Verschuldung vieler Häuser sowie äußerer Krisen wie der Großen Pest (1348/49) oder des Hundertjährigen Kriegs (1337–1453) vielerorts die intensiven spezialisierten Bewirtschaftungsformen nicht mehr aufrecht halten ließen. Dieser Entwicklung trug auch das Generalkapitel Rechnung: Erstmals genehmigte die Äbteversammlung des Jahres 1208, landwirtschaftlichen Grundbesitz in Ausnahmefällen an ordensfremde Bauern zu verpachten (Stat. 1208/5). Im Jahr 1220 wurde den Äbten die Verpachtung weniger einträglicher Güter an Ordensfremde unter bestimmten Auflagen gestattet; vier Jahre später dehnte das Generalkapitel diese Vollmacht auf alle Formen des Grundbesitzes aus, wobei künftig die Zustimmung des gesamten Konventes, des Vaterabtes bzw. Visitators und des zuständigen Diözesanbischofs notwendig war. Außerdem verfügte man, dass die so erwirtschafteten Zinserträge jährlich während der Visitation zu verlesen seien (Stat. 1220/5; 1224/10; 1224/24). Die Abweichung von den ursprünglichen wirtschaftlichen Idealen des Ordens, die man vor dem Hintergrund sozialer und ökonomischer Veränderungen für unabdinglich hielt, vertraute das Generalkapitel seinen Kontrollorganen an, da ihre Tätigkeit vor Ort noch die beste Gewähr gegen eine unnötige Übertretung der Grundnormen und für eine vernünftige Beschränkung der neuen Praktiken zu bieten schien. Gleichwohl spricht die Forschung zu recht von einer »wachsenden Feudalisierung« des Zisterzienserordens im Spätmittelalter[18].

5.4 Zisterzienser als Spezialisten – Handwerk, Technik und Handel

Die Benediktsregel kennt das Ideal des autarken Klosters, das sich durch seinen Landbesitz und die Arbeit seiner Bewohner selbst versorgen kann (RB 48). Alle lebensnotwendigen Einrichtungen, insbesondere »Wasser, Mühle, Garten und Handwerke« sollten innerhalb der Klostermauern vorhanden sein, »damit die Mönche nicht nach draußen gehen müssen« (RB 66). Die politische und wirtschaftliche Abhängigkeit vom regionalen Adel hatte bereits im frühen Mittelalter diese einfache Form der klösterlichen Subsistenzwirtschaft überholt. Das in den meisten Ordensregionen im 12. Jahrhundert höchst erfolgreich eingesetzte Modell einer auf Laienbrüder und -schwestern gestützten Eigenwirtschaft brachte den Zisterziensern nicht nur hohe agrarische Erträge im Getreideanbau, der Viehwirtschaft und bei Spezialkulturen wie Wein oder Obst ein, sondern förderte im Umfeld der Klöster und Grangien handwerkliche Spezialisierungen. Müller, Bäcker, Metzger, Weber, Gerber, Schmiede sowie Zimmer- und Bauleute verarbeiteten die klösterlichen Erträge. Auch Brauhäuser und Keltereien sind in den Klosteranlagen und Grangien vielfach bezeugt. Archäologische Befunde deuten darüber hinaus in einigen Klöstern auf Drechsler und Glasmacher hin. Nicht in allen Fällen ist von ordenseigenen Handwerkern auszugehen, da in den *Capitula* der 1130er Jahre auch von hinzugezogenen Werkleuten die Rede ist (Cap. 13), doch im Regelfall dürften Mönche und Konversen solche Tätigkeiten ausgeübt haben. Zisterziensische Konversen erreichten in einigen Fällen ein solches Niveau, dass ihre handwerklichen Dienste auch außerhalb des Ordens gefragt waren. Das Generalkapitel verbot mehrfach solche externen Aufträge, machte jedoch bei Landesherren und Bischöfen immer wieder auch Ausnahmen.

Wo es die geologischen Verhältnisse zuließen, beteiligten sich die Zisterzienser an der gewerblichen Produktion etwa im Tage- und Bergbau oder in der Erschließung von Salzstöcken[19]. Eine Voraussetzung dafür stellte die professionelle Nutzung des Wassers dar, für welche die Zisterzienser schnell als Spezialisten galten. Jüngere Untersuchungen betonen, dass die Zisterzienser ihrerseits von technischen Innovationen im 12. Jahrhundert profitierten. Dabei ist jedoch unstrittig, dass der schnell anwachsende Orden an der Verbreitung neuer Technologien in Europa einen großen Anteil hatte. Bereits für die ersten Zisterzienserabteien wählte man die Nähe von Flussläufen. Bei den häufig anzutreffenden Verlegungen von Klöstern spielte das Argument der Wasserversorgung eine zentrale Rolle[20]. Um nicht unmittelbar dem Hochwasser ausgesetzt zu sein, liegen die meisten Zisterzen oft in leichter Hanglage zu den Flüssen. Nötig wurde somit ein Kanalsystem, das oberhalb des Klosters in weitem Bogen so in das Klostergelände geführt wurde, dass man genügend Gefälle für die

Mühlräder und technischen Geräte mit Wasserkraft gewann. Dieses System, das auch bei der Trockenlegung sumpfiger Gelände erfolgreich angewendet wurde, wird mustergültig in einem Text aus Clairvaux aus der Zeit um 1200 näher beschrieben[21]:

> Ein Arm dieses Flusses [Aube], der die zahlreichen Werkstätten der Abtei durchquert, wird überall gesegnet für die Dienste, die er erweist. Sein Bett [...] ist nicht von Natur ausgehöhlt, sondern durch die Arbeit der Mönche. [...] Die Walker, die sich nahe der Mühle niedergelassen haben, rufen ihn zu sich. In der Mühle war er damit beschäftigt, die Nahrung der Brüder zu bereiten. Jetzt kümmert er sich um ihre Kleidung [...]. Wie er mit schnellen Wirbeln so viele Räder dreht, so verlässt er sie [die Walkerei] schäumend [...]. Dort herausgehend tritt er in die Lohgerberei ein, wo er, um die notwendigen Materialien für das Schuhwerk der Brüder zu bereiten, ebensoviel Aktivität wie Sorgfalt zeigt. Dann teilt er sich in eine Menge kleiner Arme [...] und sucht aufmerkam jene, die seinen Dienst benötigen [in der Küche, im Klostergarten, in der Sieberei und Wäscherei sowie bei der Müll- und Abwasserentsorgung].

Wassergetriebene Mühlen, Sägen und Hammerwerke auf höchstem technischen Niveau kennt man aus dem Skizzenbuch des zisterziensischen Konversen Villard aus dem ostfranzösischen Kloster Honnecourt (um 1230), den seine Spezialkenntnisse auf weite Reisen im Orden führten[22]. Die Reste von hydrotechnischen Anlagen, Schleusen und aufwändigen Kanalisationssystemen haben sich beispielsweise in Fountains (Yorkshire) oder Hauterive (Schweiz) erhalten. Ihre Kenntnisse setzten die Zisterzienser auch bei der Anlage künstlicher Teiche, bei der Entwässerung sumpfiger Gelände oder bei der künstlichen Bewässerung von Feldern und Wiesen (Wässermatten) ein, mit welchen die Erträge eher karger Böden um ein Vielfaches gesteigert wurden. Als frühestes Beispiel für den Einsatz dieser Technik im Zisterzienserorden gilt die Abtei Chiaravalle in der Poebene, wo dies bereits für 1138 belegt ist. Weitere gut erforschte Beispiele stammen aus England und der heutigen Schweiz. Untersuchungen zum

Einsatz von Mühlen innerhalb des Ordens vermitteln einen Eindruck von der Verbreitung und Diversität dieser technischen Einrichtung. Neben der klassischen Getreidemühle finden sich – je nach Region und Bedarf – Öl-, Stampf-, Walk-, Loh-, Hammer- oder Sägemühlen. Auf einem Wirtschaftshof der Abtei Altenberg in Esch (an der Großen Erft) ist zum Jahr 1166 der Betrieb einer Wassermühle und 1459 einer Lohmühle als eine der frühesten Einrichtungen dieser Art im Rheinland nachgewiesen. Die schwäbische Zisterze Bebenhausen besaß im späten Mittelalter auf ihren Grundbesitzungen zwölf Getreidemühlen, zwei Sägemühlen und eine Hammerschmiede[23]. In manchen Regionen Mitteleuropas hielten Zisterzienserklöster aus ihrer Gründungszeit im späten 12. und 13. Jahrhundert regelrechte Mühlenmonopole in der Hand, was regelmäßig zu ökonomischen Konflikten mit den Nachbarstädten führte.

In vielen Zisterzen sorgte man sich gezielt um die Gewinnung von Baumaterial: Steinbrüche, Schiefer- und Gipsbrüche, Ziegeleien und Forstwirtschaften sowie die entsprechenden Werkstätten zur Weiterverarbeitung sind im Umfeld sehr vieler Ordenshäuser nachweisbar. Eine höhere Spezialisierung erforderte die Erschließung von Bodenschätzen, insbesondere Eisen, Blei, Kupfer, Silber, aber auch Kohle und Salz. Gezielt erwarben die Klöster Anteile an Salinen. Allein an der produktiven Salzgewinnung in Lüneburg beteiligten sich im Mittelalter sieben Zisterzienserklöster. Fast die Hälfte der deutschen Zisterzen hielt solche Anteile an Salinen, die ihnen die Eigenversorgung und lukrative Geschäfte sicherten. Mindestens 35 europäische Zisterzienserabteien waren zudem bis 1300 an der Eisenherstellung beteiligt; regionale Schwerpunkte lagen in Ostfrankreich, England und im mitteldeutschen Raum. Zur Weiterverarbeitung betrieben die Zisterzienser Hochöfen und Hammerschmieden, wie sie aus Fontenay noch teilweise erhalten sind. Walkenried besaß spezielle Schmelzhütten für Eisen, Kupfer, Blei und Silber[24].

Gemeinsam mit den agrarischen Überschüssen bot die handwerkliche und gewerbliche Produktion den Zisterzien-

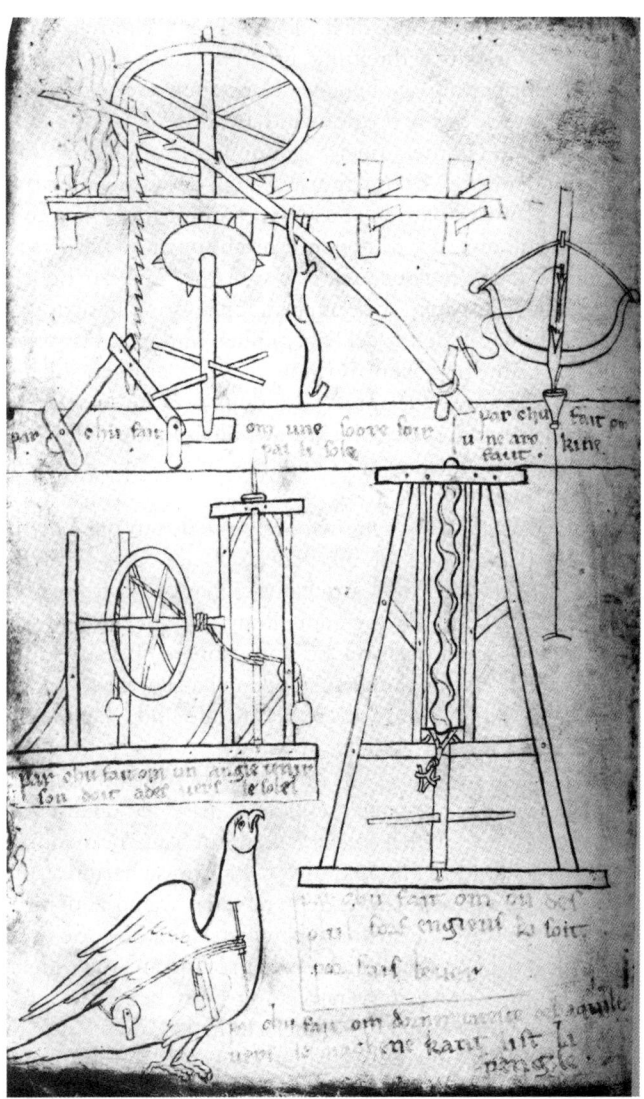

Abb. 13: Seite mit technischen Zeichnungen aus dem Bauhüttenbuch von Villard de Honnecourt

sern einen hervorragenden Ausgangspunkt für die Beteiligung am Markthandel. Nicht wenige Zisterzen gewannen durch ihre Gewerbe überregionale Bedeutung, so etwa die Papiermühlen aus süditalienischen Zisterzen vom Ende des 12. Jahrhunderts, die Ziegelfabrikation in den nordfranzösischen Abteien Chaalis und Bonmont, die Glashütten im Umfeld der Abteien Doberlug, Doberan und Ossegg oder die Anlagen und Verfahren zur Eisenverhüttung (so in Clairlieu an der Mosel) und zur Kupfergewinnung (so in Walkenried). Während beispielsweise in Cluny im Laufe des 12. Jahrhunderts große Probleme mit der mangelnden Effizienz vieler verpachteter Güter auftraten und den großen Klosterverband zu einschneidenden wirtschaftlichen Reformen zwangen, fand die zisterziensische Überschussproduktion ihre Abnehmer in der expandierenden Marktwirtschaft der Städte und Messen. Die Kapitalerträge wurden gerade in der Frühzeit oft in gezielte Erweiterungen der landwirtschaftlichen Flächen, Produktionsstätten und des Gebäudebestandes reinvestiert.

Die Rückkehr zum benediktinischen Prinzip der Eigenwirtschaft hatte unter den ökonomischen Bedingungen des 12. Jahrhunderts vielerorts zu einer Ertragslage geführt, die das Armutsideal der Gründerväter ernsthaft in Frage stellte. Die Ordensverantwortlichen waren sich der Gefahren ihres ökonomischen Erfolges in den 1130er Jahren durchaus bewusst: Bereits auf einem Generalkapitel der 1130er Jahre zeigten sich viele Äbte über die rege Beteiligung von Zisterziensern am Markthandel verärgert, da auf Märkten Betrügereien und weltliche Vergnügungen an der Tagesordnung waren. Darüber hinaus muss es zu regelrechtem Fernhandel gekommen sein, denn die Väter des Generalkapitels verboten den Überseehandel nach England. Zukünftig durften immer nur zwei Mönche oder Konversen einer Abtei gemeinsam auf Märkte gehen, die höchstens drei Tagesreisen vom Kloster entfernt lagen. In der Nähe der Küste liegende Klöster durften sich am Handel in den Hafenstädten beteiligen (Stat. 1134/LI). Im Jahr 1190 unterband das Generalkapitel den Zukauf weiterer Immobilien mit dem Hinweis, der Orden müsse dem Ruf der Habgier entgegen treten (Stat. 1190/1). Vergleicht man freilich die wenigen sorgenvollen Äußerungen über den erwirtschafteten Reichtum mit der Energie und Frequenz, mit denen das Generalkapitel dem in einigen Ordensregionen schon früh einsetzenden Problem der Überschuldung begegnete, lässt sich auch hier ein insgesamt eher pragmatischer, rationaler Umgang mit Fragen der Ökonomie nicht von der Hand weisen.

Zur besseren Ankoppelung an die urbanen Wirtschaftszentren errichteten die Zisterzienser Stadthöfe, die von Konversen betrieben wurden und dem Absatz der eigenen Waren sowie dem Ankauf von Fehlendem dienten. Landesherren und städtische Obrigkeiten befreiten vielerorts die Zisterzienser von Zöllen und erlaubten ihnen den Erwerb städtischer Grundstücke. Solche Privilegien sind für Hautcrêt und Hauterive von 1157 und für Wettingen von 1227 überliefert[25]. Das Generalkapitel versuchte zwar, die Präsenz in den Städten auf ein Minimum zu reduzieren (so in Stat. 1189/11), doch die Übersicht über die Verteilung der Stadthöfe zeigt, dass sich auf Dauer kaum eine Zisterze dem ökonomischen und repräsentativen Reiz der städtischen Niederlassung entziehen konnte. Dabei boten die Stadthöfe ein weites Spektrum an Funktionen: Neben Lagern, Scheunen, Ställen und Läden zur Organisation des Markthandels und Unterkünften für die dort tätigen Laienbrüder wurden zusätzliche Quartiere für Äbte, Mönche und Gäste geschaffen. In Bischofs- und Grafenstädten nutzten die Äbte diesen Wohnraum bei ihren Verhandlungen mit den regionalen Autoritäten. Die Waldsassener Mönche errichteten ihren Stadthof in Eger in unmittelbarer Nachbarschaft zur staufischen Pfalz. Mehrfach musste das Generalkapitel daran erinnern, dass die Stadthöfe nicht zur dauerhaften Nutzung durch Ordensleute gedacht waren. Hatte das Generalkapitel im 13. Jahrhundert noch strikt den Geschäftsverkehr auf dem Gelände eines Ordenshauses untersagt, so sind aus dem Spätmittelalter vielfach gegenteilige Fälle bezeugt: In den Höfen boten die Laienbrüder Fleisch, Brot und andere Waren an; teilweise wurde auch Bier oder Wein ausgeschenkt.

In anderen Fällen kam es sogar zur Vermietung und Verpachtung der begehrten innerstädtischen Wohnflächen. Der Einbau von Kapellen und Bibliotheken macht zudem deutlich, dass die entsprechenden Häuser mehr und mehr zu einer dauerhaften Wohnnutzung von Mönchen und Laienbrüdern vorgesehen waren. Aus einigen Stadthöfen, so in Würzburg oder Heidelberg, gingen im Spätmittelalter zisterziensische Studienhäuser hervor. In großen Wirtschaftszentren wie Köln, Paris oder Dijon machte sich eine Vielzahl zisterziensischer Höfe gegenseitig Konkurrenz; für Dijon sind im 14. Jahrhundert neun Stadthöfe, für Paris Immobilien von mindestens zehn verschiedenen Zisterzen bezeugt[26]. Umgekehrt besaßen einzelne Zisterzen oft eine Vielzahl städtischer Niederlassungen, um ihre wirtschaftlichen und sozialen Beziehungen zu pflegen. Die Abtei Himmerod in der Eifel war in nicht weniger als neun Städten im Rhein-Mosel-Gebiet präsent, darunter in Köln, Trier und Koblenz. Die Bodenseezisterze Salem vertrieb ihre reichen agrarischen Überschüsse über mindestens zehn Stadthöfe im regionalen Umfeld.

5.5 Verschuldungskrise und Klosterökonomie

Für die ersten Zisterzienser waren die Vorschriften der Benediktsregel zur Güterverwaltung und Ämterhierarchie im Kloster völlig ausreichend. Auch die Entscheidung, statt der traditionellen Grundherrschaft die Eigenbewirtschaftung durch dem Konvent assoziierte Laienbrüder vorzunehmen, lässt sich, wie dargelegt, als Rückkehr zum Arbeitsideal der Regel unter den Bedingungen des 12. Jahrhunderts deuten. Erst mit der Ausdehnung des zisterziensischen Verbandes und der Erfahrung wirtschaftlicher Schwierigkeiten in einzelnen Regionen oder Konventen wuchs das Bedürfnis nach verbandsübergreifenden Wegen der Kontrolle und Konsolidierung. Seit der zweiten Hälfte des 12. Jahrhunderts zählte die wirtschaftliche Thematik durchgängig zum Kern der organisatorischen Anstrengungen[27]. Das Generalkapitel in Cîteaux machte das Institut der innerklösterlichen Abrechnung erstmals im Jahre 1152 zum Gegenstand von Normierungen. Gemäß den Prinzipien der Benediktsregel trug der Abt die Gesamtverantwortung auch in der Güterverwaltung (RB 31). Der Cellerar als dessen eingesetzter Verwalter hatte ihm auf Aufforderung, zumindest aber einmal monatlich, die Bilanz aller Einnahmen und Ausgaben des Klosters vorzulegen. Ebenso rechneten die Leiter der Wirtschaftshöfe unmittelbar vor dem Abt in Gegenwart des Cellerars ab (Stat. 1152/2).

Offenbar hatten die verbreitete Praxis des Zukaufs von Ländereien, Mühlen und Stadthäusern, teure Bauprojekte auf dem Gelände der Klöster, Grangien und Stadthöfe sowie der sorglose Umgang mit Geldgeschäften bereits im 12. Jahrhundert zu einer erheblichen Verschuldung vieler Konvente geführt. Bereits seit 1157 häufen sich die Klagen über die Schuldenlast und die Appelle an Äbte und Visitatoren. Eine Serie von Generalkapitelsbeschlüssen hielt ab den 1180er Jahren die Äbte und Offizialen zur Vermeidung neuer Kredite und teurer Bauprojekten an (Stat. 1182/9). Zwischen 1190 und 1215 erließen die Generalkapitel strikte Verbote, den Immobilienbesitz der Klöster durch Zukäufe weiter zu vermehren (z. B. Stat. 1190/1). Doch lehrt der Blick in die Urkunden einzelner Zisterzen, dass sich dieses Verbot in der Praxis nicht einhalten ließ. Allein für die süddeutschen Zisterzen Ebrach, Kaisheim und Salem zählt Elke Goez im 13. Jahrhundert über 350 Grundstückskäufe[28]. Hatte man zu Beginn des 13. Jahrhunderts noch einzelne Äbte für ihre Kaufgeschäfte zur Rechenschaft gezogen, klagte das Generalkapitel von 1249 nur noch pauschal darüber, dass die Bau- und Kauflust der Konvente vielerorts zu schwerer Verschuldung führe (Stat. 1249/1). Nach dem Rücktritt Abt Jakobs von Cîteaux im Jahr 1266 ergab eine vom Papst angeordnete Untersuchung der wirtschaftlichen Zustände in Cîteaux einen Schuldenstand von über 20 000 Pfund (*livres tournois*). Mit den Gläubigern wurde ein Kompromiss ausgehandelt, der eine Rückzahlung von jährlich 4000 Pfund vorsah. Um diese Summe aufzubringen, war der neue Abt Johannes II. sogar bereit, die Funktionsfähigkeit des Generalkapitels aufs Spiel zu setzen: In den Jahren 1270 und 1271 schloss das Generalkapitel 20 Äbte von der Teilnahme aus, deren Reisekosten aber dennoch eingezogen und zur Schuldentilgung eingesetzt wurden[29]. Im Jahr 1318 sprachen die Ordensväter pauschal von der drohenden Verarmung des ganzen Ordens (Stat. 1318/6), und auch die päpstlichen Bullen des Spätmittelalters teilten die Sorge um die finanzielle Konsolidierung.

Die Sorge um die Wirtschaft beherrschte nicht zuletzt die umfangreichen Beschlüsse des Generalkapitels zum Amt der Visitatoren[30]: Regelmäßig mahnte das Kapitel die Visitatoren, nicht nur den geistlichen, sondern auch den materiellen Zustand der Klöster zu überprüfen; sie übernahmen die Durchsetzung der vom Generalkapitel verfügten Ausgabenbeschränkungen; sie erteilten gegebenenfalls Sondergenehmigungen für notwendige Bauprojekte oder Landkäufe und erhielten das Recht, den Hausabt sowie verantwortliche Offiziale des Klosters zu bestrafen, wenn diese sich der Schuldenbegleichung widersetzten. Auf dem Generalkapitel von 1190, dessen Beschlüsse »wegen der Höhe der Schulden« (*ex nimietate debitorum*) mit einem dringenden Aufruf zur Sparpolitik eingeleitet wurden, ging man noch einen Schritt weiter und beschloss eine umfassende Bestandsaufnahme. Die versammelten Äbte verlangten eine schriftliche Übersicht über die tatsächliche Anzahl der Mönche, Konversen, Lohnarbeiter und Diener in den einzelnen Klöstern, über die nach den wirtschaftlichen Möglichkeiten angemessene Aufnahmekapazität, über die Art des Besitzes und die Höhe der Verschuldung. Dafür sollten die aus Cîteaux abreisenden Äbte in Vorbereitung auf die nächste Visitation eine schriftliche Gesamterhebung vornehmen (Stat. 1190/13). Eine ähnliche Initiative wurde mehr als 80 Jahre später den Visitatoren der zisterziensischen Frauenkonvente auferlegt (Stat. 1276/15). Im Jahr 1192 verurteilte die Äbteversammlung sogar den Abt von Clairvaux zu drei Tagen leichter Schuld, da er in seiner Filiale Vaucelles die Regelübertretungen und die bedrückende Schuldensituation des Klosters nicht ordnungsgemäß korrigiert habe (Stat. 1192/31).

Auf die innerklösterliche Wirtschaftsverwaltung zielte ein Erlass des Generalkapitels von 1220, nach dem die Wirtschaftsbilanzen der einzelnen Grangien in den Gesamtabrechnungen aufzuführen seien und nicht, wie in einigen Häusern bislang üblich, »geheim« (*secrete*) entgegengenommen werden dürften (Stat. 1220/5.). Gleichzeitig ermächtigte man die Visitatoren, im Falle großer wirtschaftlicher Not alle Gäste aus dem Kloster auszuweisen. Einer Verschuldung des Mutterhauses in Cîteaux im Jahr 1235 versuchte man dadurch Herr zu werden, dass kurzerhand die visitierenden Primaräbte die wirtschaftliche Verantwortung übernahmen (Stat. 1235/20). Im Jahr 1308 begegnete man der fortdauernden Schuldenkrise mit der Einführung eines neuen Amtes: Ein Schatzmeister (*bursarius, thesaurarius*), wie er erstmals in den Wirtschaftsstatuten des Abtes Stephan von Lexington für den Filialverband seiner Abtei Savigny auftauchte, sollte nun in jedem Ordenshaus zur Reorganisation der Buchführung und Kontrolle der Finanzen beitragen. Ab der Mitte des 14. Jahrhunderts verschafften sich der Abt von Cîteaux und das Generalkapitel zudem regelmäßig Überblicke über den Schuldenstand durch die Erstellung von Generalabrechnungen des Ordens[31].

Waren bis zum 13. Jahrhundert die finanziellen Probleme des Ordens vorwiegend durch teure Bauprojekte und Landkäufe sowie durch die unzureichende wirtschaftliche Kompetenz vieler Amtsträger verursacht, freilich verschärft durch die zunehmende Konkurrenz der populären Bettelorden, durch den Rückgang an Berufungen und einer Veränderung des Stifterverhaltens, stellte die Fiskalpolitik der französischen Könige seit Philipp IV. (1285–1314) die Zisterzienser in ihrem Mutterland vor große strukturelle Probleme[32]. Erstmals forderte König Philipp im Jahr 1297 von den französischen Klöstern einen Doppelzehnten, d. h. nicht weniger als ein Fünftel ihrer Jahreseinkünfte, ein. Cîteaux hatte als Mutterhaus für die Sammlung des Geldes und die Zahlung von je 10 000 Pfund zu zwei festgelegten Terminen zu sorgen. Auch in den folgenden Jahren musste das Generalkapitel dem König jeweils Doppelzehnten gewähren, mit Ausnahme des Jahres 1300, in dem nur ein einfacher Zehnt in Höhe von 10 000 Pfund fällig war. Im Jahr 1308 erhöhte sich durch einen Vertrag zwischen Abt Heinrich von Cîteaux (1304–1315) und König Philipp der einfache Betrag auf 12 000 Pfund. Eine genaue Auflistung der französischen Zisterzen, die 1333 in Cîteaux angelegt wurde und Zahlenmaterial vom Beginn des 14. Jahrhunderts enthält, weist auf die sehr unterschiedlichen, in den meisten Fällen jedoch äußerst begrenzten wirtschaftlichen Ressourcen der Abteien hin: Von 197 erfassten Klöstern kamen nur 14 auf Summen über 100 Turoner Pfund, mehr als 20 Klöster steuerten weniger als 1 Pfund bei, hatten mithin keinerlei finanzielle Ressourcen.

Die Bedeutung der zisterziensischen Einkünfte für die königliche Schatzkammer geht sehr deutlich aus der Ernennung Abt Heinrichs von Cîteaux zum königlichen Schatzmeister hervor, die seine dauerhafte Präsenz in Paris verlangte. Die doppelte Verpflichtung brachte es mit sich, dass sich die Abtei Cîteaux innerhalb weniger Jahre hoch bei Pariser Kaufleuten und Bankiers verschuldete. Trotz zunehmender Kritik an der königlichen Fiskalpolitik gewährte auch Papst Johannes XXII. in den Jahren 1318 bis 1320 die Erhebung eines doppelten Zehnten im Königreich Frankreich. In einem Brief an die königliche Schatzkammer forderte das Generalkapitel der Zisterzienser im Dezember 1333, die erneut angekündigte Zehnterhebung des Folgejahres auszusetzen, und begründete dies eindrücklich mit dem finanziellen Bankrott sowohl des Mutterhauses Cîteaux als auch der meisten Zisterzen. Genau ein Jahr später wurde mit Benedikt XII. der zweite Zisterzienser auf den Papststuhl in Avignon gewählt. Es ist kein Zufall, dass die große Reformbulle *Fulgens sicut stella* vom 12. Juli 1335 in langen Passagen und an erster Stelle auf die finanziellen Probleme des Ordens eingeht. Im Vorfeld der Bulle wurde zwischen Kurie und Primaräbten hart um einzelne Reformpunkte gerungen. Die beschlossenen wirtschaftlichen Reformen lassen sich auf folgende Punkte bringen: schärfere Kontrolle und Mitwirkung des gesamten Konventes bei Verkäufen, Käufen und allen Veränderungen des Immobilienbestands, Einführung eines zweiten Schatzmeisters, Abrechnungspflicht jedes Amtsträgers gegenüber den Schatzmeistern, Erhöhung des Strafgeldes bei unentschuldigtem Fernbleiben vom Generalkapitel sowie die Rückkehr zu einem sparsamen und strengen Leben in den Konventen, worunter der Papst auch die Rückkehr zum gemeinsamen Schlafsaal und das Verbot privater Einzelzellen verstand[33].

Dass die detaillierten Reformmaßnahmen Benedikts XII. gerade im wirtschaftlichen Bereich keine durchgreifenden Erfolge zeigten, lässt sich nicht nur mit Widerständen innerhalb des Ordens gegen den päpstlichen Eingriff und die Zerrüttung der zentralen Kommunikationsstrukturen erklären. Verschärfend kamen vor allem die Auswirkungen der großen Pestwelle von 1348/49 und die zunehmenden Spannungen zwischen Frankreich und England hinzu, die ab 1337 in offenen Kriegshandlungen und Plünderungen eskalierten (s. Kap. 6/2). Bis in die Neuzeit hinein blieb der Kampf gegen die Verschuldung und der Appell zum sparsamen Umgang mit den klösterlichen Ressourcen ein zentrales Anliegen der Generalkapitel, deren Einfluss jedoch in den meisten Ordensregionen außerhalb Frankreichs seit dem 14. Jahrhundert kontinuierlich zurückging.

6 Orden im Umbruch – Krisen und Reformen in Spätmittelalter und Reformationszeit

Das Schlagwort vom krisenhaften Spätmittelalter hat in hohem Maße die Wahrnehmung dieses Zeitalters geprägt. Eine differenzierende Sicht auf »Pest, Geißler, Judenmorde« (F. Graus), Hundertjährigen Krieg, Kommendenwesen, Avignoneser Exil des Papsttums und Großes Schisma hat darauf aufmerksam gemacht, dass neben und teilweise auch hinter den existenziellen Bedrohungen des Lebens längerfristige Prozesse des wirtschaftlichen, politischen und religiösen Wandels stehen. Verfolgt man die Auswirkungen von Krisen aus der Perspektive betroffener Institutionen, so lassen sich aus deren Überlebensstrategien Aufschlüsse über ihr beträchtliches organisatorisches Potenzial gewinnen. Untersuchungen zu den Kongregationenbildungen der religiösen Orden, zu den sich etablierenden Territorialherrschaften oder zu Zentralisierungstendenzen der Papstherrschaft haben auf wesentliche Merkmale spätmittelalterlicher Reformen hingewiesen: auf Regionalisierung und Verschriftlichung, weitsichtige Gesetzgebung und systematische Rechtssammlung, Bürokratieaufbau und Beteiligung von Repräsentativorganen. Die folgenden Abschnitte stellen dem generellen Paradigma der Krise die regionale und zeitliche Diversität des europaweit aktiven Ordens gegenüber, der sich vielerorts zu Neugründungen und Reformanstrengungen in der Lage zeigte.

6.1 Verlust der Mitte – Zentrale Ordensinstanzen und Regionen

Alle Reformversuche und Verfassungsänderungen, die die Zisterzienser in Spätmittelalter und Frühneuzeit durchliefen, bewegten sich im Spannungsfeld von Zentralität und regionaler Diversität. Größere Bedrohungen der ursprünglichen Einheit und Strenge machten sich für den Zisterzienserorden zuerst an der Peripherie bemerkbar. Die von Clairvaux gebildete irische Filiation verlangte bereits zu Beginn des 13. Jahrhunderts nach einer besonderen Intervention des Generalkapitels. Den unmittelbaren Anlass der intensiven Reformbestrebungen des Ordens in Irland bildete die Absicht Papst Gregors IX., die untragbaren Zustände dort durch eigene Legaten untersuchen und beheben zu lassen. Da die Kurie seit der Gründung des Zisterzienserordens die Politik verfolgt habe, Ordensangelegenheiten nur durch Ordensmitglieder regeln zu lassen, bat das Generalkapitel jetzt um die Exemtion von der beabsichtigten päpstlichen Reform[1]. Irland war bereits seit dem ausgehenden 12. Jahrhundert durch anglo-normannische Invasionen zu einer Krisenregion geworden, ehe sich in den 1220er Jahren durch den Verfall der Disziplin im größten und wichtigsten Mutterkloster der Insel, Mellifont, die Zustände dramatisch zuspitzten. Von 110 Mönchen galten 68 als flüchtig, als 1227 anstelle päpstlicher Legaten zisterziensische Visitatoren unter Leitung des Abtes Stephan von Lexington in Irland erschienen. Diese hatten erstmals den Auftrag einer regional flächendeckenden Visitation und Reform erhalten, wie er im Spätmittelalter immer häufiger vergeben wurde.

Abt Stephan legte ein eigenes Briefregister an, das sich mit der Generalvisitation der irischen Zisterzienserklöster befasste. Im Jahre 1228 setzte er das Generalkapitel von den Ergebnissen einer allgemeinen Versammlung der irischen Ordensäbte in Dublin in Kenntnis: Aufgrund des Fehlverhaltens und der Nachlässigkeit einiger Vateräbte habe man die Abteien Bective, Boyle, Knockmoy, Nenay, Holy Cross und Shrule anderen

Mutterhäusern unterstellt (Registrum I,33). Den irischen Vateräbten werde wieder das Recht auf Visitation und Wahlleitung in ihren Filialen zugestanden, sofern sie zuvor den Generalvisitator konsultierten. Die von Stephan durchgeführten Maßnahmen betrafen ferner die Absetzung von schuldigen Äbten und Offizialen, die Versetzung oder Ausweisung von Mönchen und Konversen, die Zusammenlegung von Abteien, die Degradierung von Abteien zu Grangien sowie die Exkommunikation oder Anrufung des weltlichen Arms zur Durchsetzung seiner Anordnungen. Bezeichnend für das planvolle Vorgehen Stephans von Lexington sind die weiteren Briefe, durch die er die nötige Bestätigung seiner in Dublin erreichten Resultate auf dem Generalkapitel von 1228 abzusichern versuchte. Den Abt von Clairvaux bat er, nachdem er ihm die Entscheidungen im Einzelnen dargelegt hatte, bei den Definitoren des Generalkapitels auf einen billigenden Beschluss hinzuwirken, dessen Wortlaut der Generalvisitator in seinem Schreiben bereits vorformuliert (Nr. 34) hatte. An den Prior von Clairvaux, den er ebenfalls in die Dubliner Beschlüsse einweihte, richtete Abt Stephan die Bitte, er möge sein Anliegen vor dem Abt von Clairvaux noch einmal bekräftigen (Nr. 35). Trotz des energischen Vorgehens Stephans von Lexington, der später als Abt von Clairvaux entschieden für die Gründung des Pariser Ordensstudiums eintrat (s. Kap. 3/3), besserte sich die Lage der irischen Ordenshäuser nicht wesentlich. Noch 1276 setzte das Generalkapitel fünf irische Äbte ab, die mehr als ein Jahrzehnt nicht beim Generalkapitel erschienen waren (Stat. 1276/35).

Zwar fehlt vergleichbares Hintergrundmaterial aus den anderen Provinzen, doch zeigt die Verteilung der betreffenden Gebiete, die ausnahmslos an der Peripherie liegen, dass bei zunehmender Entfernung die Bindung an den Orden abnahm; eine Bindung, die sich primär in der Teilnahme am Generalkapitel und in der Beaufsichtigung durch die Vateräbte manifestierte, so dass die Versuche der regionalen Kontrollen im Auftrag und mit allen Befugnissen des Generalkapitels als kompensierende Maßnahmen zur Wiederherstellung der

Ordensautorität in den Randzonen bewertet werden müssen. Den beiden spanischen Äbten von Tarouca und Huerta trug man 1221 auf, alle Ordenshäuser in Spanien im Auftrag des Ordens zu reformieren und auf der nächsten Äbteversammlung über den Erfolg der Mission zu berichten (Stat. 1221/33). Nur fünf Jahre später wählte das Generalkapitel denselben Weg, um die in Disziplinlosigkeit verfallenen Abteien Süditaliens zu bessern (Stat. 1226/13). Man erfährt ein weiteres Jahr darauf, dass man den geforderten Bericht der Äbte von Casamario und Casanova vermisst habe. Weiterhin sorgte das Generalkapitel im 13. und 14. Jahrhundert auch für regionale Kontrollen in Ungarn und in Skandinavien, wo nach den Ausführungen der Definitoren aufgrund der Entfernung zur Ordenszentrale und zu den jeweiligen Mutterhäusern die Disziplin vernachlässigt wurde. Als Reaktion auf alltägliche Probleme mit der Finanzierung und Sicherheit von Reisen sind die Beispiele zu bewerten, in denen das Generalkapitel Abteien von der jährlichen Generalkapitelsteilnahme oder Visitation dispensierte und längere Intervalle veranschlagte.

Mehr und mehr wirkten sich politische Spannungen auf das Ordensleben aus. Der englisch-französische Konflikt lebte am Ende des 13. Jahrhunderts wieder in voller Schärfe auf. König Eduard I. verbot im Jahr 1298 den englischen Zisterzienseräbten die Generalkapitelsteilnahme in Cîteaux. Auch die Ausfuhr von Wolle oder die Entrichtung von Abgaben an französische Mutterhäuser wurde strengen Kontrollen unterworfen Damit waren die englischen Ordenshäuser quasi isoliert. Das gestörte Verhältnis zum Gesamtorden wirkte sich auch drastisch auf die Gründungstätigkeit aus: Von den 64 englischen Zisterzen wurde nur eine einzige nach 1300 gegründet[2]. Zur gleichen Zeit sah sich Abt Johannes III. von Cîteaux (1299–1303) gezwungen, die Aufsicht über die kastilischen und aragonesischen Zisterzen dem Abt von Poblet zu übertragen. Bis 1438 durften die spanischen Zisterzienser eigene Kapitel abhalten. In Deutschland und seinen östlichen und nördlichen Nachbarn spielte sich bereits im

13. Jahrhundert eine Entfremdung von den zentralen Ordensinstanzen in Burgund ab, die sich in abnehmenden Generalkapitelsteilnahmen und zunehmenden regionalen Verflechtungen dokumentierte. Um 1300 ließen sich die dänischen Ordenshäuser offiziell für fünf Jahre von der Generalkapitelsteilnahme dispensieren, was nur einer Bestätigung des längst geübten Fernbleibens gleichkam. Ab 1321 begnügte sich das Generalkapitel mit der Entsendung von zwei Delegierten der skandinavischen Häuser. Die Abteien bemühten sich in dieser Zeit eher um regionale Schutzherren oder um königliche Privilegien[3]. Im Jahre 1510 nahmen nur noch 33 Äbte an der Versammlung in Cîteaux teil, darunter mit dem Abt von Lehnin nur ein einziger Vertreter der deutschen Zisterzen.

Auch in Frankreich geriet der Orden in die Mühlen der großen Politik. Als sich der Abt von Cîteaux im Konflikt zwischen König Philipp IV. und Papst Bonifatius VIII. auf die römische Seite stellte, plünderten königliche Soldaten die Grangien von Cîteaux, von denen sie angeblich 14 000 Schafe wegtrieben. Abt Johannes III. wurde 1303 zur Abdankung gezwungen und durch den königsnahen Heinrich von Jouy (1303–1315) ersetzt. Die Isolierung der englischen und spanischen Zisterzen setzte sich während des Hundertjährigen Kriegs (1337–1453) fort; die schon zuvor eingeleitete Entfremdung zwischen den zentralen Ordensinstanzen und den deutschen, nord- und osteuropäischen Abteien erreichte ihrerseits mit dem päpstlichen Schisma von 1378 ihren Höhepunkt, das die nominelle Einheit des Ordens für fast 40 Jahre außer Kraft setzte. Auch wenn die Bildung regionaler oder nationaler Kongregationen im Zisterzienserorden im 15.–17. Jahrhundert allgemeinkirchlichen Entwicklungen entsprach, so hatten das Generalkapitel und die burgundischen Primaräbte doch schon im 14. Jahrhundert viel von ihrer integrativen Kraft eingebüßt. Im 17. Jahrhundert setzte das Generalkapitel sogar selbst auf die Stärkung regionaler Strukturen, indem es Ordenskongregationen förderte, die die Hoheit der zentralen Instanzen und ihrer Gesetze anerkannten.

6.2 Ordensleben in Krisenzeiten – Krieg, Pest und Schisma

Trotz der energischen Reformversuche in der Frühzeit des Pontifikats Benedikts XII. (1334–1342) blieb gerade den wichtigen französischen Ordenshäusern kaum Zeit zu einer wirklichen Erneuerung ihres geistlichen und wirtschaftlichen Lebens. Vielmehr brachten die große Pestwelle von 1348/49 mit ihren regionalen Ausläufern bis ins 16. Jahrhundert und der Hundertjährige Krieg zwischen Frankreich und England (1337–1453) in vielen Zisterzen das klösterliche Zusammenleben vollständig zum Erliegen[4]. In den meisten Ordensregionen wütete die Pest. Die Konventsstärke der Primarabtei Morimond sank in der Mitte des 14. Jahrhunderts von etwa 250 auf etwa 60. Die einstmals größte englische Zisterze Rievaulx hatte in der zweiten Hälfte des 14. Jahrhunderts nur noch 14 Mönche, drei Laienbrüder und einen Abt. Die wirtschaftlichen Folgen der Pest waren einschneidend. In den heimgesuchten Klöstern waren nicht nur Mönche und Nonnen, sondern auch Laienbrüder und Bauern betroffen, so dass zahlreiche Klostergüter brach lagen. Bereits 1351 erwirkte Abt Johannes IV. von Cîteaux (1337–1359) bei Papst Clemens VI. die Erlaubnis, in verlassenen Gütern Verwalter (Konservatoren) einzusetzen, die das Klostergut jedoch oft nur unzureichend vor Entfremdung zu schützen vermochten.

Schwere Einbußen erlitt der Orden durch die englischen Beutezüge in Frankreich, die seit der französischen Niederlage von Crécy (1346) und der englischen Eroberung von Calais (1347) oft ohne nennenswerte Gegenwehr stattfanden. Als erste Zisterzienserklöster gerieten bereits 1336 die burgundischen Häuser in La Charité, La Grâce-Dieu und Cherlieu in Mitleidenschaft, als der Krieg zwischen Franche-Comté und Burgund den größeren englisch-französischen Konflikt ankündigte. Der Zerfall der politischen Ordnung und die – nicht nur im Zisterzienserorden – desaströse wirtschaftliche Lage führten 1358 zu einem großen Bauernaufstand (*Jacquerie*) in vielen Regionen Frankreichs. Allein in diesem Jahr fielen die Zisterzen in Cadouin, Dalon, Grandselve, Berdoues, Boulbonne, Les Vaux-de-Cernay, Jean und Les Echarlis der Plünderung und Zerstörung anheim. Erschwerend kamen Söldner- und Brigantenbanden hinzu, die auch außerhalb von Kriegshandlungen und während der offiziellen Friedensphasen von 1360–1369 und 1420–1429 plündernd durch das Land zogen. So wurden zwei der ältesten Ordenshäuser, Pontigny und Fontenay, gerade im Jahr des Friedens von Brétigny 1360 gestürmt und ausgeplündert. Das wichtige Mutterkloster Savigny geriet 1364 in englische Hand. Um 1370 nahmen die Engländer zudem die Abtei Ourscamp ein, die um 1300 noch als reichstes Ordenshaus gelten konnte (s. Kap. 5/5). Die zunehmende Gewalt bewog das Generalkapitel, die Konvente in den betreffenden Regionen zum Verlassen ihres Klosters und zum Umzug in befestigte Städte aufzufordern. Der Konvent von Cîteaux wich in den Stadthof von Dijon aus, wo 1366 und 1375 sowie 1421 und 1423 auch die Generalkapitel abgehalten wurden. Die Unsicherheiten des Kriegs machten sich nicht zuletzt an der Frequenz und am Besuch der Generalkapitel bemerkbar: 1344 wurden die englischen Äbte von der Teilnahme dispensiert; fast 100 Jahre später gestand ihnen das Generalkapitel die Abhaltung eines eigenen Provinzialkapitels zu. Die Integrität des Ordens war mithin bereits geschwächt, als große Teile der mittel-, ost- und nordeuropäischen Abteien die Ordenseinheit zwischen 1378 und 1417 aufkündigten.

Die päpstliche Doppelwahl, die im Jahr 1378 zu einem fast 40jährigen Schisma in der abendländischen Kirche führte, hinterließ auch im Zisterzienserorden tiefe Spuren. Der politischen Entscheidung ihrer Herrscherhäuser folgend, standen die deutschen, böhmischen, polnischen, englischen und skandinavischen sowie große Teile der italienischen und flandrischen Zisterzienser hinter dem römischen Papst Urban VI. (1378–1389) und dessen Nachfolgern, während sich die französischen, spanischen, sizilischen und schottischen Ordenshäuser zum avignonesischen Papst Clemens VII. (1378–1394) bekannten. Hatte die Ausstrahlung der zentralen Ordensinstitutionen bereits in den Jahrzehnten zuvor gelitten, war der Zisterzienserorden nach 1378 faktisch gespalten. Urban VI. hob die Unterstellung der mittel- und nordeuropäischen Zisterzen unter das Generalkapitel von Cîteaux auf und führte Generalkapitel der römischen Obödienz ein, die vor allem im Reich (Wien, Nürnberg) oder in Rom stattfanden. Ein erstes solches Kapitel trat im August 1379 in Nürnberg zusammen. In demselben Jahr riefen die Äbte von Rievaulx und Wardon die englischen und irischen sowie dissidente französische und schottische Zisterzienseräbte zu einem Provinzialkapitel der römischen Obödienz zusammen. Die teilnehmenden Klöster hoben ihre Bindungen an die zumeist französischen Mutterhäuser auf und ordneten ihre Filiationen neu. Beide Päpste belohnten ihre Parteigänger zudem mit neuen Privilegien. Unter anderem erhielten zahlreiche Zisterzienseräbte in der Zeit des großen Schismas das Recht, die Pontifikalien zu tragen. Wegen ihrer Nachbarschaft und traditionellen Beziehungen zum Reich erfasste das Schisma auch den Konvent der Primarabtei Morimond. Die Abtei wechselte unter dem 1380 neu gewählten Abt Konrad zur römischen Obödienz. Es folgte die Absetzung und Vertreibung Konrads durch das in Cîteaux tagende Generalkapitel der avignonesischen Obödienz. Der abgesetzte Abt Konrad übte in Deutschland und den osteuropäischen Nachbarn die Funktion eines Generalvikars aus[5].

Zur Beendigung des päpstlichen Schismas lud eine Gruppe von Kardinälen, Bischöfen und Ordensleuten im März 1409 zu einem allgemeinen Konzil nach Pisa ein. An den Vorbereitungen beteiligte sich Abt Johannes VII. von Cîteaux (1405–1428) mit seinen Amtskollegen aus Clairvaux und Pontigny. Der Zisterzienserorden wurde in Pisa durch eine Delegation von 13 französischen Äbten vertreten. Zwar scheiterte der Versuch, durch die Absetzung der konkurrierenden Päpste und die Neuwahl des Konzilspapstes Alexander V. zur Kircheneinheit zurückzufinden, doch die Zisterzienser beider Obödienzen akzeptierten mehrheitlich den Konzilspapst und seinen Nachfolger Johannes XXIII. (1410–1415)[6]. Die

Wiedervereinigung des Zisterzienserordens nahm im Vorfeld des Konstanzer Konzils sichtbare Gestalt an, für welches das Generalkapitel eine gemeinsame Delegation französischer, englischer und deutscher Äbte nominierte. Mit der Wahl Martins V. wurde auf dem Konstanzer Konzil im November 1417 schließlich ein Ausweg aus dem Schisma der abendländischen Kirche gefunden. Im 15. Jahrhundert hielt gleichwohl die Welle der Zerstörungen und Plünderungen an. Die Hinrichtung des Prager Reformators Jan Hus in Konstanz hatte die militante Bewegung der Hussiten hervorgerufen. Bis 1435 wurden mindestens 30 Ordenshäuser bei den hussitischen Angriffen in Böhmen, Polen und Deutschland verwüstet. In Österreich, Böhmen und Ungarn wurden einige Klöster zudem in die Kriege zwischen Venedig und den Osmanen hineingezogen. Viele Zisterzen litten auch unter der im 15. und 16. Jahrhundert eingezogenen »Türkensteuer«.

6.3 Reformen vor der Reformation

Die Erfahrungen von Krieg und Schisma blieben nicht ohne Folgen für die Ordensverfassung. Um 1400 beschäftigte die förmliche Inkorporation von Frauenklöstern noch einmal die Generalkapitel. Während sich der Orden im frühen 13. Jahrhundert gegen die Vielzahl von Eingliederungswünschen zur Wehr gesetzt und dafür auch den Konflikt mit dem Papsttum nicht gescheut hatte, war die Ausgangssituation 200 Jahre später eine andere. Viele Frauenklöster waren durch Krieg und Pest verarmt und ihre Konvente so dezimiert, dass das Generalkapitel von 1389 die benachbarten Männerklöster aufrief, die Frauen zu unterstützen und die Klostergüter durch Inkorporation in ihren Schutz zu nehmen. Auf diesem Wege kamen zum Beispiel die Frauenklöster Vauxbons im Jahr 1394 an Auberive, Val-des-Vignes an Clairvaux (1399), Les Isles an Pontigny (1399) oder Guyon an Gimont (1454). Andere Frauenklöster wurden zusammengelegt oder zum Ordenswechsel gedrängt[7]. Eine weitere Änderung alter Organisationsprinzipien nahm das Generalkapitel bei der Visitation vor: In den Jahren zwischen 1422 und 1427 benannte das Generalkapitel bevollmächtigte Generalvisitatoren für Deutschland, Skandinavien, Ungarn, Polen, England und Spanien. Damit trugen die Äbte den starken zentrifugalen Kräften im Orden Rechnung, welche nicht zuletzt durch die Verbreitung der Kommende weiter Auftrieb erhielten.

Wie nahmen die Ordensverantwortlichen den Zustand ihres Verbandes im 15. Jahrhundert wahr? Aus der Feder des Abtes Matthias von Clairvaux ist ein in Frankreich und Deutschland weit verbreiteter Traktat über »Erhebung und Niedergang des Zisterzienserordens« (1429) erhalten geblieben, der bitter über Misswirtschaft und Kommende klagt. Eine der ältesten Handschriften aus der rheinischen Abtei Altenberg enthält unter dem erweiterten Titel »Spiegel der Erhebung und Blüte sowie des schließlichen Niedergangs und der Kraftlosigkeit des Zisterzienserordens« neben dem überaus zeitkritischen Text auch eine »Erklärung über die allgemeinen Abgaben und Einkünfte des Ordens und des Generalkapitels« sowie Beschwerden gegen die Finanzgeschäfte der Ordensleitung[8]. Diese pessimistische Zeitdiagnose blieb nicht unwidersprochen, wie ein aus Morimond überlieferter anonymer »Dialog über den gedeihlichen Zustand des Zisterzienserordens und gegen die falschen und schismatischen Ansichten über die Zisterzienser« bezeugt[9]. Dieser fiktive Dialog zwischen einem Prior und seinem Subprior bezieht ausdrücklich gegen den Abt von Clairvaux und dessen Benennung von Missständen Stellung. Dass eine breite Mehrheit von Äbten jedoch Reformbedarf sah, schlug sich auf dem Generalkapitel von 1439 in der Verabschiedung von Reformstatuten nieder. Die Überarbeitung der Ordensgesetzgebung, wie sie im 13. und frühen 14. Jahrhundert durch systematisch geordnete Gesetzbücher (*libelli definitionum*) regelmäßig erfolgt war, hatte man in der späteren Phase unterlassen. Jetzt bedurfte es eines besonderen Anlasses, wie er etwa 1335 beim Erlass der Reformbulle *Fulgens sicut stella* durch den Zisterzienserpapst Benedikt XII. vorgelegen hatte, um zu fundamentalen Änderungen im Gesetzeswerk zu gelangen.

Verglichen mit dem umfassenden Reformversuch Benedikts XII., nehmen sich die Statuten von 1439 eher bescheiden aus. Die Ordnung im Chor, vor allem während der Messe, sowie die Einhaltung der asketischen Vorschriften, insbesondere des Fastens und der Keuschheit, waren den Äbten in diesem Jahr wichtig. Zur Überwachung der Askese hielt man den Rückbau der seit einigen Jahren in Mode gekommenen Einzelzellen für unabdingbar. Genaue Instruktionen betrafen zudem den Fleischkonsum und die Nutzung von Bädern (Stat. 1439/83). Zu einer tiefgreifenden Erneuerung des Ordenslebens fehlte dem Generalkapitel zu diesem Zeitpunkt indessen die Kraft. Noch am Ende des Jahrhunderts beklagten die Ordensväter, »die Hirten sind mehr auf die Milch und die Wolle als auf das Heil ihrer Schafe bedacht« (Stat. 1484/53). Es waren vielmehr die Initiativen einzelner Mönche und Nonnen, die im 15. Jahrhundert regionale Wirkungen zeitigten. Zu solchen individuellen Reformern zählten die niederländischen Mönche des Klosters Sibculo, der Kastilier Martin von Vargas, die Äbte Johannes Eustachius von Nizelles und Aegidius von Royaumont sowie die Äbtissin Gertrud von Pottelis († 1472). Impulse kamen auch von den Studienhäusern des Ordens, deren Zahl im 15. Jahrhundert trotz finanzieller Probleme stetig zunahm (s. Kap. 3/3), und von außerhalb. So lud der im päpstlichen Auftrag agierende Kardinal Nikolaus von Kues († 1464) die Äbte der Salzburger Kirchenprovinz, darunter auch 19 Zisterzienser, zur Teilnahme an einer Visitation ein. Diese externen Kontrollen widersprachen zwar der Ordensverfassung, wurden jedoch durch Briefe an den Abt von Cîteaux und die Primaräbte abgesichert. Im Ergebnis verloren unter anderem drei österreichische Zisterzienseräbte ihr Amt; allerdings war der cusanischen Reform von 1451 keine lang anhaltende Wirkung beschieden[10]. Ähnliche Erfahrungen machte der als Apostolischer Visitator in Norddeutschland tätige Augustinerprior Johannes Busch. Beim Besuch des Zisterzienserinnenklosters Mariensee bei Hannover im Jahr 1455 beklagte er sich über die verweltlichte Lebensweise der adligen Ordensfrauen, wurde jedoch mit Steinen beworfen und mit seinem Gefolge in ein Handgemenge verwickelt[11].

Ein weiterer Beschluss von 1439 hatte die Verehrung der zisterziensischen Heiligen als Mittel der Reform empfohlen (Stat. 1439/98). Elf Jahre später wertete das Generalkapitel die Feste für die Heiligen Wilhelm von Bourges und Petrus von Tarantaise auf (Stat. 1450/27). In anderen Fällen wurde einzelnen Abteien oder regionalen Verbänden Eigenheiten der Heiligenverehrung gestattet, so etwa die Verehrung des früheren Abtes Aelred von Rievaulx in allen englischen Zisterzen (Stat. 1476/69). Dazu passen neue Sammlungen zisterziensischer Heiligenleben, die durch den Buchdruck seit dem späten 15. Jahrhundert eine schnelle Verbreitung erfuhren. Eine der ersten Sammlungen stammte aus der Feder Jeans de Cirey (1476–1501), des bekannten Abtes von Cîteaux und engagierten Reformers. Aus einer alten burgundischen Adelsfamilie stammend, verfügte Jean de Cirey über diplomatische Kontakte zum Hof der burgundischen Herzöge und zu den französischen Königen. König Ludwig XI. erhob ihn 1477 zum ständigen Vertreter in der burgundischen Ständeversammlung. Unter seinen zahlreichen Schriften nehmen ein Kompendium der Ordensheiligen und eine Sammlung der Privilegien (*Bullarium Cisterciense*) einen besonderen Rang ein[12]. In Cîteaux ließ er ein Verzeichnis aller Handschriften (1480–1482) sowie in 16 Bänden das Cartular der Ordenszentrale anlegen (Arch. dép. de Côte-d'Or). Zudem gab er gedruckte Ausgaben des Missale und Psalteriums seines Ordens in Auftrag, die 1484 in Dijon erschienen. Aus der Abtei Baumgarten stammte in demselben Jahr die Druckfassung des Breviars. Zehn Jahre später brachte der Prior Johannes von Clairvaux in Paris eine gedruckte französische Übersetzung des zisterziensischen Ordinariums heraus, die für den Gebrauch in Nonnenklöstern bestimmt war.

Das Papsttum nahm seit Martin V. (1417–1431) großen Anteil an der Entwicklung im wiedervereinigten Zisterzienserorden. Nicht nur, dass die Verleihung des Rechts auf Pontifikalien seit 1417 fast systematische Züge annahm, seit 1443 amtierte auch wieder regelmäßig ein Kardinalprotektor, für den das Generalkapitel von 1493 eine Jahresrente von 100 Golddukaten beschloss. Vor seiner Wahl zum Papst (Alexander VI., 1492–1503) wirkte der mächtige Rodrigo Borgia als Kardinalprotektor für die Zisterzienser an der Kurie Papst Innozenz' VIII. (1484–1492). Innozenz verlieh dem Abt von Cîteaux im Jahr 1489 das Recht, Mönche im gesamten Orden zu Subdiakonen oder Diakonen zu weihen. Als der junge König Karl VIII. vier Jahre später zu einer allgemeinen Synode der französischen Bischöfe und Äbte nach Tours einlud, schien die Zeit günstig, eine umfassende Reform des Ordenslebens in Angriff zu nehmen. In Vorbereitung des Treffens hatte Jean de Cirey ein Memorandum (*Opinio Abbatis Cistercii*) verfasst, in dem die Folgen von Krieg und Schisma schonungslos benannt wurden. Als konkrete Maßnahmen fordert der Abt von Cîteaux die Rückkehr zum Prinzip der freien Abtswahl, die Abschaffung der Kommende und die Einschränkung des Prozesswesens, an dem sich Mönche und Nonnen aller Orden mit Leidenschaft beteiligten. All dies habe in den vergangenen Jahrzehnten zur faktischen Aufhebung von Stabilität und Klausur, von Disziplin und Regeltreue geführt. Der Text endet mit der Forderung, zum Ideal der Gründerväter zurückzukehren. Der König wird aufgefordert, die Ordensäbte zur Teilnahme am nächsten Generalkapitel in Cîteaux zu verpflichten und sich für die Klosterreform einzusetzen[13].

Mit Billigung von König und Papst präsentierte Jean de Cirey im Februar 1494 im Pariser Bernhardskolleg einer Gruppe von etwa 40 Ordensäbten seine Reformvorschläge, die durch das Generalkapitel im September schließlich in die allgemeine Statutengesetzgebung aufgenommen wurden (Stat. 1494/36–56). Im Kern zielten diese Beschlüsse auf die Rückkehr zu den einfachen Prinzipien mönchischen Lebens nach der Benediktsregel und den frühen zisterziensischen Gewohnheiten: tägliches Schuldkapitel, gemeinschaftliches Dormitorium, Schweigen in der Klausur, Einhaltung der *stabilitas loci*, Verbot des Privatbesitzes. Ergänzend riefen die Pariser Artikel noch einige organisatorische Richtlinien der letzten Jahrhunderte in Erinnerung: so die Visitationspflicht der Vateräbte, die regelmäßigen Abrechnungen aller Klosterämter oder die Einführung des Schatzmeisteramtes. Mit diesem Programm waren die Pariser Artikel keineswegs innovativ. Indem sie aber ihren Schwerpunkt auf den Lebenswandel der Mönche und Nonnen und das strenge Leben des einzelnen Konventes legten, vermieden sie ein weiteres Ausufern von Bürokratie und zentraler Kontrolle. Auch wenn die Umsetzung der Reform durch einen Vorrangstreit zwischen Cîteaux und Clairvaux behindert wurde, hatte sich der Zisterzienserorden um 1500 den Ideen der Gründerväter wieder angenähert.

6.4 Neuerungen in der Kirche – Kommende und Kongregationen

Auch innerhalb der Kirche wurden die Zisterzienser vor neue Herausforderungen gestellt. Bereits im 14. Jahrhundert war es in Europa zur Übertragung von Klöstern und ihren Einnahmen an ordensfremde Kleriker oder Laien gekommen (Kommende), die dort nominell als Abt fungierten, obwohl sie sich in der Praxis oft nur durch Verwalter vertreten ließen. Die politische Einflussnahme von Herrschern und Landesherren, die prekäre Finanzsituation der Kurie und der Zerfall der Ordensdisziplin in vielen Häusern trugen zu dieser Entwicklung bei. Im Gegensatz zu seinen Vorgängern und Nachfolgern in Avignon, bei denen die Kommende ein wichtiges Mittel ihrer Personalpolitik war, stellte sich der Zisterzienser Benedikt XII. im Jahre 1335 gegen diese Einrichtung, die in seinen Augen das religiöse Leben in den Klöstern irreparabel beschädigte. Eine ähnliche Initiative zur Aufhebung aller Kommenden unternahm der 1417 vom Konstanzer Konzil gewählte Papst Martin V., der eine Reformphase in der Kirche einläutete. Aufgrund ihrer päpstlichen Privilegien und ihrer regelmäßigen Abgaben an die Kurie und die französische Krone blieb der Zisterzienserorden länger als viele andere

Gemeinschaften von der Ausbreitung des Kommendenwesens verschont. Noch 1415, zwei Jahre vor seiner erzwungenen Abdankung, hatte der Pisaner Konzilspapst Johannes XXIII. den Zisterziensern bestätigt, dass Äbte nur aus dem eigenen Orden zu berufen seien; weitere päpstliche Bestätigungen dieses schon in der *Carta caritatis* festgelegten Grundsatzes erfolgten 1438, 1454 und 1476.

Solche Privilegien verhinderten indessen nicht, dass seit den 1430er Jahren das Kommendenwesen auch im Zisterzienserorden Fuß fassen konnten[14]. Der erste Beleg stammt aus Bonnaigue, einer früheren Gründung Stephans von Obazine im Corrèze; es folgten alsbald Hautecome (1439), Cerredo 1439 und viele andere. Unterstützt durch päpstliche Privilegien sorgten sich die Generalkapitel im 15. und 16. Jahrhundert mehrfach um die Rückerstattung von Kommenden an den Orden: Aus dem Jahr 1475 datiert eine Vereinbarung zwischen dem Abt von Cîteaux und dem päpstlichen Protonotar Anselme Bouton, der als Kommendatarabt von Balerne amtierte. Gegen eine Zahlung von 2500 Francs verzichtete der Protonotar auf sein Amt zugunsten eines regulären Abtes. In Frankreich sicherte das Konkordat von Bologna, das 1516 zwischen Papst Leo X. (1513–1521) und König Franz I. (1515–1547) geschlossen wurde, die Beibehaltung und Ausdehnung des Kommendenwesens unter königlicher Ägide bis zur Revolution[15].

Zwar blieb die Ordenszentrale in Cîteaux von der Kommende verschont, doch breitete sich diese Institution in den meisten europäischen Regionen weiter aus. Ein Visitator des Generalkapitels stellte um 1561 in Süditalien fest, dass »von den 35 als Kommenden geführten Klöstern 16 keine Mönche mehr hatten und die übrigen 19 gemeinsam nur noch 86 Mönche zählten, die ein elendes Dasein fristeten«[16]. Der Versuch des Reformkonzils von Trient (1545–1563), die Kommende ganz abzuschaffen, scheiterte am Widerstand weltlicher und geistlicher Fürsten. In Frankreich setzte sich König Heinrich III. (1574–1589) erfolgreich dafür ein, zumindest die zisterziensischen Primarabteien La Ferté, Pontigny,

Clairvaux und Morimond wieder unter reguläre Ordensäbte zu stellen. Im Revolutionsjahr 1789 standen in Frankreich von 228 Zisterzienserklöstern beider Observanzen nicht weniger als 194 unter einem Kommendatarabt.

In einigen Fällen gingen von Kommendataroberen allerdings auch Impulse zur Erneuerung des Klosterlebens aus. In der Frauenabtei Port-Royal, zu Beginn des 13. Jahrhunderts durch den Pariser Bischof Odo von Sully gegründet, wurde 1561 mit königlicher Billigung die erst 7jährige Tochter eines reichen Pariser Advokaten als Koadjutorin der Äbtissin eingesetzt. Nach der Übernahme des Äbtissinnenamtes ließ sich Jacqueline Arnauld im Alter von 18 Jahren zum religiösen Leben bekehren. Sie verbot ihren Familienmitgliedern den Zutritt zur Abtei, führte die strenge Klausur der Nonnen wieder ein und machte ihr Kloster in ihrer Amtszeit zum Ausgangspunkt einer regionalen Reform (1609–1661). Ein ähnlicher Fall führte im späten 16. Jahrhundert sogar zur Bildung eines eigenständigen zisterziensischen Reformverbandes in Südfrankreich, der päpstlich geförderten Kongregation der Feuillants (Kap. 7/1). Die Bildung von Kongregationen, die aus dem Zisterzienserorden hervorgingen, blieb nicht auf diesen Einzelfall beschränkt. Sie war vielmehr eine folgerichtige Entwicklung aus der Einmischung der hohen Politik und der damit einhergehenden Stärkung territorialer Bindekräfte bei zugleich abnehmender Integrationskraft von Generalkapitel und Primaräbten, die besonders an der Peripherie des Ordens spürbar wurde. Die kirchenpolitischen Rahmenbedingungen in Europa brachten es mit sich, dass regionale Zusammenschlüsse von Klöstern im 15. Jahrhundert zu einem beliebten Mittel der Kirchenreform avancierten, dessen sich Päpste, Konzilien und Landesherren bedienten. Große Kongregationen entstanden um die Benediktiner-Abteien Melk in Niederösterreich (1418), Santa Giustina in Padua (1419), Valladolid in Zentralspanien (1436), Bursfelde in Niedersachsen (1459) oder im Umfeld der niederländisch-niederdeutschen Reformbewegung der *Devotio moderna* (Windesheimer Kongregation)[17].

Die Zisterzienser nahmen mithin bei der Bildung von Kongregationen an einer europäischen Bewegung teil, die den streng zentralisierten Orden zu tiefen Einschnitten in seine Verfassung zwang. Schon vor dem 15. Jahrhundert hatte es im Zisterzienserorden Verbände gegeben, deren Zugehörigkeit zum Orden umstritten war. Der kleine Klosterverband der Florenser, der sich am Ende des 12. Jahrhunderts gebildet hatte, bezog sich zwar auf das Vorbild und Ideal der zisterziensischen Gründerväter, wurde jedoch vom Generalkapitel als schismatische Bewegung kritisiert (1192). Gravierender war für die Zisterzienser seit dem 15. Jahrhundert die Bildung regionaler Kongregationen, da diese das in der *Carta caritatis* festgelegte Wechselspiel von Filiation und Zentralinstanzen unterliefen. Vom Beispiel der Windesheimer Chorherren angeregt, die sich im Jahr 1412 mit der »Kongregation der Brüder vom gemeinsamen Leben« des Reformators Geert Groote vereinigt hatten, schlossen sich im Jahr 1418 niederländische, friesische und niederrheinische Klöster um die Zisterzen Sibculo, Ijsselstein und Warmond zu einem Reformverband zusammen. Die Träger dieser Reform forderten die Rückkehr zur ursprünglichen Strenge der Gründerväter und erbaten vom Generalkapitel in Cîteaux die Erlaubnis zur Einführung strenger Lebensgewohnheiten, die unter anderem den Verzicht auf den Abtstitel und die Verwirklichung eines gemeinschaftlichen Armutsideals beinhalteten. Trotz der rechtlichen Probleme, die ein von den Filiationen unabhängiger Regionalverband stellte, unterstützte der Abt von Cîteaux, Jean de Martigny (1405–1428), die Ideale der *Collegatio galilaeensis*, wie sich der niederländische Reformverband nannte. Im Gegenzug sicherten die beteiligten Klöster die Anerkennung der Ordenssatzungen und -institutionen zu, so dass den Zisterziensern eine Spaltung erspart blieb. Von Sibculo gingen Impulse zur Reform des Ordenslebens und zu Neugründungen in den Niederlanden, am Niederrhein, in Friesland und in Westfalen bis weit in die Neuzeit aus[18].

Eine ähnliche Vorreiterrolle bei der Bildung regionaler Reformverbände spielte der spanische Zisterzienser Martin von Vargas, der als Beichtvater des Konzilspapstes Martin V. über gute Kontakte zu den kirchlichen und politischen Eliten verfügte. Im päpstlichen Dienst stehend, erhielt der frühere Eremit im Jahr 1425 die Erlaubnis zur Gründung zweier Eremitorien in Kastilien, die nicht dem Generalkapitel in Cîteaux unterstanden. In sein Heimatkloster, die Zisterzienserabtei La Piedra, zurückgekehrt, vollzog Martin den Bruch und gründete mit einem Teil des Konventes das Eremitenkloster Mont-Sion bei Toledo. Die Forschung hat die Analogie zum Vorgehen Roberts von Molesme bei der Gründung des Neuklosters zu Recht hervorgehoben[19]. Mit Billigung des Papstes übernahm 1427 die Abtei Valbuena die Reform von Mont-Sion. Auch nach dem Tod Papst Martins V. (1431) und gegen den entschiedenen Widerstand des Generalkapitels (z. B. Stat. 1438/58; 1441/54) schlossen sich weitere spanische Zisterzienserabteien und Neugründungen der Reform Martins von Vargas an, der den Titel eines Generalreformators annahm und seinen Klosterverband unter den Namen »Observanz des heiligen Bernhard« stellte. Auch wenn das Generalkapitel die Mitgliedsklöster nicht mehr als Glieder des Zisterzienserordens betrachtete, erhielten sich hier die zisterziensischen Gewohnheiten bis zur Auflösung der Kongregation im Jahr 1835.

Eine eigenständige »Kongregation des heiligen Bernhard« gründete sich am Ende des 15. Jahrhunderts auch in Italien, die sich mit Unterstützung der Päpste gegen alle Vereinigungsversuche des Generalkapitels zur Wehr setzen konnte[20]. Die letzte, erneut erfolglose Initiative zur Wiedereingliederung der unabhängigen Kongregationen der Lombardei-Toskana und Kastiliens unternahm das Generalkapitel am Ende des 17. Jahrhunderts (Stat. 1699/114–116). Weniger Widerstand seitens des Ordens ist bei den ebenfalls auf der iberischen Halbinsel und in Frankreich erfolgten Kongregationenbildungen weiblicher Ordenshäuser zu verzeichnen. Bei vielen teilnehmenden Frauenklöstern war die Ordenszugehörigkeit ohnehin unklar oder wurde vom Generalkapitel förmlich bestritten. Einen Sonderfall bildete die

Initiative der spanischen Nonne Beatrix da Silva Meneses, die um 1485/90 einen »Orden der Unbefleckten Empfängnis« (Konzeptionistinnen) gründete. Nachdem sie mehrere Jahrzehnte in dem Dominikanerinnenkloster Santo Domingo in Toledo zugebracht und eine besondere Marienverehrung gepflegt hatte, gründete sie um 1484 bei Toledo einen eigenen Konvent, auf den Papst Innozenz VIII. 1489 die zisterziensischen Lebensgewohnheiten übertrug. Dass damit jedoch keineswegs der Anschluss an den Zisterzienserorden verbunden war, wird durch die gleichzeitige Unterstellung des Klosters und auch der nachfolgenden Neugründungen unter die Autorität des Ortsbischofs deutlich markiert. In anderen Fällen wirkten bestehende Zisterzienserinnenabteien mit, wie im weiblichen Zweig der südfranzösischen Kongregation der Feuillants, der um 1588 im Frauenkloster Montesquieu bei Toulouse gebildet wurde, und in weiteren Reformkongregationen des 17. Jahrhunderts (Kap. 7/1).

6.5 Reformation

Im 16. Jahrhundert kulminierten verschiedene Entwicklungen, die das Ordenswesen in vielen Teilen Europas in seiner Existenz bedrohten. Dazu zählten die protestantischen Bewegungen, die seit 1517 das deutsche Reich, die Schweiz, Teile Polens und Böhmens sowie in eigener Ausprägung die Länder der englischen Krone und Skandinavien erfassten, die deutschen Bauernkriege der Jahre 1524 bis 1526 und in weiterer Folge die französischen Religionskriege in der zweiten Hälfte des 16. Jahrhunderts. Die Reformation stellte den Orden zunächst in Deutschland vor die bislang schwerste Krise seit seinem Bestehen. Die Kritik Luthers und anderer Reformatoren am Mönchtum lösten zunächst eine Welle von Klosteraustritten aus. Unter Luthers ersten Gefolgsleuten befanden sich zahlreiche Ordensleute, darunter mit Antonius Corvinus († 1553) auch der ehemalige Abt der Zisterze Loccum. Nicht zuletzt Luthers spätere Ehefrau Katharina von Bora hatte 1523 gemeinsam mit acht Konventualinnen das sächsische Zisterzienserinnenkloster Nimbschen (bei Grimma) verlassen und sich dem Reformator angeschlossen. Ein Jahr später, im Januar 1524, floh die Nonne Florentina von Oberweimar aus dem Zisterzienserinnenkloster in Neu-Helfta bei Eisleben. Die Flucht machte Schule und sorgte für eine polemische Debatte zwischen Reformatoren und Ordensleuten. Florentina hatte einen Bericht über ihre Erfahrungen im Kloster und die Gründe ihres Austrittes veröffentlicht, der in Flugschriften mehrfach nachgedruckt und sogar in Luthers Predigten und Schriften aufgegriffen wurde[21]. Über das Ausmaß der individuellen Austritte liegen keine verlässlichen Zahlen vor, doch muss von einer beträchtlichen Größenordnung ausgegangen werden, da sich die Generalkapitel von 1522 und 1523 damit befassten (Stat. 1522/7; 1523/10).

Vollends bedrohlich wurde die Lage vieler Klöster, als sich in Süddeutschland und Thüringen in den Jahren 1524 bis 1526 die Bauernunruhen unter dem Eindruck der reformatorischen Kritik auch gegen klösterliche Grundherren richteten. Viele dieser Klöster wurden dauerhaft aufgegeben, zumal sich ihre Lage auch nach dem gewaltsamen Ende der Bauernunruhen 1526 nicht besserte. Denn genau in diesem Jahr kam es erstmals zum Übertritt einzelner Landesherren zur neuen Konfession, wie er auf dem Speyrer Reichstag prinzipiell ausgehandelt worden war. Die *Confessio Augustana* von 1530, die wichtigste Bekenntnisschrift des Luthertums, legte in Artikel 27 den Nonnen und Mönche das Verlassen ihrer Klöster nahe. Das Festhalten an den Ordensgelübden wurde unter die »gottlosen Meinungen und Irrtümer« gerechnet. Dabei erkannten die Landesherren in der protestantischen Bewegung vor allem die Möglichkeit, ihre politische und wirtschaftliche Stellung durch flächendeckende Enteignungen kirchlicher Einrichtungen entschieden zu stärken. Die protestantisch gewordenen Landesherren und Reichsstädte gingen dazu über, Klöster in ihren Territorien aufzuheben und klösterlichen Besitz einzuziehen. Der Augsburger Religionsfrieden von 1555 und seine Vorläufer bestätigten das Territorialprinzip (*Cuius regio, eius religio*), auch wenn der Status der Reichsstädte und der geistlichen Fürstentümer weiterhin umstritten blieben[22].

Das reformatorische Geschehen griff, gefördert durch die medialen Möglichkeiten des Buchdrucks, auf alle Nachbarn des Reichs über. Allein im Reichsgebiet wurden im Reformationszeitalter ca. 50 Männerklöster und 130 Frauenklöster des Zisterzienserordens aufgehoben. Der Personalbestand in den 255 Frauenklöstern des Jahres 1500 soll sich von geschätzten 15 000 Nonnen bis 1555 etwa halbiert haben[23]. Die Reaktionen der betroffenen Männerkonvente und ihrer Oberen umfassten das gesamte Spektrum von Ablehnung und Widerstand bis zu Anpassung und Übernahme des neuen Glaubens. Der letzte Abt von Dargun übernahm nach der Auflösung seines Konventes im Jahr 1552 die Stelle eines evangelischen Pastors und verheiratete sich; sein Amtskollege aus Doberan, Nikolaus Peperkorn, schied freiweillig aus dem Amt, blieb jedoch beim katholischen Bekenntnis und verließ das Kloster nur gegen Zusicherung einer Pension. In Loccum blieb der Konvent bis 1593 seinen Ordensgelübden und der zisterziensischen Lebensweise treu. In manchen Abteien erhielt sich der Abtstitel, so in Herrenalb, Königsbronn, Riddagshausen oder Amelungsborn, wo er vom evangelischen Superintendenten von Holzminden geführt werden durfte. Nicht alle Landesherren hatten bei der Verweltlichung von Kirchengut vorrangig fiskalische Interessen. So gründete Herzog Julius von Braunschweig-Wolfenbüttel im alten welfischen Territorium aus den Gütern der aufgehobenen Klöster einen Klosterfonds, mit dem eine Neuordnung des Schul- und Bildungswesens im Sinne der Reformatoren finanziert wurde. Die umgewandelten Zisterzienserkonvente von Amelungsborn, Riddagshausen, Loccum, Michaelstein und Mariental (bei Helmstedt) unterhielten Schulen und beteiligten sich an landesherrlichen Universitätsgründungen.

Eine ähnliche Zielsetzung verfolgte auch die Württembergische Klosterordnung von 1556, die Klöstern ihren Bestand sicherte, sofern »darin das Studium der heiligen göttlichen Schrift geübt, der rechte Gottesdienst gelehrt und gelernet werde«[24]. Herzog Christoph von Württemberg (1550–1568) richtete in den Zisterzienserabteien Bebenhausen, Herrenalb, Königsbronn und Maulbronn evangelische Klosterschulen ein. Dafür durften die alten Konvente an Ort und Stelle bleiben; die evangelischen Äbte wurden vom Landesherrn ernannt. In Hessen richtete Landgraf Philipp IV. (1509–1567) eine Stiftung ein, in die zwei Fünftel des konfiszierten Klosterbesitzes einfloss und die gemeinnützigen Zwecken diente. So wurde in der Abtei Haina etwa eine Heil- und Pflegeanstalt eingerichtet. In der Oberlausitz konnten die beiden Zisterzienserinnenklöster Marienstern und Marienthal mit einem Teil ihrer Pfarreien beim katholischen Bekenntnis bleiben, da hier nicht der Landesherr, sondern die lokalen Obrigkeiten über die Einführung der Reformation entschieden, während im benachbarten Sachsen nach 1539 ausnahmslos alle Klöster aufgehoben wurden. Marienstern und Marienthal wirkten bei der späteren Rekatholisierung der Region entscheidend mit und überstanden durch ihr Engagement im Schul- und Heilwesen auch die neuzeitlichen Säkularisierungstendenzen.

In welchem Maße der Fortbestand der Klöster von der landesherrlichen Politik abhing, macht der sächsische Fall deutlich[25]. Während Kursachsen unter Kurfürst Friedrich dem Weisen (1486–1525) als »Mutterland der Reformation« gilt und die kursächsische Kammer – allerdings unter Beteiligung der Landstände – zwischen 1527 und 1531 fast 60 000 Gulden aus den Einnahmen oder dem Verkauf von Klostergütern verzeichnen konnte, wehrte sich Herzog Georg von Sachsen (1488–1539) im albertinischen Nachbarterritorium erfolgreich gegen die Einführung des neuen Glaubens und betrieb sogar eine aktive Klosterpolitik. Nicht nur dass der Landesherr in Annaberg und Königstein 1502 und 1516 neue Konvente gründete, der Herzog nutzte auch die landesherrlichen Visitationen, die in protestantischen Gebieten sehr effizient für die Kirchengutsäkularisation eingesetzt wurden, als Mittel der Klosterreform. So berief er zur Visitation der Zisterzienserabteien Dobrilugk und Pforta im frühen 16. Jahrhundert zwar Ordensäbte, beanspruchte aber ein Entscheidungs- und Korrekturrecht. Auf seine persönliche Intervention hin wurde 1516 die Visitation von Pforta wiederholt und der Abt aus seiner Stellung entfernt[26]. Georg beanspruchte zu diesem Zeitpunkt – entgegen den alten Ordensprivilegien der Zisterzienser und anderer Gemeinschaften – die Visitations- und Vogteirechte sowie die Aufsicht über die Klostergüter in allen Klöstern seines Territoriums. Damit bereitete er der wenig später einsetzenden Säkularisation den Boden. In vielen Gebieten Europas waren bereits vor der Reformation wichtige wirtschaftliche Verfügungsrechte der Klöster in die Hände der Herrscher oder Landesherren geraten, deren Verwaltungen nach Einführung der Reformation somit einen guten Überblick über das zu konfiszierende Gut hatten.

Mit seinem Amtsantritt legte sich der Nachfolger Georgs, Herzog Heinrich der Fromme von Sachsen (1539–1541), auf den neuen Glauben und auf die mittlerweile in vielen Reichsgebieten erfolgten Klosteraufhebungen fest. Der letzte Abt der Zisterzienserabtei Altzelle, Andreas Schmiedewald, hielt den herzoglichen Visitatoren, die mit der Aufhebung beauftragt waren, im Jahre 1540 lediglich entgegen, er wolle auch in Zukunft nicht auf seinen Habit verzichten. Die Auflösung des Konventes, der Übertritt vieler Konventualen zum neuen Glauben, die Gewährung von moderaten Pensionen und die vollständige Säkularisation des Klosterbesitzes war zu diesem Zeitpunkt beschlossene Sache. Nicht besser erging es einer Vielzahl von Zisterzienserinnenkonventen im Reich. Das Kloster Medingen (bei Lüneburg) wurde 1228 als Filiale der Frauenzisterze Wolmirstadt (bei Magdeburg) gegründet und 1336 an seinen heutigen Standort verlegt. Zu Beginn des 16. Jahrhunderts erlebte das Kloster mit über 100 Nonnen eine Blütezeit. Gegen die Einführung der Reformation wehrte sich der Konvent unter anderem durch die Verbrennung protestantischen Schrifttums. Herzog Ernst zu Braunschweig-Lüneburg ließ um 1539 die Kirche und Konventsgebäude beschädigen, um die Nonnen zum Verlassen des Klosters zu zwingen. Seit 1542 war der gesamte Grundbesitz der Medinger Nonnen konfisziert. Die tatkräftige Äbtissin Margareta von Stöterogge konnte allerdings Archiv, Bibliothek und Klosterschätze vor den herzoglichen Amtleuten zum Bischof von Hildesheim in Sicherheit bringen. Erst im Jahr 1555 verstand man sich zu einem Kompromiss im sog. »Nonnenkrieg«: Medingen erhielt einen Teil seiner Klostergüter zurück und wurde, wie viele andere Frauenklöster auch, in ein evangelisches Damenstift (ab 1559) umgewandelt, das bis heute Bestand hat[27].

In England wurden nach ihrer schrittweisen Aufhebung die klösterlichen Güter in einen neu geschaffenen *Court of the Augmentation of the King's Revenue* übertragen, der für den schnellen Weiterverkauf zu sorgen hatte, um die königliche Schatzkammer zu stützen. Auch in Skandinavien führte der Prozess der Reformation aus politischen Gründen zur flächendeckenden Aufhebung der Klöster. Im Jahre 1523 löste sich Schweden unter Gustav Vasa aus der Union mit Dänemark und Norwegen und sagte sich zugleich von der römischen Kirche los. Zu diesem Zeitpunkt hatten bereits viele schwedische Klöster, darunter auch Zisterzienserabteien, unter den kriegerischen Auseinandersetzungen mit der dänischen Krone gelitten. König Frederik I. von Dänemark und Norwegen ordnete zunächst die Verstaatlichung der 15 reichsten Klöster seines Territoriums an, bevor sein Sohn Christian III. (1534– 1559) als König von Dänemark, Norwegen und Island die flächendeckende Einführung der Reformation und die Enteignung der Klöster vollzog. Allein durch die Verstaatlichung des Grundbesitzes der Zisterzienserabtei Esrom fiel etwa ein Drittel des gesamten Grundbesitzes der dänischen Hauptinsel Seeland an die Krone. Welche Opfer der Zisterzienserorden in dem langen Zeitalter der europäischen Kriege und Religionskonflikte von den Hussitenkriegen bis zum Beginn des Dreißigjährigen Krieges zu erbringen hatte, deuten die gewiss nicht vollständigen Listen von Ordensmärtyrern im *Menologium* und in den *Lilia Cistercii* des spanischen Ordenshistorikers Henriquez von 1630/1633 an.

7 Diversität und Dekadenz – das Ordensleben im Zeitalter von katholischer Reform, Revolution und Säkularisation

Eine umfassende Geschichte des Zisterzienserordens in der Neuzeit steht bis heute aus. Die lange Phase zwischen den Zäsuren der Reformation und Revolution war von widersprüchlichen Impulsen geprägt: von gegenreformatorischem Eifer und aufklärerischem Rationalismus, von barocker Opulenz und pietistischem Armutsideal, von großen Gelehrten, weltabgewandten Eremiten und genusssüchtigen Prälaten. Dasselbe gilt für die verschiedenen Wellen der Säkularisation, vom Josephinismus in Österreich und Belgien über die Revolutionsdekrete von 1789–1794 und den Folgen des Reichsdeputationshauptschlusses von 1803 bis zu den Klosteraufhebungen und Enteignungen durch die Nationalsozialisten sowie durch kommunistische Regierungen Osteuropas nach 1945, die im abschließenden Kapitel behandelt werden. In all diesen Umbrüchen hat es immer beharrende Kräfte und das Potenzial für Neuansätze gegeben, zuletzt nach der »Wende« von 1989/90 in einigen Klöstern Polens, Tschechiens und Ungarns. Die beiden letzten Kapitel können nur einige Orientierungspunkte für die Geschichte des Zisterzienserordens in den umwälzenden historischen Ereignissen der neuen und neuesten Zeit geben.

7.1 Katholische Reform und neue Kongregationen – die Zisterzienser nach der Reformation

Der Zisterzienserorden hatte den politischen und religiösen Umbrüchen in den von der Reformation betroffenen Ländern nur wenig entgegenzusetzen. Das Generalkapitel in Cîteaux tagte in der zweiten Hälfte des 16. Jahrhunderts nur noch selten. Auch die Teilnehmerzahlen lagen deutlich unter denen der ersten Jahrhunderte; im Durchschnitt kamen im 16. Jahrhundert nur 15 bis 20 Äbte nach Cîteaux. Einerseits hatte das Kommendenwesen die beiden zentralen Ordenseinrichtungen, das Generalkapitel und die Visitation, ausgehöhlt, da sich die Kommendataräbte weder an Versammlungen noch an kontrollierenden Besuchen ihrer Filialen beteiligten. Andererseits zerstörten die Klosterauflösungen der Reformationszeit und in den Religionskriegen – die Forschung schätzt die Verluste des 16. Jahrhunderts auf mindestens 450 zisterziensische Männer- und Frauenklöster in ganz Europa[1] – das Filiationssystem und forderten zu neuen Organisationsprinzipien heraus.

Mit den Folgen der Reformation befasste sich zentral das Konzil von Trient (1545–1563), auf dem auch Zisterzienseräbte anwesend waren. Der Abt von Vaucelles schilderte den Konzilsvätern im Jahr 1548 im Auftrag des Generalkapitels die trostlosen Zustände in den meisten Ordenshäusern, wobei er die Kommende als Hauptübel benannte[2]. Das Generalkapitel von 1562 ermächtigte den Abt von Cîteaux, eine Kommission auszuwählen, die bei der Schlusssession in Trient die Interessen des Ordens vertreten sollte. Insbesondere das »Dekret über die Ordensleute« (*Decretum de regularibus*), das die Gültigkeit der Ordensgelübde, die Wahrung der klösterlichen Disziplin und die Notwendigkeit von Reformen betonte, wurde von den Zisterziensern mitgetragen und auf dem Generalkapitel von 1565 offiziell bestätigt. Die Konzilsväter von Trient vertrauten in ihrem Reformanliegen den alten Rezepten der Kapitel und

Visitationen. Die Generaläbte von Cîteaux griffen die Tridentiner Impulse energisch auf. Auf ausgedehnten Visitationsreisen versuchten sich die Generaläbte Louis de Bassey (1560–1564), Jérôme de la Souchière (1565–1571) und Nicolas I. Boucherat (1571–1584), alle drei Teilnehmer am Konzil von Trient, ein Bild von den Verlusten und von den Zuständen in den erhaltenen Klöstern zu machen[3]. Louis de Bassey visitierte 1564 die italienischen Zisterzen und versuchte durch seine Teilnahme am Kapitel der Lombardisch-Toskanischen Kongregation diese zu einer Rückkehr in den Orden zu bewegen. Allerdings schlief nach seinem Tod am 19. Dezember 1564 die Initiative wieder ein. Bei seiner Visitation von 1572 bis 1574 traf sein zweiter Nachfolger, Abt Nicolas I. Boucherat von Cîteaux, in Deutschland und der Schweiz auf ein weitgehend verwahrlostes Ordensleben: In den Kirchenprovinzen Köln, Mainz und Trier gebe es nur zwei von den Konventen selbst gewählte Äbte; manche Frauenklöster »glichen eher Bordellen«[4]. In den besuchten Männerklöstern in Deutschland registrierte er 513 Mönche, 59 Novizen, 24 Oblaten und 21 Laienbrüder. In Salem lebten immerhin noch 56 Mönche, gefolgt von Altenberg (44 Mönche), Kaisheim (38 Mönche) und Himmerod (34 Mönche). Andere Konvente wie Pairis, Fürstenzell oder Marienstatt waren fast vollständig verlassen. Bereits vier Jahre zuvor hatte Nicolas I. Boucherat die 27 Zisterzen im Kirchenstaat visitiert, von denen zehn gänzlich verlassen und fünf in den Händen von Weltklerikern waren. In den verbleibenden neun, großenteils baufälligen Häusern lebten nur 43 Mönche. Ähnliche Zustände herrschten in den sieben sizilischen Zisterzen.

Die Lage des Ordens wurde durch die Separationsbestrebungen verschiedener regionaler Klosterverbände noch komplizierter. Wie dargestellt, gab es in der Mitte des 16. Jahrhunderts bereits aktive regionale Kongregationen in den Niederlanden und in Westfalen, in der Lombardei und Toskana sowie in Spanien, die nur im ersten Fall vom Orden toleriert und in den beiden südeuropäischen Regionen vom Generalkapitel energisch angefeindet wurden (Kap. 6/4). Auch nach dem Tridentinum setzte sich, durchaus beflügelt von der Idee der katholischen Reform, die Bildung regionaler Verbände weiter fort. Einen Ausgangspunkt bildete die alte Zisterze Feuillant bei Comminges, die seit 1493 unter der Kommende stand. Der als Kommendatarabt eingesetzte Jean de la Barrière (1561–1600) reformierte in Feuillant den Konvent, in den er selbst als Novize eintrat. Nach seiner förmlichen Abtsweihe 1577 zwang er die verweltlicht lebenden Mönche zur Einführung asketischer Regeln, die über die alten zisterziensischen Gewohnheiten hinausgingen. Die Mönche ernährten sich von Wasser, Brot und selbst angebauten Kräutern. Sie verzichteten auf den Gebrauch von Tischen, Stühlen und Betten, trugen im Kloster weder Schuhe noch Kopfbedeckungen und achteten streng auf die Einhaltung des Schweigegebots.

Die Abweichung von der zisterziensischen Norm rief den Protest des Generalkapitels hervor, doch erlaubten die Päpste Gregor XIII. (1572–1585) und Sixtus V. (1585–1590) die Bildung einer eigenständigen Reformkongregation. Mit päpstlicher Hilfe gründeten die Feuillants zwei Niederlassungen in Rom, die ab 1630 das Zentrum eines kleinen italienischen Reformverbandes wurden. Weitere fünf französische Häuser schlossen sich bis 1600 der Kongregation an, darunter am bedeutendsten der Konvent in Paris, der von König Heinrich III. (1574–1589) unterstützt wurde. In den unter diesem Herrscher ausbrechenden Religionskriegen spaltete sich die französische Kongregation der Feuillants von den italienischen Häusern, die in Italien als »Kongregation des heiligen Bernhard« fortbestanden. In Frankreich umfasste die Kongregation bei der Auflösung der französischen Klöster im Jahr 1790 immerhin 24 Männerabteien und eine kleine Gruppe südfranzösischer Frauenklöster, deren Haupt in Montesquiou (Diöz. Rieux) lag[5].

Die negativen Erfahrungen in Südeuropa hielten den Orden im späten 16. und im 17. Jahrhundert freilich nicht davon ab, das Mittel der Kongregationenbildung zu Reformzwecken einzusetzen und die Stärkung regionaler Organisationsstrukturen in Verantwortung der Ordenszentrale in Cîteaux zu betreiben. Visitationen nach dem Regionalprinzip hatte es seit dem 14. Jahrhundert immer wieder gegeben, doch erst in der Phase nach der Reformation erschienen sie als zentrales Mittel der Reform. Sie wurden flankiert von Provinzialkapiteln und umfassenden Vollmachten der Visitatoren, die immer häufiger als *reformatores* angesprochen werden. Mit Abt Edmund de la Croix von Cîteaux (1584–1604) ist ein Höhepunkt dieser Entwicklung erreicht. Zunächst hatte er als beauftragter Visitator für Polen auf einem Provinzialkapitel von 1580 erste Reformstatuten erlassen, durch die die polnischen Zisterzen zu einer Kongregation innerhalb des Zisterzienserordens wurden. Nach seiner Wahl zum Generalabt erhielt Edmund von Papst Clemens VIII. (1592–1605) die Aufforderung, die Reform in seinem Orden durch Visitationen und Provinzialkapitel im Geiste der Tridentinischen Beschlüsse zu verstärken. Ausgedehnte Visitationsreisen führten Edmund de la Croix auf Provinzialkapitel in Italien, Frankreich, Burgund, Savoyen, Belgien, Deutschland, Polen, Böhmen, Mähren, Schlesien und benachbarte Regionen. Im Jahr 1590 ernannte Edmund Abt Anton Flamingk von Zbraslav (Königssaal) zum *Vicarius et Comissarius Generalis* in Böhmen, Mähren, Schlesien und der Lausitz. Dessen Hauptaufgabe lag auf der Restitution von Klostergütern, die im Zuge der Hussitenkriege und der Reformation verloren gegangen waren. Diese Tätigkeit gipfelte in der Einrichtung der böhmischen Ordensprovinz auf einer Äbteversammlung in Prag im Januar 1616 durch den neuen Generalabt Nicolas II. Boucherat (1604–1625).

Großen Einfluss übte auf die Stärkung der regionalen Strukturen im Zisterzienserorden die Entwicklung in Süddeutschland aus. Auf einem Kapitel der süddeutschen Äbte, das 1595 in Fürstenfeld unter Beteiligung benachbarter Zisterzienser stattfand, wurden die Fürstenfelder Reformstatuten verabschiedet, die auf den polnischen Reformstatuten Abt Edmunds de la Croix basierten und dem Geist der Tridentinischen Reformen verpflichtet waren[6]. In insgesamt 35 Kapiteln bekennen sich die Teilnehmer zu den Ordensgelübden, zu Gottesdienst und Gebet, Messritus und Heiligenkult. Ferner legen sie Grundsätze zur Gestalt der Klöster, zur Rolle der Äbte, zu Studien und Pfarreien und zur Novizenausbildung fest oder bringen sie in Erinnerung. Erst im letzten Kapitel beschreiben die Statuten von 1595 die neuartige Organisationsstruktur innerhalb der teilnehmenden Zisterzen. Das Gebiet wurde als Vikariat bezeichnet und in vier Provinzen eingeteilt, die jeweils von einem Abt als Provinzvikar geleitet wurden: Den Klöstern in der Schweiz, in Schwaben und im Elsass stand der Abt von Salem vor. Die bedeutende Stellung von Salem wurde bereits hervorgehoben. Sie hatte sich 1593 in der Abhaltung eines ersten Kapitels der oberdeutschen Zisterzen niedergeschlagen. Die Provinz Franken wurde von Ebrach aus verwaltet, die bayerischen Zisterzen von Aldersbach und die Tiroler Klöster von Kaisheim aus. Die Provinzvikare hatten die Pflicht zur jährlichen Visitation ihrer Klöster, sofern die Vateräbte dieser Aufgabe nicht nachkamen.

Um ein deutliches Zeichen gegen separatistische Tendenzen zu setzen, mussten die Vikare ihre Visitationen mindestens drei Monate vor Reisebeginn beim Generalabt und Generalkapitel in Cîteaux anmelden, da sich die zentralen Ordensinstanzen ein höheres Visitationsrecht in allen Zisterzen vorbehielten. Das Recht zur Ernennung von Provinzvikaren lag nach einer Entscheidung des Generalkapitels von 1605 beim Generalabt und den vier Primaräbten (Stat. 24); 1623 ist nur noch vom Abt von Cîteaux die Rede (Stat. 22–23). Ein Jahr später mündete die 1595 begonnene Reform in der formellen Einrichtung einer Oberdeutschen Kongregation durch Papst Urban VIII. (1623–1644), deren 19 Gründungsmitglieder in leicht verändertem Provinzzuschnitt organisiert waren[7]. Der Papst hatte bei diesem Schritt im Jahr 1624 die Oberhoheit der zentralen Ordensinstanzen betont, die die Einheit des Ordens auch bei Wegfall des Filiationssystems und der Stärkung regionaler Strukturen gewähren sollten. Kurz zuvor waren durch das Generalkapitel in Cîteaux auch die neuen Kongregationen der kalabrischen (1605), römischen (1613) und aragonesischen (1613) Zisterzienserklöster gebilligt worden[8]. Ähnliche Strukturen wurden überdies in Österreich und Irland geschaffen.

Um eine effiziente Arbeit auf den unterschiedlichen Ebenen zu gewährleisten, wurde auch das Generalkapitel reformiert. Es sollte nur noch alle sechs Jahre in Cîteaux abgehalten werden, fand aber im 17. Jahrhundert vor dem Hintergrund neuer kriegerischer und politischer Wirren deutlich seltener statt. Die neuen Kongregationen ließen sich hier durch zwei gewählte Äbte vertreten. Eine Reintegration der lombardisch-toskanischen, kastilischen, portugiesischen und niederländischen Häuser in den Gesamtorden blieb allerdings auch weiterhin unerreichbar.

Aus eigenem Antrieb und ohne erkennbare Beteiligung des Generalkapitels schlossen sich in den Jahrzehnten vor und nach 1600 auch weitere zisterziensische Frauenkonvente zu Reformverbänden zusammen. Auf den kleinen weiblichen Zweig der Feuillants wurde schon hingewiesen. Nur wenig größere Ausmaße nahm der regionale Reformverband spanischer Frauenzisterzen an, die sich strengeren Regeln unterwerfen wollten. Um 1594 fanden sich zunächst etwa 20 reformwillige Nonnen mit Billigung der Äbtissin von Las Huelgas, der wichtigsten spanischen Frauenzisterze, zusammen, um einen strengen Konvent in einem aufgelassenen Kloster in Valladolid zu gründen. Der Konvent erhielt weiteren Zulauf und bildete eine kleine Kongregation von etwa einem Dutzend Klöstern (*Congrégation des Récolettes de la Fédération de Valadolid*), die bis in die Mitte des 20. Jahrhunderts existierte, bevor sie im neuen Zusammenschluss spanischer Zisterzienser der allgemeinen Observanz aufging. Auch von der ältesten französischen Frauenzisterze, Le Tart in Burgund, ging im 17. Jahrhundert die Initiative zu einer Reformbewegung aus. Wie im Falle des Gründers der Feuillants, Jean de la Barrière, oder des bedeutenden Abtes von La Trappe, Jean-Armand Le Bouthillier de Rancé (s. das folgende Kapitel), gab auch in Le Tart die religiöse Konversion eines Kommendataroberen den Anstoß zur Reform[9]. Als Tochter des Barons von Pourlans sollte die Adlige Jeanne de Courcelles († 1651) im Alter von 25 Jahren die Abtei Le Tart als Äbtissin übernehmen, obwohl sie seit 1607 Mitglied eines streng lebenden Klarissenkonventes war. Sie lehnte die Würde zunächst ab und durchlief 1617 erst das zisterziensische Noviziat. Nach ihrer regulären Äbtissinnenweihe veranlasste sie 1623 den Umzug aus den konfortablen Unterkünften in Le Tart in ein schlichtes Haus in Dijon. Das strikte Leben fand 1626 die Billigung Papst Urbans VIII., der die Nonnen von Le Tart – ohne erkennbaren Widerstand des Ordens – der Autorität von Cîteaux entzog und dem Ortsbischof unterstellte.

Zu derselben Zeit reformierten sich auch die Zisterzienserinnen von Sainte-Catherine du Semnoz in den Savoyen. Unter ihrer Äbtissin Louise Perrucard de Ballon gründete sich der Konvent mit der Unterstützung des Bischofs Franz von Sales († 1622) in Rumilly neu. Das strenge Leben in Rumilly zog so viele Frauen an, dass insgesamt 15 Tochterklöster gegründet wurden, die als »Bernhardinerinnen der göttlichen Vorsehung« bis zur Französischen Revolution bestanden. Andere Frauengemeinschaften, so die großen Konvente von Port-Royal-des-Champs (bei Paris) oder Voisins (bei Orléans), waren zeitweise von jansenitischen Vorstellungen geprägt, die von der augustinischen Gnadenlehre ausgingen und das intellektuelle Milieu des Zisterzienserordens im 17. Jahrhundert beunruhigten.

7.2 Ringen um die Lebensweise – die Entstehung der strengen Observanz

Während an der katholisch gebliebenen Peripherie in dem neuen Gerüst der Kongregationen eine zeitweise Stabilisierung der Verhältnisse gelang, wenn auch teilweise um den Preis des faktischen Ausscheidens vieler Klöster aus dem Orden, wurden die Zisterzienser in Frankreich um 1600 von neuen Auseinandersetzungen erschüttert. Nach dem Ende der gewalttätigen Ausschreitungen der Religionskriege, die zwischen 1562 und 1598 zur Zerstörung von bis zu 200 Zisterzienserklöstern geführt hatten, beschritt unter Generalabt Edmund de la Croix die bedeutendste Primarabtei Clairvaux erneut einen Sonderweg. Diesmal ging es um die Auslegung der zisterziensischen Lebensweise oder Regelobservanz (*observantia regularis*). Für das Generalkapitel, das nach fast 20jähriger Unterbrechung im Mai 1601 in Cîteaux stattfinden sollte, hatte Edmund die Diskussion und Verabschiedung der in den polnischen und Fürstenfelder Reformstatuten festgelegten Grundsätze für den Gesamtorden vorgesehen. Um dieses Ziel zu erreichen, wurde besonders viel Energie in die Vorbereitung und Einladung zu diesem »großen Kapitel« aufgewendet, auf dem – nach den stetig abnehmenden Besucherzahlen des 16. Jahrhunderts – insgesamt über 1000 Teilnehmer, in der Mehrzahl freilich Nicht-Äbte in beratender Funktion, erschienen. Das Kapitel erarbeitete ausführliche Reformvorschläge, die schon bald nach dem Tod Abt Edmunds von Cîteaux 1604 wieder auf Kritik stießen.

Der Abt von Clairvaux, Denis Largentier (1596–1624), förderte in seinem Filiationsverband eigene Reformtendenzen[10]. Unter den wenigen regulären Äbten, die sich gegen die Kommende zur Wehr setzen konnten, profilierte sich der Abt von La Charmoye und Châtillon, Octavius Arnolfini, als er im Jahre 1606 gemeinsam mit weiteren Mönchen aus Cîteaux und L'Aumône eine neue Profess formulierte, die sich an der strengen Regelauslegung der Gründerväter orientierte. Insbesondere ging es den Anhängern dieser Reform um die vollständige Abstinenz vom Fleischgenuss und die Rückkehr zum Schweigegebot in der Klausur. Dieser symbolische Akt gewann an rechtlicher Bedeutung, als Abt Denis Largentier die »strenge Regelobservanz« im Jahr 1616 auf alle Klöster seiner Filiation ausdehnte. Das Generalkapitel von 1618, das sich für die Einführung der römischen Liturgie und damit für eine radikale Abkehr von der Ordensüberlieferung aussprach (s. Kap. 7/2), versuchte unter Leitung des Generalabtes Nicolas II. Boucherat die Bildung unterschiedlicher Observanzen zu verhindern und zwischen den »strengen« und »gemäßigten« Reformern zu vermitteln. Jedoch schlug sich der im päpstlichen Auftrag mit der Klosterreform in Frankreich befasste

Kardinal François de la Rochefoucauld († 1645) auf die Seite der von Clairvaux geführten Reformgruppe. Er gestattete diesen Klöstern im Jahr 1623 die Bildung einer eigenen Kongregation und die Befolgung der strengen Regelobservanz. Gegen den Rat des Abtes von Cîteaux verurteilte das Generalkapitel desselben Jahres diesen Schritt als schismatisch und bestritt seine Rechtmäßigkeit (Stat. 24–26). Nach dem Tod der Äbte Denis von Clairvaux (1624) und Nicolas II. von Cîteaux (1625) stellte sich der zum Kardinalprotektor der Zisterzienser ernannte Kardinal de la Rochefoucauld an die Spitze der Reformbewegung der strengen Observanz, die er im gesamten Orden durchzusetzen bestrebt war. Unter anderem schlug er dafür die Zerschlagung der Konvente des Mutterhauses und der vier Primarabteien vor, die auf Häuser der strengen Observanz verteilt werden sollten, während neue »strenge« Konvente unter der Leitung neu gewählter Äbte oder Koadjutoren die Haupthäuser des Ordens besetzten. Dass sich gegen diese Reformdekrete des Kardinals heftiger Widerstand regte, lässt sich denken.

Maßgeblichen Einfluss auf die Entscheidungen im Zisterzienserorden nahmen in dieser Zeit das französische Königtum und seine Organe. Mit dem absolutistischen Régime korrespondierte in Frankreich im 17. Jahrhundert ein staatskirchlich geprägtes Christentum (Gallikanismus), dem sich auch die exemten religiösen Orden wie die Zisterzienser nicht entziehen konnten. Zwar scheiterte die französische Klerusversammlung von 1625/26 damit, eine Generalregel für alle französischen Klöster einzuführen, die der Hoheit ihrer Orden und der päpstlichen Kurie entzogen und den vom König eingesetzten Ortsbischöfen unterstellt werden sollten. Doch in der Praxis bestimmten die Entscheidungen des königlichen Gerichtshofs (*Parlement*) und der königlichen Regierung (*Conseil d'État*) in Paris immer häufiger die Geschicke im Orden. Insbesondere der mächtige Premierminister Ludwigs XIII. und Ludwigs XIV., Kardinal Richelieu (1624–1642), vertrat die gallikanische Politik der Krone gegenüber den religiösen Orden. Die Entscheidung des zisterziensischen Generalkapitels von 1618 zugunsten der römischen Liturgie lässt sich in diesem Kontext auch als Bekenntnis der von Cîteaux angeführten allgemeinen Observanz zum römischen Papsttum verstehen. Aber auch mit römischer Unterstützung ließ sich der wachsende Einfluss Richelieus nicht verhindern. Als Kommendatarabt von Cluny und Prémontré hatte er bereits zwei der größten Klosterverbände Frankreichs unter seine Kontrolle gebracht, als er sich 1635 auch aktiv in die zisterziensische Politik einmischte[11]. In diesem Jahr erschien eine polemische »Apologie des Zisterzienserordens«, die den Anhängern der strengen Observanz Eigenmächtigkeit und die Untergrabung der Autorität der zentralen Ordensinstanzen vorwarf. Die Kardinäle Richelieu und de la Rochefoucauld sorgten im Gegenzug im November 1635 für den Rücktritt des Generalabtes Pierre Nivelle von Cîteaux (1625–1635), der bis dahin die Opposition gegen die strenge Observanz angeführt hatte. An seiner Stelle wählte der Konvent von Cîteaux Richelieu selbst zum neuen Generalabt (1635–1642).

Das unmittelbare Eingreifen der französischen Krone in Cîteaux führte verständlicherweise zu Protesten seitens der römische Kurie, denen sich die nichtfranzösischen Häuser des Zisterzienserordens anschlossen. Auch die Anhänger der strengen Observanz gerieten durch die Vorgänge im Mutterhaus als Vertreter des Gallikanismus in Rom und weiten Teilen des Ordens in Misskredit. Unterdessen scheiterte Richelieu bei seinem Versuch, durch die Umgestaltung des Konventes in Cîteaux den Gesamtorden auf die Linie der strengen Observanz zu bringen. Zwar versetzte er große Teile des alten Konventes und berief neue »strenge« Mitglieder, doch griff der 30jährige Krieg im Oktober 1636 durch einen Überfall habsburgischer Truppen auch nach Burgund aus. Die Abtei Cîteaux wurde geplündert und geriet für die nächsten Jahrzehnte in eine desolate wirtschaftliche Lage. Nach dem Tod Richelieus 1642 eskalierte der Streit anlässlich der Neubesetzung des Abtsstuhls von Cîteaux erneut. Mittels einer Appellation an die römische Kurie konnte sich mit Claude Vaussin (1646–1670) ein Gegner der strengen Observanz durchsetzen.

Langjährige Prozesse vor dem königlichen *Parlement* in Paris und an der Kurie durchzogen seine Amtszeit. Bei jeder sich bietenden Gelegenheit, etwa der Neuwahl von Äbten oder der Visitation von Ordenshäusern, standen sich Vertreter der allgemeinen und strengen Observanz unversöhnlich gegenüber. Letztere hielten eigene Kapitel ab und wählten einen Generalvikar aus ihren Reihen, der ihre Interessen unter anderem am französischen Hof vertrat, dem noch immer wichtigsten Verbündeten der »Strengen«. Währenddessen unterhielt die allgemeine Observanz einen ständigen Ordensprokurator an der römischen Kurie, die in diesen Jahren der stärkste Förderer der vom Mutterhaus Cîteaux geführten allgemeinen Observanz war. Nachdem das Königsgericht 1660/61 für seine Ablösung als Generalabt votiert hatte, wandte sich Claude Vaussin erneut an die Kurie.

Papst Alexander VII. (1655–1667) unterstützte die von Cîteaux betriebene Reform des Gesamtordens und forderte die Streitparteien zur Einheit auf. Damit stieß er einen Diskussionsprozess an, an dem sich neben dem Generalabt und den Primaräbten für die strenge Observanz vor allem die Äbte von La Trappe und Le Val-Richer, Armand-Jean Le Bouthillier de Rancé und Dominique Georges, beteiligten. Als Ergebnis veröffentlichte Papst Alexander VII. am 19. April 1666 die Konstitution *In suprema*, mit der er der Reform im Orden eine neue Richtung gab. Der Text rief zunächst die Grundsätze der Benediktsregel in Erinnerung. Er bestätigte die Rechtmäßigkeit der meisten der von den »Strengen« geforderten Speise- und Schweigerichtlinien, ließ jedoch auch die aufgrund besonderer Privilegien in Anspruch genommenen Lockerungen der »Allgemeinen« zu. Die Ordenseinheit sollte unter dem Generalabt von Cîteaux sowie den vier Primaräbten wieder hergestellt werden. Auf den Generalkapiteln wurde den Vertretern der strengen Observanz ein Proporz bei der Besetzung des Definitoriums, d. h. im zentralen Ausschuss zur Vorbereitung der Generalkapitelsbeschlüsse, zugesichert. Die Konstitution fasste die 55 französischen Klöster der strengen Observanz, die mehrheitlich dem Filiationsverband von Clairvaux angehörten, in drei neuen Provinzen zusammen, für die jeweils ein Visitator zuständig war. Jeder Observanz wurde gestattet, für ihre Klöster gemeinsame Noviziate einzurichten. Diese ausgewogenen Bestimmungen erlaubten den Verfechtern der strengen Observanz, ihre Werte und Normen weitgehend beizubehalten, ohne die Ordenseinheit zu sprengen. Nichtsdestotrotz regte sich auf dem folgenden Generalkapitel von 1667 Widerstand von verschiedenen Seiten. Abt Rancé von La Trappe (1664–1700) trat für strengere Schweigeregeln in allen Ordenshäusern ein, während Vertreter der Oberdeutschen Kongregation die Gleichstellung der strengen Observanz bei der Besetzung des Definitoriums kritisierten[12].

Im Jahr 1670 verstarb Claude Vaussin, in dessen Amtszeit nicht nur der Observanzenstreit, sondern auch eine intensive Arbeit an neuen liturgischen Büchern für den Orden fiel, die die traditionelle zisterziensische Liturgie mit den römischen Forderungen nach Anpassung in Übereinstimmung zu bringen hatten. Als neuer Generalabt wurde der Konventuale von Cîteaux Jean Petit (1670–1692) gewählt, der der strengen Observanz zuzurechnen war. Seine fast einmütige Wahl durch den Konvent von Cîteaux nährte die Hoffnung auf eine Entschärfung des Konfliktes und auf die Akzeptanz des päpstlichen Kompromissvorschlags von 1667. Als allerdings Papst Clemens X. (1670–1676) im April 1672 auf den Protest der Oberdeutschen Kongregation hin die Gleichstellung der strengen Observanz bei der Besetzung des Definitoriums rückgängig machte, zerstritt sich das Generalkapitel desselben Jahres über die Frage der Definitoren. Während sich Jean Petit auf Dauer erfolgreich für einen Frieden zwischen beiden Observanzen einsetzte, sah er sich anlässlich seiner für 1674 geplanten Visitation von Clairvaux mit neuen Anfeindungen seitens der Primaräbte konfrontiert. Trotz des Ausgleichs im Observanzenstreit, der auf den Generalkapiteln von 1683, 1686 und 1699 bekräftigt wurde, blieb somit die Diskussion um die Ordenseinheit erhalten, kam doch die Ablehnung der Jurisdiktion des Generalabtes von Cîteaux durch die Primaräbte der Verselbständigung der Filiationsverbände gleich. Der Konflikt zwischen Cîteaux und den Primarabteien prägt den gesamten Zeitraum bis zur Auflösung des Ordens in der Französischen Revolution, wohingegen die Trennung der Observanzen erst bei den Neuansätzen des 19. Jahrhunderts eine Schlüsselrolle zurückgewinnen sollte.

Zu einer prägenden Gestalt im französischen Zisterziensertum wurde in der zweiten Hälfte des 17. Jahrhunderts der hochadlige Kleriker Jean-Armand Le Bouthillier de Rancé[13]. Bereits seit seiner Kindheit führte er den Titel eines Kommendatarabtes von La Trappe. Nach seiner religiösen Konversion trat er 1657 als Novize in den Zisterzienserorden ein, wo er 1664 zum regulären Abt von La Trappe geweiht wurde. Mit seinem Programm der vollständigen Rückkehr zur Benediktsregel stand er zwar der strengen Observanz nahe, doch er setzte seine Energie vorrangig für die Belange seines eigenen Klosters ein, für dessen Reform er die Unterstützung durch König und Papst gewann. Durch zwei päpstliche Breven aus dem Jahr 1677/78, die ihm die Befolgung strenger Lebensgewohnheiten garantierten, erhielt La Trappe quasi einen autonomen Status innerhalb des Zisterzienserordens. Den prägenden Einfluss auf das zisterziensische Reformgeschehen verdankte Rancé seinen literarischen und charismatischen Fähigkeiten, die aus La Trappe in den Jahren vor 1700 einen Modellkonvent im Sinne der Gründerväter des Neuklosters formten. Auf intellektueller Ebene verkehrte Rancé mit dem führenden benediktinischen Gelehrten der Zeit, dem Mauriner Jean Mabillon († 1707). Seine Schriften, insbesondere »Über die Heiligkeit und die Pflichten des mönchischen Lebens« (1683), und das Lebensvorbild des Konvents von La Trappe wirkten auf weitere Zisterzienser inspirierend. Nach Aufenthalten in La Trappe führten die Äbte von Sept-Fons, Tamié und Orval, teilweise unterstützt von Mönchen aus dem Konvent Rancés, dessen strenge Lebensgewohnheiten in ihren Klöstern ein. Dass Rancé damit ein allgemeineres Bedürfnis getroffen hatte, dokumentieren die numerischen Zuwächse in den betroffenen Konventen. Die luxemburgische Abtei Orval war nach dem 30jährigen Krieg fast entvölkert; nach Einführung der Reform von

La Trappe im Jahr 1674 registrierten die Visitatoren zehn Jahre später einen florierenden Konvent von 53 Chormönchen und 16 Laienbrüdern. Von der Reform in La Trappe fühlten sich überdies viele Frauenklöster angezogen. Zu den ersten, die sich an Abt Rancé mit der Bitte um Unterstützung bei der Einführung strenger Lebensgewohnheiten wandten, zählten die Konvente in Maubuisson, Sainte-Catherine bei Angers und Clairets, einem Tochterkloster von La Trappe[14].

7.3 Erneuerung und Erinnerung – der Orden im Barockzeitalter

Während der inneren Konflikte des Ordens in Frankreich gewannen im Reich und bei den meisten seiner Nachbarn zu Beginn des 17. Jahrhunderts die konfessionellen Gegensätze an Schärfe. Sie mündeten in den 30jährigen Krieg (1618–1648), der dem Ordenswesen weitere Zerstörungen und Bedrohungen zumutete, jedoch in den rekatholisierten Regionen auch neue Chancen eröffnete. In den 1620er Jahren brachten die militärischen Ereignisse im Reich der katholischen Seite große Gebietsgewinne ein. Die Oberpfalz und das Herzogtum Württemberg gerieten nach etwa 100jähriger protestantischer Herrschaft erneut in den Machtbereich des habsburgischen Kaisertums. Damit bot sich den religiösen Orden die Chance auf Restitution des konfiszierten Besitzes und Wiederbelebung der aufgehobenen Konvente. Als Haupt der Oberdeutschen Kongregation hatte der Salemer Abt Petrus Müller (1593–1614) bereits vor Kriegsbeginn auf eine Rückübertragung enteigneter Zisterzen gedrängt[15]. So forderte er 1613 vom Mainzer Erzbischof den Besitz des 1561 aufgehobenen Zisterzienserinnenklosters Seligenthal zurück. Auch Müllers Nachfolger in Salem, Abt Thomas Wunn (1615–1647), und Abt Johannes Beck von Kaisheim bemühten sich für die Zisterzienser um die Restitution des früheren Ordensbesitzes. Im Auftrag des Generalabtes Nicolas II. Boucherat intervenierte Johannes Beck 1622 beim Kaiser, um die Erstattung der Oberpfälzer Zisterzen zu erreichen.

Das Generalkapitel erweiterte ein Jahr später den Auftrag an die Äbte von Salem, Lützel, Ebrach, Kaisheim, Aldersbach und Rain, die sich um die Rückgabe von Ordenshäusern in Böhmen, Mähren sowie der Rhein- und der Oberpfalz bemühen sollten. Allerdings ernannte in diesem Jahr der Papst die Ortsbischöfe zu Administratoren der betreffenden Häuser, die sich keineswegs zur Rückgabe an die Orden bereit fanden. So legte der Regensburger Bischof seine Hand auf Walderbach, während sein Wormser Amtskollege Schönau für sich beanspruchte. Die Abtei Ebrach hatte trotz ihrer päpstlichen und kaiserlichen Privilegien, die ihr Exemtion und Reichsunmittelbarkeit zusicherten, bereits im Reformationsjahr 1521 eine Niederlage gegen die Würzburger Ansprüche erlitten, als Kaiser Karl V. (1519–1556) die dortigen Bischöfe mit der Erbvogtei über das Kloster betraute. Immerhin verzeichnete die Oberdeutsche Kongregation bei der Rückgewinnung und Wiederbesetzung von Konventen auch Erfolge: Nach Eußertal in der Pfalz konnte der Abt von Lützel bis 1625 nicht weniger als acht süddeutsche Zisterzen in Besitz nehmen, darunter die bedeutenden Klöster Maulbronn, Schönau und Herrenalb. Mit Erlaubnis des Generalabtes Pierre Nivelles von Cîteaux beaufsichtigten die Abteien Salem, Kaisheim und Lützel gemeinsam den Prozess der Wiederbesetzung. Dies schloss das Recht ein, frühere Frauenklöster in Männerkonvente umzuwandeln. Während die Oberpfalz im Herbst 1628 an Bayern fiel und der bayerische Herzog Maximillian die Restitution der oberpfälzischen Zisterzen Walderbach und Waldsassen verweigerte, stärkte das kaiserliche Restitutionsedikt vom 6. März 1629 die Rechte der Orden im Reichsgebiet[16].

Für die Zisterzienser eröffneten sich nun neue Chancen und Räume für ihre Restitutionspolitik. Der Abt von Kaisheim konnte bereits 1629 die drei großen norddeutschen Zisterzen Walkenried, Mariental und Riddagshausen im Braunschweiger Territorium in Besitz nehmen. In demselben Jahr legte eine Äbteversammlung der Oberdeutschen Kongregation fest, welche Klöster wieder mit Mönchen belebt werden konnten: Salem war für die Wiederbesetzung von Bebenhausen, Königsbronn und Herrenalb zuständig, Kaisheim für Heilsbronn, Walkenried und Zimmern, Lützel für Maulbronn und Michaelstein in Sachsen. Diese Festlegung galt zugleich als neue Paternität mit allen Visitations- und Aufsichtsrechten. Um das Problem des Nachwuchsmangels zu beheben, gründete die Kongregation in Regensburg ein gemeinsames Noviziat, das durch Einnahmen aus der Abtei Zimmern finanziert wurde. Über ihre neuen niedersächsischen Filialen dehnte die Oberdeutsche Kongregation ihre Wiederbesetzungspolitik auch auf die Frauenklöster in Wöltingerode, Frauenberg und Mönchenroda aus. Um die rechtlichen Fragen bei der Abwicklung der Restitution kümmerte sich für den Zisterzienserorden der Salemer Cellerar Wilhelm Hilleson, der als Prokurator der Kongregation an den Wiener Kaiserhof entsandt wurde. Allerdings konnte unter dem Eindruck der militärischen Erfolge der protestantischen Schweden in den 1630er Jahren in den meisten Fällen der Aufbau stabiler Konvente und die umfassende Rückübertragung von Klosterbesitz nicht gelingen. Hinzu kam, dass mit päpstlicher Unterstützung sowohl Bischöfe als auch Jesuiten eigene Ansprüche auf ehemalige zisterziensische Besitzungen geltend machten. So zog der Jesuitenorden trotz energischer Proteste seitens der Zisterzienser um 1630 die Frauenklöster Wöltingerode und Mariencron ein; der Augsburger Bischof gewann in demselben Jahr die ehemalige Zisterzienserinnenabtei Zimmern, die er jedoch nach erneuter Intervention des Kaisers 1634 wieder verlor. Der Westfälische Frieden von 1648 beendete mit seinem Bekenntnis zum *Status quo ante* die Neuansätze des Ordenslebens in der Pfalz und in Württemberg wieder, doch kam es in der Oberpfalz in den Jahren nach 1661 zur Rekatholisierung, in deren Zuge etwa die alte Zisterzienserabtei Waldsassen ihre Güter zum großen Teil wiedererlangen und eine kostspielige Erneuerung der Klosteranlage beginnen konnte.

In vielen europäischen Regionen, in denen sich die monastische Kultur im 17. Jahrhundert erhalten hatte, kam es zwischen 1650 und 1750 zu einer erstaunlichen Revitalisierung des Ordenslebens. Bischöfe und katholische Landesherren sahen im Zuge der Gegenreformation die Förderung des Ordenswesens als eine zentrale Aufgabe an. Allein in Österreich entstanden unter Kaiser Ferdinand II. (1619–1637) und dem Wiener Bischof Melchior Khlesl (1588–1630) zahlreiche Neugründungen oder Restitutionen. Die Zisterzienser aus Stift Rein wurden zur Neubesiedlung des in der Reformation aufgelösten Frauenklosters Schlierbach in Oberösterreich herangezogen; von Heiligenkreuz aus wurde ein Jahrhundert später die aufgelassene ungarische Abtei in Szentgotthárd wieder besetzt (1734). Ausdruck für den Aufschwung in vielen Klöstern sind zum einen eine Renaissance der gelehrten literarischen Produktion und zum anderen die barocke Erneuerung vieler Klosteranlagen, die zugleich auf neue wirtschaftliche Ressourcen und soziale Netzwerke verweisen. Für das neue Selbstverständnis des Ordens ist die zunehmende Zahl von historiographischen Darstellungen bedeutsam. Den Ausgangspunkt der historisch-kritischen Zisterzienserforschung bildet heute die Historiographie der Barockzeit[17]. In ihr schlugen sich einerseits die durch Konfessionalisierung und 30jährigen Krieg ausgelösten Spannungen, andererseits aber der von den französischen Maurinern betriebene wissenschaftliche Paradigmenwechsel besonders deutlich nieder. Die Prinzipien der neuen Ordensforschung wurden durch den Benediktiner Jean Mabillon zusammengefasst[18]: Grundlegend sei es, zunächst die Archive und Bibliotheken des betreffenden Klosters oder Ordens zu untersuchen, um den Umfang der handschriftlichen Überlieferung zu erfassen. In der Darstellung der Klostergeschichte empfiehlt Mabillon die rein chronologische, nach Jahrhunderten und einzelnen Abbatiaten geordnete Systematik.

Abb. 14: Barocke Klosteranlage in Ossegg

Geschult an den Methoden der Mauriner verstärkte sich auch innerhalb des Zisterzienserordens die Suche nach und Kritik von Quellentexten. In diesem Zuge entstanden erste Sammlungen und Editionen von Urkunden, Cartularen und Statuten, oft ergänzt um historiographische und hagiographische Notizen, so die in den 1630er Jahren durch den spanischen Zisterzienser Juan Chrysostomus Henriquez publizierten Sammlungen hagiographischer und konstitutioneller Texte (*Menologium*) und hagiographischer Notizen zu den Zisterzienserinnen (*Lilia Cistercii*), die Zusammenstellung der älteren Generalkapitelsbeschlüsse und Konstitutionen, die im Jahr 1664 unter dem Namen *Nomasticon Cisterciense* durch den Abt von Foucarmont, Julien Paris, vorgelegt wurde, oder das im Jahr 1713 im Auftrag des Generalkapitels herausgegebene Privilegienbuch des Ordens. Gleichwohl blieben die beiden ersten umfassend angelegten Darstellungen der Geschichte des Zisterzienserordens, die sechsbändige *Chronica de Cister* des spanischen Mönchs Bernard Brito von 1602 und die zwischen 1642 und 1659 erschienenen vierbändigen *Annales Cisterciensium* seines Landsmanns Angel Manrique, eher dem anekdotenhaften und affirmativen Stil der spätmittelalterlichen Chronistik als den bedeutsamen Ordensforschungen des 17. Jahrhunderts verhaftet[19].

Maßstäbe für den neuen wissenschaftlichen Duktus setzten hingegen Caspar Jongelins *Notitiae Abbatiarum Ordinis Cisterciensis* (1640), denen ausführliche Quellenstudien in zahlreichen Klosterarchiven zugrunde lagen. Jongelin, der Abt verschiedener restituierter Zisterzienserklöster war, arbeitete eng mit seinem belgischen Landsmann und Archivar in der Abtei Dunes, Charles de Visch, zusammen. Systematisch widmete sich de Visch in seiner *Bibliotheca scriptorum sacri ordinis Cisterciensis* (Douai 1649/Köln 1656) den Heiligenleben und Schriftstellern des Ordens. In Deutschland fand die historiographische Methode Nachahmung etwa bei dem Ebracher Konfessen Joseph Agricola d. Ä. († 1680), der eine vierbändige Geschichte seiner Abtei und ihrer Filialen sowie einen Katalog der Äbtissinnen von Himmelpforten publizierte. Historisch-kritische Ordenshistoriographie betrieben ebenfalls die Äbte Bernhard Linck von Zwettl (1646–1671) und Bernardin Buchinger von Lützel (1655–1673). Wie diese historiographische Literatur für aktuelle Restitutionsansprüche verwendet wurde, lässt sich an den Schriften des Lilienfelder Mönchs Malachias Rosenthal († 1667) verfolgen. Rosenthal verfasste im Auftrag seiner Oberen eine Geschichte der österreichischen Konvente und ihrer Filialen, mit welcher die Ansprüche auf die mittlerweile säkularisierten ungarischen Häuser begründet werden konnten. Angesichts der reformatorischen Angriffe auf den Heiligenkult und der anschließenden Vereinnahmung durch den Bamberger Bischof verteidigte auch die Zisterze Langheim ihre Ansprüche auf die Wallfahrt in Vierzehnheiligen durch Geschichtsschreibung. Ansätze dafür gab es im Übrigen in fast jedem bestehenden Konvent, der in den zurückliegenden Reformations- und Kriegswirren Verluste hinnehmen musste. Wohl nicht zufällig rekrutierten sich viele Äbte des 17. und frühen 18. Jahrhunderts aus dem gelehrten Milieu, das sich aus den Studienhäusern des Ordens und neu gegründeten Landesuniversitäten gebildet hatte[20].

In Frankreich, Deutschland und auf der iberischen Halbinsel wirkte die neue Gelehrsamkeit auch befruchtend auf die theologische und monastische Literatur. In Portugal zählte der Generalabt der portugiesischen Kongregation, Alphonse de la Croix († 1626), zu den produktivsten Ordensschriftstellern. In Valladolid erschien 1622 das »Theater der Tugenden« des Abtes Benoît de Alarcon von Val de Dios; ein Jahr später wurde an gleicher Stelle der Traktat »Über die Seelsorge« des Zisterzienserabtes Valérien d'Espinoza veröffentlicht. Um innere Einkehr und Devotion geht es in den Werken der Äbtissin Anne-Elisabeth Gottrau von Maigrauge († 1657); um eine neue Interpretation des Hohelieds im Werk des Priors Thomas Grazilier von Bonrepos († 1660). Mit seiner dreibändigen *Théologie religieuse* aus dem Jahr 1731 schuf der Franzose Malachie d'Inguimbert ein theologisches Hauptwerk der strengen Observanz. Zisterziensische Regelkommentare erschienen etwa in Spanien (Saragossa 1616), in Frankreich (1648), in der Schweiz (Hauterive 1714), in Österreich (Heiligenkreuz 1723) und in Süddeutschland (Salem 1767). Hagiographische Sammelwerke entstanden, inspiriert durch die im 30jährigen Krieg begonnene große benediktinische Edition der *Acta Sanctorum*, in fast allen Ländern, in denen die Zisterzienser im 17./18. Jahrhundert vertreten waren. Dutzende weitere Werke der Theologie, Philosophie, Kirchengeschichte und Naturwissenschaften unterstreichen die wissenschaftliche Blüte im Orden zwischen dem späten 16. und frühen 18. Jahrhundert[21].

Am Beispiel von Ebrach und Plass lässt sich gut verfolgen, wie nicht zuletzt der barocke Klosterbau mit dem Programm der historiographischen Tradition in Verbindung stand. Auch wenn die Formgebung und Ausstattung barocker Anlagen wenig mit dem Ordensideal des 12. Jahrhunderts gemein zu haben scheint, heben neuere vergleichende Arbeiten zur Barockbaukunst im Zisterzienserorden stärker als die ältere Forschung auf das Ordensspezifische der Neubauten ab[22]. In Ebrach gingen die Pläne zur Barockisierung auf Abt Ludwig Ludovici (1688–1696) zurück[23]. In dem groß angelegten

Neubau um mehrere Kreuzgänge und Höfe sollte nur die gotische Abteikirche erhalten bleiben. Die Arbeiten standen unter der Leitung Johann Leonhard Dientzenhofers († 1707), eines ordensexternen Baumeisters aus Bamberg, der auch an den neuen Barockanlagen in Waldsassen und Langheim mitwirkte. Nach einer Unterbrechung im Spanischen Erbfolgekrieg nahm man die Bautätigkeit unter Abt Wilhelm Söller (1714–1741) wieder auf, der in Abänderung der Pläne ein schlossartiges Abtsgebäude (Prälatur) in die Anlage einfügen ließ. In diesem Neubau fanden sich bildliche Repräsentationen von Kaisern, Päpsten und Stiftern, die den Anspruch der Abtei auf Reichsunmittelbarkeit genauso unterstreichen sollten wie die 1738 durch Abt Wilhelm Söllner selbst verfasste »Kurze Geschichte der Abtei Ebrach«. Um die in Nürnberg und ein Jahr später in Rom gedruckte Schrift entbrannte ein heftiger Konflikt mit dem Würzburger Fürstbischof. Bereits 100 Jahre zuvor hatten Söllners Vorgänger im Amt durch Baupolitik gegen die Würzburger Ansprüche protestiert. In den Jahren vor und nach 1600 wurden die im Ebracher Umgangschor liegenden staufischen Königsgräber, darunter die Königin Gertrud († 1146) und Barbarossas Vetter Friedrich von Schwaben († 1167), zunächst in die Mitte der Klosterkirche und 1647 in unmittelbare Nähe des Hochaltars verlegt. Die neuen auffälligen Hochgräber korrespondieren mit der spätmittelalterlichen Klostergeschichtsschreibung, die die Staufer als Gründer und Förderer des Klosters rühmt und dessen Rechte als Königsabtei unterstreicht. Diese Akzentuierung behielt auch der spätbarocke Hochaltar aus dem Jahr 1778 bei, in welchen die Staufergräber integriert wurden. In der gesamten barocken Anlage sind die frühen Stifter und bedeutenden Förderer des Klosters durch monumentale Statuen und Wandmalereien mehrfach verewigt worden.

Abb. 15: Innenansicht der barocken Klosterkirche in Ossegg

Die Forschung hat am Beispiel der Barockarchitektur mehrfach auf die Vernetzung der europäischen Zisterzienser mit ordensexternen Architekten und Künstlern hingewiesen[24]. Im Unterschied zum 12. Jahrhundert tauchen nur noch wenige Zisterzienser unter den namentlich bekannten Bauleuten der Barockzeit auf. Die Abtei Heiligenkreuz berief zur Fertigung der barocken Altarbilder bedeutende Maler wie den Italiener Martino Altomonte († 1745) und den Salzburger Johann Michael Rottmayr († 1730). In Waldsassen (Oberpfalz) wirkten an der neuen Anlage des 17./18. Jahrhunderts neben verschiedenen Mitgliedern der Künstlerfamilie Dientzenhofer die Architekten Abraham Leuthner aus Prag und der Franzose Jean-Baptiste Matthey mit. In der bayerischen Zisterze Fürstenzell verpflichtete man den Architekten der prächtigen neuen Anlage der Benediktiner von Ottobeuren, Johann Michael Fischer († 1766). In Himmerod wirkte mit Christian Kretschmar († 1768) sogar ein Hofbaumeister aus dem protestantischen Sachsen. Die Mobilität der barocken Baumeister ist jedoch nicht mit ubiquitär gültigen ästhetischen Regeln gleichzusetzen; vielmehr sorgten Äbte und Konvente in den betreffenden Zisterzen sehr wohl für eine spezifische Programmatik ihrer Anlagen.

Zu den wichtigen Änderungen im Kirchenraum gehörte in dieser Zeit der Einbau neuer Orgeln. Hinter den prächtigen Prospekten im Stile der barocken Architektur stand eine durchgreifende Umgestaltung des musikalischen Lebens in den Konventen. Die Orgel wurde für den zisterziensischen Gottesdienst bereits im Jahr 1486 erlaubt, doch erst im 17./18. Jahrhundert kam es zu einer breiten Einführung von Instrumentalmusik in den Gottesdiensten. Konzerte, Theateraufführungen und Knabenchöre prägten das Musikleben der Barockzeit sowohl im Kirchenraum als auch in den Prachtsälen der Konventgebäude. Obgleich die Kapitel der Oberdeutschen Kongregation (z. B. 1733) mehrfach versuchten, die Polyphonie und Instrumentierung einzudämmen, wurden immer häufiger Werke zisterziensischen Ursprungs aufgeführt. Die Forschung kennt aus der Zeit zwischen 1600 und 1800 über 30 zisterziensische Komponisten und Musiktheoretiker allein aus dem deutschsprachigen Raum[25]. Eine besondere Bedeutung kam in den barockisierten Anlagen der Bibliothek zu. Hier konvergierten die neuen Methoden und Ansprüche der Gelehrsamkeit mit den ästhetischen und repräsentativen Bedürfnissen der Zeit. Gut erhaltene Bibliotheksensembles dieser Epoche sind unter anderem in Waldsassen, Ebrach, Zwettl oder Heiligenkreuz zu sehen. Der Katalog von Salem weist am Ende des 18. Jahrhundert fast 100 000 Titel aus. In Morimond wurden kurz vor der Französischen Revolution noch umfangreiche Renovierungsarbeiten in der Bibliothek vorgenommen und über 6000 neue Bände angeschafft. Erst im Jahr 2010 wurden in der Bibliothek der Abtei Zwettl astronomische Schriften des 17. und frühen 18. Jahrhunderts wiederentdeckt. Ergänzend entstanden in vielen Zisterzen naturwissenschaftliche Sammlungen, so etwa der mathematische Turm in Raitenhaslach, das technische Museum in Fürstenzell oder das naturwissenschaftliche Cabinet in Salem[26].

7.4 Aufklärung und Revolution

Die meisten Zisterzen, die im Alten Reich die Wirren von Hussitenkriegen, Reformation und 30jährigem Krieg überlebt hatten, standen in direkter Abhängigkeit zum Territorialherrn. Gegen die Grundsätze der frühen Zisterzienser, die auf weitgehende Autonomie in weltlicher und geistlicher Hinsicht ausgerichtet und um die Vermeidung von Vogteiverhältnissen bemüht waren, hatte sich schon im Spätmittelalter fast überall das Institut der Klostervogtei im Rahmen der gestärkten Landesherrschaften durchgesetzt. Nur wenige Abteien konnten ihre kaiserlichen Schutzprivilegien aktiv gegen territoriale Ansprüche zur Geltung bringen. Am besten gelang dies den schwäbischen Äbten von Salem und Kaisheim sowie ihren benachbarten Amtskolleginnen von Baindt, Heggbach, Gutenzell und Rottenmünster, die ihre Reichsfreiheit und Reichsstandschaft bis zur Säkularisation behaupten konnten. Abt Anselm Schwab von Salem (1746–1778) stand zeitweise sogar an der Spitze des Reichsprälatenkollegiums und unterhielt enge Kontakte zum Kaiser[27]. Jedoch blieb der Einfluss der Zisterzienser wie auch der anderen Orden in der hohen Politik gering. Aufklärerische Kritik am Ordenswesen hatte in vielen Ländern, so in Frankreich, Spanien oder im wittelsbachischen Bayern, zu klosterfeindlichen Initiativen geführt. Im Mutterland der Zisterzienser bildete König Ludwig XV. im Jahr 1766 aus Angehörigen des katholischen Episkopats und Laien eine staatliche Kommission für das Ordenswesen. Deren Kommissare forderten die Ortsbischöfe zu Berichten über die Lebensverhältnisse in den Klöstern ihrer Diözesen auf. Die überwiegend negativen Urteile führten unmittelbar zu repressiven Maßnahmen: Das Eintrittsalter von Novizen wurde auf 21, von Novizinnen auf 18 Jahre hochgesetzt. Mehr als 400 kleinere Konvente mit schwankenden Mitgliederzahlen wurden aufgehoben. Im Jahr 1773 beschloss man zudem, die französischen Klöster einer einheitlichen Regel zu unterwerfen. Allerdings blieben die Vorbereitungen zu diesem Schritt bis zur Revolution unvollendet. In demselben Jahr setzten die Könige Frankreichs, Portugals und Spaniens bei Papst Clemens XIV. (1769–1774) die Auflösung des Jesuitenordens durch.

Die staatlichen Eingriffe trafen zunehmend auch den Zisterzienserorden, der von der Aufhebung kleinerer Konvente im Jahr 1766 noch verschont geblieben war. Seit 1738 hatten staatliche Kommissare das Recht, an den Generalkapiteln in Cîteaux teilzunehmen. Diese wurden ohnedies nur noch selten abgehalten: Zwischen 1699 und 1787 sind nicht mehr als acht Äbteversammlungen in Cîteaux bezeugt, davon nur fünf reguläre Generalkapitel. Der faktische Ausfall der höchsten Ordensinstanz hatte mehrere Konsequenzen: In den langen Perioden ohne Generalkapitel hielt der Generalabt von Cîteaux die Ordensleitung faktisch in der Hand, was immer wieder zu Konflikten mit den Primaräbten führte. Wenn Generalkapitel stattfanden, waren französische Teilnehmer oft in der Minderheit, da fast alle französischen Ordenshäuser unter der Kommende standen, während die Vertreter jener Kongregationen, die die allgemeine Hoheit des Ordens anerkannten, ein stärkeres Gewicht erhielten. Insbesondere die mitgliederstarke Oberdeutsche Kongregation, die ihre Angelegenheiten auf eigenen Provinzkapiteln regelte, übte einen erheblichen Einfluss auch auf die Politik der Generalkapitel aus. In den Jahren vor der Revolution schwächte erneut ein Vorrangstreit zwischen Cîteaux und den Primaräbten die Funktionstüchtigkeit des Ordens. In einem dringlichen Aufruf schwor Generalabt François Trouvé von Cîteaux (1748–1790) die Mitäbte und Professen des Ordens im Jahr 1782 auf die Gesetze und Konstitutionen der jüngeren Zeit ein[28]. Der Text macht eindrucksvoll deutlich, dass führende Zisterzienser vor der Revolution ihr Heil in der Unterwerfung unter die staatlichen Organe suchten, anstatt auf die eigene Reformfähigkeit zu vertrauen. Von Benediktsregel, *Carta caritatis* oder Gründervätern ist in diesem letzten Reformdokument der alten Zisterzienser jedenfalls keine Rede mehr. Zu diesem Zeitpunkt musste sich der Orden auch außerhalb Frankreichs heftiger Angriffe seitens staatlicher Organe erwehren.

Die Abhängigkeit von der Landesherrschaft, die sich bereits während der Reformation für viele Zisterzen verheerend ausgewirkt hatte, führte unter Kaiser Joseph II. (1765–1790) zum Untergang vieler Klöster in den habsburgischen Territorien. Ausgehend vom aufgeklärten Nützlichkeitsgedanken, nach dem öffentliche Institutionen – darunter wurden auch Kirchen und Klöster verstanden – ihre Rechtfertigung aus der »Wohlfahrt« und »Glückseligkeit« der Untertanen beziehen, wurden die klösterlichen Privilegien in den habsburgischen Erbländern bereits zu Zeiten Kaiserin Maria Theresias (1745–1765, † 1780) scharfer Kritik ausgesetzt[29]. Insbesondere jenen Klöstern, die sich nicht durch die Unterhaltung von Schulen, Hospitälern und Pfarreien an für das Gemeinwohl nützlichen Aufgaben beteiligten, drohte bereits in der Mitte des 18. Jahrhunderts der Verlust ihrer Ländereien und Einnahmen. Diese Tendenz setzte sich in Österreich, der Lombardei, Böhmen und Mähren, Ungarn und den österreichischen Niederlanden unter Joseph II. verschärft fort. Die Restriktionen begannen 1767 mit der Verfügung, dass Neueintritte in Klöster nur noch als Ersatz für verstorbene oder kranke Professen möglich waren. Im Jahr 1782 traf ein genereller Aufhebungsbeschluss alle kontemplativen Ordenshäuser, die keine Verpflichtungen im staatlichen Bildungs- oder Gesundheitswesen vorweisen konnten. In Italien fielen dieser Politik etwa 80 Klöster zum Opfer, in den österreichischen Niederlanden etwa 160 und in Österreich knapp 300. Nach einer Statistik von 1787 verließen allein in Österreich mehr als 5000 Mönche und Nonnen gegen Zusicherung von Pensionen ihre Häuser. Zur gleichen Zeit schuf die kaiserliche Verwaltung aus dem Vermögen der aufgelösten Klöster, das im so genannten »Religionsfonds« zusammengefasst wurde, mehr als 2100 neue Pfarrstellen. Ein weiteres kaiserliches Dekret übertrug im Jahr 1783 die Priesterausbildung insgesamt zwölf neuen theologischen Generalseminaren, während die alten Klosterstudien und bischöflichen Priesterseminare geschlossen wurden. Die Bibliotheken der aufgelösten Ordenshäuser waren zu katalogisieren und die für den allgemeinen Schulunterricht »nützlichen« Werke in die neuen Generalseminare zu überführen, was in die Zerstörung oder Veräußerung bedeutender Bestände monastischer Literatur mündete.

Für die Zisterzienser brachte das Zeitalter des Josephinismus erhebliche Einschnitte. In den südlichen Niederlanden wurden die Zisterzen Cambron, Ter-Banck und Muysen aufgehoben, in Böhmen die Abteien Sedlec (1783) und Zbraslav (1785), in Österreich die Männerkonvente von Baumgartenberg (1784), Viktring (1786), Engelszell (1786), Neuberg (1786) und Säusenstein (1789). Aber auch in den Zisterzen, die sich durch ihre Pfarreien und Schulen gegen die Aufhebung zur Wehr setzen konnten, so etwa Heiligenkreuz, Zwettl oder Stams, griffen die staatlichen Maßnahmen tief in das Konventsleben ein. Das gemeinsame Chorgebet, das im Zentrum der mönchischen Liturgie steht, wurde strikt reglementiert, Instrumentalmusik und barocke Prozessionen zeitweise sogar ganz verboten. Kontakte zur Ordenszentrale nach Burgund und zum römischen Papsttum waren durch ein Dekret von 1781 verboten worden; die Aufsicht über die bestehenden Konvente übernahmen in der Regel die Ortsbischöfe. Generalabt François Trouvé reagierte auf das Kontaktverbot, indem er die Ordensrechte an den Zisterzen in den österreichischen Niederlanden dem dortigen Visitator übertrug. In der böhmischen Abtei Hohenfurth (Vyšší Brod) enthoben kaiserliche Kommissare im Jahr 1786 den Abt seines Amtes; Neuaufnahmen in den Konvent wurden untersagt und große Teile der Besitzungen verpachtet. Nur durch die Zusage, Lehrer für staatliche Schulen zu stellen und zu finanzieren, erreichte der Konvent von Hohenfurth im Jahr 1789/90 die Rücknahme des Aufhebungsbeschlusses. Auch die Tiroler Zisterze Stams stand 1785 vor der Aufhebung, konnte sich jedoch durch die Übernahme neuer Pfarreien und durch ihre nachgewiesenen Aktivitäten im Gesundheits- und Schulwesen wieder davon befreien. In ähnlicher Weise war es auch der Abtei Heiligenkreuz in den 1780er Jahren untersagt, neue Novizen und Mönche aufzunehmen. Erst die Gründung eines theologischen Seminars ermöglichte dem Konvent im Jahr 1802 einen Aufschwung.

Die Entwicklungen im habsburgischen Machtbereich wurden ab 1789 durch den revolutionären Umsturz in Frankreich in den Schatten gestellt[30]. In mehreren Schritten vollzog die Nationalversammlung nach den Juli-Ereignissen zügig die Bauernbefreiung und die Enteignung der adligen und kirchlichen Grundbesitzer. Bereits am 4. August fielen der Kirchenzehnt und alle Abgabepflichten der bäuerlichen Bevölkerung. Am 2. November 1789 folgte die allgemeine Verstaatlichung des kirchlichen Grundbesitzes, womit auch der klösterlichen Eigenwirtschaft die Grundlage entzogen wurde. In direkter Übernahme josephinischer Dekrete entschied die Nationalversammlung am 13. Februar 1790 zudem, alle Klöster aufzuheben, die keinen Beitrag zur öffentlichen Gesundheits- oder Schulversorgung leisteten. In dem Beschluss findet sich auch die allgemeine Unvereinbarkeit der mönchischen Gelübde mit den Menschenrechten. In einem seit der Reformation immer wieder angewendeten Verfahren wurden die Mitglieder der aufgehobenen Konvente gegen Zusicherung staatlicher Pensionen zur Rückkehr in die Welt aufgefordert; teilweise durften gerade Frauenkonvente in den Anfangsjahren der Revolution auch ein Wohnrecht in ihren Klöstern in Anspruch nehmen. Solche Zugeständnisse wurden im August 1792 unter dem Eindruck der Inhaftierung der Königsfamilie und des beginnenden europäischen Kriegs gegen Frankreich wieder zurückgenommen. Am 17. August verlangte die Nationalversammlung von allen Mönchen und Nonnen, ihre Klöster vor dem 1. Oktober zu verlassen. Einen Tag später präzisierte man, dass die klösterlichen Institutionen der Krankenpflege und Armensorge bestehen bleiben könnten, wenn ihre Träger die Ordenstracht ablegten und diese Aufgaben im staatlichen Auftrag als Laien weiterführten. Es ist eine gewisse Ironie der Geschichte, dass diese Beschlüsse der gesetzgebenden Nationalversammlung im verlassenen zisterziensischen Kloster der Feuillants in Paris beraten wurden. Zuvor hatte das Haus einer politischen Gruppierung als Versammlungsort gedient, die für die konstitutionelle Monarchie eintrat und als »Feuillants« in die Revolutionsgeschichte einging. Die zur Durchführung und Überwachung der Aufhebungen gebildeten Kommissionen legten genaue Verzeichnisse über die klösterlichen Besitzverhältnisse und Konventsstärken an. Danach fielen dem Aufhebungsbeschluss in Frankreich 228 Zisterzen mit etwa 2300 Mönchen und Nonnen beider Observanzen zum Opfer.

Im Mutterhaus des Ordens in Cîteaux zeichnete sich bereits im Frühjahr 1790 die Auflösung ab. Als Abt François Trouvé seinen Konventualen vorschlug, die von der Nationalversammlung geforderte Inventarisierung der Klostergüter zu verweigern, brach ein Tumult gegen den Generalabt los. Anfang Mai übernahmen Revolutionstruppen, darunter möglicherweise auch der junge Leutnant Napoleon Bonaparte, in Cîteaux das Kommando[31]. Am 2. und 3. Mai trafen die Kommissare des Distrikts in Cîteaux ein, um die Entscheidungen der noch anwesenden Mönche zu erfahren: Gemeinschaftsleben oder Privatleben. Von 45 Mönchen sprachen sich 14 für das Gemeinschaftsleben und 31 für das Privatleben aus. Am 4. Mai fand eine Inventur der Silbersachen, der Sakristei, der Archive und anderer Gebäude statt. An demselben Tag verließ Generalabt Trouvé († 1797), sein Kloster, um sich in die Abtei La Buissière und nach deren Aufhebung zwei Jahre später als Privatmann nach Vosne in der Romanée zurückzuziehen. Im Januar 1791 übergab Trouvé seine Vollmachten über die Oberdeutsche Kongregation dem Abt von Salem, Robert Schlecht (1778–1802); ein Jahr später folgte die Übertragung sämtlicher Leitungsrechte an den erst 1789 ernannten Generalprokurator des Ordens, den Italiener Alano Bagatti († 1798), der als Prokurator der Lombardischen Kongregation eine starke Stellung hatte. Bevor das Klostergelände von Cîteaux in einer öffentlichen Ausschreibung im Mai 1791 an ein Konsortium von Geschäftsleuten aus Dijon für über 860 000 Pfund verkauft wurde, sorgte die Verwaltung des Départements im April für den Abtransport der Wertsachen und der umfangreichen Bibliothek, deren Bestände zum größeren Teil in die *Bibliothèque municipale* von Dijon eingingen. Nach der Insolvenz des Konsortiums bezog der neue Besitzer, die Familie de Boullongne, die barocke Abtsresidenz. Die große Bibliothek des

16. Jahrhunderts wurde 1804 als Theatersaal ausgebaut, während der Großteil der restlichen Gebäude als Steinbruch der Zerstörung anheim fiel[32].

7.5 Säkularisationen

Verstaatlichung der geistlichen Grundherrschaften und Aufhebung der Klöster gehörten zum politischen Programm der Revolutionstruppen, die seit dem Kriegsbeginn 1792 die französische Herrschaft auf benachbarte Territorien ausdehnten. Gleichwohl hatte es auch in Deutschland im 18. Jahrhundert Herrscher und Gelehrte gegeben, die dieser Idee schon zuvor den Boden bereiteten. Im Revolutionsjahr 1789 verfasste der aufgeklärte Jurist und spätere bayerische Außenminister Maximilian von Montgelas († 1838) eine Denkschrift, in der er die Säkularisation für rechtlich unbedenklich und ökonomisch notwendig hielt, da über die Hälfte des Grundbesitzes in Bayern in kirchlicher Hand lag[33]. Der preußische König Friedrich II. hatte bereits 1742 die Säkularisation geistlichet Territorien in Bayern als Entschädigung für Gebietsverluste ins Gespräch gebracht. Die Siege Napoleons und seiner Generale legten den Grundstein für eine breit angelegte Realisierung dieser wie auch anderer politischer, sozialer und rechtlicher Vorstellungen der Französischen Revolution. In den Friedensverhandlungen, die französische Gesandte 1795/96 separat mit Preußen, Hessen-Kassel, Württemberg, Baden und Bayern führten, ging es zunächst um die Verstaatlichung von Kirchenvermögen als Entschädigung für linksrheinische Gebietsverluste. Nur wenige Jahre später wurde dieses Prinzip durch den vom Kaiser gebilligten Reichsdeputationshauptschluss im Februar 1803 zum Reichsgesetz erhoben. Das Gesetz hob – mit nur wenigen Ausnahmen (Mainz, Deutscher Orden, Johanniter) – die geistlichen Herrschaften im Alten Reich auf und erlaubte mit Hinweis auf die staatliche Zuständigkeit für Seelsorge, Armensorge, Gesundheits- und Bildungswesen die Säkularisation von Klosterbesitz und die Aufhebung von Klöstern.

Ein Jahr zuvor waren die linksrheinischen Territorien zu französischem Staatsgebiet erklärt und mit Maßnahmen der Säkularisation vielerorts begonnen worden. So wurden in Bayern ab Januar 1802 die Konvente der Bettelorden aufgehoben und ihr Besitz eingezogen. Die landständischen Klöster der Prälatenorden, neben Zisterziensern waren dies Benediktiner, Augustiner-Chorherren und Prämonstratenser, die über deutlich mehr Grundbesitz und Herrschaftsrechte verfügten, wurden im November 1802 einer gründlichen Inspektion seitens der bayerischen Regierung unterzogen. Ihre Säkularisation wurde noch vor der offiziellen Verkündung des Reichsdeputationshauptschlusses in die Wege geleitet. Davon betroffen waren die Zisterzienserkonvente von Aldersbach, Fürstenfeld, Gotteszell und Raitenhaslach sowie die Zisterzienserinnen von Niederschönenfeld und Seligenthal. Die beiden oberpfälzischen Zisterzen Waldsassen und Walderbach fielen aufgrund der besonderen rechtlichen Situation der Oberpfalz bereits in die Säkularisationswelle von 1802[34].

Ähnlich rigoros wie Bayern gingen auch die Regierungen von Preußen und Württemberg mit mehr als 200 Klosteraufhebungen vor. Das Jahr 1803 bedeutete somit das Ende fast aller deutschen Zisterzienserklöster, darunter sämtlicher Mitglieder der bedeutenden Oberdeutschen Kongregation. In einigen neugewonnenen Gebieten Preußens hielten sich Zisterzen noch längere Zeit, doch entgingen auch sie nicht der staatlich verordneten Auflösung (Neuzelle 1817, Oliva 1831, Obra 1835). Die Verluste summierten sich für den Orden im Reichsgebiet auf 38 Männer- und über 80 Frauenklöster. Ausnahmen gab es vor allem in Österreich, Böhmen und Ungarn, wo die Ordenshäuser erhalten blieben, die die josephinischen Repressionen überstanden und staatliche Aufgaben übernommen hatten, so in Heiligenkreuz, Lilienfeld, Rein, Schlierbach, Wilhering, Zwettl, Ossegg, Hohenfurth, Zirc, Pilis und Paszto. Die 1807 aufgehobene Abtei Stams in Tirol konnte bereits 1817 wieder eröffnet werden. Weitere Ausnahmen bildeten die beiden Zisterzienserinnenkonvente in der Oberlausitz, Marienstern und Marienthal, sowie das

Frauenkloster Lichtenthal, das als Grablege des badischen Fürstenhauses 1803 einen Sonderstatus erhielt. Die Klostergüter wurden zwar verstaatlicht, aber dem damals zwölfköpfigen Konvent die Nutzung der Gebäude und der wirtschaftliche Unterhalt zugesichert. Die meisten der genannten Konvente bestehen bis heute, auch wenn sich etwa die Zisterzienserinnen von Lichtenthal erst im 20. Jahrhundert wieder offiziell zur Mitgliedschaft im Zisterzienserorden bekennen durften[35].

Welche Folgen die Ereignisse von 1803 für die von der Aufhebung bedrohten Konvente hatten, lässt sich nur an wenigen Beispielen skizzieren. Viele Gemeinschaften blieben auch nach der Aufhebung zusammen, so etwa die über 30 Zisterzienserinnen von Gutenzell[36]. Das reichsunmittelbare Kloster fiel 1803 an einen bayerischen Reichsgrafen. Ein Administrator hatte für die Einziehung der Güter und die dafür notwendigen Inventarisierungen zu sorgen. In einem Brief an den neuen Besitzer teilte Äbtissin Maria Justina von Erolzheim (1778–1809) mit, dass sich der Konvent einmütig für die Fortsetzung des Gemeinschaftslebens entschieden habe. Mit dem gleichen Schreiben übergab sie Siegel und Wappen des Klosters. Wenig später musste die Äbtissin dem neuen Eigentümer huldigen. Obwohl dieser über die hohe Verschuldung des Klosters verärgert war, übernahm er die Zusicherung von Wohnrecht und Unterhalt. Neuaufnahmen waren untersagt, ebenso der Kontakt zu anderen Ordenshäusern. Erst mit dem Tod der letzten Konventualin im Jahr 1851 fiel das mittlerweile stark verfallene Kloster endgültig in weltliche Hand. Eine Nutzung als Schule hinderte den Besitzer nicht daran, den Großteil des Komplexes 1864 niederzureißen, wobei die Kirche und Teile des Konventgebäudes als Pfarrhaus erhalten blieben. Ganz ähnlich verlief die Säkularisation bei den Zisterzienserinnen von Heiligkreuzthal, die bis 1843 ein Gemeinschaftsleben im Kloster führten, ehe sie durch die Baufälligkeit der Gebäude zur Zerstreuung gezwungen wurden. Die meisten Schwestern bezogen Häuser in der Nähe des Klosters oder kehrten zu Familienangehörigen zurück[37].

Auch in manchen Männerklöstern erhielt sich nach der Aufhebung von 1803 noch für längere Zeit ein gemeinschaftliches Zusammenleben, so in der bayerischen Zisterze Fürstenfeld. In den meisten Fällen suchten sich die Mönche jedoch frühzeitig neue Betätigungen im Pfarr- oder Schuldienst. Rigide zogen die Behörden dabei nicht nur Grundbesitz und Wertgegenstände des Klosters ein, sondern auch Bekleidung, Devotionalien und andere persönliche Gegenstände der Konventualen. Mit dem Verkauf der Immobilien und beweglichen Habe, insbesondere auch der wertvollen Klosterbibliotheken und Kunstgegenstände, erzielte der Staat erhebliche Gewinne. In Bayern sichtete zuvor eine Kommission unter Johann Christoph von Aretin die Bibliotheksbestände, die die wertvollsten Handschriften und Bücher in die Münchener Hofbibliothek zu überführen hatte. Diese Bestände bilden heute einen Grundstock der Altbestände der Bayerischen Staatsbibliothek. Von den etwa 500 000 Druckwerken im Jahr 1818 stammte etwa die Hälfte aus dem Bestand säkularisierter Klöster. Dass in diesem Zuge aber längst nicht alle wichtigen Klosterbestände ihren Weg nach München fanden, bezeugt ein Codex der Zisterze Waldsassen, der eher zufällig wiederbeschafft werden konnte[38]:

> Die Sammelhandschrift mit Texten zur Geschichte von Waldsassen wurde von dem Bibliothekar Andreas Schmeller entdeckt und für die Bibliothek um 6 Louisdors erworben. Er vermerkt unter dem 6. August 1842 in seinem Tagebuch, er habe die Handschrift »aus den Klauen eines Regenspurger Beiseiteschaffers von Klosterbüchern« angekauft.

Vom klösterlichen Grundbesitz hielt die bayerische Regierung vor allem die Forste in Staatsbesitz, insgesamt etwa 97 000 Hektar. Liegenschaften und Gebäude wurden an Adlige und Unternehmer verkauft oder für staatliche Zwecke genutzt. Ein großer Teil der landwirtschaftlichen Flächen kam gar nicht erst zum Verkauf, da er zu Beginn des 19. Jahrhunderts bei bäuerlichen Familien lag, die erbliche Besitzansprüche geltend machen konnten[39].

Wirkungen zeitigte die Französische Revolution auch bei anderen europäischen Nachbarn. In der Schweiz kam es 1798 unter dem Eindruck revolutionärer Strömungen, die eine Helvetische Republik nach französischem Vorbild gründeten, zu gewaltsamen Übergriffen gegen Klöster und Kirchen. Allerdings verständigte sich die 1803 gebildete Schweizer Eidgenossenschaft mit Papst Pius VII. (1800–1823) auf den Erhalt des Klosterwesens. Der Papst bildete 1806 aus den Zisterzen Wettingen, Sankt Urban und Hauterive sowie elf Frauenkonventen die Schweizer Kongregation des Zisterzienserordens. Nicht zuletzt wirkten sich die französische Herrschaft und die allgemeine Säkularisierungswelle auch in Italien, Spanien und Portugal auf die religiösen Orden aus. Die meisten norditalienischen Klöster fielen zwischen 1797 und 1809 der französisch dominierten Politik zum Opfer, so auch mindestens 15 Männer- und Frauenkonvente der Lombardischen und Toskanischen Kongregation der Zisterzienser. Lediglich die römische Ordensprovinz konnte unter dem Schutz des Papsttums einige Häuser über die napoleonische Ära retten, darunter auch Klöster der italienischen Feuillants. In Spanien und Portugal behaupteten sich die Monarchien zwar recht schnell gegen die französische Besatzungsmacht, doch setzten liberale politische Kräfte in den 1830er Jahren die vollständige Säkularisation der Klöster durch, so auch der fast 100 Ordenshäuser der zisterziensischen Kongregationen in Kastilien, Aragon und Portugal[40].

8 Zisterzienser global – die beiden Orden bis in die Gegenwart

Aus der Sicht heutiger Zisterzienser, die auf allen Kontinenten in einer beeindruckenden Vielzahl Neugründungen von Zisterzen geschaffen haben, sind die Entwicklungen vom 19. bis zum frühen 21. Jahrhundert gewiss kein Epilog zur zurückliegenden langen Geschichte ihres Ordens. Vielmehr hat sich offenbar bis heute die in der Ordensgeschichte immer wieder zu beobachtende Fähigkeit zur Reform und Anpassung an gewandelte Lebenswelten erhalten. Dabei gingen die Einschnitte im Gefolge der Französischen Revolution tiefer als in den Jahrhunderten zuvor. Die Ereignisse von 1789, 1803 und ihre Ausläufer ließen nur noch wenige Zisterzen bestehen, die sich mehrheitlich in kleinen regionalen Verbünden wie in der Schweiz und in Österreich oder in ordensübergreifenden Länderkongregationen wie im russisch dominierten Kongresspolen (bis 1832) organisierten. Umso größere Anstrengungen erforderte der Wiederaufbau des Ordenslebens in Frankreich und den anderen europäischen Ländern, zu denen bereits in den frühen Jahren der Revolution erste außereuropäische Gründungen hinzutraten. Das Ende des Kolonialismus nach dem Zweiten Weltkrieg und die politische Wende in Mittel- und Osteuropa seit 1989 sind Beispiele dafür, wie bis in die jüngere Vergangenheit Umbrüche in der »Welt« zu Neuansätzen und Gründungsinitiativen in den religiösen Orden führen. Angesichts einer lückenhaften Forschungslage können die beiden abschließenden Kapitel nur die wichtigsten Linien der Ordensgeschichte in der jüngeren Vergangenheit nachzeichnen.

8.1 Der Orden der strengeren Observanz

Der wichtigste Impuls zur Überwindung der Folgen von Revolution und Säkularisation stammte aus La Trappe[1]. Dort hatte Abt Rancé im 17. Jahrhundert eine strenge Reform des Klosterlebens vorgenommen und den Konvent zu einem der größten im gesamten Orden gemacht. Der gleichzeitigen Bildung einer strengen Observanz standen die Reformer in La Trappe durchaus kritisch gegenüber, da Rancé nicht an einer Loslösung vom Orden interessiert war und weiterhin der Filiation von Clairvaux angehörte (s. Kap. 7/2). In den Jahren vor der Revolution lebte in La Trappe mit über 90 Konventualen der größte Zisterzienserkonvent des gesamten Ordens. Aus seinen Reihen gründete der Novizenmeister Augustin de Lestrange († 1824) im Schicksalsjahr der französischen Zisterzienser 1791 ein Tochterkloster in der Schweiz. Nach Verhandlungen mit den Kantonsbehörden und dem Bischof von Fribourg bildete sich unter Lestrange in der ehemaligen Kartause Valsainte ein neuer Konvent von 24 Mönchen, die nach den strengen Lebensgewohnheiten von La Trappe lebten. Auch der Abt von Clairvaux als Immediatoberer von La Trappe hatte zu diesem Schritt seine Zustimmung gegeben. Neue Berufungen und die Aufnahme geflohener Ordensmitglieder ermöglichten in den kommenden Jahren weitere Gründungen in Spanien (Sainte-Suzanne), England (Lulworth), Deutschland (Darfeld), Brabant (Westmalle) und Piemont (Mont-Brac, Sordevolo). Zudem gab es ab 1796 einen Trappistinnenkonvent in Sembrancher sowie in Valsainte eine Gruppe von Oblaten im Kindesalter und älteren Brüdern, die den strengen Lebensgewohnheiten nicht folgen konnten. Für diese Gruppe richtete man unter dem Namen »Tertiaren von La Trappe« ein eigenes Quartier ein. Weitere Pläne Lestranges richteten sich auf Ungarn, Russland und Kanada, ließen sich jedoch nicht umsetzen.

Der Angriff Napoleons auf die Schweiz unterbrach das Klosterleben in Valsainte zwischen 1798 und 1802 und zwang den Konvent zu einer abenteuerlichen Flucht, die bis ins russische Zarenreich führte. Nur das englische Lulworth überstand diese Phase unbeschadet, während andere europäische Flüchtlinge neue temporäre Unterkünfte auf Mallorca und in den Vereinigten Staaten fanden. Eine Gruppe von Mönchen und Nonnen ließ sich auch in Deutschland nieder, wo neben dem seit 1795 bestehenden Trappistenkonvent in Darfeld ein weiteres Männerkloster im westfälischen Driburg (1799) sowie zwei Frauenklöster in Paderborn und Rosental eingerichtet wurden[2]. Diese Häuser mussten 1811 durch ein Mandat des neuen Königs Jérome von Westfalen, eines Bruders Kaiser Napoleons, wieder geschlossen und konnten auch nach Napoleons Sturz aufgrund der ablehnenden Haltung der preußischen Behörden nicht dauerhaft gehalten werden. Als neues Zentrum der deutschsprachigen Trappisten entwickelte sich das elsässische Doppelkloster Oelenberg, in dem in der Mitte des 19. Jahrhunderts 100 Mönche und 64 Nonnen lebten. Von Oelenberg ging 1861 die Wiederbesiedlung der alten Zisterze Mariawald in der Eifel aus. Zahlreiche Neuberufungen ermöglichten es dem neuen Konvent, bereits 1872 eine Filiale in Bosnien (Mariastern) zu gründen.

In der Zwischenzeit war es auch zur Reetablierung der Trappisten im Mutterland des Ordens gekommen. Bereits im Jahr 1801 hatte das Konkordat zwischen Napoleon und Papst Pius VII. (1800–1823) eine bessere, wenn auch keine sichere Ausgangsposition für die Wiedergründung von Konventen geschaffen. Untergetauchte französische Mönche und Nonnen sammelten sich um 1801 bei Paris zur Neubegründung des Ordenslebens in Frankreich. In Sénart (bei Versailles) entstand unter Anleitung Abt Lestranges von Valsainte ein erstes Männerkloster trappistischer Prägung, wenig später in Valenton (bei Paris) ein Frauenkloster. Im Jahr 1805 autorisierte Kaiser Napoleon persönlich die Gründung eines Trappistenkonventes auf dem Mont Genèvre (Diöz. Grenoble) in den Alpen. Die persönlichen Beziehungen des Kaisers zu den Trappisten schlugen sich auch in der Einrichtung eines weiteren Ordenshauses vor den Toren von Paris, Mont-Valérien, nieder. Etwa zeitgleich erreichten auch Nonnen aus den während der Revolution aufgelösten Zisterzienserinnenkonventen von Annay, Les Prés und La Woestine eine schrittweise Erneuerung des Klosterlebens. Sie kehren bereits 1797 als Betreiberinnen einer Mädchenschule nach Esquermes (bei Lille) zurück und erreichten zwischen 1805 und 1820 ihre offizielle Anerkennung als klösterliche Gemeinschaft, die zur Keimzelle der bis heute in Europa, Afrika und Asien aktiven Bernhardinerinnen von Esquermes wurde. Diese ersten Ansätze zur Wiederherstellung zisterziensischen Lebens in Frankreich wurden zwischen Juli 1811 und Napoleons Ende im Jahr 1814 erneut gewaltsam unterdrückt; sie bildeten gleichwohl einen wichtigen Ausgangspunkt für die endgültige Rückkehr der Zisterzienser nach Frankreich.

Auf Napoleons Abdankung im April 1814 reagierte als erster der Abt des westfälischen Trappistenkonventes in Darfeld, Eugène de Laprade, der einst als Novize in La Trappe und Mönch in Valsainte gewirkt hatte. Seine Initiative beim neuen König Ludwig XVIII. führte Ende 1814 zur allgemeinen Erlaubnis, in Frankreich alte Ordenshäuser wieder zum Leben zu erwecken oder neue zu gründen. Allerdings waren die aus der Revolutionszeit stammenden Besitzverhältnisse nicht einfach zu revidieren, so dass den Zisterziensern der intendierte Wiederkauf des Mutterhauses oder einer der Primarabteien zunächst verwehrt blieb. Als erstes französisches Zisterzienserkloster konnten die Trappisten im Februar 1815 ein altes Kanonikerpriorat in Louvigné unter dem Namen Port-du-Salut in Besitz nehmen. In demselben Jahr gelang dem aus dem Exil in den Vereinigten Staaten zurückgekehrten Abt Lestrange der Rückkauf von La Trappe und die Wiedereröffnung von Valsainte in der Schweiz, von wo der Konvent allerdings nach wenigen Monaten aufgrund mangelnder Wirtschaftsressourcen in die alte südfranzösische Zisterze Aiguebelle umzog. Als Problem erwies sich, dass die von Darfeld unter Abt de la Prade ausgehenden Neugründungen den alten Konstitutionen von La Trappe aus der Ära Rancés folgten, während Augustin Lestrange für seine Klöster die neueren, in einigen Punkten modifizierten Konstitutionen von Valsainte verbindlich machte. In rascher Folge gründeten nun Rückkehrer aus dem Exil und in Frankreich gebliebene Ordensleute weitere Klöster unter anderem in Bellefontaine, Bellevaux, Notre-Dame-du-Gard und Forges (bei La Trappe). Beim Tode Lestranges 1823 existierten in Frankreich wieder 18 Zisterzienserklöster, die allesamt der strengen Observanz angehörten, von denen jedoch je neun den Konstitutionen von La Trappe und Valsainte folgten[3].

Als Papst Gregor XVI. im Jahr 1834 alle französischen Häuser als »Kongregation der Zisterziensermönche Unserer Lieben Frau von La Trappe« zusammenfasste, war die Mitgliederzahl bereits auf über 700 Mönche angewachsen. Der Abt von La Trappe leitete die Kongregation als Generalvikar; ein jährliches Generalkapitel sollte unter anderem über die divergierenden Lebensgewohnheiten beraten. Außerhalb des Verbandes standen die belgischen Ordenshäuser, die unter der Führung von Westmalle eine eigene kleine Kongregation bildeten. Neue Streitigkeiten über die Lebensweise lösten in den folgenden Jahren den französischen Verbund wieder auf und mündeten 1847 in den beiden Reformkongregationen »der alten Reform von La Trappe« (nach den Konstitutionen Rancés) bzw. »der neuen Reform von La Trappe« (nach den Konstitutionen von Valsainte). Die Uneinigkeit wurde durch Spannungen mit den Zisterziensern unter anderem in Italien, der Schweiz und Österreich, die sich nicht dem Vorbild von La Trappe verpflichtet fühlten, weiter verschärft. Formell unterstanden die Kongregationen der Trappisten zu dieser Zeit dem Generalpräses (ab 1867 Generalabt) des Ordens in Rom (s. das folgende Kapitel). Doch auf den ab 1867 abgehaltenen römischen Generalkapiteln waren die Trappisten kaum vertreten. Insgesamt verfügte der Orden, wie anlässlich des letzten »gemeinsamen« Generalkapitels von 1891 stolz verkündet wurde, über mehr als 7000 Angehörige in 82 Männer- und 114 Frauenklöstern beider Observanzen[4].

Der Beschluss Papst Leos XIII. von 1892, die drei trappistischen Kongregationen (einschließlich der belgischen) aus dem Zisterzienserorden zu lösen und in einem neuen Orden der »Reformierten Zisterzienser Unserer Lieben Frau von La Trappe« zusammenzufassen, ergab sich fast zwangsläufig aus der langfristigen Entfremdung beider Seiten. Nach Einschätzung der Forschung spielten bei dieser Abspaltung neben »nationalen« Gesichtspunkten, bei den Trappisten überwogen die französischsprachigen Mitglieder, in der allgemeinen Observanz zu diesem Zeitpunkt eher deutsch- oder italienischsprachige, vor allem Unterschiede in der Lebensweise eine zentrale Rolle. Während sich die meisten Klöster der allgemeinen Observanz, teilweise erklärbar aus den josephinischen Bedingungen ihres Erhalts, stark am öffentlichen Schul-, Gesundheits- und Pfarrwesen beteiligten, pochten die Trappisten auf eine kontemplative Lebensweise[5]. Erster Generalabt der Reformierten Zisterzienser wurde der Abt von Sept-Fons, Sébastien Wyart (1892–1904), ein früherer Offizier der päpstlichen Armee, der über ausgezeichnete Kontakte zu Papst Leo XIII. (1878–1903) verfügte. Neben dem Generalabt gehörte ein 6-köpfiges Definitorium zur Ordensleitung, die sich im Jahr 1898 entschloss, das zum Verkauf stehende Klostergelände von Cîteaux zu erwerben. Mit der dauerhaften Verlegung des Generalkapitels nach Cîteaux kehrte der Orden der Reformierten Zisterzienser auch zu den mittelalterlichen Konstitutionen zurück, indem er auf alle Modifikationen aus der Zeit Rancés und Lestranges verzichtete. Papst Leo XIII. bestätigte diese Änderungen im Jahr 1902 und verlieh dem Orden den bis heute gültigen Namen *Ordo Cisterciensium Reformatorum (O. C. R.) seu Strictioris Observantiae (O. C. S. O.)*. Den Zisterziensern der strengeren Observanz gehörten in dieser Zeit 56 Männerklöster mit über 3200 Mönchen sowie 32 Frauenklöster mit etwa 1300 Nonnen an. Damit lag die Gesamtzahl der Religiosen deutlich über derjenigen des »allgemeinen« Zisterzienserordens, der sich ab 1892 schlicht als *Sacer Ordo Cisterciensis (O. Cist.)* bezeichnet: Hier lebten zum Zeitpunkt der Trennung in 19 Männerklöstern 759 Mönche und in 95 Frauenklöstern 2413 Nonnen. Unabhängig blieben die Kongregationen von Casamari (3 Klöster mit

45 Mönchen) und von Sénanque (6 Klöster mit knapp 200 Ordensleuten)[6].

Nach dem Ersten Weltkrieg, an dem auch viele zwangsweise rekrutierte Ordensmitglieder beider Observanzen teilnahmen, erlebte die strengere Observanz weiteren Auftrieb in Europa und außerhalb. Während bis zu diesem Zeitpunkt die Zentren vor allem in Frankreich und Belgien lagen, kam es nun zur erfolgreichen Restauration einiger alter Zisterzen unter anderem in Deutschland (Himmerod 1925/27), Österreich (Engelszell 1925) und Spanien (La Oliva, Huerta, Osera 1927–1928). Der Konvent von Himmerod wechselte wenig später zur allgemeinen Observanz, wo er bis heute das Ordensleben weiterführt. In Spanien bildete sich um La Oliva eine große Ordensprovinz (*Conferencia regional española cisterciense*), die heute mehr als 500 Ordensleute in 19 Klöstern zusammenfasst. Die größten Zuwächse erzielten die Zisterzienser der strengeren Observanz freilich seit dem ausgehenden 19. Jahrhundert durch Neugründungen außerhalb Europas[7]. Bereits 100 Jahre zuvor hatten viele Trappisten in Nordamerika Schutz vor den Repressionen der Revolutionszeit gesucht. Während die meisten Brüder unter Führung des Abtes Augustin Lestrange im Jahr 1815 wieder nach Europa zurückkehrten, blieb als einziger der Priestermönch Vincent de Paul zurück; er soll das Schiff verpasst haben. Pater Vincent gründete zunächst eine kleine Gemeinschaft in Halifax und 1823 das Kloster Petit-Clairvaux in Neuschottland (Kanada). Europäische Exilanten aus Belgien, England und Irland errichteten in den folgenden Jahrzehnten Trappistenklöster in Kentucky (Gethsemani, 1850) und Iowa (New Malleray, 1863). Am Ende des 19. Jahrhunderts erfolgten weitere Gründungen von Europa aus: Die Mönche von Aiguebelle entsandten 1881 einen Konvent nach Merida (Mexiko); diejenigen von Bellefontaine in demselben Jahr nach Montréal (Kanada). Nach dem Zweiten Weltkrieg nahm insbesondere die Zahl der Konvente der strengeren Observanz in den Vereinigten Staaten sprunghaft zu: Bis 1964 entstanden hier zehn Männer- und zwei Frauenklöster sowie je ein Kloster in Argentinien und Chile.

Seit 1843 gab es auch ein Ordenshaus der Trappisten auf dem afrikanischen Kontinent: Die Mönche von Aiguebelle kauften ein Gelände in der französischen Kolonie Algerien nahe der Küstenstadt Bône (Beleb el-Anab), auf dem sich bis zu seiner Verlegung nach Italien 1904 ein großer Konvent bildete. In Südafrika engagierte sich ab 1880 mit Pater Franz Pfanner jener Trappist, der bereits elf Jahre zuvor von Mariawald in der Eifel aus den neuen Konvent von Mariastern in Banja Luka (Bosnien) gegründet hatte. Wie erfolgreich die bosnische Niederlassung war, lässt sich daran ablesen, dass Pfanner 1880 mit nicht weniger als 32 Mitbrüdern die weite Reise nach Natal (Südafrika) auf sich nahm, um dort mit Unterstützung der britischen Kolonialbehörden das Missionskloster Marianhill aufzubauen. Da die Missionstätigkeit freilich im Widerspruch zum kontemplativen Ideal der strengeren Observanz stand, löste sich das Kloster nach 1909 vom Trappistenorden und bildete eine selbständige Missionsgesellschaft. Damit war die zisterziensische Präsenz in Afrika wieder erloschen, bis im Jahr 1939 durch Mönche von Casamari eine Filiale in Eritrea errichtet wurde. 1947 gründeten Trappisten von Aiguebelle eine Filiale in Tibharine im französisch dominierten Algerien. In der Spätphase der kolonialen Herrschaft folgte ab 1950 eine ganze Reihe von Klostergründungen der strengeren Observanz im subsaharischen Afrika, unter anderem in Kamerun, Äthiopien, Kenia, Madagaskar, Angola, Kongo und Uganda[8].

Weitere Niederlassungen der Trappisten entstanden in Asien (zuerst 1884 in China und 1890 in Palästina) und in der Pazifikregion (zuerst 1874 in Neukaledonien und 1890 in Australien). Seit dem Ersten Weltkrieg erwachte das Interesse an China neu. Unter der Schirmherrschaft einer 1914 zu Missionszwecken begründeten Gebetsgemeinschaft für den Fernen Osten wurden Vorbereitungen für mehr als 20 Neugründungen getroffen, die bis 1937, dem Beginn des chinesisch-japanischen Krieges, zu immerhin sechs Niederlassungen geführt hatten. Ein einziges Kloster der strengeren Observanz konnte sich durch die Flucht nach Hongkong im Jahr 1951 der

Aufhebung durch die neuen kommunistischen Machthaber in China entziehen. Der Konvent in Lantao besteht bis heute. Die aktuelle Liste aller Klöster der strengeren Observanz, die auf der offiziellen Internetseite des Ordens veröffentlicht ist[9], deutet an, wie dynamisch die Entwicklung dieser Gemeinschaft bis in die jüngste Zeit verlaufen ist: Von den insgesamt 175 bestehenden Ordenshäusern (99 Männerklöster, 76 Frauenklöster) befinden sich 92 in Europa (davon 29 in Frankreich und 19 in Spanien), 23 in Nordamerika, je 22 in Afrika und Asien, 14 in Südamerika sowie je eines in Australien und Neuseeland. Mehrere religiöse Frauenkongregationen pflegen ohne formelle Ordensmitgliedschaft enge persönliche und institutionelle Verbindungen zu den Zisterziensern der strengeren Observanz. Am bekanntesten ist die von dem ältesten spanischen Zisterzienserinnenkloster Las Huelgas geführte spanische Kongregation des Heiligen Bernhard, der heute 27 Klöster angehören.

Neben regelmäßigen regionalen Kapiteln und getrennten Generalkapiteln des männlichen und des weiblichen Ordenszweigs findet alle drei Jahre ein gemeinsames Generalkapitel aller Ordensoberen statt, auf dem die wichtigsten Beschlüsse getroffen werden. Die heutigen Konstitutionen haben sich – unter Bewahrung einer strengen kontemplativen und asketischen Grundausrichtung – an die neuen Realitäten im Orden angepasst: In den meisten Klöstern sind die Großdormitorien durch Einzelzellen ersetzt worden; das strikte Schweigen in der Klausur darf in Ausnahmefällen gebrochen werden. Auch die besonderen politischen, wirtschaftlichen und klimatischen Verhältnisse in den außereuropäischen Klöstern werden berücksichtigt. Der Generalabt des Ordens sitzt in Rom und übt das Visitationsrecht im gesamten Verband aus. Dabei wird er durch einen Generalprokurator und Definitoren aus den verschiedenen Ordensprovinzen unterstützt. Für die Geschichte des Ordens der strengeren Observanz, seine Ideale und die aktuelle Kommunikation unter den Mitgliedern erfüllen die wissenschaftlichen Publikationsreihen des Ordens wichtige Funktionen: Im Jahr 1933 wurde in Frankreich die

Zeitschrift *Collectanea Cisterciensia* zunächst als offizielles Organ des Generalkapitels der strengeren Observanz gegründet. Diesen Status gab die Zeitschrift im Jahr 1965 wieder auf. Ein Jahr später gründeten Ordensmitglieder in England und den Vereinigten Staaten die *Cistercian Studies Quarterly*. Die dynamische Entwicklung des Ordens in den Niederlanden und in Belgien führte 1949 zur Gründung der Zeitschrift *Cîteaux. Commentarii Cistercienses*. Eine spanische Ausgabe wird seit 1949 unter dem Titel »Cistercium« durch die *Conferencia regional española cisterciense* herausgegeben.

8.2 Die Zisterzienser der allgemeinen Observanz

Ging die Initiative zur Erneuerung des zisterziensischen Ordenslebens bei den Anhängern der strengeren Observanz, wie dargestellt, von einzelnen Abtspersönlichkeiten aus, erhielt die allgemeine Observanz den entscheidenden Anstoß zur Neuformierung durch Papst Pius VII. (1800–1823). Zwar bestanden Klöster der allgemeinen Observanz auch in Österreich, Böhmen, Ungarn, der Oberlausitz und der Schweiz, doch konzentrierte sich die Aufmerksamkeit des Papstes nach dem Ende Napoleons zuerst auf die italienischen Zisterzienser. Dieser Schritt erschien auch deshalb plausibel, da der letzte Abt von Cîteaux, François Trouvé, seine Vollmachten auf den italienischen Generalprokurator des Ordens und Prokurator der Lombardischen Zisterzienserkongregation Alano Bagatti übertragen hatte. Nach dessen Tod übernahm sein Landsmann Raimondo Giovannini, seit 1789 Abt von Santa Maria in Carinis (Rom), zunächst das Amt des Generalprokurators, bevor er 1814 durch Pius VII. zum neuen Generalpräses erhoben wurde. Noch im Jahr 1814 erstattete der Papst den Zisterziensern die alte Tochtergründung des heiligen Bernhard in Casamari zurück; 1817 folgten in Rom die Rückgabe der Abtei San Bernardo alle Terme, eines früheren Ordenshauses der italienischen Feuillants, sowie des Klosters an der Basilika Santa-Croce-in-Gerusalemme, wo ab 1561 Zisterzienser der Kongregation des hl. Bernhard in Italien gewirkt hatten[10]. Dieses Ordenshaus wurde erst im März 2011 nach einer apostolischen Visitation aufgelöst.

Im Jahr 1820 formierte sich aus den bestehenden und wieder begründeten Zisterzen Süditaliens und des Kirchenstaates die »Kongregation des Heiligen Bernhard in Italien«, deren Generalkapitel alle fünf Jahre tagte und deren Generalpräses durch eine päpstliche Entscheidung zugleich die Vollmachten des einstigen Generalabtes von Cîteaux in den Händen hielt. Damit war zumindest formell eine zentrale Leitung des Zisterzienserordens wieder gegeben. Nach dem Interim des päpstlich ernannten Präses Raimondo Giovannini wurde auf dem Generalkapitel von 1820 der Abt von Santa-Croce, Sisto Benigni (1820–1825), zum Generalpräses gewählt. Ihm folgten – wie übrigens auch bei den Generalprokuratoren – bis zum Ende des 19. Jahrhunderts ausschließlich Italiener im Amt (ab 1867 wieder Generaläbte)[11]. Der tatsächliche Einfluss dieser Ämter blieb durch diese personelle Konstellation im Wesentlichen auf Italien beschränkt. Wie dargestellt, organisierten sich sowohl die Trappisten in Frankreich und Belgien als auch die Zisterzienser in der Schweiz und in Österreich-Ungarn in eigenen Kongregationen, die nur formell der Autorität des Generalpräses untergeordnet waren. Auf dem Gebiet des heutigen Frankreich bestand in den ersten Jahrzehnten der Restauration nur ein einziges Zisterzienserkloster der allgemeinen Observanz: die alte Königsabtei Hautecombe in den Savoyen, Grablege der Herzöge von Savoyen. Durch die Beschlüsse des Wiener Kongresses von 1815 hatte Frankreich die Savoyen an Piemont verloren, dessen Herzog Karl-Felix die Abtei als Grablege erwählte und ab 1825 aufwändig renovieren ließ. Hautecombe kam damit als nördlichstes Haus zu der italienischen Ordenskongregation, die 1831 immerhin 15 Mitgliedsklöster zählte.

In der Mitte des 19. Jahrhunderts intensivierten auch die bestehenden Zisterzienserkonvente im neu geschaffenen habsburgischen Machtbereich Österreich-Ungarn-Böhmen ihre Zusammenarbeit[12]. Unter Mitwirkung des für die Visitation zuständigen Erzbischofs von Prag wurde auf einem ersten Provinzkapitel im Jahr 1859 in Prag die Bildung der österreichischen Ordensprovinz beschlossen, in der die Klöster Rein, Heiligenkreuz, Zwettl, Lilienfeld, Wilhering, Schlierbach, Stams (Tirol), Zirc (Ungarn), Hohenfurth (Böhmen) und Ossegg (Böhmen) vereinigt waren. Ihr gemeinsames Studienhaus hatte die Provinz in der Abtei Heiligenkreuz im Wienerwald. Abt Athanasius von Ossegg erarbeitete in der Folge Reformstatuten für die mehr als 500 Ordensleute der Provinz. Vertreter der österreichischen Kongregation nahmen an dem ersten Generalkapitel der allgemeinen Observanz nach der Französischen Revolution im Jahr 1867 in Rom teil, wo man die Wiedereinführung der Funktion eines Generalabtes und eines zentralen Studienhauses mit Sitz in Rom beschloss.

Anders als in Österreich-Ungarn und Italien war das zisterziensische Leben der allgemeinen Observanz in Deutschland in der ersten Hälfte des 19. Jahrhunderts fast gänzlich zum Erliegen gekommen. Ausnahmen bildeten nur wenige isolierte Frauenkonvente in Schwaben, Bayern und der Oberlausitz, die keinem Verbund mehr angehörten. Den Ausgangspunkt für die Wiederbelebung des Ordens in Deutschland bildete die vormalige Benediktinerabtei Mehrerau in Bregenz, die im Jahr 1854 den Konvent des aufgehobenen Schweizer Zisterzienserklosters Wettingen aufnahm und unter dem Doppelnamen Wettingen-Mehrerau in der zweiten Hälfte des 19. Jahrhunderts einen unerwarteten Aufschwung erlebte. Von hier konnte im Jahr 1888 die alte Zistcrze Marienstatt im Westerwald wiederbesiedelt werden. Die deutschsprachigen Zisterzen erlebten weiteren Auftrieb, als im Jahr 1891 mit Abt Leopold Wackarž von Hohenfurth (Vyšší Brod) zum Generalabt des Ordens gewählt wurde. Er vollendete 1894 die Bildung der deutsch-schweizerischen Mehrerauer Kongregation, in die auch die bestehenden Frauenzisterzen eingebunden werden konnten. Die Verfolgungen unter den Nationalsozialisten bewog den Konvent von Mehrerau zur Wiederbesiedlung des 1848 aufgegebenen Schweizer Ordenshauses in Hauterive (seit 1939), während die Mönche von Hardehausen unter Abt Alfons Heun († 1984) zunächst in die Pfarrei Magdeburg-Neustadt und seit 1951 nach Itatinga (Brasilien) auswichen. Mönche aus Himmerod betrieben seit 1936 die Gründung eines weiteren brasilianischen Konventes in Itaporanga, der bis heute besteht (brasilianische Kongregation seit 1961). Mehrere Generaläbte und Generalprokuratoren stammten im 20. Jahrhundert aus der Mehrerauer Kongregation, so Abt Kassian Haid von Mehrerau (Generalabt 1920–1927), Sighard Kleiner (Generalabt 1953–1985) und Mauro-Giuseppe Lepori (seit 2010). Die Mehrerauer Kongregation umfasst heute sieben Männer- und 13 Frauenkonvente in Deutschland, Österreich, Italien, der Schweiz, Kroatien, Slowenien und den Vereinigten Staaten.

Der Konvent von Wettingen-Mehrerau belebte vor dem Ersten Weltkrieg auch die älteste slowenische Zisterze in Sittich (Stična) wieder, von der wiederum 1925 die polnische Abtei Mogła wiederbesiedelt wurde. Weitere polnische Zisterzen in Oliva (Oliwa) bei Danzig, Szczyrzyc bei Krakau und Heinrichau (Henryków) in Schlesien erhielten sich trotz der Verstaatlichung ihres landwirtschaftlichen Grundbesitzes unter dem Schutz der katholischen Kirche in Polen auch nach dem Zweiten Weltkrieg. Sie bildeten seit 1954 die polnische Kongregation. Das älteste Zisterzienserkloster im heutigen Polen, die schlesische Abtei Leubus (Lubiążu), war nach der Säkularisation im Jahr 1810 nicht wieder belebt worden. Erst nach dem Ende der kommunistischen Ära konnten Teile der alten Klosteranlage wieder renoviert werden. Nach dem Ende des Ersten Weltkriegs hatten sich auch die Klöster des Habsburgerreichs in kleine nationale Verbände in Österreich, Ungarn und der Tschechoslowakei aufgespalten. Die österreichischen Zisterzen schlossen sich 1920 zur »Österreichischen Zisterzienserkongregation vom Heiligsten Herzen Jesu« zusammen, die heute neben den sechs alten Abteien und dem Priorat Neukloster in Wiener Neustadt auch eine deutsche Filiale von Heiligenkreuz in Bochum-Stiepel umfasst[13].

Keine Kontinuität war den ungarischen und tschechoslowakischen Häusern vergönnt, die im Jahr 1950 durch die kommunistischen Regierungen ihrer Länder aufgehoben wurden[14]. Konventsmitglieder aus Ossegg ließen sich nach 1950 in Langwaden (Rheinland) nieder. Aus Hohenfurth flüchteten Mönche nach Rein, aus Zirc in die Vereinigten Staaten und nach Rom. Einer der Konventualen aus Zirc war der spätere Generalabt Polycárp Zakar (1985–1995), der zunächst nach 1950 in Rom sein Studium an der päpstlichen Universität Gregoriana fortsetzte und nach dem Ende der kommunistischen Herrschaft maßgeblich die Restauration des zisterziensischen Lebens in Ungarn förderte. Von 1996 bis 2010 war Zakar († 2012) Abt der wiedergegründeten Zisterze Zirc und Präses der Kongregation von Zirc, die heute wieder sechs Konvente umfasst. Mit Unterstützung aus Heiligenkreuz konnte nach 1989 auch die alte Abtei Hohenfurth in Tschechien wieder besiedelt werden.

Von den österreichischen Abteien Wilhering und Schlierbach gingen bereits in den 1920er Jahren Missionsgründungen in Bolivien (Apolo), Brasilien (Jequitibá) und den Vereinigten Staaten aus. Auf dem Generalkapitel der allgemeinen Observanz im Jahr 1925 hatte sich der Orden im Sinne der Missionsenzyklika *Rerum Ecclesiae* Papst Pius' XI. (1922–1939) dazu entschlossen, seine Missionsaktivitäten zu verstärken. Die Generalkapitel der allgemeinen Observanz erarbeiteten seit den 1950er Jahren Richtlinien, die die Leitungsfunktionen stärker auf die Präsides der Kongregationen übertrugen, während der Generalabt eher einen repräsentativen Status erhielt. Generalabt Sighard Kleiner nahm gemeinsam mit den Präsides der Kongregationen am Zweiten Vatikanischen Konzil (1962–1965) teil. Von den dort beschlossenen Reformen ging der Impuls zur Neufassung der Konstitutionen aus, die das Generalkapitel im Jahr 1969 unter dem Titel »Erklärung des Generalkapitels über die wesentlichen Elemente des heutigen Zisterzienserlebens« veröffentlichte[15].

Die auf dem Zweiten Vatikanischen Konzil verabschiedete Neufassung und Überarbeitung der liturgischen Bücher des römischen Ritus führte bei den Zisterziensern zu neuen Diskussionen über die Liturgie. Eine gemeinsame Liturgiekommission der Zisterzienserorden beider Observanzen bemühte sich um die Erarbeitung eines zisterziensischen Messbuchs, das sowohl den Anforderungen der Konzilsväter als auch der Ordenstradition gerecht wurde. Im Jahr 1974 erschien ein neues Zisterzienserrituale, das 1998 noch einmal ergänzt wurde. Für die Erforschung der Ordensgeschichte, den Austausch unter den Mitgliedern der Kongregationen und die Diskussionen um Lebensgewohnheiten und Liturgie ist die seit 1889 in Mehrerau herausgegebene *Cistercienser Chronik* wichtig. Von Rom aus erfolgte 1945 die Gründung der wichtigsten wissenschaftlichen Zeitschrift der Zisterzienser der allgemeinen Observanz, der *Analecta Cisterciensia* (seit 2006 in Heiligenkreuz herausgegeben). Die akademischen Aktivitäten der deutschsprachigen Zisterzienser der allgemeinen Observanz werden seit 1997 unter anderem in der Zisterzienserakademie Mehrerau-Langwaden-Berlin und im 2007 gegründeten *Europainstitut für Cistercienserforschung* (EUCist) an der Philosophisch-Theologischen Hochschule Benedikt XVI. in Heiligenkreuz koordiniert. Aktuell leben in den 13 Kongregationen des Zisterzienserordens der allgemeinen Observanz etwa 1500 Mönche in 92 Klöstern und etwa 1000 Nonnen in 67 Klöstern[16].

In beiden Zisterzienserorden spielen mittlerweile Laien, die sich mit einem Konvent verbunden fühlen oder Mitglied einer religiös lebenden Gemeinschaft außerhalb des Klosters sind, eine bedeutsame Rolle. Seit 2008 führen die Laienoblaten der Zisterzienser internationale Jahrestreffen durch[17]. Auch wenn diese anwachsende Bewegung mit den Konversinnen und Konversen des 12. Jahrhunderts wenig gemeinsam hat, lebt hier eine Verbindung zwischen Ordensleuten und Laien wieder auf, die dem religiösen Ideal des Zisterziensertums entspringt und dieses mit postmodernen Lebensformen und Bedürfnissen verknüpft. Wer das Leben und Wirken in heutigen Zisterzienserkonventen beobachtet, wird diese Diagnose im Übrigen auch für das Ordensleben selbst für berechtigt halten. Hier verbindet sich tiefgründige Spiritualität und monastische Disziplin mit moderner Wirtschaftsführung, mit Personalmanagment und Öffentlichkeitsarbeit, durch welche die Zisterzienser eine Brücke zu den Menschen des 21. Jahrhunderts schlagen.

9 Abkürzungen

AC	Analecta Cisterciensia, 1966–heute
ASOC	Analecta Sacri Ordinis Cisterciensis, 1945–1965
Cap.	Capitula, Capitulum
CC	Carta caritatis
CistC	Cistercienser Chronik, 1889–heute
CM	Cartulaire de Molesme, ed. J. Laurent, Paris 1907
DIP	Dizionario degli Istituti di Perfezione, Rom 1974 ff.
EC	Exordium Cistercii
EM	Exordium Magnum Cisterciense
EO	Ecclesiastica Officia
EP	Exordium parvum
Inst.	Instituta generalis capituli
JL	Jaffé-Löwenfeld, Regesta Pontificum Romanorum
LMA	Lexikon des Mittelalters, München-Zürich 1980 ff.
LThK	Lexikon für Theologie und Kirche, 3. Aufl. 1993 ff.
PL	Patrologia Latina, ed. J. P. Migne, Paris 1844 ff.
RB	Regula Benedicti, Benediktsregel
SCC	Summa cartae caritatis
Stat.	Statutum, Statuta annalia (des Generalkapitels)
TRE	Theologische Realenzyklopädie, Berlin 1977 ff.
UC	Usus conversorum

10 Auswahlbibliographie

Hier sind die mehrfach zitierten Werke aufgenommen. Lexikonartikel und einfach zitierte Werke erscheinen vollständig in den Endnoten.

Wichtige Quellen in Editionen, Sammlungen, Übersetzungen

Aelred von Rievaulx, Über die geistliche Freundschaft (lat./dt.), hg. v. R. Haacke/W. Nyssen, Trier 1978.
Bernhard von Clairvaux/Bernardus Claraevallensis, Sämtliche Werke (lat./dt.), hg. v. G. B. Winkler, Bd. 1–10, Innsbruck 1990–1999.
Cäsarius von Heisterbach, Dialog über die Wunder (lat./dt.), hg. v. N. Nösges/H. Schneider, Bd. 1–5 (Fontes Christiani 86), Turnhout 2009.
Chartes et documents concernant l'abbaye de Cîteaux (1098–1182), hg v. J. Marilier, Rom 1961.
Ecclesiastica Officia. Gebräuchebuch der Zisterzienser aus dem 12. Jahrhundert (lat./dt.), hg. v. H. M. Herzog/J. Müller, Langwaden 2003.
Einmütig in der Liebe. Die frühesten Quellentexte von Cîteaux (lat./dt.), hg. v. H. Brem/A. M. Altermatt, Grevenbroich 1998.
Herbert von Clairvaux, Liber miraculorum et uisionum, PL 185, Sp. 1273–1384.
Jean de Cirey, Compendium sanctorum ordinis cisterciensis et privilegia ejusdem ordinis, Dijon 1491.
Konrad von Eberbach, Exordium Magnum Cisterciense oder Bericht vom Anfang des Zisterzienserordens (lat./dt.), hg. v. H. Piesik, 2 Bde., Langwaden 2000–2002.
La codification cistercienne de 1202 et son évolution ultérieure, ed. B. Lucet, Rom 1964.

Le moine Idung et ses deux ouvrages: »Argumentum super quatuor questionibus« et »Dialogus duorum monarchorum«, ed. R. B. C. Huygens, Spoleto 1980.

Le premier cartulaire de l'abbaye cistercienne de Pontigny (XIIe – XIIIe s.), ed. M. Garrigues, Paris 1981.

Les monuments primitifs de la règle cistercienne publiés d'après les manuscrits de l'abbaye de Cîteaux, ed. Ph. Guignard, Dijon 1878.

Les plus anciens textes de Cîteaux. Sources, textes et notes historiques, ed. J. de la Croix Bouton/J.B. van Damme, Achel 1974.

Menologium Cisterciense, ed. J.C. Henriquez, Antwerpen 1630.

Neuerung und Erneuerung. Wichtige Quellentexte aus der Geschichte des Zisterzienserordens vom 12. bis 17. Jahrhundert (lat./dt.), hg. v. H. Brem/A.M. Altermatt, Langwaden 2003.

Nomasticon Cisterciense, ed. Julien Paris, Paris 1664.

Registrum epistolarum Stephani de Lexinton abbatis de Stanlegia et de Savigniaco, hg. v. B. Grießer, in: ASOC 2 (1946), S. 1–118; Teil 2: ebd. 8 (1952), S. 181–378.

Statuta capitulorum generalium ordinis Cisterciensis ab anno 1116 ad annum 1786, ed. J.-M. Canivez, 8 Bde., Louvain 1933–1941.

Vita prima sancti Bernardi, PL 185, Sp. 225–302; deutsche Ausgabe: Das Leben des hl. Bernhard von Clairvaux (Vita prima), hg. v. P. Sinz, Düsseldorf 1962.

Vita sancti Roberti, PL 157, Sp. 1255–1294; neu ediert durch K. Spahr, Leben des heiligen Robert, Freiburg i.Br. 1944; deutsche Übersetzung bei H. Piesik, in: CistC 105 (1998), S. 23–44, 401–412.

Waddell, C., Narrative and Legislative Texts from Early Cîteaux, Cîteaux 1999.

Waddell, C., Twelfth-Century Statutes from the Cistercian General Chapter. Latin Text with English Notes and Commentary, Turnhout 2002.

Überblicksdarstellungen, Sammelwerke, Kataloge

Becking, G., Zisterzienserklöster in Europa, Berlin 2000.

Bouton, J. de la Croix, Histoire de l'Ordre de Citeaux, 3 Bde., Westmalle 1959–1968.

Catalogus monasteriorum et personarum O.Cist., Rom 2002.

Dictionnaire des auteurs cisterciens, hg. v. E. Brouette/A. Dimier/E. Manning, 2 Bde., Rochefort 1975–1977.

Die Cistercienser. Geschichte, Geist, Kunst, hg. v. A. Schneider/ A. Wienand/W. Bickel/E. Coester, 3., erw. Aufl., Köln 1986.
Die Zisterzienser. Ordensleben zwischen Ideal und Wirklichkeit, 2 Bde., hg. v. K. Elm u. a., Köln 1980–1982.
Eberl, I., Die Zisterzienser. Geschichte eines europäischen Ordens, Stuttgart 2002.
In Tal und Einsamkeit. 725 Jahre Kloster Fürstenfeld. Die Zisterzienser im alten Bayern, hg. v. K. Wollenberg, 3 Bde., Fürstenfeldbruck 1990.
Janauschek, L., Originum Cisterciensium tomus primus, Wien 1877.
Lekai, L. J., Geschichte und Wirken der Weißen Mönche. Der Orden der Cistercienser, deutsche Ausgabe bearb. u. erg. v. A. Schneider, Köln 1958.
Leroux-Dhuys, F., Die Zisterzienser. Geschichte und Architektur, Köln 1998.
Melville, G., Die Welt der mittelalterlichen Klöster. Geschichte und Lebensformen, München 2012.
Norm und Realität. Kontinuität und Wandel der Zisterzienser im Mittelalter, hg. v. F. J. Felten/W. Rösener, Münster 2009.
The new monastery. Texts and studies on the early Cistercians, hg. v. R. Elder, Kalamazoo 1998.
Uffelmann, U., Die Zisterzienser im hohen Mittelalter: Anspruch und Wirklichkeit einer europäischen Lebensform, Neuried 2004.
Unanimité et diversité cisterciennes, hg. v. N. Bouter, Saint Etienne 2000.
Zisterzienser. Norm, Kultur, Reform – 900 Jahre Zisterzienser, hg. v. U. Knefelkamp, Berlin u. a. 2001.
Zisterzienser in Österreich, hg. v. d. Österreichischen Zisterzienserkongregation, Salzburg 2004.
Zisterzienser zwischen Zentralisierung und Regionalisierung. 400 Jahre Fürstenfelder Äbtetreffen. Fürstenfelder Reformstatuten 1595–1995, hg. v. H. Nehlsen/K. Wollenberg, 2 Bde., Frankfurt-M. 1998.

Untersuchungen

A companion to Bernard of Clairvaux, hg. v. B. P. Mc Guire, Leiden 2011.
Alberzoni, M. P., I vescovi cisterciensi della Lombardia occidentale tra Chiesa romana e mondo communale, in: Città, vescovi e papato nella Lombardia die communi, Novara 2001, S. 111–137.

Alte Klöster – Neue Herren. Die Säkularisation im deutschen Südwesten 1803, Ausstellungskatalog und Aufsatzbände, 3 Bde., hg. v. H. U. Rudolf, Ostfildern 2003.
Auberger, J., L'unanimité cistercienne: mythe ou réalité?, Achel 1986.
Averkorn, R., Die Cistercienserabteien Berdoues und Gimont in ihren Beziehungen zum laikalen Umfeld, in: Vinculum Societatis. FS Joachim Wollasch, hg. v. F. Neiske, Sigmaringendorf 1991, S. 1–35.
Ballweg, J., Konziliare oder päpstliche Ordensreform. Benedikt XII. und die Reformdiskussion im frühen 14. Jahrhundert, Tübingen 2001.
Barber, M., The New Knighthood. A History of the Order of the Temple, Cambridge 1994.
Barnay, S., Lactations et apparitions de la vierge: Une relecture de la règle, une lecture de la vie de saint Bernard, in: Unanimité et diversité cisterciennes. Filiations, réseaux, relectures du XIIe au XVIIe siècle. Actes du Quatrième Colloque du C.E.R.C.O.R., Saint-Étienne 2000, S. 161–174.
Barrie-Curien, V., Die anglikanische Reformation, in: Die Geschichte des Christentums, Bd. 8: Die Zeit der Konfessionen (1530–1620/30), hg. v. Venard, M., dt. Ausgabe hg. v. H. Smolinsky, Freiburg-Br. 1992, S. 191–238.
Barthélemy, D., Nouvelle Histoire des Capétiens (978–1214), Paris 2012.
Bender, W., Zisterzienser und Städte. Studien zu den Beziehungen zwischen den Zisterzienserklöstern und den großen urbanen Zentren des mittleren Moselraumes (12.–14. Jahrhundert), Trier 1992.
Benz, S., Zwischen Tradition und Kritik. Katholische Geschichtsschreibung im barocken Heiligen Römischen Reich (Historische Studien 473), Husum 2003.
Berger, J. M., Die Geschichte der Gastfreundschaft im hochmittelalterlichen Mönchtum: Cistercienser, Berlin 1999.
Berman, C. H., The Cistercian Evolution. The Invention of a Religious Order in Twelfth Century Europe, Philadelphia 2000.
Berntson, M., Klostren och Reformationen, Malmö 2003.
Bondéelle-Souchier, A., Bibliothèques cisterciennes dans la France médiévale. Répertoire des abbayes d'hommes, Paris 1991.
Bondéelle-Souchier, A., Les moniales cisterciennes et leurs livres manuscrits dans la France d'Ancien Régime, in: Cîteaux 45 (1994), S. 193–337.

Bondéelle-Souchier, A., Trésor des moines, Les Chartreux, les Cisterciens et leurs livres, in: Histoire des bibliothèques françaises 1 (1989), S. 67–81.
Bouton, J./Chauvin, B./Grosjean, E., L'Abbaye de Tart et ses filiales au moyen-âge, in: Mélanges Anselme Dimier, hg. v. B. Chauvin, Arbois 1987, S. 19–61.
Braunfels, W., Abendländische Klosterbaukunst, Köln 1985.
Bredero, A. H., Bernhard von Clairvaux (1091–1153): Zwischen Kult und Historie. Über seine Vita und ihre historische Auswertung, Stuttgart 1996.
Bredero, A. H., Cluny et Cîteaux au XIIème siècle: les origines de la controverse, in: Studi medievali 12 (1971), S. 135–175.
Brehm, M. H., Guerric von Igny, über das geistliche Wachstum, Regensburg 2003.
Breitenstein, M., Das Noviziat im hohen Mittelalter: Zur Organisation des Eintrittes bei den Cluniazensern, Cisterziensern und Franziskanern, Münster 2008.
Buchmalerei der Zisterzienser. Kulturelle Schätze aus sechs Jahrhunderten, hg. v. H. Reinecke/K. Reinecke, Stuttgart 1998.
Bünz, E., Das Ende der Klöster in Sachsen. Vom »Auslaufen« der Mönche bis zur Säkularisation (1521–1543), in: Glaube und Macht. Sachsen im Europa der Reformationszeit, hg. v. H. Marx/C. Hollberg, Dresden 2004, S. 80–90.
Burton, J., The Cistercians in England, in: Norm und Realität, S. 379–409.
Cailleaux, D., Les moines cisterciens dans les villes médiévales, in: Revue Histoire et Images médiévales 12 (2008), S. 74–80.
Cariboni, G., Der Zisterzienserorden in Italien: Ausbreitung und institutionelle Bildungen, in: Norm und Realität, S. 411–440.
Cheney, C. R., English Cistercian Libraries: the First Century, in: Ders., Medieval Texts and Studies, Oxford 1973, S. 328–345.
Constable, G., Crusaders and crusading in the twelfth century. Collected studies, Farnham 2008.
Constable, G., The Image of Bruno of Cologne in his Mortuary Roll, in: Ovidio Capitani quaranta anni per la storia medioevale, hg. v. M. C. de Matteis, Bd. 2, Bologna 2003, S. 63–72.
Coomans, T., Moniales cisterciennes et mémoire dynastique: églises funéraires princières et abbayes cisterciennes dans les anciens Pays-Bas médiévaux, in: Cîteaux. Commentarii Cistercienses 56 (2005), 87–146.

Cowdrey, H. E. J., »Quidam frater Stephanus nomine, anglicus natione«. The english background of Stephen Harding, in: Revue bénédictine 101 (1991), S. 322–340.

Cygler, F., Das Generalkapitel im hohen Mittelalter. Cisterzienser, Prämonstratenser, Kartäuser und Cluniazenser, Münster 2001.

Dalarun, J., L'impossible sainteté: la vie retrouvée de Robert d'Arbrissel (v. 1045–1116), fondateur de Fontevraud, Paris 2007.

Dautrey, Ph., Croissance et adaption chez les Cisterciens au treizième siècle: Les débuts du Collège des Bernardins de Paris, in: AC 32 (1976), S. 122–215.

Degler-Spengler, B., »Zahlreich wie die Sterne des Himmels". Zisterzienser, Dominikaner und Franziskaner vor dem Problem der Inkorporation von Frauenklöstern, in: Rottenburger Jahrbuch für Kichengeschichte 4 (1985), S. 37–50.

Die Auflösung des Klosters Grünhain im Spiegel der Protokolle der Kirchenvisitationen, hg. v. M. Richter/R. Böttchen/G. Zorn, Altenburg 2007.

Dimier, A., Les premiers cisterciens-étaient-ils ennemis des études?, in: Studia Monastica 4 (1962), S. 69–92.

Dimier, A., Violences, rixes et homicides chez les Cisterciens, in: Revue des sciences religieuses de l'Université de Strasbourg 46 (1972), S. 38–57.

Dinzelbacher, P., Bernhard von Clairvaux. Leben und Werk des berühmten Zisterziensers, Darmstadt 1998.

Dobosz, J., Die kleinpolnischen Zisterzienser – ihr Platz in Wirtschaft und Kultur Polens im 13. Jahrhundert, in: Zisterzienser. Norm, Kultur, Reform, S. 127–136.

Duvernay, R., Cîteaux, Vallombrose et Étienne Harding, in: ASOC 8 (1952), S. 379–495.

Eberlein, J. K., Zisterziensische Buchkunst, in: Zisterziensisches Schreiben im Mittelalter: Das Skriptorium der Reiner Mönche, hg. v. A. Schwob/K. Kranich-Hofbauer, Bern 2005, S. 103–112.

Eder, M., Die Zisterzienserinnen, in: Orden und Klöster im Zeitalter von Reformation und katholischer Reform. 1500–1700, Bd. 1, hg. v. F. Jürgensmeier/R. E. Schwerdtfeger, Münster 2005, S. 98–123.

Elm, K./Feige, P., Reformen und Kongregationenbildungen der Zisterzienser in Spätmittelalter und früher Neuzeit, in: Die Zisterzienser. Ordensleben zwischen Ideal und Wirklichkeit, S. 243–254.

Elm, K., Verfall und Erneuerung des Ordenswesens im Spätmittelalter. Forschungen und Forschungsaufgaben, in: Untersuchungen zu Kloster und Stift, hg. v. Max-Planck-Institut für Geschichte, Göttingen 1980, S. 188–238.

Elm, K., Die Beteiligung der Zisterzienser an der Christianisierung des Baltikums, in: Der missionarische Charakter des abendländischen Mönchtums, Grevenbroich 2001, S. 81–95.

Eubel, K., In commendam verliehene Abteien während der Jahre 1431–1503, in: Studien und Mitteilungen zur Geschichte des Benediktinerordens und seiner Zweige 21 (1900), S. 3–15.

Feige, P., Filiation und Landeshoheit. Die Entstehung der Zisterzienserkongregationen auf der Iberischen Halbinsel, in: Zisterzienser-Studien I, Berlin 1975, S. 37–76.

Felten, F. J., Arbeit, Armut und Askese und die Folgen bei den frühen Zisterziensern, in: CistC 108 (2001), S. 59–87.

Felten, F. J., Die Ordensreformen Benedikts XII unter institutionsgeschichtlichem Aspekt, in: Institutionen und Geschichte: Theoretische Aspekte und mittelalterliche Befunde. (Norm und Struktur, 1), hg. v. G. Melville, Köln 1992, S. 369–435.

Felten, F. J., Waren die Zisterzienser frauenfeindlich? Die Zisterzienser und die religiöse Frauenbewegung im 12. und frühen 13. Jahrhundert, Versuch einer Bestandsaufnahme der Forschung seit 1980, in: Norm und Realität, S. 179–223.

Felten, F. J., Zisterzienserinnen in Deutschland: Beobachtungen und Überlegungen zu Ausbreitung und Ordenszugehörigkeit, in: Unanimité et diversité cisterciennes, hg. v. N. Bouter, Saint Etienne 2000, S. 345–400.

Fleckenstein, J., Die Rechtfertigung der geistlichen Ritterorden nach der Schrift "De laude novae militiae" Bernhards von Clairvaux, in: Die geistlichen Ritterorden Europas, hg. v. J. Fleckenstein/M. Hellmann, Sigmaringen 1980, S. 9–22.

France, J., Medieval images of Saint-Bernard, Kalamazoo 2007.

France, J., The Cistercians in Scandinavia, Kalamazoo 1992.

Fröhlich, R., Die Zisterzienser und ihre Weinberge in Brandenburg, Berlin 2010.

Füser, T., Mönche im Konflikt. Zum Spannungsfeld von Norm, Devianz und Sanktion bei Cisterziensern und Cluniazensern (12. bis frühes 14. Jahrhundert), Münster 2000.

Gajewski, A., Burial, Cult, and Construction at the Abbey Church of Clairvaux (Clairvaux III), in: Citeaux, Westmalle 1959, S. 47–85.

Gobry, I., Rancé ou L'esprit de la pénitence, Paris 2000.
Goez, E., Die frühen Quellen zur Geschichte des Zisterzienserordens, in: Norm und Realität, S. 45–64.
Grélois, A., L'expansion cistercienne en France: la part des affiliations et des moniales, in: Norm und Realität, S. 287–324.
Grießer, B., Die Wirtschaftsordnung des Abtes Stephan Lexington für das Kloster Savigny (1230), in: CistC 58 (1951), S. 13–28.
Grießer, B., Stephan Lexington, Abt von Savigny, als Visitator der ihm unterstehenden Frauenklöster, in: CistC 67 (1960), S. 14–34.
Hallinger, K, Gorze-Kluny. Studien zu den monastischen Lebensformen und Gegensätzen im Hochmittelalter, 2 Bde., Rom 1950–1951.
Hallinger, K., Woher kommen die Laienbrüder?, in: AC 12 (1956), S. 1–104.
Hélias-Baron, M., Chronologie des quatre premières filles de Cîteaux: La Ferté-sur-Grosne, Pontigny, Clairvaux et Morimond, in: Hypothèses. Publications de la Sorbonne 1 (2003), S. 181–194.
Heutger, N., Zisterzienserklöster in der Zeit der Reformation, in: Die Zisterzienser. Ordensleben zwischen Ideal und Wirklichkeit, hg. v. K. Elm/P. Joerissen/H. J. Roth, Bonn 1980, S. 255–266.
Jamroziak, E., Making friends beyond the grave: Melrose Abbey and its lay burials in the thirteenth century, in: Citeaux 56 (2005), S. 323–336.
Jaspert, N., Der Zisterzienserorden in den iberischen Reichen des Hochmittelalters: ein Sonderweg?, in: Norm und Realität, S. 441–474.
Josephinismus als Aufgeklärter Absolutismus, hg. v. H. Reinalter, Wien-Köln-Weimar 2008.
Kinder, T., Die Welt der Zisterzienser, Würzburg 1997.
King, A., Cîteaux and her elder daughters, London 1954.
Kleinjung, C., Nonnen und Personal, Familien und Stifter: Zisterzienserinnenkonvente und ihre soziale Umwelt, in: Norm und Realität, S. 225–263.
Klueting, E., Monasteria semper reformanda: Kloster- und Ordensreformen im Mittelalter, Münster 2005.
Knowles, D., Cistercians and Cluniacs: The Conteroversy between St. Bernard and Peter the Venerable, Oxford 1955.
Koch, W., Zu den Babenbergergräbern in Heiligenkreuz, in: Jahrbuch für Landeskunde von Niederösterreich, n. F. 42 (1976), S. 193–215.

Köpf, U., Bernhard von Clairvaux – ein Mystiker?, in: Zisterziensische Spiritualität. Theologische Grundlagen, funktionale Voraussetzungen und bildhafte Ausprägungen im Mittelalter, St. Ottilien 1994, S. 15–32.

Krailsheimer, A.J., Armand-Jean de Rancé, abbé de la Trappe, 1626–1700. Paris 2000.

Krausen, E., Die Zisterzienser des deutschen Sprach- und Kulturraumes im Zeitalter des Barock und der Aufklärung, in: Die Zisterzienser. Ordensleben zwischen Ideal und Wirklichkeit, hg. v. K. Elm u. a., Köln 1980, S. 267–284.

Krenig, E.-G., Mittelalterliche Frauenklöster nach den Konstitutionen von Citeaux unter besonderer Berücksichtigung fränkischer Nonnenkonvente, in: ASOC 10 (1954), S. 1–105.

Kuhn-Rehfus, M., Wirtschaftsverfassung und Wirtschaftsverwaltung oberschwäbischer Zisterzienserinnenabteien, Konstanz 1985.

Kwanten, F.E., Le collège de Saint-Bernard à Paris. Sa fondation et ses debuts, in: Revue d'Histoire ecclesiastique 43 (1948), S. 443–472.

L'histoire des moines, chanoines et religieux au Moyen Age. Guide de recherche et documents (L'Atelier du Médiéviste 9), hg. v. A. Vauchez/C. Caby, Turnhout 2003.

Laabs, A., Malerei und Plastik im Zisterzienserorden. Zum Bildgebrauch zwischen sakralem Zeremoniell und Stiftermemoria: 1250–1430, Petersberg 2000.

Lackner, B. K., The eleventh-century background of Cîteaux, Washington 1972.

Lebeau, M., Die Chronologische Geschichte von Cîteaux, Cîteaux 1980.

Leclercq, J., Bernard et les moniales (de Jully), in: ASOC 9 (1953), S. 192–194.

Leclercq, J., Christusnachfolge und Sakrament in der Theologie des heiligen Bernhard, in: Archiv für Liturgiewissenschaft 8 (1963), S. 58–72.

Leclercq, J., Die Intentionen der Gründer des Zisterzienserordens, in: CistC 96 (1989), S. 32–33.

Lefèvre, J.A., Le vrai récit primitif des origines de Cîteaux est-il l'Exordium Parvum?, in: Le Moyen Âge 61 (1955), S. 79–120; S. 329–361.

Lienhard, M., Die Ausbreitung der lutherischen Botschaft, in: Die Geschichte des Christentums, Bd. 7: Von der Reform zur Reformation, hg. v. M. Venard, dt. Ausgabe hg. v. H. Smolinsky, Freiburg/Br. 1995, S. 746–770.

Lübbers, B., Überlegungen zum Rechnungswesen der Zisterzienser im Mittelalter, Köln-Weimar-Wien 2007.

Lützelschwab, R., Cardinalis albus – On the Career of the Cistercian Monk Guillaume Court († 1361), in: Cistercian studies quarterly 45 (2010), S. 141–167.

Maegraith, J., Die Nonnen werden doch auch nicht ewig leben! Der Konvent der Zisterzienserinnen-Reichsabtei Gutenzell nach der Säkularisation, in: Alte Klöster – Neue Herren, Bd. 2.2, Ostfildern 2003, S. 1071–1086.

Mahn, J.-B., L'ordre cistercien et son gouvernement des origines au milieu du XIIIe siècle (1098–1265), 2. Auflage, Paris 1951.

Matsche, F., »Fundant et ornant«. Orte und Formen der bildlichen Präsentation von Stiftern in barocken Klöstern Süddeutschlands, in: Mitteleuropäische Klöster der Barockzeit. Vergegenwärtigung monastischer Vergangenheit in Wort und Bild, hg. v. M. Herzog/ H. Weigl, Konstanz 2011, S. 137–162.

McGuire, B. P., Brother and Lover: Aelred of Rievaulx, New York 1994.

McGuire, B. P., The difficult saint: Bernard of Clairvaux and his tradition, Kalamazoo 1991.

Melville, G., Brückenschlag zur zweiten Generation. Die kritische Phase der Institutionalisierung mittelalterlicher Orden, in: Religiöse Ordnungsvorstellungen und Frömmigkeitspraxis im Hoch- und Spätmittelalter, hg. v. J. Rogge, Korb 2008, S. 77–98.

Melville, G., Die Zisterzienser und der Umbruch des Mönchtums im 11. und 12. Jahrhundert, in: Norm und Realität, S. 23–43.

Merton, T., Saint Robert of Molesme, 1028 to1111, in: Cistercian studies quarterly 46 (2011), S. 273–276.

Michael, H., Studien zur Geschichte Papst Eugens III. (1145–1153), Frankfurt a. M. 1992.

Miethke, J., Die Anfänge des Zisterzienserordens, in: Die Zisterzienser. Ordensleben zwischen Ideal und Wirklichkeit, hg. v. K. Elm/ P. Joerissen/H. J. Roth, Bonn 1980, S. 41–46.

Mikkers, E., Die Charta caritatis und die Gründung von Cîteaux, in: Rottenburger Jahrbuch für Kirchengeschichte 4 (1985), S. 11–22.

Mikkers, E., Spiritualität der Zisterzienser, in: Spiritualität heute und gestern, Tl. 2, Salzburg 1983, S. 32–51.

Mitteleuropäische Klöster der Barockzeit: Vergegenwärtigung monastischer Vergangenheit in Wort und Bild, hg. v. M. Herzog/H. Weigl, Konstanz 2011.

Montag-Erlwein, M., Heilsbronn von der Gründung 1132 bis 1321: das Beziehungsgefleht eines Zisterzienserklosters im Spiegel seiner Quellenüberlieferungen, Berlin 2011.

Mousnier, M., L'abbaye cistercienne de Grandselve et sa place dans l'économie et la société méridionales (XIIe–XIVe siècles), Toulouse 2006.

Nagel, B., Die Eigenarbeit der Zisterzienser. Von der religiösen Askese zur wirtschaftlichen Effizienz, Marburg 2006.

Neiske, F., Zisterziensische Generalkapitel und individuelle Memoria, in: De ordine vitae. Zu Normvorstellungen, Organisationsformen und Schriftgebrauch im mittelalterlichen Ordenswesen, hg. v. G. Melville, Münster 1996, S. 261–283.

Niedermeier, H., Klostertranslationen bei den Zisterziensern, in: Cîteaux 24 (1973), S. 31–52.

Oberste, J., Visitation und Ordensorganisation. Normierung, Kontrolle und Kommunikation bei Cisterziensern, Prämonstratensern und Cluniazensern (12.–14. Jahrhundert), Münster 1996.

Oberste, J., Normierung und Pragmatik des Schriftgebrauchs im cisterziensischen Visitationsverfahren bis zum beginnenden 14. Jahrhundert, in: Historisches Jahrbuch 114 (1994), S. 312–348.

Osterlay, G., Die Zisterzienser des Mittelalters und ihre Mühlen, insbesondere im Bereich des heutigen Bistums Berlin, in: CistC n. F. 100 (1993), S. 21–49.

Palmer, N. F., Zisterzienser und ihre Bücher. Die mittelalterliche Bibliotheksgeschichte von Kloster Eberbach im Rheingau, Regensburg 1998.

Parisse, M., La formation de la branche de Morimond, in: Unanimité et diversité cisterciennes. Filiations – Réseaux – Relectures du XIIe au XVIIe siècles, Saint-Etienne 2000, S. 87–102.

Pêche et pisciculture en eau douce: la rivière et l'étang au Moyen Âge, hg. v. P. Benoît/F. Loridant/O. Mattéoni, Lille 2004.

Pfister, P., Reformen des Zisterzienserordens im 16./17. Jahrhundert, in: Zisterzienser. Norm, Kultur, Reform, S. 341–364.

Pfurtscheller, F., Die Privilegierung des Zisterzienserordens im Rahmen der allgemeinen Schutz- und Exemtionsgeschichte, Frankfurt/M. 1972.

Piesik, H., Die Gründung von Cîteaux nach der Vita Roberti, in CistC 105 (1998), S. 401–420.

Potestà, G. L., Il tempo dell'Apocalisse: vita di Gioacchino da Fiore, Rom 2004.

Pour une histoire monumentale de l'abbaye de Cîteaux 1098–1998, hg. v. M. Plouvier, Vitreux 1998.

Reformation und Mönchtum. Aspekte eines Verhältnisses über Luther hinaus, hg. v. A. Lexutt/V. Mantey/V. Ortmann, Tübingen 2008.

Reformbemühungen und Observanzbestrebungen im spätmittelalterlichen Ordenswesen, hg. v. K. Elm, Berlin 1989.

Rösener, W., Bauernlegen durch klösterliche Grundherren im Hochmittelalter, in: Zeitschrift für Agrargeschichte und Agrarsoziologie 1 (1979), S. 60–93.

Rösener, W., Die Stadthöfe der Zisterzienser im Spannungsfeld der Stadt-Land-Beziehungen des Hochmittelalters, in: Kloster und Wirtschaftswelt im Mittelalter, hg.v. C. Dobrinski u. a., München 2007, S. 85–99.

Rösener, W., Religion und Ökonomie. Zur Wirtschaftstätigkeit der Zisterzienser, in: Von Cîteaux nach Bebenhausen. Welt und Wirken der Zisterzienser, hg. v. B. Scholkmann/S. Lorenz, Tübingen 2000, S. 109–126.

Roth, H. J., Die Zisterzienser im 19. und 20. Jahrhundert, in: Die Zisterzienser. Ordensleben zwischen Ideal und Wirklichkeit, S. 303–310.

Roth, H. J., Die Zisterzienser, in: Orden und Klöster im Zeitalter von Reformation und katholischer Reform. 1500–1700, Bd. 1, hg. v. F. Jürgensmeier/R. E. Schwerdtfeger, Münster 2005, S. 73–97.

Rüffer, J., Bauen für die Ewigkeit: Architektur der Zisterzienser zwischen ästhetischen Qualitäten und ethischen Werten, in: Spiritualität in Raum und Bild, hg. v. A. Behrendt/J. Rüffer, Berlin 2007, S. 129–160.

Rüffer, J., Orbis Cisterciensis: Zur Geschichte der monastischen ästhetischen Kultur im 12. Jahrhundert, Berlin 1999.

Rüther, A., Neues Kloster und altes Land. Die Zisterzienser im deutschen Altsiedelgebiet im Hochmittelalter, in: Norm und Realität, S. 325–344.

Schachenmayr, A. V., Abt Karl Braunstorfer (1895–1978). Abt von Heiligenkreuz und Abtpräses der Österreichischen Cistercienserkongregation, Berlin 2005.

Schellenberger, B., Die Geschichte der Trappisten in Deutschland, in: Die Zisterzienser. Ordensleben zwischen Ideal und Wirklichkeit, hg. v. K. Elm u. a., Bonn 1980, S. 297–301.

Schich, W., Klosteranlage und Wasserversorgung bei den Zisterziensern, in: Wirtschaft und Kulturlandschaft, hg. v. W. Schich u. a., Berlin 2007, S. 173–192.

Schimmelpfennig, B., Zisterzienser, Papsttum und Episkopat im Mittelalter, in: Die Zisterzienser. Ordensleben zwischen Ideal und Wirklichkeit, hg. v. K. Elm u. a., Bonn 1980, S. 69–85.

Schindele, M. P., Das monastische Leben nach der Lehre des hl. Bernhard von Clairvaux. XI. Heilige Lesung, in: CistC 104 (1997), S. 11–35.

Schindele, M. P., Ordenstreue gegen staatliches Reglement. Auswirkungen der Säkularisation und ihre Bewältigung durch die Zisterzienserinnen der Abtei Lichtenthal, in: Alte Klöster – Neue Herren, Bd. 2.2, 1053–1062.

Schlink, W., Zwischen Cluny und Clairvaux: die Kathedrale von Langres und die burgundische Architektur des 12. Jahrhunderts, Berlin 1970.

Schlotheuber E., Die Zisterzienserinnengemeinschaften im Spätmittelalter, in: Norm und Realität, S. 265–284.

Schneider, A., Der Baubetrieb der Cistercienser, in: Die Cistercienser. Geschichte. Geist. Kunst, hg. v. A. Schneider u. a., Köln 1974, S. 57–67.

Schneider, R., Vom Klosterhaushalt zum Stadt- und Staatshaushalt. Der zisterziensische Beitrag, Stuttgart 1994.

Schneider, R., Studium und Zisterzienserorden, in: Schulen und Studium im sozialen Wandel, hg. v. J. Fried, Sigmaringen 1986, S. 321–350.

Schneider, R., Studium und Zisterzienser mit besonderer Berücksichtigung des südwestdeutschen Raumes, in: Rottenburger Jahrbuch für Kirchengeschichte 4 (1985), S. 103–117.

Schreiner, K., Mönchsein in der Adelsgesellschaft des hohen und späten Mittelalters: klösterliche Gemeinschaftsbildung zwischen spiritueller Selbstbehauptung und sozialer Anpassung, München 1989.

Schreiner, K., Puritas Regulae, Caritas und Necessitas. Leitbegriffe der Regelauslegung in der monastischen Theologie Bernhards von Clairvaux, in: Zisterziensische Spiritualität, hg. v. C. Kasper, St. Ottilien 1994, S. 75–100.

Seeger, U., Zisterzienser und Gotikrezeption. Die Bautätigkeit des Babenbergers Leopold VI. in Lilienfeld und Klosterneuburg, München-Berlin 1997.
Seibrich, W., Monastische Restauration und Reform im deutschen Südwesten im 16. und 17. Jahrhundert unter besonderer Berücksichtigung der Zisterzienser, in: Zisterzienser zwischen Zentralisierung und Regionalisierung, Bd. 1, S. 221–242.
Stark, M., Die Trennung der ›Observantia Strictior‹ vom Zisterzienserorden (1880–1892), in: AC 48 (1992), S. 105–310.
Stein, K. W., So gut es in den gegenwärtigen Verhältnissen möglich ist... Die Zisterzienserinnen von Heiligenkreuztal nach der Säkularisation, in: Alte Klöster – Neue Herren, Bd. 2.2, S. 1087–1096.
Toepfer, M., Die Konversen der Zisterzienser. Untersuchungen zu ihrem Beitrag zur mittelalterlichen Blüte des Ordens, Berlin 1983.
Tremp, E., Mönche als Pioniere. Die Zisterzienser im Mittelalter, Näfels 1997.
Untermann, M., Forma Ordinis: Die mittelalterliche Baukunst der Zisterzienser, München u. a. 2001.
Veilleux, A., L'Ordre cistercien de la stricte observance au vingtième siècle. De 1892 à la conclusion du Concile Vatican II, 2 Bde., Rom 2008.
Waddell, C., The Myth of Cistercian Origins. C. H. Berman and the Manuscript Sources, in: Cîteaux 51 (2000), S. 299–386.
Wagner, F., Zum Bernhard-Bild in Literatur und Kunst, in: Liebesmystik als Chance und Herausforderung. Wirkungen von Person und Spiritualität Bernhards von Clairvaux, hg. v. H. Schwillus, Berlin 2007, S. 25–40.
Warnatsch-Gleich, F., Herrschaft und Frömmigkeit. Zisterzienserinnen im Hochmittelalter, Berlin 2005.
Wipfler, E., »Corpus Christi« in Liturgie und Kunst der Zisterzienser im Mittelalter, Münster 2003.
Wollasch, Cluny – »Licht der Welt«. Aufstieg und Niedergang der klösterlichen Gemeinschaft, Düsseldorf 2001.
Wollasch, J., Neue Quellen zur Geschichte der Cistercienser, in: Zeitschrift für Kirchengeschichte 84 (1973), S. 188–232.
Woodward, G., The Dissolution of the Monasteries, London 1969.
Zaluska, Y., L'enluminure et le scriptorium de Cîteaux au XIIe siècle, Cîteaux 1989.

11 Abbildungsverzeichnis

Abbildung 1, 2, 6 Wikipedia Commons, 3 Peter Palm, Berlin, 4 Wikipedia/Carla Cristiana Carvalho, 5 Wikipedia: Benjism89, 7: Staatliche Schlösser und Gärten Baden-Württemberg, 8 Wikipedia/Welleschik, 9 Wikipedia/Jean-Christophe Benoist, 10 Wikipedia/Binche, 11 Wikipedia/Karl Gruber, 12 Wikipedia Bastian Gläßer, 13/14 Wikipedia SchiDD, 15 Wikipedia GDK

12 Anmerkungen

Kapitel 1 Rebellion und Experiment – die Anfänge der Zisterzienser

1 Hier und im folgenden Abschnitt grundlegend: H. Grundman, Religiöse Bewegungen im Mittelalter, Berlin 1935.
2 Nach S. Runciman, Geschichte der Kreuzzüge, München ⁶2012, 111.
3 Vgl. Klueting, Monasteria, bes. 16 ff. zu Cluny und 41 ff. zu den Zisterziensern.
4 N. Bulst, Art. Wilhelm von Volpiano, LMA 9, 159 f.
5 Vgl. allgemein Lackner, Background of Cîteaux.
6 Allgemein sei auf die Artikel im DIP, 10 Bde., Rom 1974–2003 (Art. Certosine, DIP II, 772 ff.) verwiesen.
7 Edition und Kommentar bei Spahr, Leben; deutsche Übersetzung wird zitiert nach Piesik, Gründung.
8 Merton, Saint Robert of Molesme, 273–276.
9 Allgemein J. Richard, Art. Molesme, in: LMA 6, 726.
10 Piesik, Gründung, 30.
11 Cartulaire de Molesme, ed. Laurent, 13 f.
12 Mikkers, Charta caritatis, 11–22.
13 Vgl. dazu Oberste, Visitation; Cygler, Generalkapitel.
14 Vgl. dazu Constable, The Image of Bruno, 63–72.
15 Die einschlägigen Kapitel finden sich in deutscher Übersetzung bei Brem/Altermatt, Neuerung und Erneuerung, 142 ff. (William) und 154 ff. (Ordericus).
16 Herangezogen wird die dt.-lat. Ausgabe Cäsarius von Heisterbach, Dialog über die Wunder, ed. Nösges/Schneider.
17 Vgl. Miethke, Anfänge des Zisterzienserordens, 41–46 sowie den neueren Forschungsüberblick bei A. Altermatt, Art. Zisterzienser/Zisterzienserinnen, in: TRE 36, 704–713 sowie den Band The new monastery.
18 Exordium Magnum Cisterciense, ed. Piesik (mit Übersetzung).
19 Urkunde Urbans II. v. 29. 11. 1095 für Molesme JL 5596.
20 Vgl. Bouton, Histoire, 52.

21 Der vollständige Wortlaut in französischer Übersetzung bei Bouton, Histoire, 58. Mit Kritik an dieser Zuschreibung Untermann, Forma ordinis, 120–122.
22 JL 5842; Text bei Brem/Altermatt, Einmütig in der Liebe, 230–233.
23 Diese These vertritt z. B. Bouton, Histoire, 58.
24 Mit Beispielen aus Frankreich, England, Irland, Dänemark, Deutschland, Polen und Böhmen Untermann, Forma ordinis, 185–189.
25 Als Edition ist heranzuziehen Chartes et documents, ed. Marilier.
26 Vgl. Rüffer, Zisterzienser, 27 f.
27 Vgl. dazu Melville, Brückenschlag, 77–98.
28 Cowdrey, Quidam frater, 322–340. Vgl. die Vita beati Petri prioris, PL 185, 1259B–1260B.
29 Vgl. Bouton, Histoire, 77 f.
30 Dinzelbacher, Bernhard von Clairvaux, 14–21; vgl. auch Eberl, Zisterzienser, 38.

Kapitel 2   Charisma und Ratio – der zisterziensische Verband und seine Verfassung

1 Noch immer unverzichtbar ist das Klösterverzeichnis von Janauschek, Originum Cisterciensium. Vgl. auch die Übersicht über die Gründungen im Artikel von L. J. Lekai, Art. Cisterciensi, in: DIP II, 1058–1098, hier bes. 1071 ff. und den aktuellen Catalogus monasteriorum et personarum O. Cist., Rom 2002.
2 So noch Eberl, Zisterzienser, 36 u. ö.; Uffelmann, Zisterzienser.
3 Grundlegend zu den Primarabteien King, Cîteaux and her elder daughters; neuere Ergebnisse bei: Hélias-Baron, Chronologie, 181–194.
4 Zur Geschichte der CC neben den oben zitierten neueren Forschungen grundlegend P. Zakar, Art. Carta Caritatis, in: DIP II, 609–613; Mikkers, Charta caritatis. Aus der neueren Forschung vgl. Cygler, Generalkapitel, 25–50 und Waddell, Texts, 261–273.
5 Über diese Phase Dinzelbacher, Bernhard von Clairvaux, 19 ff.
6 Mit neueren Ergebnissen zu Morimond und einer Spätdatierung der Gründung auf 1117/1118 Parisse, La formation, 87–102.
7 Vgl. dazu Cygler, Generalkapitel, 25 f.
8 Vgl. als neueren Überblick über diese Diskussion Goez, Quellen.
9 La codification cistercienne de 1202, ed. B. Lucet. Insgesamt kennen die Zisterzienser im 13. Jahrhundert fünf Kodifikationen ihres Rechtscorpus: in den Jahren 1202, 1220, 1237, 1257 und 1289.

10 Die Fassungen der CC werden zitiert nach Brem/Altermatt, Einmütig in der Liebe. Vgl. dazu Melville, Welt, 88–99.
11 Wollasch, Mönchtum, 184.
12 SCC 5, Brem/Altermatt, Einmütig in der Liebe, 42–45; CC post. 8, Brem/Altermatt, Einmütig in der Liebe, 184f.
13 In der Kodifikation von 1202 findet sich in Dist. I,9 die Passage, die dem Generalkapitel die alleinige Verantwortung für Neugründungen, Verlegungen oder Inkorporationen zuwies (La codification cistercienne de 1202, ed. B. Lucet, 31).
14 Vgl. ausführlich Oberste, Visitation, Kap. 3.
15 Zur zisterziensischen Schriftlichkeit Oberste, Normierung, 312–348; zum Rechnungswesen Lübbers, Überlegungen.
16 Giraldus Cambrensis, Speculum ecclesiae, ed. J. S. Brewer, London 1873 (Neudr. New York 1964), 121.
17 Vgl. die Übersetzung der wichtigsten Bullen bei Brem/Altermatt, Einmütig in der Liebe, 217–276.
18 Im Überblick Schimmelpfennig, Zisterzienser, 69–85.
19 Grundlegend Pfurtscheller, Die Privilegierung des Zisterzienserordens, hier 77–144 und Mahn, L'ordre cistercien, hier 73–169.
20 Die Werke Bernhards werden zitiert nach der zweisprachigen Ausgabe: Bernhard von Clairvaux. Sämtliche Werke, hg. v. Winkler. Die Schrift »De consideratione« in: Werke I, 611–840. Vgl. Dinzelbacher, Bernhard von Clairvaux, 339–356.
21 Lettres de Jacques de Vitry. Edition critique, ed. R. B. C. Huygens, Leiden 1960, 75.
22 Im Überblick Mahn, L'ordre cistercien, 140ff.
23 Schimmelpfennig, Papsttum und Episkopat, 75.
24 Die Bulle bei Brem/Altermatt, Einmütig in der Liebe, 272–275.
25 Mit allen Belegen Pfurtscheller, Privilegierung, 101ff.
26 So zum Beispiel bei Hermann von Tournai (um 1140) oder etwa zeitgleich in der Chronik der Abtei Liessies im Hennegau: Historiae Tornacenses partim ex Herimanni libris excerptae, hg. v. G. Waitz (MGH. Scriptores 14), Hannover 1883, 328; Chronicon Laetiense, hg. v. J. Heller, ebd., 495 und 499.
27 Der Text der Papstbullen ist ediert bei Brem/Altermatt, Neuerung und Erneuerung, 182–269.
28 Vgl. die Übersicht und die Karten bei J. L. Lekai, Art. Cisterciensi, in: DIP II, 1071–1095.
29 Eberl, Zisterzienser, 54–57.
30 Vgl. zu Frankreich Grélois, L'expansion cistercienne, 287–324 und zu Italien Cariboni, Zisterzienserorden, 411–440.
31 Jaspert, Zisterzienserorden, 441–474, hier 448.
32 Mit weiteren Beispielen Rüther, Neues Kloster, hier 334ff.

33 Einführend F. R. Swietek, Art. Savigny, in: DIP VIII, 991–994; A. Dimier, Art. Obazine, in: DIP VI, 490 f.
34 Grélois, L'expansion cistercienne, 287; Felten, Zisterzienserinnen, 380 ff.
35 Vgl. den neuesten Forschungsüberblick bei Felten, Waren die Zisterzienser frauenfeindlich?, 179–223 (mit einer ausführlichen Bibliographie). Besonders hervorzuheben sind darin die Arbeiten von B. Degler-Spengler, C. Berman, G. Ahlers, A. Grélois und als Überblick B. N. Hannöver.
36 Mit Belegen Felten, Waren die Zisterzienser frauenfeindlich?, 208 f.
37 Kuhn-Rehfus, Zisterzienserinnenabteien, 123–141 und kritisch dazu Kleinjung, Nonnen und Personal, 234 f. Vgl. Warnatsch-Gleich, Herrschaft und Frömmigkeit.
38 Die Edition erfolgte durch Leclercq, Jully, 192–194. Mit weiterer Literatur Felten, Waren die Zisterzienser frauenfeindlich?, 201–203.
39 Bouton/Chauvin/Grosjean, L'Abbaye de Tart, 19–61.
40 *Nous frere Saanz Abes de la buissere e frere Alixandre prieurs de cistiaux. de l'autorité nostre reverent pere. l'abé de cistiaux. tenanz le chapitre. de tar [...]. Nous vous* [abbesse de Tart, J. O.] *comandons an vertu d'obedience que vous an propre personne visitez les abaies, qui sunt de votre generacion* (Guignard, Monuments, 647).
41 Vgl. die Einleitung zu den ältesten zisterziensischen Nonnenstatuten bei Brem/Altermatt, Neuerung und Erneuerung, 74 f.
42 Vgl. dazu Degler-Spengler, Zahlreich wie die Sterne des Himmels.
43 Brem/Altermatt, Neuerung und Erneuerung, 71–101.
44 Krenig, Mittelalterliche Frauenklöster, 13.
45 Zu diesem Zweck erließ Stephan bereits im Jahre 1230 die *Ordinatio monachorum apud moniales commorantium* (Registrum, ed. Grießer, Teil 2, Nr. 25, 253–257).
46 Grießer, Über einige Äbtissinnenwahlen in den genannten bayrischen Frauenklöstern, in: CistC 67 (1960), 11–13.
47 Vgl. Schlotheuber, Zisterzienserinnengemeinschaften, 270 ff.
48 Kleinjung, Nonnen und Personal sowie Schlotheuber, Zisterzienserinnengemeinschaften. Vgl. Toepfer, Konversen, 174–182.
49 Vgl. in diesem Abschnitt die Belege bei Lekai, Geschichte, 70–75.
50 Edition und Kommentar in Registrum, ed. Grießer.

Kapitel 3 Verinnerlichung und Gelehrsamkeit – die geistliche Welt der Zisterzienser

1 *Conventio inter monachos Molismenses et Alpenses*, in Übersetzung bei Brem/Altermatt, Einmütig in der Liebe, 4 f.

2 Arnulf von Lisieux, Ep. 21, zitiert nach Dinzelbacher, Bernhard von Clairvaux, 39.
3 Mit allen Quellenbelegen Leclercq, Intentionen, 10 f.
4 Leclercq, Intentionen, 12.
5 Vgl. den Brief Bernhards an seinen Neffen Robert, der aus Clairvaux ausgetreten und in Cluny eingetreten war (Ep. 1). Bernhard entschuldigt sich hier für die Robert im Kapitel zugefügten Schläge. Vgl. dazu die Studie von Breitenstein, Noviziat, 247 f.
6 Der lateinische Text mit deutscher Übersetzung wird geboten in der Ausgabe von Herzog/Müller, Ecclesiastica officia; die Usus conversorum in Brem/Altermatt, Neuerung und Erneuerung, 22–62; die Instituta in Brem/Altermatt, Einmütig in der Liebe, 117–175.
7 Edition, Übersetzung und kurzer Kommentar der wichtigsten Texte bei Brem/Altermatt, Einmütig in der Liebe, 205–213 und Brem/Altermatt, Neuerung und Erneuerung, 105–133 (die zitierte Textstelle aus dem Vorwort des Antiphonars ebd., 127). Vgl. Altermatt, Liturgiereform.
8 Der Brief Abaelards an Bernhard von Clairvaux findet sich in Übersetzung mit einer Einleitung bei Brem/Altermatt, Neuerung und Erneuerung, 105–111 (Kommentar) und 112–125 (Text).
9 Vgl. dazu mit Nennung der Spezialliteratur die Einleitung bei Brem/Altermatt, Neuerung und Erneuerung, 106–108.
10 Dokumentiert bei Herzog/Müller, Ecclesiastica officia, 20–35.
11 Die Zählung richtet sich nach der Ausgabe Herzog/Müller, Ecclesiastica officia, 40 ff.
12 Lekai, Geschichte, 191–196.
13 Vgl. Bouton, Histoire, 350 ff.
14 Lekai, Geschichte, 195, Bouton, Histoire, 352.
15 Wissenschaftliche Biographien von Dinzelbacher, Bernhard von Clairvaux und Bredero, Bernhard von Clairvaux.
16 Vgl. France, Medieval images of Saint-Bernard und Wagner, Zum Bernhard-Bild, 25–40, bes. 31 f.
17 Wipfler, »Corpus Christi«, 13. Zur Einordnung der Theologie Bernhards vgl. J. Leclercq, Christusnachfolge.
18 Wipfler, »Corpus Christi«, 13 f.
19 Vgl. die Einleitung bei Herzog/Müller, Ecclesiastica officia, 30.
20 Zitiert nach Mikkers, Spiritualität, 135.
21 Dictionnaire des auteurs cisterciens, Bd. 1, 316–322.
22 Mit kritischen Überlegungen dazu Köpf, Bernhard von Clairvaux, 15–32. Vgl. den neueren Band A companion to Bernard of Clairvaux.
23 Leclercq, Intentionen, 10–13.
24 Dictionnaire des auteurs cisterciens, Bd. 1, 104–108.
25 Dictionnaire des auteurs cisterciens, Bd. 1, 108.
26 Vgl. als neuere Studie Brehm, Guerric von Igny.

27 Vgl. als Überlick das Dictionnaire des auteurs cisterciens.
28 Zu Joachim kann nur auf zwei neuere Einführungen verwiesen werden: Reeves, Joachim of Fiore; Potestà, Il tempo dell'apocalisse.
29 Zur Literatur aus Zisterzienserinnenklöstern vgl. einführend Mikkers, Spiritualität, 154–158.
30 Eberlein, Zisterziensische Buchkunst, 104. Zum frühen Skriptorium von Cîteaux ist maßgeblich Zaluska, L'enluminure et le scriptorium.
31 Brem/Altermatt, Einmütig in der Liebe, 210 f.
32 Die grundlegenden Forschungsarbeiten hierzu stammen von Bondéelle-Souchier, Bibliothèques cisterciennes dans la France médiévale und dies., Les moniales cisterciennes et leurs livres manuscrits dans la France d'Ancien Régime.
33 Zu Clairvaux Bondéelle-Souchier, Trésor des moines, 67–81. Vgl. allgemein Cheney, English Cistercian Libraries; Palmer, Zisterzienser und ihre Bücher.
34 Bondéelle, Trésor des moines, 78 f.
35 Vgl. Schneider, Studium und Zisterzienserorden, 321–350 sowie dens., Studium und Zisterzienser, 103–117, hier vor allem 103–105.
36 Dinzelbacher, Bernhard von Clairvaux, 222–230.
37 Vgl. C. Guyon, Les Écoliers du Christ, l'ordre canonial du Val des Écoliers 1201–1539, Saint-Etienne 1998.
38 Vgl. im Überblick J. Oberste, Ketzerei und Inquisition im Mittelalter, Darmstadt 2007, 88 ff.
39 Schneider, Studium und Zisterzienserorden, 324–326.
40 Vgl. ausführlich Kwanten, Le collège de Saint-Bernard à Paris.
41 Zur Baugeschichte des Bernhardskollegs ausführlich Dautrey, Croissance et adaption chez les Cisterciens au treizième siècle.
42 Schneider, Studium und Zisterzienserorden, 329.
43 Felten, Die Ordensreformen Benedikts XII.
44 Im Überblick Lekai, Geschichte, 155–187.
45 A. Arnold, Gründungsversuch eines Studienkollegiums und Studierende des Cistercienserordens in Köln 1338–1559, in: CistC 49 (1937), 65–72.
46 Schneider, Studium und Zisterzienserorden, 337–340.
47 K. Lauterer, Art. Konrad von Ebrach, in: Neue Deutsche Biographie XII, Berlin 1980, 536 f.
48 Im Überblick Lekai, Geschichte, 178 ff. und Schneider, Studium und Zisterzienser, 111 f.
49 Im folgenden Schneider, Studium und Zisterzienser, 112 ff.
50 Lekai, Geschichte, 182 f.
51 Lekai, Geschichte, 118 f.
52 Die beiden Manuskripte aus Vaucelles liegen in der Bibl. Royale Albert 1er, Brüssel, Ms. 7460 und Ms. 7461. Sie sind besprochen in dem Band Buchmalerei der Zisterzienser, 92–95.

53 Palmer, Zisterzienser und ihre Bücher, 191 f.
54 Vgl. Palmer, Zisterzienser und ihre Bücher, 191–194.
55 Vita Sancti Malachiae episcopi, in: Bernhard von Clairvaux, Werke I, 437–609. Vgl. dazu McGuire, The difficult saint, 75 ff.
56 Dazu näher Gajewski, Burial, 52–55.
57 Vita prima sancti Bernardi, in: PL 185, 225–302. Grundlegend dazu Bredero, Bernhard von Clairvaux.
58 Palmer, Zisterzienser und ihre Bücher, 195–197.
59 Barnay, Lactations et apparitions de la vierge, 171.
60 Herbert von Clairvaux, Liber miraculorum et uisionum, PL 185, 1273–1384; Konrad von Eberbach, Exordium Magnum Cisterciense; Cäsarius von Heisterbach, Dialog.
61 Vgl. Cäsarius von Heisterbach, Dialog, Einleitung, Bd. 1, 50–55.
62 Lekai, Geschichte, 172 f,
63 Vgl. mit weiteren Belegen Schneider, Baubetrieb, 54 f.
64 Mit allen Belegen Schneider, Baubetrieb, 55.
65 Vgl. mit ausführlichen Literaturangaben die beiden Studien von Rüffer, Orbis Cisterciensis und von Untermann, Forma ordinis.
66 Ausführlich Untermann, Forma ordinis, 123 ff.
67 Mit allen Belegen Untermann, Forma ordinis, 129–132. Vgl. mit Kritik an Untermanns Datierung Gajewski, Burial, 70 f.
68 Untermann, Forma ordinis, 144 ff. Vgl. dazu die grundlegende Arbeit von Schlink, Zwischen Cluny und Clairvaux, bes. 108–141.
69 Kinder, Die Welt der Zisterzienser, bes. 191–221.
70 Zur Kritik am »bernhardinischen Plan« vgl. Rüffer, Bauen für die Ewigkeit, 134 ff.
71 Untermann, Forma ordinis, 305.
72 Rüffer, Bauen für die Ewigkeit, 141–143. Vgl. zu den Bauvorschriften einführend G. Binding/M. Untermann, Kleine Kunstgeschichte der mittelalterlichen Ordensbaukunst in Deutschland, 3. Aufl., Darmstadt 2001, bes. 185–192.
73 Zur Struktur zisterziensischer Klosteranlagen sehr anschaulich Kinder, Die Welt der Zisterzienser, 117 ff.
74 Bernhard von Clairvaux, In dedicatione ecclesiae. Sermo 1.1, Werke VIII, 811–813.
75 Mit allen Belegen Laabs, Malerei und Plastik, bes. 10–13 und Wipfler, »Corpus Christi«, bes. 45–60.
76 Beleg bei Laabs, Malerei und Plastik, 12.
77 Alle Belege bei Wipfler, »Corpus Christi«, 95–134.

Kapitel 4 Soziale Netzwerke in der Einsamkeit – Zisterzen in ihrer weltlichen und kirchlichen Umgebung

1 Synopse der cluniazensischen Nekrologien, 2 Bde., hg. v. J. Wollasch u. a., München 1982.
2 Wollasch, Neue Quellen; Neiske, Memoria.
3 Mit allen Belegen Neiske, Memoria, 263–275.
4 Averkorn, Berdoues und Gimont, 4 ff.
5 Zu Südfrankreich Averkorn, Berdoues und Gimont, 20 f.
6 Le premier cartulaire de Pontigny, z. B. Nr. 95, 164, 168, 172.
7 Averkorn, Berdoues und Gimont, 10–12.
8 Vgl. zu diesem Thema Untermann, Forma ordinis, 72–94.
9 Averkorn, Berdoues und Gimont, 17 f.
10 Coomans, Moniales cisterciennes, 87–146.
11 Untermann, Forma ordinis, 85.
12 Ausführlich Untermann, Forma ordinis, 72–93. Weitere Beispiele bei Laabs, Malerei und Plastik, 111–173.
13 Zu den Begräbnissen in Clairvaux Gajewski, Burial, 47–84.
14 Zu Skandinavien France, Cistercians in Scandinavia, 475–487; zu England Burton, Cistercians in England, 379–409, bes. 386 f.
15 Vgl. den Überblick von Rösener, Religion und Ökonomie.
16 Vgl. allgemein K. Schulz, Die Cistercienser in der Reichspolitik während der Stauferzeit, in: CistC 88 (1981), S. 165–194; zum Egerland F. Kubu, Die staufische Ministerialität im Egerland. Ein Beitrag zur Siedlungs- und Verwaltungsgeschichte, Pressath 1995.
17 Vgl. jetzt U. Steiger, Die neuzeitlichen nichtliturgischen Handschriften des Zisterzienserklosters Salem (Kataloge der Universitätsbibliothek Heidelberg), Wiesbaden 2012, bes. XI f.
18 Cariboni, Zisterzienserorden in Italien, 428 f.
19 Vgl. zu diesem Thema einführend Knowles, Cistercians and Cluniacs; Bredero, Cluny et Citeaux au XIIe siècle.
20 Vgl. Dinzelbacher, Bernhard von Clairvaux, 75 ff.
21 Apologie an den Abt Wilhelm, in: Werke II, 138–204; zur handschriftlichen Verbreitung ebd., 144.
22 Die deutsche Übersetzung des Kapitels richtet sich nach Brem/Altermatt, Neuerung und Erneuerung, 154–171. Als kritische Edition ist heranzuziehen: The Ecclesiastical History of Orderic Vital, hg. v. M. Chibnall, 4 Bde., Oxford 1973.
23 Diese Stellen werden zitiert nach Dinzelbacher, Bernhard von Clairvaux, 41 und 88.

24 *In negotio religionis facilius possunt nova fundari quam vetera reparari* (The Letters of Peter the Venerable, ed. G. Constable, 2 Bde., Cambridge 1967, hier Bd. 1, 43).
25 Mit vielen Textbelegen Schreiner, Puritas Regulae, 85–90.
26 Vgl. die Edition in Le moine Idung, ed. Huygens, bes. 167 f.
27 Vgl. R. Hiestand, Kardinalbischof Matthäus von Albano, das Konzil von Troyes und die Entstehung des Templerordens, in: Zeitschrift für Kirchengeschichte 99 (1988), 295–325 und zu Bernhards Rolle Dinzelbacher, Bernhard von Cairvaux, 114–124.
28 Vgl. ausführlich Michael, Studien zur Geschichte Papst Eugens III.
29 Dimier, Les premiers cisterciens, 80 ff.
30 Alberzoni, I vescovi cisterciensi della Lombardia.
31 Alle Belege in diesem Absatz finden sich bei Lützelschwab, Cardinalis albus, 147 ff.
32 Lützelschwab, Cardinalis albus, 149 ff.
33 Vgl. die Übersicht in http://www.zisterzienserlexikon.de/wiki/Bibliothek:PKB_Kardinäle [1.7.2013].
34 Vgl. Constable, Crusaders and crusading, bes. 229 ff.
35 Ausführlich J. Oberste, Prediger, Legaten und Märtyrer. Die Zisterzienser im Kampf gegen die Katharer, in: Studia monastica. Beiträge zum klösterlichen Leben im Mittelalter, FS G. Melville, hg. v. R. Butz/J. Oberste, Münster 2004, S. 73–92.
36 Der Brief ist abgedruckt bei Gervase of Canterbury, Chronica, ed. W. Stubbs (Rerum Britannicarum Medii Aevi Scriptores. Rolls Series 73,1), London 1879, 270 f.
37 Mit allen Belegen J. Oberste, Der »Kreuzzug« gegen die Albigenser. Ketzerei und Machtpolitik im Mittelalter, Darmstadt 2003, 49 ff. und M. Roquebert, L'Epopée cathare, Bd. 1, Toulouse 1970, 172 ff.
38 Vgl. zu diesem Kapitel Elm, Die Beteiligung der Zisterzienser.
39 Mit allen Belegen Goez, Süddeutsche Zisterziensererklöster, 131. Vgl. als Überblick Lekai, Geschichte, 197–202.
40 Diese und weitere Fälle bespricht Goez, Süddeutsche Zisterzienserklöster, 131 ff.
41 Einen Überblick zu diesem wenig erforschten Thema vermittelt Lekai, Geschichte, 202–207.
42 Maßgeblich dazu Bergèr, Gastfreundschaft.
43 Berger, Gastfreundschaft, 256.
44 Vgl. im Überblick Kinder, Die Welt der Zisterzienser, 384–388.
45 Goez, Süddeutsche Zisterzienserklöster, 132 ff.
46 Mit allen Belegen Berger, Gastfreundschaft, 275–317.

Kapitel 5 Innovationen in Armut – zisterziensische Arbeit, Ökonomie und Technik

1 Vgl. den Überblick bei Felten, Arbeit, bes. 63 ff. und die neuere Studie von Nagel, Eigenarbeit.
2 Alle Belege bei Felten, Arbeit, 67 f.
3 Matthaeus von Rievaulx (um 1210), zitiert nach Felten, Arbeit, 71.
4 Hallinger, Laienbrüder, bes. 60 ff. Grundlegend ist die Arbeit von Toepfer, Konversen.
5 Toepfer, Konversen, 35 f.
6 Vgl. T. Schöneweis, grangiae (...) pro munimine sui saepe incastellantur. Befestigte Wirtschaftshöfe der Zisterzienser, in: CistC 118 (2011), 260–275. Hingewiesen sei zudem auf die laufende kunsthistorische Dissertation desselben Verfassers zu zisterziensischen Grangienbauten.
7 Zusammenfassend Dimier, Violences.
8 Alle Zahlen stammen aus Toepfer, Konversen, 53–57.
9 Zum Bauernlegen mit vielen Beispielen Rösener, Bauernlegen.
10 Übersetzung nach Lekai, Geschichte, 233.
11 Tremp, Mönche als Pioniere, 35.
12 Rösener, Religion und Ökonomie, 115.
13 Mit weiteren Beispielen Tremp, Mönche als Pioniere, 37.
14 Die Zahlen in diesem Abschnitt stammen aus Lekai, Geschichte, 236 f.
15 Hier sei auf die laufende Dissertation von C. Malzer (Regensburg) zum Konvent von Waldsassen im Spätmittelalter hingewiesen.
16 Fröhlich, Die Zisterzienser und ihre Weinberge, bes. 1–89.
17 Felten, Arbeit, 78.
18 Schreiner, Mönchsein, 114.
19 Auf diesem Gebiet gibt es vor allem Einzeluntersuchungen. Vgl. Tremp, Mönche als Pioniere, 43 ff.; A. Kirsche, Zisterzienser, Glasmacher und Drechsler. Glashütten in Erzgebirge und Vogtland und ihr Einfluss auf die Seiffener Holzkunst, Münster 2005.
20 Vgl. den Überblick von Niedermeier, Klostertranslationen.
21 PL 185, 569–571. Der lateinische und deutsche Text bei Braunfels, Abendländische Klosterbaukunst, 305–307.
22 Schich, Klosteranlage und Wasserversorgung, 174–190; Osterlay, Zisterzienser und ihre Mühlen, 21 ff.
23 B. Scholkmann, Die Zisterzienser und ihre Wassernutzung: Die Mühlen des Klosters Bebenhausen, in: Von Cîteaux nach Bebenhausen, hg. v. B. Scholkmann/S. Lorenz, Tübingen 2000, 153–173.
24 Die Zahlen und Angaben in diesem Abschnitt stammen aus Eberl, Zisterzienser, 244 f.

25 Tremp, Mönche als Pioniere, 67–71; vgl. als Überblick Rösener, Stadthöfe der Zisterzienser.
26 Vgl. die Studien von Bender, Zisterzienser und Städte und Cailleaux, Les moines cisterciens.
27 Zu den Zisterziensern Schneider, Vom Klosterhaushalt zum Stadt- und Staatshaushalt, bes. 28–55 und 96–125.
28 Goez, Süddeutsche Zisterzienserklöster, 134 f.
29 Mit allen Belegen Eberl, Zisterzienser, 57 f.
30 Mit allen Belegen Oberste, Visitation, 145–152.
31 Zur Überlieferung von Generalabrechnungen in Cîteaux ab 1347 Marilier, Chartes, 3–7.
32 Hier und im folgenden Bouton, Histoire, 281 ff.
33 Den Text edieren Brem/Altermatt, Neuerung und Erneuerung, 216 ff. Vgl. die Studie von Ballweg, Ordensreform.

Kapitel 6 Orden im Umbruch – Krisen und Reformen in Spätmittelalter und Reformationszeit

1 Grießer, Registrum, Teil 1, Nr. 1–113, 1–118. Das Zitat an dieser Stelle stammt aus Brief Nr. 1, S. 13. Vgl. Oberste, Visitation, 136 ff.
2 Vgl. die Statistiken bei Burton, Cistercians in England, 400 f.
3 Vgl. mit vielen Beispielen Eberl, Zisterzienser, 272–276.
4 Im Überblick Lekai, Geschichte, 90 f.; Eberl, Zisterzienser, 305–318; Bouton, Histoire, 289–296.
5 Im Überblick, Bouton, Histoire, 294 f.
6 Im Überblick Lekai, Geschichte, 92 f.
7 Eine Liste mit über 20 Frauenklöstern bei Bouton, Histoire, 298.
8 Mosler, H., Die Cistercienserabtei Altenberg, Berlin u. a. 1965, 45.
9 Erwähnung bei E. Martène, Voyage littéraire de deux religieux bénédictins de la congrégation de Saint-Maur, Bd. 1, Paris 1717, 141.
10 Im Überblick Lekai, Geschichte, 93 f.
11 Eder, Zisterzienserinnen, 110 f.
12 J. de Cirey, Compendium sanctorum ordinis cisterciensis et privilegia ejusdem ordinis, Dijon 1491.
13 Der Text wird wiedergegeben bei Bouton, Histoire, 317 f.
14 Die Liste bei Eubel, Abteien, 3–15; 244–259.
15 Vgl. den Band Der Medici-Papst Leo X. und Frankreich. Politik. Kultur und Familiengeschäfte in der europäischen Renaissance, hg. v. G.-R. Tewes, Tübingen 2002.
16 Leroux-Dhuys, Zisterzienser, 126.

17 Vgl. den Band Reformbemühungen, hg. v. K. Elm und den Beitrag von Elm, Verfall und Erneuerung.
18 Im Überblick Pfister, Reformen des Zisterzienserordens, hier 347 f.
19 Feige, Filiation und Landeshoheit. Vgl. Bouton, Histoire, 314.
20 Vgl. im Überblick Bouton, Histoire, 316, 330 f.
21 Die Fälle von Nimbschen und Neu-Helfta behandelt A. Rüttgardt, Klosteraustritte in der frühen Reformation. Studien zu den Flugschriften der Jahre 1522 bis 1524, Heidelberg 2007, 13 f. und 256 ff.
22 Vgl. zu diesem Abschnitt als neuere Bestandsaufnahme den Band Reformation und Mönchtum. Aspekte eines Verhältnisses über Luther hinaus, hg. v. A. Lexutt/V. Mantey/V. Ortmann, Tübingen 2008.
23 Ausführlich dazu Roth, Die Zisterzienser und Eder, Die Zisterzienserinnen, ebd., 98–124.
24 Zitiert bei Roth, Zisterzienser, 85.
25 Ausführlich dazu Bünz, Das Ende der Klöster in Sachsen.
26 Vgl. C. Volkmar, Reform statt Reformation. Die Kirchenpolitik Herzog Georgs von Sachsen 1488–1525, Tübingen 2008, 251 ff.
27 Dieses und die weiteren Beispiele bei Eder, Zisterzienserinnen, 116 f.

Kapitel 7 Diversität und Dekadenz – das Ordensleben im Zeitalter von katholischer Reform, Revolution und Säkularisation

1 Die Zahl nennt Heutger, Zisterzienserklöster, 265.
2 Hier und im Folgenden Pfister, Reformen, 349–353.
3 Die folgenden Zahlen stammen aus Roth, Zisterzienser, 89 und Heutger, Zisterzienserklöster, 264 f.
4 Zitiert nach Pfister, Reformen, 353.
5 Vgl. Bouton, Histoire, 331 f. sowie allgemein Elm/Feige, Reformen und Kongregationenbildungen.
6 Vgl. die Beiträge und die Edition der Reformstatuten in dem Band Zisterzienser zwischen Zentralisierung und Regionalisierung.
7 Vgl. im Überblick Pfister, Reformen, 355–360.
8 Vgl. im Überblick Machilek, Zisterzienser in Böhmen.
9 Bouton, Histoire, 361–364.
10 Bouton, Histoire, 334–348; Eberl, Zisterzienser, 421–441.
11 Vgl. im Überblick die neuere Studie von F. Hildesheimer, Richelieu, Paris 2004, 438 ff.
12 Eberl, Zisterzienser, 421 ff.

13 Neben den genannten Arbeiten ist hier grundlegend Krailsheimer, Armand-Jean de Rancé und Gobry, Rancé ou L'esprit de la pénitence.
14 Bouton, Histoire, 358 f.
15 Grundlegend Seibrich, Monastische Restauration.
16 Vgl. Seibrich, Monastische Restauration, 233–238.
17 Dazu grundlegend Benz, Zwischen Tradition und Kritik.
18 J. Mabillon, Avis pour ceux qui travaillent aux histoires des monastères, in: Ouvrages posthumes de D. Jean Mabillon et de D. Thierri Ruinart, ed. V. Thuillier, Bd. 2, Paris 1724, 91–95.
19 Vgl. die Bewertung im Dictionnaire des auteurs cisterciens I, 143 f. und II, 474–479.
20 Vgl. Benz, Zwischen Tradition und Kritik, 587–589.
21 Einen Überblick gibt Bouton, Histoire, 369–380.
22 Hier ist insbesondere auf die laufende Dissertation von Kathrin Müller (München) hinzuweisen: Zisterzienser und Barock. Kirchenbau der Oberdeutschen Kongregation im Spannungsfeld von Ordensidentität und Separationstendenzen, die ich dankenswerter Weise einsehen durfte.
23 Vgl. hier und im Folgenden den neuen Überblick von Matsche, »Fundant et ornant«, hier 152 ff.
24 Krausen, Zisterzienser, 267–270.
25 Krausen, Zisterzienser, 271.
26 Eberl, Zisterzienser, 459.
27 Im Überblick Eberl, Zisterzienser, 455 f.
28 Der Text ist abgedruckt bei Bouton, Histoire, 401–403.
29 Vgl. als neuere Synthese die Beiträge in dem Band: Josephinismus.
30 Hier und im Folgenden Lekai, Geschichte, 126–134; Bouton, Histoire, 405–408; Eberl, Zisterzienser, 466–477. Als neuere Untersuchung sei hingewiesen auf D. Beales, Europäische Klöster im Zeitalter der Revolution: 1650–1815, Köln-Weimar-Wien 2008, 251 ff.
31 Lebeau, Chronologische Geschichte von Cîteaux, 52; zitiert nach dem Onlinelexikon http://www.cistercium.info/geschichte/revolution.html [zuletzt 1.7.2013].
32 Vgl. dazu den Band Pour une histoire monumentale de l'abbaye de Cîteaux, hg. v. M. Plouvier/A. Saint-Denis, Dijon 1998.
33 E. Weis, Montgelas, Bd. 1: Zwischen Revolution und Reform 1759–1799, München 1988, 121–125. Vgl. einführend H.-O. Binder, Art. Säkularisation, in: TRE 29, 597–602.
34 Vgl. zu Bayern Müller, Klostersäkularisation, 31–54.
35 Vgl. Schindele, Ordenstreue, 1053–1062.
36 Maegraith, Konvent der Zisterzienserinnen-Reichsabtei Gutenzell, 1071–1086.
37 Stein, Zisterzienserinnen von Heiligenkreuztal, 1087–1096.

38 Das Zitat stammt aus der kurzen Bestandsgeschichte der Bayerischen Staatsbibliothek auf der Internetseite http://www.bsb-muenchen.de/ Gruendungsgeschichte-des-Klosters-Waldsassen.2639.0.html [zuletzt 1.7. 2013].
39 Müller, Klostersäkularisation, 45 f.
40 Vgl. die Zahlen bei Lekai, Art. Cisterciensi, in: DIP II, 1088 ff.

Kapitel 8 Zisterzienser global – die beiden Orden bis in die Gegenwart

1 Einführend E. R. Elder, Art. Trappisten/Trappistinnen, in: TRE 34, 1–3; Schellenberger, Geschichte der Trappisten, 297–301. Vgl. die neuere Gesamtdarstellung von Veilleux, L'Ordre cistercien.
2 Schellenberger, Trappisten, 297–299.
3 Vgl. die Übersicht bei Bouton, Histoire, 429 f.
4 Roth, Die Zisterzienser im 19. und 20. Jahrhundert, hier 305.
5 Ausführlich zu dieser Phase Stark, Die Trennung der ›Observantia Strictior‹.
6 Zahlenangaben bei Eberl, Zisterzienser, 501.
7 Dazu gibt den besten Überblick Bouton, Histoire, 461–468.
8 Vgl. Schellenberger, Trappisten, 299.
9 Vgl. die Internetseite www.ocso.org/monasteries [zuletzt 1.7. 2013].
10 Vgl. die Übersicht bei Altermatt, Art. Zisterzienser/Zisterzienserinnen, in: TRE 36, 707 f.; Roth, Zisterzienser im 19. und 20. Jahrhundert, 303 ff.; Eberl, Zisterzienser, 499 ff.
11 Vgl. die Amtslisten im Onlinelexikon http://www.zisterzienserlexikon.de/wiki/Generalprokuratoren_OCist und http://www.zisterzienserlexikon.de/wiki/Generaläbte_OCist [zuletzt 1.7. 2013].
12 Roth, Zisterzienser im 19. und 20. Jahrhundert, 305 ff.
13 Vgl. dazu den neueren Band: Zisterzienser in Österreich.
14 Roth, Zisterzienser im 19. und 20. Jahrhundert, 308 ff.
15 Vgl. Schachenmayr, Abt Karl Braunstorfer, bes. 340 ff.
16 Zahlenangaben von 2002 bei A. Altermatt, Art. Zisterzienser/Zisterzienserinnen, in: TRE 36, 708, 712.
17 Vgl. die beiden Internetseiten http://www.cistercianfamily.org und http://www.zisterzienseroblaten [zuletzt 1.7. 2013].

Die neue Reihe in Vorbereitung

Geschichte der christlichen Orden

Christoph Dartmann
Die Benediktiner
Von den Anfängen bis zum Ende des Mittelalters

Franz Xaver Bischof
Die Benediktiner
Von der Reformation bis heute

Gisela Fleckenstein
Die Franziskaner

Günther Wassilowsky
Die Jesuiten

Jürgen Sarnowsky
Die geistlichen Ritterorden

Katrinette Bodarwé
Religiöse Lebensformen von Frauen im Mittelalter

W. Kohlhammer GmbH · 70549 Stuttgart
vertrieb@kohlhammer.de · www.kohlhammer.de

Harald Derschka

Individuum und Persönlichkeit im Hochmittelalter

2014. 272 Seiten
Kart. € 29,90
ISBN 978-3-17-025185-4

Urban Akademie

In den Jahrzehnten um 1100 fand ein Mentalitätswandel statt, der mitunter als „Entdeckung des Individuums" bezeichnet wird: Das Verständnis für die Motive, Bedürfnisse und Ansprüche einer Person wuchs ebenso wie die Bereitschaft, ihnen mehr Raum zu geben. Dieser bemerkenswerte Vorgang ist in der Mittelalterforschung unter ganz verschiedenen Aspekten untersucht worden. Das Buch versammelt die wichtigsten Argumente und überprüft ihre Tragfähigkeit. Darüber hinaus wird nach der Struktur dieses hochmittelalterlichen Individualisierungsschubes gefragt. Wie Beobachtungen aus der Entwicklungspsychologie und der Ethnologie vermuten lassen, wurde er von einem tiefgreifenden Wandel verursacht, der die Gesellschaft damals erfasst hatte: Dem Einzelnen wurden komplexe Anpassungsleistungen abverlangt, die eine tiefere Einsicht in seine und seiner Mitmenschen Innenwelten begünstigten.

Harald Derschka lehrt an der Universität Konstanz mittelalterliche Geschichte mit Schwerpunkten in der Ideengeschichte, der Münz- und Geldgeschichte, der Rechtsgeschichte und der südwestdeutschen Landesgeschichte.

W. Kohlhammer GmbH · 70549 Stuttgart
vertrieb@kohlhammer.de · www.kohlhammer.de

Dieter Berg

Heinrich VIII. von England

Leben – Herrschaft – Wirkung

2013. 320 Seiten
Kart. € 24,90
ISBN 978-3-17-021900-7

Urban-Taschenbücher, Band 736

Heinrich VIII. zählt neben Elisabeth I. zu den mächtigsten englischen Monarchen im 16.Jahrhundert. Ihm gelang es, durch eine weitsichtige Politik die Grundlagen für das »englische Empire« zu legen. Heute kennen wir diesen bedeutenden Herrscher meist nur aufgrund seiner vielen Ehen; wichtiger ist er aber aufgrund seiner Gründung der Englischen Staatskirche und der Auseinandersetzungen mit Parlament, Adel und den anderen europäischen Herrschern. Zudem bildete sich während seiner Regentschaft der frühmoderne Staat heraus, der die folgenden Jahrhunderte bestimmen sollte. Der Autor skizziert nur kurz Leben und Heiraten des Königs, legt jedoch danach den Schwerpunkt der Darstellung auf eine thematisch strukturierte Geschichte Englands in der ersten Hälfte des 16. Jahrhunderts und auf die vielfältigen und wechselnden Beziehungen Heinrichs wie Englands zum Kontinent Europa.

Prof. Dr. Dieter Berg lehrte bis zu seiner Entpflichtung Mittelalterliche Geschichte an der Leibniz-Universität Hannover.

W. Kohlhammer GmbH · 70549 Stuttgart
vertrieb@kohlhammer.de · www.kohlhammer.de